SECOND EDITION

Bravo!

COMMUNICATION ET GRAMMAIRE

Judith A. Muyskens
University of Cincinnati

Linda L. Harlow
The Ohio State University

Michèle Vialet
University of Cincinnati

...supports
SYSTEME-D
Writing Assistant for French

HH
Heinle & Heinle Publishers
A Division of Wadsworth, Inc.
Boston, Massachusetts 02116 U.S.A.

The publication of **BRAVO!**, Second Edition, was directed by the members of the Heinle & Heinle College French Publishing Team:

Editorial Director: Petra Hausberger
Marketing Manager: Cheryl Carlson
Senior Production Editor: Barbara Browne

Also participating in the publication of this program were:

Publisher: Stanley J. Galek
Vice President, Production: Erek Smith
Editorial Production Manager: Elizabeth Holthaus
Managing Developmental Editor: Beth Kramer
Assistant Editor: Amy Jamison
Project Manager: Sharon Buzzell Inglis
Manufacturing Coordinator: Jerry Christopher
Interior Design: Jean Hammond
Cover Design: Sue Gerould
Cover Illustration and Design Concept: Petra Hausberger
Illustrator: Anne Carter

Library of Congress Cataloging-in-Publication Data

Muyskens, Judith A.
Bravo! : Communication et Grammaire / Judith A. Muyskens, Linda L. Harlow, Michèle Vialet. — 2nd ed.
p. cm.
ISBN 0-8384-4415-6
1. French language—Textbooks for foreign speakers—English.
I. Harlow, Linda Lee, 1949- . II. Vialet, Michèle. III. Title.
PC2129.E5M86 1993
448.2'421—dc20 92-38753
CIP

Manufactured in the United States of America

ISBN 0-8384-4415-6 (Student's Edition)

ISBN 0-8384-4416-4 (Instructor's Edition)

Heinle & Heinle Publishers is a division of Wadsworth, Inc.

10 9 8 7 6 5 4 3 2 1

Table des matières

Text/Realia Credits

We wish to thank the authors, publishers, and holders of copyright for their permission to reprint the following:

9 Welcomme, Geneviève and Claire Willerval, *Juniorscopie, 1986* (Paris: Librairie Larousse, 1986, p. 154). **30** Union nationale des étudiants français. **37** Pierre Daninos, *Les Carnets du Major Thompson* (Paris: Librairie Larousse, 1954). **69** *Journal Français d'Amérique* (7–20 novembre 1986) and Mermet, *Francoscopie, 1991* (Paris: Librairie Larousse, 1990, pp. 134–135). **70** Mermet, *Francoscopie, 1991* (Paris: Librairie Larousse, 1990, p. 120). **83** UAP, St Michel sur Onge. **90** *Journal de Québec* (lundi 19 août 1991, p. 3). **93** Vacances-Jeunes, Paris. **94** Libération (22 decembre 1991). **100** *Journal Français d'Amérique* (7–20 novembre 1986) and Mermet, *Francoscopie, 1991* (Paris: Librairie Larousse, 1990, pp. 404–405). **102** Mermet, *Francoscopie, 1991* (Paris: Librairie Larousse, 1990, pp. 193–195). **106** Arcade Paris. **108** Mermet, *Euroscopie, 1991* (Paris: Librairie Larousse, 1991, pp. 91–92) and SNCF Paris. **109** Michaud and Kimmel, *Le Nouveau Guide France* (Paris: Hachette, 1990, p. 50). **110** Motel Spring, Château-Richer; Au Chalet Suisse, Vieux-Québec; Gîte de la Colombe, Ile d'Orléans; and Hôtel Marie-Rollet, Québec. **112, 116–117, 118** *Télé Poche* (8–14 décembre 1990). **116–117** Mermet, *Francoscopie, 1991* (Paris: Librairie Larousse, 1990, pp. 362–368). **120** *Le Monde Radio-Télévision* (Paris: lundi 16 juin 1986). **128** Mermet, *Francoscopie, 1991* (Paris: Librairie Larousse, 1990, pp. 383–386). **143** Dominique et Michèle Frémy, *Quid, 1992* (Editions Robert Laffont, p. 739C). **145** Michaud and Kimmel, *Le Nouveau Guide France* (Paris: Hachette, 1990, pp. 164–165). **146** *Figaro* (vendredi 27 décembre 1991, p. 7). **157** *Beaux Arts* (Paris: Editions Nuit et Jour Rédaction). **162** *Journal Français d'Amérique* (15–28 mai 1992, vol. 14, no. 11, p. 1). **165** Ronald Koven, "The French Melting Pot" *France Magazine* (Washington, DC: Fall 1991, p. 10–21); Sofres, *Opinion publique* (1986); and *Le Monde* (avril, mai, juin 1988). **170** Sempé. **172** Mermet, *Francoscopie, 1991* (Paris: Librairie Larousse, 1990, p. 227). **184** *l'Express* (1er mars 1985, p. 29). **201** Sempé. **206** Mermet, *Francoscopie, 1991* (Paris: Librairie Larousse, 1990, p. 49). **212** *Journal Français d'Amérique* (21 août–10 septembre 1987, p. 4). **218** Fourastié, *D'une France à une autre* (Paris: Fayard, 1987, pp. 80, 98, 117) and Mermet, *Francoscopie, 1991* (Paris: Librairie Larousse, 1990, pp. 80, 183–185, 188). **219** *La Presse* (Montréal: mardi 20 août 1991, p. 7). **239** Mermet, *Francoscopie, 1991* (Paris: Labrairie Larousse, 1990, pp. 290–291). **241** Mermet, *Francoscopie, 1991* (Paris: Librairie Larousse, 1990, p. 326). **264** Mermet, *Francoscopie, 1991* (Paris: Librairie Larousse, 1990, pp. 390–391). **269** *Journal Français d'Amérique* (15–28 novembre 1991, p. 1). **271** *Le Soleil* (Québec: dimanche 18 août 1991, Cahier B, p. 1).

Photo Credits

Page 1, **Peter Menzel/Stock, Boston;** 7, **Stuart Cohen/COMSTOCK;** 11, 28, **Mark Antman/ The Image Works;** 31, **Owen Franken/Stock, Boston;** 40, **Hugh Rogers/Monkmeyer Press Photo;** 69, **Martha Leibs and Philippe Heckly;** 75, 91, **Ulrike Welsch;** 96, **Paul Conklin/ Monkmeyer Press Photo;** 99, **Hugh Rogers/Monkmeyer Press Photo;** 100, **Mike Mazzaschi/ Stock, Boston;** 111, **Stuart Cohen/COMSTOCK;** 121, **Hugh Rogers/Monkmeyer Press Photo;** 131TR, **Peter Menzel/Stock, Boston;** 131BL, **Ulrike Welsch;** 141, **Beryl Goldberg;** 150, **Bernard Bisson/SYGMA;** 154TL, "The Sculptor", Picasso, 1931, **Musée Picasso, Paris/Art Resource;** 154BL, "Chaumes a Cordeville", van Gogh, **Musée d'Orsay, Paris/Art Resource;** 154R, "Henri IV part pour la guerre", Rubens, **Louvre, Paris/Alinari/Art Resource;** 158L & TR, **Mark Antman/The Image Works;** 165, **Hugh Rogers/Monkmeyer Press Photo;** 169, **Mike Mazzaschi/Stock, Boston;** 175, **Gontier/The Image Works;** 183M&R, **Hugh Rogers/Monkmeyer Press Photo;** 190, **Mike Mazzaschi/Stock, Boston;** 193 **Hugh Rogers/ Monkmeyer Press Photo;** 208, **Elizabeth Crews/The Image Works;** 228, **Peter Menzel/ Stock, Boston;** 239, 245, **Beryl Goldberg;** 252, **Hugh Rogers/Monkmeyer Press Photo;** 264, **Lucas/The Image Works.**

The following pages are by **Stuart Cohen:** 3, 13, 41, 43, 48, 59, 61, 70, 80, 85, 102, 108, 128, 131TL, 131BR, 139, 148, 158BR, 162, 183L, 197, 221, 224, 241, 248, 249.

Preface

Introduction

The second editions of **BRAVO! Communication et Grammaire** and its companion reader, **BRAVO! Culture et Littérature,** form an intermediate series created to provide students with the opportunity to *use* their language skills in a highly functional way. It is different from other comprehensive intermediate programs in a variety of ways. Special features of the program include:

- organization of chapter materials around high-frequency functions of language;
- expressions, vocabulary, and grammar selected according to what is needed to carry out each organizing function of language;
- division of chapter content into three **leçons,** with built-in lesson planning and culminating activities for each **leçon;**
- a focus on culture (photographs, authentic documents, and ***Liens culturels*** readings develop cultural insights and provide information on the practical, everyday culture of the French-speaking world);
- contextualized activities that are related to real-life situations;
- a Student Activity Tape with every student text that contains authentic listening materials and is accompanied by activities in the workbook.

Philosophy and Approach

The approach used in developing **BRAVO! Communication et Grammaire** originally came from a desire on the part of the authors to make intermediate-level study of French an opportunity for the learner to actively use the language rather than spend time reviewing the entire grammatical system. The following beliefs guided their writing:

- **The goal of functional use of language is aided by an organization centered around the different communicative uses to which language can be put.** Thus, functions of language, such as expressing opinions, persuading, and apologizing, are the point of departure for each chapter. The choice of specific functions used to organize instruction was made using the results of research studies exploring learner communication needs (Linda L. Harlow, "The Communication Needs of Second Language Learners," Diss., Purdue University, 1982).
- **Language is not used in a vacuum.** The settings, social roles, and topics likely to be needed most when performing given language functions are presented and practiced to allow students to become aware of language use in different sociocultural contexts.
- **Students come to an intermediate class with widely divergent skills and knowledge of French.** Because of this, instructors often spend time in class reviewing *everything*, even when this goes beyond the individual needs of students. By means of the separate review grammar section ***(Révisons un peu)*** comprised of simple grammar points that students are expected to have mastered by the end of beginning-level courses,

students will be able to review prerequisite grammar at home, spending as much time as needed. Instructors can then use class time for practicing new material. The result is a more productive, motivating experience for learners and instructors alike.

• **Exploration of the French culture, begun in most first-year books, should be continued at the intermediate level as well.** Thus, culture plays an important role in the main text and is the major focus of the cross-cultural reader, **BRAVO! Culture et Littérature,** Second Edition. Authentic documents illustrate various aspects of culture.

• **A distinction should be made between language for productive and receptive use.** Material on the Student Activity Tape is modeled after authentic audio recordings produced for native speaker audiences. Thus, it is understood that students will not need to produce everything that they hear on the tape. Rather, the accompanying activities in the workbook guide students to listen for specific purposes and, thus, give them practice in using context to extract the essential information without understanding every word.

• **A cyclical approach to language learning rather than a linear organization provides a built-in review across chapters.** In **BRAVO! Communication et Grammaire,** Second Edition, important language functions, themes, and structures are recycled throughout the program.

Major Changes in the Second Edition

The authors collected reactions to the First Edition from instructors and students who have used the book. Based on this input and on their own experience and insights, they decided to make the following changes:

• Each ***Conversation*** is preceded by ***Premières impressions,*** a set of directives that require students to scan the dialogue for the major language functions at work. In addition, students are asked to find the principal topics of conversation and some facts given by the speakers.

• The language used in the dialogues is more natural, offering authentic discourse for students to imitate. These dialogues were adapted from recordings of native speakers who were provided with the language functions, themes, and settings and were then asked to assume roles. Students will find models of spontaneous discourse, where fillers, slang, and pause words are used, and where interruptions are made.

• Two types of questions follow the ***Conversation:*** the ***Observation et Analyse*** and the ***Réactions.*** The latter type has been added to allow students the opportunity to react in a personalized way to the principal topics of conversation.

• New vocabulary items in the ***Conversation*** and ***Expressions typiques pour...*** have been glossed so that their meanings are immediately obvious. Active vocabulary words are included in the ***Mots et expressions utiles*** section. ***Appendice A,*** a complete list of all active vocabulary, includes a ***Divers*** category for each chapter. These are miscellaneous words or expressions that do not fit into the ***Mots et expressions utiles*** themes.

• ***Mini-conversations*** have been added after the ***Expressions typiques pour...*** to illustrate some of the expressions in context.

• The new ***A vous*** section provides instructions for immediate practice of the ***Expressions typiques pour...,*** thus allowing for earlier reinforcement of the expressions and a clearer understanding of when to use them.

• Many of the vocabulary words presented in the ***Mots et expressions utiles*** are demonstrated in a short dialogue or story to provide a context for their use. This, too, will aid students in retention and understanding of these words.

• Additional activities have been included where appropriate in the vocabulary and grammar sections, giving more opportunities for students to practice the language.

- The ***Liens culturels*** sections have been updated to reflect changes in the French-speaking world.
- Writing activities have been expanded to provide writing practice in a wider variety of contexts.
- Expanded student annotations provide additional information and learning strategies.

Chapter Organization

BRAVO! Communication et Grammaire, Second Edition, is composed of ten chapters whose format is presented below:

List of objectives Each chapter begins with a list of specific instructional objectives—the functions of language, the grammar, and the themes—for each of the three lessons in the chapter.

Révisons un peu Grammatical structures that students should review before beginning the chapter are presented in this section. Brief presentations of the grammar topics are given in English. Charts and examples are also used to aid students in quick review. For students needing extra review, exercises are provided in the Workbook/Audio Manual.

Conversation Each dialogue is now preceded by the ***Premières impressions*** section that provides practice in skimming and scanning for information. The conversation in each of the three **leçons** illustrates the functions, vocabulary, cultural focus, and grammatical principles within each **leçon.** The three conversations form a unit or story within the chapter. New vocabulary words are glossed in the margin to provide for immediate understanding of the dialogue.

The ***Observation et Analyse*** questions check comprehension of the ***Conversation*** by asking for information and inferences. In addition, the ***Réactions*** questions invite students to provide their personal thoughts on the topics discussed during the conversation.

Expressions typiques pour...* and *Mots et expressions utiles The ***Expressions typiques pour...*** section contains commonly-used expressions and vocabulary needed to communicate a particular speech act or function, or a group of related functions. Language for both formal and informal styles of expression is presented.

The ***Mini-conversations*** provide a model of natural conversation for the ***Expressions typiques pour...,*** followed by the ***A vous*** instructions, which give the students an opportunity to practice these expressions immediately in a simple context.

The ***Mots et expressions utiles*** section provides thematic vocabulary related to the functions and/or the chapter theme(s). These words are to be learned for active use. A paragraph or dialogue follows the vocabulary section to provide a context for use of the words.

An ***Activités*** section provides practice using these expressions by asking students to create conversations in different contexts or by identifying contexts for the expressions. All formats are contextualized and communicative.

Grammaire Grammar principles directly related to the functions appear in each **leçon.** They are presented in English to maximize understanding by the student. Examples are translated into English when necessary.

The ***Activités*** to practice the grammatical concepts proceed from structured to more open ended. They attempt to simulate natural conversation. Many of these activities are adapted from authentic texts. Small-group activities provide students with additional practice.

Liens culturels* and authentic material** Each **leçon** contains an item of realia and/or a ***Liens culturels section, which have been chosen for their cultural significance and their relation to the function being taught. The cultural information is practical and up-to-date, providing abundant demographic information. It gives students insights about French speakers and contemporary French society. These sections are accompanied by questions or statements to develop cultural insights or cross-cultural comparisons.

Interactions The ***Interactions*** section at the end of each **leçon** contains role-play activities. These interactions are designed to promote real language use in interesting contexts. Many of these situations are comparable to those used in the ACTFL Oral Proficiency Interview for intermediate learners. These activities encourage use of the functional expressions and vocabulary, grammar, and culture of the **leçon.**

Synthèse The end-of-chapter activities are combined in the ***Synthèse*** section, which, as the name implies, is provided to enable students to synthesize all functions, vocabulary, and grammatical topics introduced throughout the chapter. These oral and written tasks serve as culminating activities so that any material that may have been originally memorized will be used in a meaningful and functional way by the end of the chapter.

End Matter The following appendices and indexes are included in **BRAVO! Communication et Grammaire,** Second Edition:

Appendice A (Vocabulaire de chaque chapitre)
Appendice B: Expressions supplémentaires
Appendice C: Les temps littéraires
Appendice D: Les verbes
Lexique français-anglais
Indice A: Expressions typiques pour...
Indice B: Mots et expressions utiles
Indice C: Grammaire

Appendice A is a complete list of the active French vocabulary for each chapter. The authors have chosen to provide supplementary expressions such as dates, months, numbers, weather expressions, seasons, and telephone expressions in ***Appendice B.*** Instructors may wish to refer students to this section or may use it actively in class at some point. Indexes of functional expressions, thematic vocabulary, and grammar conclude the main text of the **BRAVO!** program.

Other BRAVO! Components

BRAVO! Communication et Grammaire is used in conjunction with several ancillary components. Together they comprise a comprehensive, integrated learning system.

- **BRAVO! Culture et Littérature,** Second Edition, by Jean-François Brière, Linda Harlow, and Judith Muyskens is a cross-cultural and literary reader that offers authentic reading materials coordinated with the functions and themes of **BRAVO! Communication et Grammaire.** The text's unique approach encourages students to think about their own culture while learning about francophone cultures.

Reading skills are systematically developed as students read cultural, journalistic, and literary texts, many of them by francophone writers, as well as realia and cartoons. Prereading activities prepare students to read by activating their background knowledge of the topic as well as teaching them useful reading strategies, such as skimming, scanning, predicting, using the context, and understanding word formation. Postreading activities check comprehension, encourage discussion of themes and culture, and enable students to synthesize what they have read. Discussion focuses on cross-cultural comparisons. A new writing section focuses on the development of writing skills.

Readings from **BRAVO! Culture et Littérature** may be assigned throughout the corresponding chapter.

- **BRAVO! Cahier d'exercices et Manuel de laboratoire,** Second Edition, by Gisèle Loriot-Raymer, Laurence Marion, Marie-Claire Ménard-Hall, Linda Harlow, and Judith Muyskens contains the following sections for each chapter:
  —***Exercices écrits***
  —***Exercices de laboratoire***
  —Student Activity Worksheets

Written exercises practice the ***Révisons un peu*** grammar and the grammar of the three **leçons.** There are a variety of writing formats coordinated with the themes and functions of the chapter. All activities are contextualized and some are based on realia. An answer key for the ***Révisons un peu*** activities and the ***Exercices écrits*** is provided at the back of the Workbook/Audio Manual to aid students in their individual study.

The Audio Tape Program provides listening practice of the introductory ***Conversation*** of each **leçon** in the student text and a review of phonetics. The sounds featured in the phonetics section are those that are most difficult for learners of French and which, therefore, require the most practice. Oral and listening practice of each of the main grammar topics of the **leçons** is provided on tape and coordinated with the ***Exercices de laboratoire*** section of each chapter of the Workbook/Audio Manual. Synthesis of the functions, vocabulary, and grammar of the chapter is provided through a dictation and listening comprehension passage, which is followed by comprehension checks. Answers to these taped activities are found at the back of the Tapescript.

A Student Activity Tape of authentic listening materials related to chapter functions and themes is included with every student text. Audio recordings which include interviews, conversations, radio commercials, weather and news reports, and train and airport announcements enable each student to have easy access to the French language as it is spoken today in natural contexts. Supplementary exercises, called Student Activity Worksheets, are coordinated with these listening materials and are found at the end of each chapter in the Workbook/Audio Manual. As indicated by the cassette symbol in the ***Synthèse*** section of the main text, these activities may be assigned at the end of each chapter.

- A Tapescript of the entire Audio Tape Program and the Student Activity Tape is also available. At the end of the Tapescript, an answer key to the ***Exercices de laboratoire*** activities and the Student Activity Worksheets is provided.

- An Instructor's Tape provides the ***Conversations*** recordings separate from the rest of the Audio Tape Program for convenient use in class.

- An Instructor's Manual that gives hints for teaching and lesson planning as well as supplementary activities is also provided.

- A Testing Program by David E. Aldstadt, Jr., Linda Harlow, and Judith Muyskens is available, which includes three test versions per chapter and three comprehensive examinations.

Lesson Planning

The goals and individual needs of your program will determine how **BRAVO!** is used. The text and the workbook/audio manual may be used alone for one semester or one quarter, or in conjunction with the reader for longer program sequences.

If each chapter of the textbook, reader, and workbook are used jointly, six to seven days of presentation and practice will be necessary in most cases (approximately two days on each **leçon**).

If only the textbook and the workbook are used in a short course, classes should spend one day on each **leçon.** To do this, students should systematically take advantage of the ***Révisons un peu*** section to review first-year grammar outside of class.

Additional information on lesson planning is found in the Instructor's Manual.

Acknowledgments

The publishers and authors would again like to thank those professional friends who participated in reviewing the manuscript.

Lynn Bowler	*University High School, Laguna Beach, CA*
Kim Campbell	*New York University*
Barbara Cooper	*University of New Hampshire*
Jim Davis	*The Pennsylvania State University*
Ann Driskel	*Monacan High School, Chesterfield County, VA*
Duane Kight	*Haverford College*
Larysa Mykata	*North Carolina State University*
Martine Prieto	*University of Texas at Arlington*
Doreen Raymond	*C. D. Hylton High School, Prince William County, VA*
Alexandra Rustan	*Potomac High School, Prince William County, VA*
Susan Schunk	*University of Akron*
Fred Toner	*Texas Christian University*
David Uber	*Baylor University*

Many other individuals deserve our thanks for their support and help. Among them are: Jean-François Brière of SUNY at Albany, Gisèle Loriot-Raymer of Northern Kentucky University, and Françoise Klingen, whose careful reading assured the text's linguistic and cultural accuracy; Cheryl Carlson and the rest of the marketing and sales staff at Heinle & Heinle for their support and long hours; Carlyle Carter for her perceptive suggestions in the copyediting stage; David Lynch and Camilla Ayers for their work on the end vocabulary and indexes, respectively; Sharon Inglis for her guidance during the stages of production; Barbara Browne for her coordination of the production; Petra Hausberger and Amy Jamison for their help in all facets of the project; Stan Galek for providing the initial inspiration; and most of all to our husbands, John Herraghty, Joe Harlow, and Mel Cohen, for the encouragement and support that kept us going to the end.

J.A.M.
L.L.H.
M.V.

CHAPITRE 1

«Heureux de faire votre connaissance»

Révisons un peu: Le présent; poser une question; l'impératif

Leçon 1: Comment saluer, se présenter et prendre congé; les verbes irréguliers: **suivre, courir, mourir, rire, conduire, savoir, connaître**

Leçon 2: A vous de discuter; les expressions de temps; les noms

Leçon 3: Comment demander ou offrir un service; le conditionnel

Thème: L'université

Révisons un peu

The information presented here is intended to refresh your memory of various grammatical topics that you have probably encountered before. Review the material and then test your knowledge by completing the accompanying exercises in the workbook.

Avant la première leçon

Les Verbes: le présent

A. Verbes en *-er*

parler *(to speak)*

je parl**e**	nous parl**ons**
tu parl**es**	vous parl**ez**
il/elle/on parl**e**	ils/elles parl**ent**

Most verbs that end in **-er** in the infinitive are conjugated like **parler.**

B. Changements orthographiques dans certains verbes en *-er*

Some **-er** verbs require spelling changes in the stem of certain persons to reflect changes in pronunciation.

- **e → è**

acheter *(to buy)*

j'ach**è**te	nous achetons
tu ach**è**tes	vous achetez
il/elle/on ach**è**te	ils/elles ach**è**tent

Like **acheter: lever** *(to raise, lift up),* **élever** *(to bring up [a child], raise),* **mener** *(to take; to lead),* **amener** *(to bring),* **emmener** *(to take, take away)*

- **é → è**

préférer *(to prefer)*

je préf**è**re	nous préférons
tu préf**è**res	vous préférez
il/elle/on préf**è**re	ils/elles préf**è**rent

Like **préférer: considérer** *(to consider),* **espérer** *(to hope),* **posséder** *(to possess, own),* **répéter** *(to repeat)*

- **l → ll** or **t → tt**

appeler *(to call)*

j'appe**ll**e	nous appelons
tu appe**ll**es	vous appelez
il/elle/on appe**ll**e	ils/elles appe**ll**ent

Like **appeler: jeter** *(to throw, throw away),* **rappeler** *(to remember)*

- **y → i**

ennuyer *(to bore)*

j'ennu**i**e	nous ennuyons
tu ennu**i**es	vous ennuyez
il/elle/on ennu**i**e	ils/elles ennu**i**ent

Like **ennuyer: envoyer** *(to send),* **nettoyer** *(to clean).* For verbs like **essayer** *(to try)* and **payer** *(to pay),* the change from **y** to **i** is optional (both spellings are acceptable—**essaie/essaye**).

- **c → ç** (when followed by the letters **a** or **o**)

commencer *(to begin)*

je commence	nous commen**ç**ons
tu commences	vous commencez
il/elle/on commence	ils/elles commencent

Like **commencer: agacer** *(to get on someone's nerves; to provoke),* **avancer** *(to advance),* **lancer** *(to throw),* **placer** *(to place),* **remplacer** *(to replace)*

- **g → ge** (when followed by the letters **a** or **o**)

manger *(to eat)*

je mange	nous man**ge**ons
tu manges	vous mangez
il/elle/on mange	ils/elles mangent

Like **manger: changer** *(to change),* **voyager** *(to travel),* **nager** *(to swim),* **ranger** *(to tidy up; to put away),* **venger** *(to avenge)*

C. Verbes en *-ir*

finir *(to finish)*

je fin**is**	nous fin**issons**
tu fin**is**	vous fin**issez**
il/elle/on fin**it**	ils/elles fin**issent**

Like **finir: bâtir** *(to build),* **choisir** *(to choose),* **obéir** *(to obey),* **remplir** *(to fill, fill out),* **réunir** *(to gather; to join),* **réfléchir** *(to reflect),* **réussir** *(to succeed),* **punir** *(to punish)*

D. Verbes en *-re*

rendre *(to give back; to return)*

je rend**s**	nous rend**ons**
tu rend**s**	vous rend**ez**
il/elle/on rend	ils/elles rend**ent**

Like **rendre: attendre** *(to wait for),* **défendre** *(to defend),* **descendre** *(to descend, go down),* **entendre** *(to hear),* **perdre** *(to lose),* **répondre** *(to answer),* **vendre** *(to sell)*

Poser une question

The following are ways to ask yes/no questions:

- Use rising intonation

    Vous parlez français?

    Vous ne parlez pas anglais?

- Follow the statement with **n'est-ce pas?**

    Vous parlez français, n'est-ce pas?

- Precede the statement with **est-ce que**

    Est-ce que vous parlez français?

    Est-ce qu'il parle français?

    Est-ce qu'il ne parle pas anglais?

- Invert the order of the subject and verb

    Parlez-vous français? N'êtes-vous pas français?

    Parle-t-elle anglais? Ne parle-t-elle pas français?

In the third-person singular, a **-t-** is inserted between the verb and pronoun when the preceding verb ends in a vowel.

When the question has a *noun subject,* the third-person pronoun that corresponds to the noun subject is attached to the verb:

Martine est-elle étudiante?

NOTE: When **je** is the subject of the sentence, it is seldom inverted. **Est-ce que** is usually used:

Est-ce que je suis en retard?

Avant la troisième leçon

L'Impératif

The imperative is used to give directions, orders, requests, or suggestions. There are three forms of the imperative in French. To form the imperative, drop the subject pronoun. Note that the **s** is dropped in the **tu** form of **-er** verbs.

A. Formes régulières

	parler	**finir**	**attendre**
tu form:	Parle!	Finis!	Attends!
nous form:	Parlons!	Finissons!	Attendons!
vous form:	Parlez!	Finissez!	Attendez!

B. Formes irrégulières

	être	**avoir**	**savoir**	**vouloir**
tu form:	sois	aie	sache	veuille
nous form:	soyons	ayons	sachons	veuillons
vous form:	soyez	ayez	sachez	veuillez

NOTE: In negative commands, the **ne** precedes the verb; the **pas** follows it:

N'oublie **pas** notre rendez-vous!
Don't forget our meeting!

Ne sois **pas** en retard!
Don't be late!

←
Cet homme est perdu. Quelles questions pose-t-il à l'agent de police?

LEÇON 1

Comment saluer, se présenter et prendre congé

Instructor's Tape

«Conversation»

Rappel: Have you reviewed the present tense of regular and stem-changing verbs? Did you practice forming yes/no questions? (text pp. 2–3 and workbook)

Premières impressions

Soulignez:

- des expressions formelles et informelles pour saluer et présenter quelqu'un

Trouvez:

- la destination de Charles (le Français), Nancy (l'Américaine) et des Kairet (les Belges)
- la nationalité de Laurence

être d'un certain âge to be middle-aged/**une couchette** cot, train bed/**s'installer** to get settled

Dans le compartiment du train il y a une Américaine qui voyage avec un ami français et un couple belge d'un certain âge.° Ils parlent tous français, bien sûr! Ils se réveillent le matin après avoir passé la nuit en couchette° dans un wagon-lit. Pendant qu'ils s'installent° pour la journée, ils se saluent.

M. KAIRET: Qu'est-ce qui se passe? Où est-on? Quelle heure est-il?

MME KAIRET: Je ne sais pas, mais c'est fou ce que l'on dort bien dans ces trains quand même!

M. KAIRET: Je n'arrive pas à trouver ma montre!

CHARLES: Bonjour, monsieur, bonjour, madame. Je me présente. Je m'appelle Charles Moiset.

M. KAIRET: Enchanté. Monsieur Kairet. Permettez-moi de vous présenter ma femme, Madame Kairet.

CHARLES: Enchanté de faire votre connaissance.

MME KAIRET: Bonjour!

M. KAIRET: Euh, est-ce que vous avez l'heure, s'il vous plaît?

CHARLES: Oui, il est huit heures et demie. Ah, voilà mon amie, Nancy. Nancy, je vous présente Monsieur et Madame Kairet.

M. KAIRET: Bonjour, mademoiselle. Comment allez-vous?

NANCY: Bonjour, madame, bonjour, monsieur. Je suis heureuse de faire votre connaissance.

CHARLES: Nancy et moi allons jusqu'en Grèce.

MME KAIRET: Oh, en Grèce! Quel beau pays!

une place de libre an unoccupied seat

déranger to bother

LAURENCE: *(une jeune Française qui vient d'entrer)* Est-ce qu'il y a une place de libre?°

M. KAIRET: Oui, certainement, là, à côté de la porte.

LAURENCE: Excusez-moi de vous déranger.° J'ai vu que la place n'était pas réservée. C'est la seule dans cette voiture. Je me présente. Je m'appelle Laurence Delage.

CHARLES: Bonjour, Laurence. Vous allez loin?

LAURENCE: Oui, assez. Je vais en Yougoslavie, enfin en ex-Yougoslavie. Et vous?

CHARLES: Nancy et moi allons jusqu'à Athènes. C'est la première fois que vous allez dans cette région?

LAURENCE: Non, ce sera mon deuxième voyage là. Je vais faire un documentaire sur les événements politiques actuels. Cela m'intéresse beaucoup, et je fais du free-lance pour une station de télé régionale—Rhônes-Alpes.

CHARLES: Et vous, Monsieur et Madame Kairet, où est-ce que vous allez?

les alentours surroundings

MME KAIRET: En Italie. Nous descendons à Florence et nous voyagerons dans les alentours.° Et vous, est-ce que vous resterez à Athènes?

NANCY: Non. Nous voulons visiter le plus d'endroits possibles. Nous avons terminé nos études à l'université et nous prenons nos premières vacances...

faire du bien à quelqu'un to do someone some good

CHARLES: Un peu de soleil, cela nous fera du bien.°

M. KAIRET: Oui, sans doute. Nous aussi, nous partons en vacances. Ah, les vacances... Nous les attendons depuis six mois![1]

A suivre

Observation et Analyse

1. Comment Mme Kairet a-t-elle dormi?
2. Pourquoi M. Kairet demande-t-il l'heure à Charles?
3. Quels sont les projets *(plans)* de Laurence?
4. Pourquoi Charles et Nancy prennent-ils des vacances maintenant?
5. Charles et Nancy se connaissent-ils bien? Expliquez.
6. Expliquez l'emploi de **tu** et **vous** des voyageurs.

Réactions

1. Avez-vous jamais voyagé en train? Si oui, avez-vous aimé votre voyage en train? Expliquez.
2. Voudriez-vous visiter la Grèce? l'ex-Yougoslavie? l'Italie? Expliquez.

«Expressions typiques pour...»

♦ **Tutoyer ou vouvoyer?** This is not always an easy choice, because strict rules do not exist, and changes within French society continue to influence modern use of **tu/vous.** Age, socioeconomic background, status, familiarity can all have an influence on the choice of pronoun. In general, though, **tu** is used: • within families • between adults and children • among children • among friends • with pets • among relatives • among young people in almost any situation • among people who are on a first-name basis.

Vous is used between: • people who don't know each other • brief acquaintances • speakers in situations clearly marked for status, such as customer/shopkeeper, student/teacher.

The work place is the area of most controversy where usage is still difficult to define. When in doubt, use **vous.**

Saluer *(rapports intimes et familiaux)*

—Salut/Bonjour, Marc/Sylvie. { Ça va? / Comment ça va? }

—Salut/Bonjour. { Oui, ça va. / Très bien. / Ça va bien, merci. / Pas mal, merci. } Et toi?

Saluer *(rapports professionnels et formels)*

—Bonjour, monsieur/madame/mademoiselle. Comment allez-vous?
—Très bien, merci. Et vous-même?

Présenter quelqu'un *(rapports intimes et familiaux)*

Avant les présentations

Tu connais Jeanine?
Vous vous connaissez?
Vous ne vous connaissez pas, je crois.

Les présentations

J'aimerais te présenter...
Je te présente Julien.
Voici Sylvie.
Martine, c'est Georges.
Martine, Georges. Georges, Martine.

Répondre aux présentations

Salut!
Enchanté(e).
Très heureux (heureuse).

Présenter quelqu'un *(rapports professionnels et formels)*

Avant les présentations

Vous connaissez Monsieur Marchand?
Vous vous connaissez?
Vous vous êtes déjà rencontré(e)s?

[1] On dit, pour plaisanter *(joke)* que les Européens—et surtout les Français—n'arrêtent jamais de parler de vacances. Ils passent les six premiers mois de l'année à les organiser, le septième mois à en profiter et les cinq derniers mois de l'année à en parler.

♦ You will need to actively learn the ***Expressions typiques pour...*** and the ***Mots et expressions utiles*** in order to complete the activities.

♦ The ***Mini-conversations*** below and those throughout the rest of the book demonstrate the use of the ***Expressions typiques pour...*** at different levels of formality. Specific expressions used are in bold type. In the ***A vous*** section that follows, you have the opportunity to create your own conversations using the new ***Expressions typiques pour...*** and the ***Mini-conversations*** as models.

Les présentations

Je voudrais/J'aimerais vous présenter Sylvie Riboni.
Permettez-moi de vous présenter ma femme, Sylvie.
Je vous présente Georges Marchand.
J'ai le grand plaisir/honneur de vous présenter...

Répondre aux présentations

Je suis heureux(-euse) de faire votre connaissance *(meet)*.
Très heureux(-euse)/content(e) de vous connaître *(meet)*.
Enchanté(e) de vous rencontrer *(meet)*.

Se présenter

Je me présente. Je m'appelle...
Je me permets de me présenter. Je m'appelle...

Prendre congé *(to take leave)* *(rapports intimes et familiaux)*

Salut! Au revoir! Ciao! (salutation italienne utilisée par les jeunes)

On peut ajouter...

Bonne journée. Bonne soirée. Bon week-end.
Bonnes vacances. Bon retour. A la prochaine *(until next time)*.

Prendre congé *(rapports professionnels et formels)*

Au revoir, monsieur/madame.

♦ These expressions can also be used in informal situations.

On peut ajouter...

A demain. A lundi. A tout à l'heure.
A ce soir. A bientôt.

MINI-CONVERSATIONS

Saluer *(rapports intimes et familiaux)*

—**Salut**, André. **Ça va?**
—**Salut**, Philippe. **Oui, ça va bien. Et toi?**
—**Pas mal, merci.**

Présenter quelqu'un *(rapports professionnels et formels)*

—Marianne, **permettez-moi de vous présenter** ma femme Sylvie.
—**Je suis heureuse de faire votre connaissance.**
—**Enchantée.** Christophe m'a beaucoup parlé de vous.

A VOUS

- Saluez votre ami Jacques. Présentez Jacques à un autre ami.
- Présentez votre femme/mari à votre patronne.

«Mots et expressions utiles»

Saluer/Prendre congé ***(to take leave)***

(se) connaître *to meet, get acquainted with; to know*
(s')embrasser *to kiss; to kiss each other*
faire la bise *(familiar) to kiss*
faire la connaissance (de) *to meet, make the acquaintance (of)*
à la prochaine *until next time*

(se) rejoindre *to meet (by prior arrangement); to reunite with*
(se) rencontrer *to meet (by chance); to run into*
(se) retrouver *to meet (by prior arrangement)*
(se) réunir *to get together*
(se) revoir *to meet; to see again*

Tu ne pourras jamais deviner qui **j'ai rencontré** hier à la bibliothèque. Je devais y **retrouver** mon amie Catherine, mais elle a oublié notre rendez-vous. En l'attendant, tu ne sais pas qui j'ai vu entrer dans la salle? Georges Pivot! Tu te souviens de lui? Celui dont **j'ai fait la connaissance** l'été passé? **Nous nous sommes connus** à la plage pendant nos vacances d'août. Mais depuis, je ne **l'ai jamais revu.** Bon, alors **nous nous sommes embrassés,** nous avons parlé longtemps, et puis nous avons décidé de **nous revoir** la semaine prochaine. Quelle histoire, hein?

Activités

A. Entraînez-vous: Présentations. Pour faire les présentations suivantes utilisez les ***Expressions typiques pour....***

1. votre mère à un professeur devant la salle de classe
2. vous-même au président de votre université au cours d'une réception pour les nouveaux étudiants
3. votre meilleur(e) ami(e) à un(e) autre ami(e) devant le cinéma
4. un(e) collègue de bureau *(fellow office worker)* à votre femme/mari pendant un cocktail
5. un(e) camarade de classe à votre tante Madeleine

B. Conversation entre étudiants. Remplissez les blancs avec les ***Mots et expressions utiles.*** Plus d'une réponse est possible. Faites les changements nécessaires.

Anne et Sylvie se (s')________ en route pour leurs cours. Elles se (s')________ comme tous les jours et décident de l'heure à laquelle elles se reverront.
—Veux-tu me ________ après le cours?
—D'accord, mais je n'aurai pas *(will not have)* beaucoup de temps. Je dois ________ Monique à une heure. Elle s'installe dans sa nouvelle chambre et je vais l'aider à déménager *(to move)*.
—J'aimerais bien ________ de Monique. Est-ce que je peux t'accompagner?
—Bien sûr! On a toujours besoin de bras quand on déménage! Et puis, tu verras, elle est vraiment sympa.

Liens culturels

Arrivées et Départs

Les Français ont une manière particulière de marquer l'existence des autres. Cela se manifeste par ce que l'on pourrait appeler un sens approfondi des arrivées et des départs. Lorsque les Français voient des amis pour la première fois de la journée, ils leur serrent la main ou ils les embrassent. En les quittant, ils leur donnent à nouveau une poignée de main ou ils les embrassent.

La coutume de s'embrasser est la norme entre amis et membres de la même famille. Les hommes se serrent plus souvent la main. La tradition exige *(demands)* souvent trois bises. Quelquefois c'est quatre bises ou deux seulement. C'est une question de région ou d'habitude personnelle. Le plus souvent on commence par la joue *(cheek)* droite. Que ferait un Américain en retrouvant un groupe d'amis qu'il voit pour la première fois de la journée?

C. Les scènes. En groupes de trois, jouez les scènes suivantes où vous saluez et faites des présentations.

modèle: En cours: Bonjour, Stéphanie...
—Bonjour, Stéphanie. Comment ça va?
—Ça va bien, merci. Et toi, ça va?
—Oui, très bien. Ecoute, tu connais Christophe?
—Non, je ne pense pas.
—Eh bien, Stéphanie, je te présente Christophe. Christophe, Stéphanie.
—Enchanté.
—Enchantée.

1. Dans la rue: Bonjour, Monsieur Dupont. Vous connaissez ma tante...?
2. En ville, avant une réunion d'étudiants: Je me présente. Je m'appelle...
3. Devant un jeu d'arcade: Salut. Je m'appelle... Voici...

D. Dans la salle de classe. Trouvez une personne dans la salle de classe que vous ne connaissez pas. Présentez-vous *(present yourself)* à cette personne. Maintenant, présentez cette personne à quelqu'un d'autre ou laissez cette personne vous présenter à un(e) autre étudiant(e). (N'oubliez pas de vous serrer la main!) Circulez dans la classe jusqu'à ce que vous ayez fait la connaissance de la plupart *(most of)* des étudiants. Après les présentations, essayez de vous rappeler les noms des autres étudiants. Le professeur vous aidera. Commencez par: **Il/Elle s'appelle...**

«Grammaire»

Les Verbes irréguliers: *suivre, courir, mourir, rire, conduire, savoir* et *connaître*

A. You have already reviewed the present tense of the regular verbs ending in **-er, -ir,** and **-re**, as well as some stem-changing **-er** verbs. The following irregular verbs may not be quite so familiar to you, but can be used in talking about yourself or everyday life.

- **suivre** *(to follow;*—**un cours** *to take a course)* participe passé: **suivi**

je **suis**	nous **suivons**
tu **suis**	vous **suivez**
il/elle/on **suit**	ils/elles **suivent**

Like **suivre: vivre** *(to live)* participe passé: **vécu**

Nous **suivons** cet étudiant. Il **vit** près d'ici.

- **courir** *(to run)* participe passé: **couru**

je **cours**	nous **courons**
tu **cours**	vous **courez**
il/elle/on **court**	ils/elles **courent**

Elle **court** dans un marathon à Paris.

- **mourir** *(to die)* participe passé: **mort**

je **meurs**	nous **mourons**
tu **meurs**	vous **mourez**
il/elle/on **meurt**	ils/elles **meurent**

Je **meurs** de faim. Dînons tout de suite!

- **rire** *(to laugh)* participe passé: **ri**

je **ris**	nous **rions**
tu **ris**	vous **riez**
il/elle/on **rit**	ils/elles **rient**

Like **rire: sourire** *(to smile)*

Je **ris** quand je vois des films de Jerry Lewis.

JEUNES RPR[2] du 4ème

Chers (Chères) Ami(e)s, nous vous présentons aujourd'hui ce journal en espérant qu'il vous plaira.

TOUTES VOS SUGGESTIONS SERONT LES BIENVENUES

Délégation Jeune R P R
de la 32ème Circonscription
14, rue François Miron
75004 PARIS

EN VOUS REMERCIANT

L'ENGAGEMENT POLITIQUE chez les JEUNES

L'engagement politique des jeunes aujourd'hui doit être avant tout la prise de conscience de nos responsabilités futures.

C'est en effet la première étape de cette tâche future qui doit nous revenir dans quelques années : participer à la construction d'une société performante dans un pays rénové.

Si nous ne faisons rien dès à présent, il n'en sera que plus difficile dans l'avenir.

Or, le futur c'est nous...

Alors, pourquoi ne pas essayer, dès aujourd'hui, de comprendre la vie politique et économique du pays afin d'acquérir des bases qui contribueront à une édification plus facile et solide de notre avenir.

Alors, si vous hésitez encore à venir nous rejoindre, venez en discuter avec nous.

Ce sera peut-être le premier pas décisif.

Christope MAHIEU
Délégué Jeunes du 4ème Arrdt

Pour qui est écrit ce journal? Quel est, selon vous, le but de ce journal?

[2] RPR signifie «Rassemblement pour la République». C'est un parti politique de droite dont le chef est Jacques Chirac. Approximativement 12 pour cent des étudiants appartiennent au RPR; 43 pour cent se disent proches du Parti socialiste; 12 pour cent de l'Union pour la Démocratie française; 7 pour cent du Mouvement écologiste; 3 pour cent du Parti communiste; 2 pour cent du Front national (parti très conservateur dont le chef est Jean-Marie Le Pen et qui fait des campagnes pour la limitation de l'immigration en France); 21 pour cent sont "sans opinion".

- **conduire** *(to drive)* participe passé: **conduit**

je **conduis**	nous **conduisons**
tu **conduis**	vous **conduisez**
il/elle/on **conduit**	ils/elles **conduisent**

Like **conduire: construire** *(to construct),* **détruire** *(to destroy),* **séduire** *(to seduce; to charm; to bribe)*

Cette étudiante **conduit** une Renault.

- **savoir** *(to know from memory or from study; to know how to do something; to be aware of)* participe passé: **su**

je **sais**	nous **savons**
tu **sais**	vous **savez**
il/elle/on **sait**	ils/elles **savent**

- **connaître** *(to know; to be acquainted with, be familiar with; to meet, get acquainted with)* participe passé: **connu**

je **connais**	nous **connaissons**
tu **connais**	vous **connaissez**
il/elle/on **connaît**	ils/elles **connaissent**

Like **connaître: apparaître** *(to appear, come into view; to become evident),* **disparaître** *(to disappear),* **paraître** *(to seem; to come out)*

B. The verbs **savoir** and **connaître** both mean *to know.* It will be important, however, to distinguish when to use one versus the other.

- **Connaître** is always used to indicate acquaintance with or familiarity with people, works of art, music, places, academic subjects, or theories:

Laura **connaît** assez bien les Français. Elle **connaît** aussi assez bien Paris.
Laura knows French people rather well. She is also quite familiar with Paris.

NOTE: In past tenses **connaître** sometimes means *to meet* in the sense of getting to know someone or getting acquainted with someone:

Où **avez-vous connu** les Durand?
Where did you meet the Durands?

- **Savoir** means to know from memory or study:

Sait-elle la date de la fête nationale en France?
Does she know the date of the national holiday in France?

Oui, elle la **sait.**
Yes, she knows it.

NOTE: **Savoir** may be used before a relative clause or before an infinitive. Before an infinitive it means to know how to do something:

Elle **sait** où se trouve la tour Eiffel.
She knows where the Eiffel Tower is located.

Elle **sait** conduire dans Paris.
She knows how to drive in Paris.

Activités

A. Propagande. Les jeunes RPR (Rassemblement pour la République) du 4ème arrondissement se réunissent. Ils expliquent ce qu'ils font aux nouveaux venus. Pour chacune des observations suivantes, remplacez le sujet en italique par les sujets entre parenthèses, et faites les modifications nécessaires. Etes-vous d'accord avec ces jeunes?

1. Les futurs dirigeants du pays, c'est vous! **Vous** construisez la société de l'avenir. (Je / Nous / Les jeunes)
2. **Vous** suivez la vie politique, même si elle est difficile à comprendre. (Je / Nous / On)

3. **Nous** connaissons bien les candidats locaux. (Tu / Les étudiants / Je)
4. **Nous** pensons que la privatisation *(taking into private hands)* de la télévision française a amélioré *(has improved)* l'objectivité de l'information. (Je / On / Vous)
5. **J'**espère que les étudiants écrivent des lettres aux sénateurs pour défendre la concurrence *(competition)* dans le domaine de l'audiovisuel *(télévision)* européen. (Nous / On / Le parti RPR)

B. Un mot. Vous travaillez dans un hôtel. Une Anglaise a laissé un mot *(message)* pour le propriétaire. Vous le traduisez en français.

Mrs. Robinson called. She asked for the address of the hotel. She doesn't know where the hotel is located **(se trouver)** because she does not know Paris well. She does not know how to drive, so **(donc)** she will take a taxi from the airport. She met your brother in London last year. She is looking forward to **(Elle se réjouit à l'idée de)** meeting you.

C. Interview. Utilisez les suggestions suivantes pour poser des questions à votre professeur ou aux autres étudiants de la classe. Donnez un résumé de l'interview.

1. combien / cours / suivre
2. est-ce que / courir
3. quelle / ville / connaître / bien
4. que / savoir / bien / faire
5. au cours de *(during)* / quel / émission télévisée / rire
6. à qui / écrire / lettres
7. où / vouloir / vivre

«Interactions»

Use the following information to create conversations with a partner. Try to use the vocabulary and grammar from ***Leçon 1*** as much as possible.

A. Au café. You and a friend are at a café. You meet a friend from your class at the Sorbonne. Greet him/her. Introduce him/her to your other friend. Talk about what courses you are taking. Say that you are writing a composition for a class for tomorrow. At the end of the conversation, you notice it's getting late. What do you say as you are leaving?

BRAVO!
Culture et Littérature

B. Au travail. You are entering your office with a client **(client[e]).** The manager **(directeur/directrice)** is passing by. You greet him/her. You introduce him/her to your client. Ask if he/she knows where the files on Mr. Bricard are. He/She does not know. Thank him/her and say something appropriate as you leave.

LEÇON 2 A vous de discuter

Instructor's Tape

«Conversation» (suite)

Premières impressions

Soulignez:
- six sujets de discussion différents

Trouvez:
- qui n'est pas en bonne santé et pourquoi

Dans le train: Le temps passe... On discute.

MME KAIRET: *(regardant par la fenêtre)* Ah, c'est joli quand même par ici...

NANCY: Oui, le paysage° est très beau.

le paysage countryside

MME KAIRET: C'est vrai. L'Italie, c'est un de mes pays préférés. On y vient pour les vacances chaque année depuis plus de dix ans. La Toscane,[3] c'est vraiment mon coin° préféré. J'adore la région.

le coin area, corner

CHARLES: Est-ce qu'il fait chaud là maintenant?

MME KAIRET: Oui, il fait chaud, mais l'air est sec. Ça va nous faire du bien.

M. KAIRET: Oui, j'en ai besoin. Je ne suis pas très en forme° en ce moment...

MME KAIRET: Oui, tu as eu beaucoup de travail, et des soucis.° Enfin, c'est pour ça que nous partons en vacances. Pour nous refaire la santé.° Il faut ça de temps en temps.

être en forme to be in good shape/**les soucis** worries

se refaire la santé to recover one's health

M. KAIRET: Eh, oui! On n'est plus tout jeune!

NANCY: Mais, Laurence, vous n'allez pas en ex-Yougoslavie pour vous reposer, j'imagine...

LAURENCE: Pas vraiment. Je ne sais pas si vous avez lu les journaux ce matin, mais il y a eu encore des incidents entre les Serbes et les Musulmans de Bosnie à Sarajevo.

CHARLES: Oui! J'ai entendu parler de ce qui s'est passé. C'est vrai que c'est absolument décourageant!

M. KAIRET: Oui! Il y a même eu plusieurs morts, n'est-ce pas?

CHARLES: Oui, je le crois. Ça fait longtemps qu'ils ont des problèmes, mais là, ça s'est à nouveau° aggravé!

à nouveau again

NANCY: Mais, cela ne vous fait pas peur de partir dans ces conditions?

LAURENCE: J'aime bien l'aventure... Et puis, je sais me débrouiller.° J'y ai déjà passé trois mois il y a deux ans. Alors, je connais des gens. Je suis restée en contact avec plusieurs personnes. Et d'ailleurs,° si je ne prends pas de risques, je ne ferai jamais de reportage sérieux.

se débrouiller to manage

d'ailleurs moreover, besides

MME KAIRET: Vous avez du courage mais quand même, je ne vous envie pas...

A suivre

Observation et Analyse

1. Pourquoi est-ce que les Kairet vont en vacances en ce moment?
2. De quels événements en Yougoslavie parle-t-on?
3. Pourquoi Laurence y va-t-elle quand même?
4. Est-elle inconsciente des dangers? Expliquez.
5. Quelle sorte de personnalité Laurence a-t-elle probablement, d'après ce que vous avez lu dans les deux conversations?

[3] La Toscane est une région de l'Italie centrale: les villes principales en sont Florence, Livourne, Pise et Sienne.

Réactions

1. De quoi parlez-vous quand vous passez du temps avec des gens que vous ne connaissez pas bien?
2. De quoi parlez-vous avec ceux que vous connaissez bien?
3. De quoi parleraient cinq jeunes Américains dans un train pendant trois heures?

«Expressions typiques pour...»

Discuter

Sans sujet défini de conversation, on parle du temps qu'il fait, de l'endroit où l'on se trouve et de ce qui s'y passe. Voici quelques sujets typiques:

- Le temps

  Quel temps fait-il?
  Quel beau temps!
  Comme il fait beau/mauvais/chaud/froid!
  Vilain temps, non?
  Quel sale temps!
  Est-ce qu'il pleuvra demain?
  Belle journée, vous ne trouvez pas?

- L'heure

  Quelle heure est-il?
  Il est tôt/tard.
  Est-ce que vous avez l'heure, s'il vous plaît?
  Le temps passe vite quand on bavarde *(chats)*.

- Les éléments du lieu

  le paysage: C'est intéressant. C'est joli.
  Ce n'est pas agréable.
  les gens: Elle est gentille. Cette robe vous/lui va bien.
  C'est choquant, ce qu'ils portent/font.
  l'ambiance: On est bien ici. J'aime bien cet endroit.

- Ce qui se passe à cet endroit

  Que font-ils là-bas?
  De quoi parlent-ils?

Quand on ne connaît pas très bien quelqu'un, mais qu'on essaie de mieux le connaître, on peut parler des sujets suivants:

- La santé

  Je suis un peu fatigué(e) ces jours-ci.
  Vous avez/Tu as l'air en forme *(look in good shape)*.

- Les études—si on est étudiant(e)

  Depuis quand étudiez-vous/étudies-tu le français?
  Combien de cours suivez-vous/suis-tu?
  Comment est votre/ton professeur de français?

- Les actualités *(current events)*

  Vous avez/Tu as vu le journal ce matin?
  Vous avez/Tu as entendu parler de ce qui s'est passé?

- Les sports

  Est-ce que vous faites/tu fais du sport?
  Vous aimez/Tu aimes les sports?

- D'autres idées

  les loisirs *(leisure activities)*, la musique, l'enseignement et vos attitudes envers l'enseignement, la politique et vos opinions politiques, vos expériences personnelles, le travail

Avec ceux qu'on connaît bien, on peut parler des choses mentionnées ci-dessus ou de la vie privée:

Que feras-tu ce soir?
As-tu beaucoup de boulot *(work)*?
Tu as passé une bonne journée?

MINI-CONVERSATIONS

Discuter

(le temps)

—**Quel beau temps!**
—Oui, il fait un temps magnifique! On serait bien à la plage!

(l'heure)

—Pardon, monsieur. J'ai oublié ma montre. **Est-ce que vous avez l'heure, s'il vous plaît?**
—Bien sûr, madame. Il est onze heures moins dix.

(les sports)

—**Est-ce que vous faites du sport?**
—Oui, de la bicyclette. Et vous?

(les actualités)

—**Tu as entendu parler de ce qui s'est passé?**
—Non. Quoi?
—Il y a une bombe qui a éclaté *(exploded)* dans le grand magasin près de chez moi et...

A VOUS

Vous attendez l'arrivée du prof le premier jour de classe. Discutez avec l'étudiant(e) en face de vous:

- Les études
- Les actualités

«Mots et expressions utiles»

L'enseignement

assister à un cours *to attend a class*
bosser (un examen) *(familiar) to cram (for a test)*
une conférence *a lecture*
se débrouiller *to manage, get along*
échouer à *to fail*
facultatif (facultative) *elective; optional*
les frais d'inscription m pl *registration fees*
une leçon particulière *a private lesson*
une lecture *a reading*
manifester *to protest; to demonstrate*
manquer un cours *to miss a class*
une matière *a subject, course*
la note[4] *grade*
obligatoire *required*
passer un examen *to take an exam*
rater *to flunk*
rattraper *to catch up*
redoubler un cours *to repeat a course*
réussir à un examen *to pass an exam*
réviser (pour) *to review (for)*
sécher un cours *to cut a class*
se spécialiser en *to major in*
tricher *to cheat*

La conversation

les actualités f pl *current events*
avoir l'air *to look, have the appearance of*
bavarder *to chat*
le boulot *(familiar) work*
être en forme *to be in good shape*
les loisirs m pl *leisure activities*
le paysage *countryside*
se refaire la santé *to recover one's health*
des soucis m pl *worries*

Mes parents me disent que si **j'échoue à** mes examens de fin d'année, ils ne paieront plus mes **frais d'inscription.** Oh, mais ce sont des **soucis** inutiles! **Je me débrouille bien** dans mes cours. Je **n'ai manqué** que deux ou trois **cours** ce semestre, j'**ai assisté à** toutes les **conférences** et j'ai fait toutes les **lectures,** même dans les **matières facultatives,** et mes **notes** sont bonnes. Mais je dois **bosser** l'examen final parce que j'ai pris du retard la semaine passée. Il y avait beaucoup de **boulot** au magasin où je travaille et j'ai fait des heures supplémentaires. Il faut que je **rattrape.** Je ne veux tout de même pas **rater** le dernier examen!

Activités

A. Entraînez-vous: Discutez. De quoi parleriez-vous avec les personnes suivantes? Choisissez un ou deux sujets de conversation tirés de la liste des ***Expressions typiques pour....***

1. votre professeur dans l'ascenseur sur le campus
2. un(e) camarade de classe devant la salle de classe
3. un(e) collègue de bureau pendant un cocktail
4. votre mère pendant le dîner
5. votre fille/fils pendant le bain
6. une personne dans le train
7. un Martien dans sa soucoupe volante *(flying saucer)*

B. Jouez le rôle. Choisissez maintenant une situation dans l'exercice ci-dessus et jouez la scène avec un(e) camarade de classe. Le professeur vous demandera peut-être d'illustrer cette situation devant la classe.

[4] En France, les notes vont de 0 à 20: 17-20 = **très bien;** 14-16 = **bien;** 12-13 = **assez bien;** 10-11 = **passable;** moins de 10 = **insuffisant** (ne permet pas de passer dans la classe supérieure)

C. Vous êtes le prof. Vos élèves ne comprennent pas les mots suivants. Aidez-les en leur donnant un synonyme pour chaque élément du premier groupe et un antonyme pour les éléments du deuxième groupe. Utilisez les ***Mots et expressions utiles.***

Synonymes

1. le travail
2. un discours littéraire ou scientifique
3. protester
4. se présenter à un examen
5. parler
6. étudier à la dernière minute
7. quelque chose qu'on lit

Antonymes

1. assister à un cours
2. obligatoire
3. une matière obligatoire
4. réussir à un examen
5. être en mauvaise santé

D. Circulez. Circulez dans la salle de classe et parlez avec vos camarades. Choisissez au moins trois des sujets suivants: les actualités, le temps, les loisirs, la politique, la vie à l'université, ce qui se passe dans la salle de classe. N'oubliez pas d'utiliser les expressions données pour saluer et prendre congé. Après, parlez de votre expérience en considérant les questions suivantes.

1. Avec combien de personnes avez-vous parlé?
2. De quoi avez-vous préféré parler? Pourquoi?
3. Est-ce qu'il était difficile de commencer une discussion avec quelqu'un? Expliquez.
4. Préférez-vous parler de sujets comme le temps, les sports et les actualités, ou de votre vie de tous les jours et de sujets plus intimes?

«Grammaire»

Les Expressions de temps

When you want to ask a question regarding how long an action that began in the past has continued into the present, you use an expression with **depuis.**

Depuis quand êtes-vous en France?
How long have you been in France?

Depuis combien de temps jouez-vous au tennis?
How long have you been playing tennis?

Questions such as these are answered in the present tense with **depuis.** In English, **depuis** is translated as *for* when a period of time is given.

Je suis en France depuis six mois.
I have been in France for six months.

Je joue au tennis depuis 13 ans.
I have been playing tennis for 13 years.

When you answer using a specific point in time or date, **depuis** means *since.*

Je suis en France depuis le 5 juin.
I've been in France since June 5th.

The expressions **il y a... que, ça fait... que,** and **voilà... que** have the same meaning as **depuis** when used with the present tense, but notice the different word order.

Il y a six mois que je suis en France.
I've been in France for six months.

Voilà treize ans que je joue au tennis.
I've been playing tennis for thirteen years.

Ça fait trois heures que je travaille.
I've been working for three hours.

NOTE: When you use **il y a** followed by a period of time and without **que,** it means *ago.* A past tense must be used with this construction.

> J'ai pris des cours de tennis il y a treize ans.
> *I took tennis lessons thirteen years ago.*

Pendant combien de temps is used when asking about the duration of an action that is completed.

> Pendant combien de temps ont-ils étudié aux Etats-Unis?
> *How long did they study in the United States?*
>
> Ils ont étudié aux Etats-Unis pendant deux ans.
> *They studied in the United States for two years.*

When asking about the duration of a repeated action in the present, the expression **passer du temps** is used.

> Combien de temps passez-vous à lire le journal?
> *How much time do you spend reading the newspaper?*
>
> J'y passe une heure par jour.
> *I spend an hour a day.*

y - takes place of à + infinitif

Activités

A. Répétitions. Martine est très égoïste! Elle parle tout le temps de ce qu'elle fait et elle répète chaque phrase plusieurs fois. Transformez chacune des phrases suivantes selon le modèle.

> *modèle:* Ça fait six ans que je joue au volley-ball.
> ***Il y a six ans que je joue au volley-ball.***
> ***Voilà six ans que je joue au volley-ball.***
> ***Je joue au volley-ball depuis six ans.***

1. J'étudie l'anglais depuis douze ans.
2. Il y a quatre mois que Mme Marchand me trouve indispensable. J'enseigne l'anglais à ses enfants.
3. Ça fait déjà cinq ans que je donne des leçons d'anglais.
4. Voilà onze ans que je joue au tennis.
5. Il y a six ans que je suis joueuse de tennis professionnel.
6. Je gagne beaucoup de tournois de tennis depuis cinq ans.
7. Voilà douze ans qu'elle invente des histoires!

Liens culturels

La Vie privée/la vie publique

Les Français accordent énormément d'importance à la vie privée, qui est mieux protégée du regard public qu'aux Etats-Unis. On observe comme un code tacite du silence dans ce domaine. Il y a une séparation très nette entre la vie privée et la vie publique. Personne ne pose de questions trop personnelles. Par exemple, on ne demande pas à un(e) Français(e): «Quel est votre métier?» ou «Qu'est-ce que vous avez fait hier soir?» ou «Combien est-ce que vous gagnez?» Il est permis, néanmoins, de lui demander ses opinions. Les opinions appartiennent à tout le monde, donc il n'y a pas de danger sérieux. Toutefois, il est bon d'être prudent. Ne demandez pas: «Etes-vous socialiste?» Dites plutôt: «Que pensez-vous de la nationalisation des banques?» Si la personne que vous interrogez ne veut pas se compromettre, elle peut avoir recours à une réponse évasive.

B. Une histoire. Lisez cette petite histoire et répondez aux questions.

Depuis l'âge de quatre ans la petite Karine, qui a sept ans, va à beaucoup de fêtes d'anniversaire. Elle semble les adorer et on adore l'avoir comme invitée. Sa mère, par contre, n'aime pas acheter des cadeaux ou trouver une jolie robe pour chaque anniversaire! En plus, lorsqu'elle emmène *(brings)* Karine à une fête qui commence à deux heures, elle ne peut en général pas partir avant trois heures parce que les autres parents la retiennent en bavardant avec elle. Au mois de décembre, la maman a dit à sa petite Karine qu'elle ne pouvait plus aller à ces fêtes d'anniversaire. La petite lui a demandé tout de suite qui viendrait fêter son anniversaire si elle n'allait plus chez les autres. Sa mère a compris que Karine avait raison. Nous sommes en mars et Karine continue à aller à des fêtes d'anniversaire!

1. Depuis combien d'années Karine fête-t-elle les anniversaires de ses camarades?
2. Pendant combien de temps la mère doit-elle rester avec Karine?
3. Quand la mère a-t-elle dit à Karine qu'elle ne pouvait plus aller aux fêtes d'anniversaire? Combien de temps cela fait-il?
4. Pourquoi la mère a-t-elle changé d'avis?

C. Ne soyez pas indiscrets! Posez les questions suivantes à un(e) ami(e). Donnez un résumé de ses réponses à la classe. Ne posez pas les dernières questions si vous les trouvez trop indiscrètes!

1. Depuis combien de temps êtes-vous à l'université?
2. Depuis quand étudiez-vous le français?
3. Combien de temps passez-vous chaque jour à étudier pour ce cours?
4. Quel sport préférez-vous? Depuis combien de temps faites-vous ce sport?
5. Quelle musique préférez-vous? Depuis quand préférez-vous cette musique?
6. Quel parti politique préférez-vous? Depuis quand?
7. Avez-vous jamais échoué à un examen? Si oui, il y a combien de temps?
8. Que faisiez-vous il y a trois heures? il y a trois mois? il y a trois ans?
9. Qui n'aimez-vous pas du tout? Depuis quand?
10. A quel moment dans votre vie, vous êtes-vous senti(e) le/la plus heureux(-euse)?

Quelles questions trouvez-vous trop indiscrètes? Pourquoi?

Les Noms

A. Le genre des noms

All nouns in French have a gender: masculine or feminine. When you learn a noun, it is beneficial to memorize the article with it in order to learn the gender. If you are not sure of the gender of a word, look it up in the dictionary.

- As a general rule, the gender of a noun referring to a person or animal is determined by the sex of the person or animal:

  un homme/une femme   un roi/une reine   un bœuf/une vache

- The names of languages, trees, metals, days, months, and seasons are usually masculine:

  le français   le chêne *(oak)*   le cuivre *(copper)*
  le lundi   le printemps

- The names of continents, countries, provinces, and states ending in unaccented -**e** are usually feminine:

  la France   la Caroline du Nord   l'Australie
  EXCEPTIONS: le Mexique   le Zaïre   le Maine

• Certain endings to nouns may give clues as to their genders. The following are common masculine and feminine endings:

Masculin	**Féminin**	
-age un paysage	**-ance** une ambiance	**-ette** une couchette
-ail un travail	**-ence** une conférence	**-oire** une histoire
-al un journal	**-ture** une lecture	**-ière** une matière
-asme le sarcasme	**-son** une chanson	**-ie** la géographie
-isme le communisme	**-ion** une expression	**-ié** la pitié
-eau un bureau	**-tion** l'inscription	**-ée** une journée
-et un objet	**-esse** la vitesse	**-té** la santé
-ier un cahier	**-ace** une place	**-anse** une danse
-ent l'argent	**-ade** une salade	**-ense** la défense
-ment un appartement		

• Some nouns that refer to people can be changed from masculine to feminine by adding an **e** to the masculine form:

un ami → une amie
un assistant → une assistante
un étudiant → une étudiante
un avocat → une avocate

• Nouns with certain endings form the feminine in other ways:

-(i)er	**-(i)ère**	**-on/-en**	**-onne/-enne**
un banquier	une banquière	un patron	une patronne
un ouvrier	une ouvrière	un musicien	une musicienne
un boulanger	une boulangère	**-et**	**-ette**
un couturier	une couturière	un cadet	une cadette
-eur	**-euse**	**-f**	**-ve**
un chanteur	une chanteuse	un veuf	une veuve
un danseur	une danseuse	**-x**	**-se**
-teur	**-trice**	un époux	une épouse
un acteur	une actrice	**-eau**	**-elle**
un directeur	une directrice	un jumeau	une jumelle

• Some nouns have the same gender whether they refer to males or females:

un mannequin	une vedette
un auteur	une personne

• A few nouns denoting professions have no feminine form. These are usually the professions that were traditionally male. For clarity, the phrase **une femme** is added:

une femme cadre	une femme médecin
une femme professeur	une femme ingénieur

The feminine personal pronoun can also be used:

Mon médecin m'a dit qu'**elle** va déménager.

• Several French nouns have different meanings in the masculine and feminine:

un aide *helper*	**une aide** *help, aid*
un critique *critic*	**une critique** *criticism*
un livre *book*	**une livre** *pound*
un tour *trip*	**une tour** *tower*
un poste *job; radio, television set*	**une poste** *post office*

B. Le pluriel des noms

- Generally, nouns are made plural by adding **s**:

  un homme → des hommes   une femme → des femmes

- Nouns ending in **-s, -x,** or **-z** do not change in the plural:

  un pays → des pays   un nez → des nez

- Nouns ending in **-eu, -au** and **-eau** take an **x** in the plural:

  un cheveu → des cheveux   l'eau → des eaux

  EXCEPTION: un pneu → des pneus

- Seven nouns ending in **-ou** take an **x**:

  un bijou → des bijoux *(jewels)*
  un caillou → des cailloux *(pebbles, stones)*
  un chou → des choux *(cabbages)*
  un genou → des genoux *(knees)*
  un hibou → des hiboux *(owls)*
  un joujou → des joujoux *(toys)*
  un pou → des poux[5] *(lice)*

NOTE: All others add **s:** un trou → des trous *(holes)*
un clou → des clous *(nails)*

- Nouns ending in **-al** and **-ail** change to **-aux**:

  un journal → des journaux   un travail → des travaux

  EXCEPTIONS: un festival → des festivals
  un carnaval → des carnavals
  un détail → des détails
  un chandail → des chandails

- Certain nouns are always plural in French:

  les gens   les vacances   les mathématiques

- Some plurals are completely irregular:

  un ciel → des cieux
  un œil → des yeux
  monsieur → messieurs
  mademoiselle → mesdemoiselles
  madame → mesdames

- A compound noun is a noun formed by two or more words connected by a hyphen. The formation of the plural depends on the words that make up the compound noun. In general, if the first word is a verb, it doesn't take the plural. It is best to look up compound nouns in the dictionary when making them plural. For example:

  le beau-frère → les beaux-frères
  le gratte-ciel → les gratte-ciel

- The plural of family names in French is indicated by the plural definite article. No **s** is added to the family name itself:

  Les Martin ont salué des amis dans la rue.
  The Martins greeted some friends in the street.

[5] For generations French children have learned this short list by heart and it has become a cultural joke: **bijou-caillou-chou-genou-hibou-joujou-pou.**

Activités

A. La vie est dure. Vous essayez d'apprendre à votre petite fille que les filles peuvent faire le même travail que les hommes. Corrigez-la, en suivant le modèle.

modèle: directeur
Votre fille: Les hommes sont directeurs!
Vous: Oui. Et un jour tu seras peut-être directrice.

1. chanteur
2. homme d'affaires
3. ingénieur
4. avocat
5. artisan
6. pharmacien
7. patron
8. couturier

B. Quel est le genre? Vous faites une composition en classe dans votre cours de français. Vous ne savez pas le genre de tous les mots suivants que vous voulez utiliser et le professeur ne vous permet pas d'utiliser le dictionnaire. Donc, servez-vous de votre connaissance des terminaisons des mots pour décider du genre de chaque mot.

compétition / serment / russe / Louisiane / loyauté / animal / pilier / tristesse / carnet / cuillère / couteau / Colombie / lion / couture / marxisme / sondage / victoire / fusée / fourchette

C. Une lettre. Un jeune Français écrit pour la première fois à un correspondant américain. Complétez les phrases pour lui. Attention aux articles.

Lyon, le 5 janvier

Cher Jack,

Je / être / de Lyon. Je / aller / aller / à New York cet été. Ma sœur / être / critique de musique / très connu / à New York. Ce / être / ancien / chanteur / d'Opéra. Le mari / de / sœur / être / banquier / important / qui / travailler / à la Banque nationale de Paris à New York. Ils me feront faire / tour / de / ville. Je / vouloir / absolument / voir / les deux / grand / tour / de Manhattan! Peut-être que / je / pouvoir / faire / ta / connaissance / en juillet. En attendant, je / vouloir / aller / tout de suite / à / poste.

A bientôt, j'espère.

Michel

«Interactions»

Use the following information to create conversations with a partner. Try to use the vocabulary and grammar from ***Leçon 2*** as much as possible.

A. Dans l'ascenseur *(elevator).* You are in an elevator with a classmate and the elevator gets stuck between two floors. Your classmate explains that he/she is somewhat claustrophobic **(claustrophobe).** In order to keep him/her from getting more agitated, you decide to make small talk.

- Talk about your classes, your grades, your teachers, etc.
- Discuss your interests. Do you have any common interests?
- Ask a question or make a comment based on something you've observed about the other person or something the other person has said.
- Discuss how long you've been waiting in the elevator.

BRAVO!
Culture et Littérature

B. Présentations. Make the acquaintance of someone in the class. Talk with him/her about where he/she lives, his/her courses, favorite leisure activities, or favorite music. Afterwards, introduce him/her to the other students in the class.

LEÇON 3

Comment demander ou offrir un service

 Instructor's Tape

«Conversation» (conclusion)

Rappel: Have you reviewed the formation and the use of the imperative? (text p. 3 and workbook)

Premières impressions

Soulignez:

- des expressions pour demander et offrir un service

Trouvez:

- qui déjeune au wagon-restaurant

Dans le train. Il est presque midi. Tout le monde commence à avoir faim.

déranger to bother
vivifiant invigorating
une poignée handle
à propos by the way
descendre to go down/**le quai** (train) platform
descendre to bring down
soulever to lift (up)/**tirer** to pull
le chandail sweater
le portefeuille wallet
la frontière border
une lire a lira, the Italian currency

NANCY: Il fait vraiment chaud ici! Si ça ne vous dérangeait° pas, est-ce que vous pourriez ouvrir la fenêtre?

M. KAIRET: Ouvrir la fenêtre? Mais ça va faire un courant d'air, avec la porte qui est ouverte.

MME KAIRET: Juste un petit moment, chéri. Je sais que tu ne te sens pas très bien, mais ça nous fera du bien. Ça changera l'air. Et puis l'air frais, c'est vivifiant.°

M. KAIRET: Je n'y arrive pas... C'est bloqué, je crois.

MME KAIRET: Est-ce que tu veux que je t'aide de ce côté, pendant que tu pousses la poignée?° Attends, je vais t'aider. Allons-y... Voilà, si on pousse en même temps, hein, attends... ça y est. Voilà! C'est bon.

NANCY: Merci, je me sens déjà mieux.

MME KAIRET: Dis, Marcel, tu n'as pas un peu faim? Il est quelle heure, à propos?° Ah, c'est vrai, tu n'as pas ta montre!

NANCY: Il est midi et demi.

MME KAIRET: Ah oui, je me disais bien que c'était l'heure du déjeuner. On va prendre quelque chose au wagon-restaurant? Vous venez avec nous?

LAURENCE: Non, merci, je préfère descendre° sur le quai° pendant que le train est à l'arrêt. Je veux seulement un sandwich et une boisson.

NANCY: Et nous, en fait, nous avons nos sandwichs dans nos sacs. Je pense qu'on va déjeuner ici. Tu veux descendre° notre sac, Charles?

CHARLES: OK... Tu pourrais me donner un coup de main? Tiens là... Pendant que je soulève° la valise, tu tires° le sac vers toi.

NANCY: Comme ça?

CHARLES: Oui, voilà. Ça y est. Attention. Je vais le prendre maintenant... Il est lourd! Tu me laisses un peu de place, s'il te plaît?

MME KAIRET: Marcel, tu pourrais prendre mon chandail° qui est dans la poche extérieure de ma valise?

M. KAIRET: Quelle poche extérieure?

MME KAIRET: Celle de droite. Tu vois mon chandail, il est là, oui, passe-le-moi. Tu vois bien, le noir, le chandail noir. Oui, parce qu'avec ce petit courant d'air, là... Merci beaucoup. Bien, alors, nous, euh... nous, on va au wagon-restaurant. A tout à l'heure...

NANCY: Oui, à tout à l'heure. Bon appétit!

MME KAIRET: Merci. A vous aussi... Tu as bien ton portefeuille,° chéri?

M. KAIRET: Bien sûr! Voyons, comme nous avons passé la frontière,° je me demande s'il faut payer en lires,° ou s'ils acceptent encore l'argent français?

MME KAIRET: Je ne sais pas. Je n'avais pas pensé à ça. On verra... On a des lires de toute façon.

Observation et Analyse

1. Est-ce que M. Kairet est heureux d'ouvrir la fenêtre? Comment sa femme intervient-elle?
2. Que vont faire les jeunes pour le déjeuner? et les Kairet?
3. Quel souci M. Kairet exprime-t-il à sa femme avant de partir pour déjeuner?

4. Quel service Nancy demande-t-elle à M. Kairet? Quel service demande-t-elle à Charles? Que dit Charles pour demander son aide? En quoi ces demandes diffèrent-elles?
5. Comment caractérisez-vous les rapports entre M. et Mme Kairet? Pourquoi?

Réactions

1. Que faites-vous quand vous vous trouvez dans une situation où vous devez déranger quelqu'un?
2. Donnez plusieurs exemples de situations dans lesquelles vous demandez ou offrez un service à quelqu'un. En quoi est-ce que votre façon de vous exprimer change selon les situations?

«Expressions typiques pour...»

Demander à quelqu'un de faire quelque chose *(rapports intimes et familiaux)*

Est-ce que tu pourrais m'aider à mettre cette valise sur le porte-bagages *(suitcase rack)*, s'il te plaît?
Tu peux ouvrir la fenêtre, s'il te plaît?
Excuse-moi, papa/maman, mais pourrais-tu me prêter *(lend)* ta voiture?
Tu veux me donner un morceau de pain, s'il te plaît?
Tu ne voudrais pas m'aider à nettoyer les fenêtres?
Chéri, donne-moi un petit coup de main! *(familiar—give me a hand)*
Aide-moi, veux-tu?

Demander à quelqu'un de faire quelque chose *(rapports professionnels et formels)*

Vous voulez bien ouvrir la fenêtre, s'il vous plaît?
Pardon, pourriez-vous ouvrir la fenêtre, s'il vous plaît?
Excusez-moi, madame/monsieur, j'ai un petit problème... Je n'arrive pas à...
Pardon, madame/monsieur, est-ce que vous pourriez m'aider à mettre cette valise sur le porte-bagages?
Est-ce que cela vous embêterait *(bother)* si on enlevait *(took down)* cette valise?
Excusez-moi, madame/monsieur, est-ce que vous auriez la gentillesse de me dire où se trouve la réception?
Je m'excuse de vous déranger, mais est-ce que vous pourriez m'indiquer la bouche de métro la plus proche?

Proposer de l'aide *(rapports intimes et familiaux)*

Tu veux que je t'accompagne?
Tu veux que j'en parle au directeur?
Je te donne un coup de main? *(familiar)*
Tu as besoin d'un coup de main?
Je t'aide.
Je peux t'aider? Laisse-moi t'aider.

Proposer de l'aide *(rapports professionnels et formels)*

Je vous aide.
Je pourrais vous aider?
Si vous voulez, je peux vous accompagner.
Si cela peut vous rendre service, je veux bien m'en charger.
Laissez-moi vous aider.

Accepter une offre d'aide

Oui, je vous remercie.
Oui, avec plaisir.
Oui, d'accord. Merci.
Oui, c'est très gentil. Merci.
Oui, c'est sympa. *(familiar)*
Merci, ça va beaucoup mieux.

Refuser une offre d'aide

Ça va, merci.
Merci. Je peux le faire moi-même.
Merci, mais ce n'est pas nécessaire.
C'est très gentil, mais j'ai presque terminé.
Non, non. Je crois que ça va.
Merci, mais ce n'est pas la peine. *(Don't bother)*.

M I N I - C O N V E R S A T I O N S

Demander à quelqu'un de faire quelque chose/proposer de l'aide
(rapports intimes et familiaux)

—**Tu veux me donner un coup de main** avec cette valise? Nos sandwichs sont dans le sac qui est derrière.
—Oui, voilà. **Tu veux que je descende** la valise?

Proposer de l'aide/refuser une offre d'aide *(rapports professionnels et formels)*

—**Je peux vous aider** avec cette valise?
—**Ça va, merci.** Elle n'est pas bien lourde.

A VOUS

- Vous avez un examen demain dans le cours de mathématiques. Demandez à votre ami(e) de vous aider à réviser ce soir.
- Vous voyez une vieille dame/un vieux monsieur à l'air confus qui vient de descendre de l'autobus. Proposez-lui de l'aide. Elle/Il accepte.

«Mots et expressions utiles»

L'argent

une carte de crédit *a credit card*
le chèque de voyage *traveler's check*
le chéquier *checkbook*
emprunter *to borrow*
(toucher)
encaisser *to cash (a check)*
le portefeuille *wallet, billfold; portfolio*
un prêt *a loan*
prêter *to lend*

—Jeanne, j'ai un petit problème. Je n'ai plus d'argent! J'ai oublié d'**encaisser un chèque de voyage** et je n'ai pas apporté mon **chéquier.** Pourrais-tu me **prêter** de l'argent pour le déjeuner?
—Bien sûr! J'ai ma **carte de crédit.** Je peux bien t'offrir le déjeuner.
—Merci! Tu es vraiment une amie sympa!

Rendre un service

Ce n'est pas la peine. *Don't bother.*
déranger *to bother*
donner un coup de main à quelqu'un *(familiar) to give someone a hand*
embêter *to bother*

Le voyage

descendre *to go down; to get off (train, etc.); to bring down (luggage)*
enlever *to take something out, off, down*
la frontière *border*
monter *to go up; to get on (train, etc.); to bring up (luggage)*
le porte-bagages *suitcase rack*
le quai *(train) platform*

—Tu es prête? Nous n'avons que quelques minutes avant de partir.
—Oui. Euh... non! J'ai laissé un sac sur le **porte-bagages. Donne-moi un coup de main,** s'il te plaît... Voilà. Merci.

Liens culturels

Le Bac

«Passe ton bac d'abord!» est la litanie que des générations de parents ont déversé *(have poured out)* sur des générations de lycéens. Le bac, l'examen qui marque la fin des études du lycée, est le visa nécessaire à l'entrée dans la vie professionnelle. Il ouvre les portes des universités et entrouvre *(half opens)* celles des grandes écoles.[7] En 1990, 73 pour cent des lycéens réussissent le bac, mais il faut dire que ce n'est pas sans effort. Il y a des «recettes» *(recipes)* pour réussir qui sont publiées. Les respectables *Annales Vuibert* tiennent une large part du marché. Il y a aussi des manuels de révision: *Anabac, Prépabac, Point Bac.* Des compagnies privées offrent des leçons particulières; le centre national d'enseignement offre des cours de soutien *(support)*; il y a aussi des séjours linguistiques à l'étranger pour perfectionner les langues étudiées. Le Minitel[8] dispense aussi des conseils sur l'orientation et fournit des exercices et révisions pour le bac. L'existence d'un fort taux de chômage *(high rate of unemployment)* provoque beaucoup d'anxiété dans toutes les familles. Comme il y a un grand nombre de clients potentiels, il y a aussi une grande industrie du bac.

Activités

A. Entraînez-vous: De l'aide. Trouvez deux façons de demander de l'aide à chacune des personnes suivantes. Variez, bien sûr, vos expressions.

modèle: une amie / vous n'avez pas d'argent
Excuse-moi, Monique, mais pourrais-tu me prêter de l'argent?
Tu peux me prêter de l'argent, s'il te plaît?

1. votre mère / votre voiture ne marche pas
2. un agent de police / vous avez perdu votre portefeuille
3. dans l'autobus / vous ne savez pas où descendre
4. à l'ambassade de France / vous avez besoin d'un visa tout de suite
5. la concierge / vous allez en vacances
6. un dîner en famille / votre viande n'est pas assez salée

B. Jouez le rôle. Choisissez maintenant une des situations de l'exercice A, et jouez les rôles avec un(e) camarade de classe. N'oubliez pas de saluer et de prendre congé selon la situation.

C. Imaginez. Demandez de l'aide à quelqu'un dans les contextes suivants. Imaginez un problème, puis sa solution.

modèles: en classe
Excuse-moi. Je n'ai pas de stylo. Peux-tu m'en prêter un? OU:
Excusez-moi, Monsieur Goudin. Je n'ai pas entendu la dernière phrase. Auriez-vous la gentillesse de répéter?

1. dans un train
2. à la bibliothèque
3. au restaurant
4. à la banque
5. à l'hôpital
6. au travail

[7] Les grandes écoles sont des écoles supérieures spécialisées et prestigieuses où l'on peut être admis en réussissant à un examen très compétitif que l'on prépare pendant deux ans (minimum) après le bac. (Exemples: Ecole polytechnique, Ecoles normales supérieures, Hautes Etudes commerciales.)

[8] Le Minitel (nom composé où **tel** vient de **terminal** ou **téléphone**) est un terminal ordinateur qui permet de consulter une banque de données vidéotex. Il est commercialisé par France Télécom. De plus en plus de Français en possèdent un à la maison et l'utilisent dans leur vie quotidienne, pour savoir l'horaire des trains, avoir le bulletin-météo, etc.

«Grammaire»

Le Conditionnel

La formation

The conditional in French is useful when making a request or asking for favors. It is equivalent to a compound verb form in English (*would* + infinitive).

> Je **voudrais** un renseignement, s'il vous plaît.
> *I would like some information, please.*

To form the conditional, add the imperfect endings **(-ais, -ais, -ait, -ions, -iez, -aient)** to the infinitive. Notice that the final **e** of **-re** verbs is dropped before adding the endings.

- Verbes réguliers

	parler	**finir**	**rendre**
je	parler**ais**	finir**ais**	rendr**ais**
tu	parler**ais**	finir**ais**	rendr**ais**
il/elle/on	parler**ait**	finir**ait**	rendr**ait**
nous	parler**ions**	finir**ions**	rendr**ions**
vous	parler**iez**	finir**iez**	rendr**iez**
ils/elles	parler**aient**	finir**aient**	rendr**aient**

> J'**aimerais** bien parler avec le propriétaire.
> *I would like to talk with the owner.*

- Changements orthographiques dans certains verbes en **-er**

Some **-er** verbs undergo changes in the infinitive before the endings are added:

> Verbs like **acheter:** j'ach**è**terais; nous l**è**verions
> Verbs like **essayer:** j'ess**ai**erais; vous pa**i**eriez
> Verbs like **appeler:** j'appe**ll**erais; ils je**tt**eraient

- Verbes irréguliers

The following verbs have irregular stems:

aller: j'**irais**	devoir: je **devrais**
avoir: j'**aurais**	envoyer: j'**enverrais**
courir: je **courrais**	être: je **serais**
faire: je **ferais**	savoir: je **saurais**
falloir: il **faudrait**	tenir: je **tiendrais**
mourir: je **mourrais**	valoir: il **vaudrait**
pleuvoir: il **pleuvrait**	venir: je **viendrais**
pouvoir: je **pourrais**	voir: je **verrais**
recevoir: je **recevrais**	vouloir: je **voudrais**

> Je **voudrais** trois billets aller-retour, s'il vous plaît.
> *I would like three round trip tickets, please.*

L'emploi

The conditional is often used to express wishes or requests.

> Maman, est-ce que tu **pourrais** m'aider à faire mes devoirs?
> *Mom, could you help me with my homework?*

It also lends a tone of deference or politeness, which makes a request less abrupt.

> **Pourriez**-vous me dire où se trouve la poste, s'il vous plaît?
> *Could you please tell me where the post office is?*

Often, expressions such as **Pardon, madame** or **Excusez-moi, monsieur** are used to make a request more polite.

> **Pardon, monsieur, auriez**-vous la gentillesse de m'indiquer où se trouve la rue Victor Hugo?
> *Pardon me, sir, would you be so kind as to show me where Victor Hugo Street is?*

The conditional of the verb **devoir** corresponds to *should* in English. It is frequently used to give advice.

> Vous **devriez** bien étudier pour cet examen!
> *You should study hard for this test!*

The use of the conditional to indicate a hypothetical fact that is the result of some condition will be presented in ***Chapitre*** 7.

Activités

A. Soyez poli(e)! Vous êtes à l'université. Vous voulez vous inscrire. Mettez ces phrases au conditionnel.

1. Je veux de l'aide.
2. Pouvez-vous m'aider à m'inscrire?
3. Je peux vous emprunter un stylo?
4. Il me faut le cours de maths.
5. Ça me plaît de suivre un cours de géographie.
6. Vous devez envoyer des renseignements sur les cours à mon adresse permanente.

Le Minitel peut vous aider à réviser pour le bac et pour le brevet.[6] Comment préparez-vous vos examens?

[6] Le brevet: l'examen scolaire que les étudiants français passent avant d'entrer au lycée.

B. Si nous étions plus sérieux... Ces étudiants ont de très bonnes intentions, mais les bonnes intentions, ça ne suffit pas toujours! Mettez les désirs suivants au conditionnel.

modèle: Nous assistons à tous nos cours.
Nous assisterions à tous nos cours.

1. Je sais par cœur la constitution du pays.
2. Tu parles couramment l'allemand, l'arabe et le français.
3. Marianne passe tout son temps à la bibliothèque.
4. Mes amis choisissent toujours les cours les plus difficiles.
5. Avec des cassettes, tu peux même apprendre en dormant.
6. Nous préférons les devoirs aux sorties *(outings)*.

C. Dans le métro. On parle très peu aux étrangers dans le métro, mais on entend de temps en temps les phrases suivantes. Pour les compléter, mettez les verbes ci-dessous au conditionnel.

pouvoir / vouloir / savoir / devoir / avoir

1. _____-vous la gentillesse de me laisser m'asseoir? J'ai mal aux jambes.
2. _____-vous ouvrir la fenêtre? Il fait vraiment chaud ici.
3. _____-vous l'heure, monsieur?
4. Vous _____ vous asseoir, madame. Vous êtes pâle comme tout.
5. _____-je m'asseoir à côté de vous, monsieur?

La femme ne sait pas quelle ligne de métro elle doit prendre. Imaginez leur conversation.

D. Si c'était possible... Complétez les phrases suivantes. Comparez vos réponses à celles de vos camarades de classe.

1. Ça me plairait de...
2. Vous devriez...
3. Je voudrais...
4. Il me faudrait...
5. J'aimerais...

«Interactions»

Use the following information to create conversations with a partner. Try to use the vocabulary and grammar from ***Leçon 3*** as much as possible.

A. Une situation embarrassante. You make an appointment with the professor of a class in which you are not doing well. Explain how you find yourself in an embarrassing situation. You need to study for the exam but have lost your class notes **(notes** [*f*] **de classe).** Explain that you need some time to borrow a friend's notes and to study, and ask if you can take the exam in two days.

BRAVO!
Culture et Littérature

B. Soyez ferme! There are times in life when one should not be polite. A persistent street vendor is trying to sell you something in the Jardin des Tuileries. Be firm but not abusive. Explain that you just arrived in France and do not want to buy too many things. Ask him if he would be so kind as to let you go **(laisser partir).** Explain that he should leave you alone **(laisser tranquille)** or you are going to call for help **(appeler quelqu'un à l'aide).**

Activités orales

A. Ah, le temps! In your dream you are in a situation where you can find no topic of conversation other than the weather. Role play the situation with a classmate. Discuss the following:

- today's weather
- what yesterday's weather was like; what tomorrow's will be
- the same season last year
- the weather in other parts of the country or in Europe

B. Dîner avec une vedette. You have won an evening on the town with your favorite actor/actress. You go out to dinner at the best restaurant in town. Greet him/her. Make small talk. Include a discussion of the following:

- why he/she became an actor/actress
- what his/her future plans **(projets)** are
- his/her films that you admired
- his/her personal life (brothers/sisters, leisure activities, etc.)
- if he/she could sign your menu **(menu,** *m***)**
- if you could visit his/her home

Listen to Student Activity Tape, ***Chapitre 1,*** and complete the corresponding Student Activity Worksheet in your workbook.

Activités écrites

A. Un(e) correspondant(e). You have a new pen pal. Write a short letter introducing yourself. Tell your pen pal about the region in which you live, your family, your interests, and your life (at school or at work). Ask him/her questions about his/her life. Begin the letter with **Cher/Chère...** and end with **Amicalement.**

B. Une requête. You are the representative for **l'Union nationale des étudiants français (UNEF),** a group that advocates student rights. You must write a very polite letter to the president of the university stating that the students are not happy and that they would like to make several requests. Using the phrases found in the poster, request that free choice of university be maintained, as well as state validation of diploma types. State that you would not like an increase in tuition. In addition, ask if they could improve **(améliorer)** the food in the cafeteria **(restaurants universitaires)**. Finally, request a meeting **(rendez-vous,** ***m*****)** to discuss your concerns. Begin with: **Monsieur le Président** or **Madame la Présidente.** Finish with: **Veuillez agréer, Monsieur le Président/Madame la Présidente, l'expression de mes sentiments respectueux.**

♦ Turn to ***Appendice A*** for a complete list of active chapter vocabulary. Note that the listing for each chapter includes a ***Divers*** category. These are miscellaneous words or expressions used throughout the three lessons.

CHAPITRE 2

«Je t'invite... »

Révisons un peu

The information presented here is intended to refresh your memory of various grammatical topics that you have probably encountered before. Review the material and then test your knowledge by completing the accompanying exercises in the workbook.

Avant la première leçon

Quelques Verbes irréguliers: le présent

A. Les plus communs

- **avoir** *(to have)*

j'ai	nous avons
tu as	vous avez
il/elle/on a	ils/elles ont

- **être** *(to be)*

je suis	nous sommes
tu es	vous êtes
il/elle/on est	ils/elles sont

- **aller** *(to go)*

je vais	nous allons
tu vas	vous allez
il/elle/on va	ils/elles vont

- **faire** *(to do; to make)*

je fais	nous faisons
tu fais	vous faites
il/elle/on fait	ils/elles font

B. Verbes en *-ir*

- **partir** *(to leave)*

je pars	nous partons
tu pars	vous partez
il/elle/on part	ils/elles partent

Like **partir: sortir** *(to go out);* **mentir** *(to lie)*

- **dormir** *(to sleep)*

je dors	nous dormons
tu dors	vous dormez
il/elle/on dort	ils/elles dorment

- **servir** *(to serve)*

je sers	nous servons
tu sers	vous servez
il/elle/on sert	ils/elles servent

- **venir** *(to come)*

je viens	nous venons
tu viens	vous venez
il/elle/on vient	ils/elles viennent

Like **venir: revenir** *(to come back);* **devenir** *(to become);* **tenir** *(to hold);* **retenir** *(to hold back)*

NOTE: **venir de + infinitif** = *to have just done something*

C. Verbes en *-re*

- **mettre** *(to put; to put on)*

je mets	nous mettons
tu mets	vous mettez
il/elle/on met	ils/elles mettent

Like **mettre: permettre** *(to permit);* **promettre** *(to promise);* **battre** *(to beat)*

- **dire** *(to say; to tell)*

je dis	nous disons
tu dis	vous dites
il/elle/on dit	ils/elles disent

Like **dire: lire** *(to read)* (except for the regular **vous** form: vous li**s**ez)

- **écrire** *(to write)*

j'écris	nous écrivons
tu écris	vous écrivez
il/elle/on écrit	ils/elles écrivent

Like **écrire: décrire** *(to describe);* **s'inscrire à/pour** *(to join; to sign up for)*

- **prendre** *(to take)*

je prends	nous prenons
tu prends	vous prenez
il/elle/on prend	ils/elles prennent

Like **prendre: comprendre** *(to understand);* **apprendre** *(to learn);* **surprendre** *(to surprise)*

D. Verbes en *-oir(e)*

- **pouvoir** *(to be able)*

je peux	nous pouvons
tu peux	vous pouvez
il/elle/on peut	ils/elles peuvent

- **vouloir** *(to wish; to want)*

je veux	nous voulons
tu veux	vous voulez
il/elle/on veut	ils/elles veulent

Sortir - You dont usually go out from a place
Partir - I'm leaving the ____

- **devoir** *(to have to; to owe)*

je dois	nous devons
tu dois	vous devez
il/elle/on doit	ils/elles doivent

- **croire** *(to believe)*

je crois	nous croyons
tu crois	vous croyez
il/elle/on croit	ils/elles croient

Like **croire: voir** *(to see)*

- **valoir** *(to be worth)*

je vaux	nous valons
tu vaux	vous valez
il/elle/on vaut	ils/elles valent

NOTE: The third-person singular form is most often used: **il vaut.**

valoir mieux *(to be better)*
valoir la peine *(to be worth the trouble)*

- **falloir** *(to be necessary)*
  il faut

- **pleuvoir** *(to rain)*
  il pleut

Avant la deuxième leçon

Les Articles

A. L'Article défini

	Singulier	**Pluriel**
Masculin	le restaurant	les restaurants
Féminin	la station	les stations
Voyelle ou *h* muet	l'ami l'amie l'hôtel	les amis les amies les hôtels

The definite article contracts with **à** *(at, to, in)* and **de** *(from, of, about)* as follows:

- Definite article with **à**

	Singulier	**Pluriel**
Masculin	au restaurant	aux restaurants
Féminin	à la station	aux stations
Voyelle ou *h* muet	à l'hôtel	aux hôtels

- Definite article with **de**

	Singulier	**Pluriel**
Masculin	du restaurant	des restaurants
Féminin	de la station	des stations
Voyelle ou *h* muet	de l'hôtel	des hôtels

B. L'Article indéfini

	Singulier	**Pluriel**
Masculin	un hôtel	des hôtels
Féminin	une serviette	des serviettes

C. Le Partitif

The partitive article is used with a noun to indicate part of a whole. In English, we use the words *some* or *any* or nothing at all in place of the partitive article. The partitive article in French is a combination of **de** and the definite article.

	Singulier	**Pluriel**
Masculin	du pain	des fruits
Féminin	de la crème	des framboises
Voyelle ou *h* muet	de l'eau	des hors-d'œuvre

Some grammarians do not consider the plural form **des** as a true partitive. They regard it as the plural indefinite article. In practical usage, there is no difference.

D. Les Expressions de quantité

Expressions of quantity are followed by **de** plus the noun. The article is omitted.

assez de *enough*
autant de *as much, as many*
beaucoup de *many, a lot of*
combien de *how many, how much*
moins de *less, fewer*
peu de *few, little*
plus de *more*
tant de/tellement de *so much, so many*
trop de *too much*
une boîte (un paquet) de *a box, can (package) of*
une bouteille (une tasse, etc.**) de** *a bottle (a cup, etc.) of*
une cuillerée de *a spoonful of*
une douzaine de *a dozen of*
un kilo (une livre, etc.**) de** *a kilo (a pound, etc.) of*
un litre de *a liter of*
un morceau de *a piece of*
une paire de *a pair of*
un peu de *a little*
une tranche de *a slice of*

Il y a **beaucoup de** clients au café.
There are many customers in the café.

Il reste **peu de** vin dans son verre.
There is only a little wine left in his/her glass.

EXCEPTIONS: **Bien de, la plupart de, la plus grande partie de,** and **la majorité de** are followed by the definite article:

La plupart des clients boivent du vin.
Most of the customers are drinking wine.

Avant la troisième leçon

Les Mots interrogatifs

où *(where)*	**Où** est-ce que je peux trouver une épicerie?
à quelle heure *(when, at what time)*	**A quelle heure** est-ce que l'épicerie ouvre?
quand *(when)*	**Quand** arrivent les pommes de terre nouvelles?
combien *(how much)*	**Combien** coûte un kilo de bananes?
combien de *(how much, how many)*	**Combien de** kilos voulez-vous?
comment *(how)*	**Comment** sont les pêches aujourd'hui?
pourquoi *(why)*	**Pourquoi** est-ce que tout est si cher?

NOTE: Both **est-ce que** and inversion are correct. In short questions using simple tenses and adverbs other than **pourquoi,** the following order is permitted: adverb + verb + noun.

Quand vient ton père?
BUT: **Pourquoi** ton père ne vient-il pas?

LEÇON 1

Comment inviter; comment accepter ou refuser une invitation

 Instructor's Tape

«Conversation»

Rappel: Have you reviewed the present tense of common irregular verbs? (text pp. 32–33 and workbook)

Premières impressions

Soulignez:

- des expressions pour inviter, accepter et refuser une invitation

Trouvez:

- qui habite le plus près de l'université: Jean-Louis ou Marie

la rentrée start of the new school year

C'est la rentrée.° Marie et Jean-Louis, amis d'enfance, ne se sont pas vus depuis plusieurs ans. Maintenant étudiants à l'université, ils se retrouvent comme par hasard dans le même cours de maths et s'attendent à la sortie de la salle de classe.

MARIE: Eh, Jean-Louis, salut! Qu'est-ce que tu fais là?
JEAN-LOUIS: Marie, c'est toi? Ça fait longtemps!
MARIE: Oui, euh... à peu près dix ans, hein?
JEAN-LOUIS: Ah, tiens, ça va?
MARIE: Oui, ça va bien. Enfin, ça va, quoi! Je trouve qu'il est dur, ce cours! Pas toi?
JEAN-LOUIS: Oui, c'est difficile.
MARIE: Oui, vraiment alors, je trouve qu'on doit beaucoup travailler, hein? Mais, euh, tu habites par là?
JEAN-LOUIS: Oui, moi, je suis tout en bas de la rue.
MARIE: Ah, mais oui! C'est vrai que toi et ta famille vous habitiez là...
JEAN-LOUIS: Comme ça, je peux dormir plus tard pour les cours!
MARIE: *(Elle rit)* Oh, ne m'en parle pas! Quelle horreur! Moi, je dois me lever très très tôt. Je prends le R.E.R.[1] et il me faut une heure pour arriver à l'heure.
JEAN-LOUIS: Quoi? Une heure? Dis-donc, j'ai de la chance, alors! Euh... dis-moi, qu'est-ce que tu fais mercredi?
MARIE: Ecoute, mercredi, en principe, euh, je n'ai rien de prévu. Mais, attends, je vais vite vérifier° dans mon agenda°... Ah, ben non, attends... non, j'ai mon cours d'aérobic mercredi soir. Pourquoi?
JEAN-LOUIS: Maman fait un repas, alors je pensais que tu pourrais venir, peut-être... pour le dîner.
MARIE: Ah! Oui, cela me ferait vraiment plaisir de la revoir! Ça fait longtemps! Oh, oui, mais alors, mercredi, malheureusement, je ne peux pas. Euh... jeudi?
JEAN-LOUIS: Oui, pourquoi pas?
MARIE: Alors, à quelle heure?
JEAN-LOUIS: Je ne sais pas, sept heures, 7h30. Ça te va?
MARIE: Oui, très bien. Vous habitez toujours 36...
JEAN-LOUIS: En bas de la rue, c'est ça.
MARIE: Très bien, d'accord.
JEAN-LOUIS: Super! Je te passe un coup de fil,° et puis on confirme, OK?
MARIE: D'accord. Autrement, je réserve 7h30 jeudi. Extra!° C'est chouette° de te retrouver comme ça! Surtout n'oublie pas de dire bonjour à ta mère de ma part.
JEAN-LOUIS: OK. Ciao!

◆ The French tend to use many pause words (i.e., conversational fillers) in oral speech, such as **ben, euh, alors,** and **écoute.** You will study them in ***Chapitre 4.***

vérifier to check/**un agenda** engagement calendar

passer un coup de fil to give (someone) a telephone call
extra! (familiar) great!
chouette! (familiar) great!

A suivre

[1] R.E.R.: Réseau express régional—le train de banlieue parisien

Observation et Analyse

1. Où a lieu *(takes place)* cette conversation?
2. Pourquoi Jean-Louis et Marie sont-ils surpris de se revoir?
3. Dites où chacun habite maintenant.
4. Quels sont les détails de l'invitation: le jour, l'heure, l'endroit, ce qu'ils vont faire?
5. A peu près quel âge Jean-Louis et Marie ont-ils? Se connaissent-ils bien? Comment le savez-vous?

Réactions

1. Où est-ce que vous habitez? Combien de temps est-ce que ça prend pour vous rendre à votre première classe à l'université? Pensez-vous déménager *(move)* plus près ou allez-vous rester où vous êtes pour le reste de vos études?
2. Rencontrez-vous de temps en temps un(e) vieil(le) ami(e) que vous n'avez pas vu(e) depuis longtemps? Expliquez. Invitez-vous cette personne à faire quelque chose avec vous? Qu'est-ce que vous lui proposez de faire?

Quelle sorte d'invitation est-ce? Est-ce que c'est un restaurant très cher?

[2] service non compris

«Expressions typiques pour...»

◆ Many of the expressions for accepting and refusing an invitation can be used in both formal and informal contexts, particularly those that are starred.

◆ Remember to use the **vous** form when addressing more than one person.

Inviter[3]

(rapports intimes et familiaux)

Si tu es libre, je t'invite au restaurant.
J'ai envie *(feel like)* d'aller au ciné. Ça t'intéresse?/Ça te dit?/Ça te va?
Qu'est-ce que tu fais ce soir? Tu veux venir avec nous?
Si tu étais libre, tu pourrais dîner à la maison.

Accepter l'invitation

Oui, c'est une bonne idée.
Entendu!
D'accord. Je veux bien.
Oui, je suis libre. Allons-y!
*Je n'ai rien de prévu. *(I have no plans.)*
*Ça me ferait plaisir de...

Refuser l'invitation

*Malheureusement, je ne peux pas ce soir-là.
Tu sais, je n'ai pas le temps ce soir, mais...
*Ce n'est pas possible: je suis pris(e) *(not available)*.
*Ce serait sympa, mais...

Inviter

(rapports professionnels et formels)

Pourriez-vous venir dîner au restaurant?
Je vous invite à dîner.
Ça vous intéresserait de...
Nous aimerions vous inviter à...
On se fera un plaisir de vous recevoir.

Accepter l'invitation

Ça me ferait grand plaisir.
Volontiers. *(Gladly.)* Je serais enchanté(e) de venir.
J'accepte avec plaisir. Merci.
Je vous remercie. *(Thank you.)* C'est gentil à vous.

Refuser l'invitation

*Je suis désolé(e) *(sorry)*, mais...
*Merci beaucoup, mais je ne suis pas libre.
C'est gentil de votre part, mais j'ai malheureusement quelque chose de prévu *(I have plans)*.

MINI-CONVERSATIONS

Inviter/accepter *(rapports intimes)*

—Dis-moi, **qu'est-ce que tu fais** mercredi?
—Ecoute, mercredi, **je n'ai rien de prévu.**
—Je pensais que **tu pourrais peut-être venir dîner** à la maison.
—**Je veux bien, oui.** C'est gentil.

Inviter/refuser *(rapports professionnels et formels)*

—A propos, **ça vous intéresserait de voir** la nouvelle exposition d'art impressionniste demain?
—Oui, j'aimerais bien, mais **malheureusement, je ne suis pas libre.** Mon frère et sa femme viennent nous rendre visite. Peut-être un autre jour... Jusqu'à quand dure l'expo?

[3] De façon générale, les Français aiment inviter à déjeuner ou à dîner à la maison les membres de leur famille et un cercle d'amis intimes. Ils hésitent, en revanche *(on the other hand)*, à inviter de simples connaissances, ce qui a fait dire à l'humoriste Pierre Daninos que: «Les Français peuvent être considérés comme les gens les plus hospitaliers du monde, pourvu que *(provided that)* l'on ne veuille *(want)* pas entrer chez eux». *(Les Carnets du Major Thompson,* 1954)

A VOUS

- Invitez votre ami(e) à dîner. Votre ami(e) refusera poliment l'invitation.
- Invitez un(e) nouveau/nouvelle collègue qui ne connaît pas bien votre ville à déjeuner au restaurant avec vous. Votre collègue acceptera l'invitation.

«Mots et expressions utiles»

L'invitation

un agenda *engagement calendar*
avoir envie de (+ infinitif) *to feel like (doing something)*
avoir quelque chose de prévu *to have plans*
donner rendez-vous à quelqu'un *to make an appointment with someone*
emmener quelqu'un *to take someone (somewhere)*
être pris(e) *to be busy (not available)*
ne rien avoir de prévu *to have no plans*
passer un coup de fil à quelqu'un *to telephone someone*
poser un lapin à quelqu'un *(familiar) to stand someone up*
projeter de (+ infinitif) *to plan on (doing something)*
les projets m pl *plans*
faire des projets *to make plans*
regretter/être désolé(e) *to be sorry*
remercier *to thank someone*
vérifier *to check*

Qui?

le chef *head, boss*
un/une collègue *fellow worker*
un copain/une copine *a friend*
le directeur/la directrice *director*
le/la patron(ne) *boss*

Quand?

la semaine prochaine/mardi prochain *next week/next Tuesday*
dans une heure/deux jours *in an hour/two days*
samedi en huit/en quinze *a week/two weeks from Saturday*
tout de suite *right away*

Où?

aller en boîte *to go to a nightclub*
aller au cinéma/à un concert/au théâtre *to go to a movie/a concert/the theater*
aller à une soirée *to go to a party*
aller voir l'exposition Edouard Manet *to go see the Edouard Manet exhibit*
aller voir une exposition de photos/de sculptures *to go see a photography/sculpture exhibit*
prendre un verre/un pot *(familiar) to have a drink*

Quelle journée! **Mon patron m'a donné rendez-vous** à onze heures ce matin afin de discuter de **nos projets** pour un nouveau compte *(account)*. Eh bien, j'ai travaillé presque toute la nuit pour me préparer et, par conséquent, j'ai peu dormi. Tu sais ce qui est arrivé? **Il m'a posé un lapin**! Il a dû oublier notre rendez-vous (il ne l'a sûrement pas noté dans son **agenda**), et il est parti. Après son retour, il m'a dit qu'il **était vraiment désolé.** Qu'est-ce que je pouvais lui dire? C'est mon **patron!**

Activités

A. Entraînez-vous: Invitons. Invitez chacune des personnes suivantes, de deux ou trois façons différentes. Aidez-vous des ***Expressions typiques pour....***

1. un(e) bon(ne) copain/copine à manger dans un restaurant
2. votre petit(e) ami(e) à dîner chez vos parents
3. un(e) nouvel(le) employé(e) de votre entreprise à manger à la cafétéria
4. les parents de votre petit(e) ami(e), dont vous venez de faire la connaissance, à dîner chez vous dimanche soir
5. votre grand-mère à passer le week-end chez vous

B. Une leçon de vocabulaire... Votre petit frère a une liste de vocabulaire à apprendre. Aidez-le en lui donnant un synonyme pour chaque expression. Utilisez les ***Mots et expressions utiles.***

1. le contraire de **se présenter à un rendez-vous avec quelqu'un**
2. le contraire d'**être pris(e)**
3. désirer faire quelque chose
4. quelqu'un avec qui on travaille
5. le patron
6. boire quelque chose ensemble
7. le contraire de **la semaine passée**
8. être désolé(e)
9. téléphoner à quelqu'un
10. dire merci

C. Conversation entre amis après les cours. Complétez la conversation suivante avec les ***Mots et expressions utiles.*** Faites les changements nécessaires.

MIREILLE: Est-ce que ça vous intéresse de _______ au café Tantin? J'ai soif!

SYLVIE: C'est une bonne idée. Mais je ne peux pas y rester trop longtemps. Je _______ de retrouver Robert _______ deux heures devant le musée d'Orsay.

MARC: C'est qui, Robert? Un de tes _______ de bureau?

SYLVIE: Oui, et il est très sympa. Si j'arrive en retard, il pensera probablement que je lui *(passé composé)* _______.

MIREILLE: Et toi, Thérèse?

THERESE: Zut! Je _______, je ne peux pas y aller; j'ai quelque chose _______. En fait, je suis déjà en retard. Au revoir!

THOMAS: Je pense aller voir _______ Picasso ce soir. Quels sont tes _______, Sara? Ça t'intéresse d'y aller?

SARA: Oui, mais je suis _______. J'ai promis à ma petite sœur de l'_______ au cinéma pour voir le nouveau film de Disney.

D. Imaginez. Acceptez ou refusez chacune des invitations suivantes en variant vos réponses. Si vous refusez, donnez une raison. Attention au degré de respect que vous devez montrer.

1. (à M. Journès) Pourriez-vous venir prendre l'apéritif avec nous dimanche?
2. (à un[e] collègue) Ça vous intéresserait d'aller au concert ce soir?
3. (à un[e] copain/copine) Tu es libre demain soir? Viens dîner chez moi.
4. (à votre cousin[e]) Je t'invite à voir la nouvelle pièce de Fernando Arrabal ce week-end.
5. (à votre petit[e] ami[e]) J'ai envie d'aller à la brasserie Turbot après le cours. Tu as quelque chose de prévu?

«Grammaire»

Les Verbes irréguliers: *boire, recevoir, offrir* et *plaire*

You have already reviewed the present tense of some very common irregular verbs in ***Révisons un peu.*** The following irregular verbs are important in contexts related to inviting, as well as offering food and drink.

- **boire** *(to drink)* past participle: **bu**

  je **bois** — nous **buvons**
  tu **bois** — vous **buvez**
  il/elle/on **boit** — ils/elles **boivent**

  D'habitude, je **bois** du café le matin, mais hier j'**ai bu** du thé.

- **recevoir** *(to receive; to entertain)* past participle: **reçu**

  je **reçois** — nous **recevons**
  tu **reçois** — vous **recevez**
  il/elle/on **reçoit** — ils/elles **reçoivent**

  Like **recevoir: décevoir** *(to disappoint)*, **apercevoir** *(to notice, see)*

  Je **reçois** beaucoup de coups de téléphone, mais je n'en **ai** jamais **reçu** de cet homme dont tu parles.

♦ When a **c** is followed by **a**, **o**, or **u**, a **cédille (ç)** is added under it to keep the soft **c** sound. In a few words, such as **vécu**, the **c** sound is meant to be hard, and thus no **cédille** is used.

Parlez d'une situation où les mauvaises manières du garçon vous ont déplu.

- **offrir** *(to offer)* past participle: **offert**

j'**offre**	nous **offrons**
tu **offres**	vous **offrez**
il/elle/on **offre**	ils/elles **offrent**

Like **offrir: ouvrir** *(to open),* **souffrir** *(to suffer)*

Ma grand-mère **souffre** d'arthrose. Elle en **a souffert** toute sa vie, la pauvre.

- **plaire** *(to please)* past participle: **plu**

Most common forms: il/elle/on **plaît** ils/elles **plaisent**

Like **plaire: déplaire** *(to displease)*

Est-ce que ce restaurant te **plaît?**
Do you like this restaurant? (Does this restaurant please you?)

NOTE: An indirect object is always used with **plaire** (something or someone is pleasing *to* someone), and thus the word order is the opposite of that in English:

Les mauvaises manières du garçon lui **ont déplu.**
He/She didn't like the waiter's bad manners.
(The waiter's bad manners displeased him/her.)

Activités

A. Au restaurant. Vous entendez des fragments de conversation. Remplacez les sujets en italique par les sujets entre parenthèses, et faites les changements nécessaires pour compléter les phrases suivantes.

1. *Tu* bois du scotch, n'est-ce pas? (Vous / Elle / Georges et Jacques)
2. *L'ambiance de ce restaurant* me plaît beaucoup. (Les tableaux / Les nouveaux prix ne... pas / Ce quartier)
3. *Nous* ouvrons bientôt un bistro. (Ils / On / Mon cousin et moi)
4. *Je vous* offre la meilleure table du restaurant. (Est-ce que vous me...? / Le patron nous / Nous vous)
5. *L'attitude du garçon me* déplaît. (Le mauvais service nous / Les sports américains ne vous... pas / Votre proposition ne nous... pas, au contraire même)

Liens culturels

Les Sorties entre copains

Les jeunes Français de vingt ans ou moins n'ont pas l'habitude de sortir en couple. Le «date» individuel n'existe pas vraiment pour eux. Si un garçon passe chercher une fille chez elle, c'est en général dans le but de rejoindre un groupe d'amis à un endroit prévu et de décider ensemble de ce qu'ils veulent faire.

B. Chez Chantal. Chantal reçoit des amis. Dans les extraits suivants de leurs conversations, remplissez les blancs avec la forme appropriée d'un de ces verbes.

recevoir / boire / décevoir / offrir / ouvrir / souffrir / plaire / déplaire

1. Hélène, qu'est-ce que tu ________ ce soir? Du vin?
2. Marc, est-ce que je peux t'________ quelque chose à boire aussi?
3. Est-ce que ce vin blanc vous ________?
4. Nous ________ rarement des amis, vous savez. Mon mari et moi travaillons tous les deux et, malheureusement comme tout le monde, nous ________ de la maladie qui s'appelle «le manque de temps»!
5. Et les filles de Marc? Qu'est-ce qu'elles ________? Du coca, comme toujours?
6. Mais qu'est-ce qu'on entend? Est-ce que c'est un disque d'Edith Piaf? J'espère que ses chansons ne vous ________ pas...
7. Bon, tout est enfin prêt. Je vous ________ un repas très simple, mais à la française!

C. Questions indiscrètes. Posez les questions suivantes à un(e) ami(e). Donnez un résumé de ses réponses à la classe.

1. Qu'est-ce que tu bois quand tu vas aux soirées?
2. Que préfères-tu boire après avoir travaillé au soleil?
3. Qu'est-ce que tu bois quand tu manges une pizza? des sandwichs?
4. Ouvres-tu plus souvent une bouteille de jus ou une bouteille de coca?
5. Souffres-tu de maux de tête ou même de crises de nerfs *(fits of hysterics)* quand tu reçois des amis chez toi? quand tu passes des examens?

«Interactions»

Use the following information to create conversations with a partner. Try to use the vocabulary and grammar from ***Leçon 1*** as much as possible.

A. Je t'invite. Your partner is a friend. Greet him/her and make small talk. Invite him/her to have lunch at your house. Your friend accepts. Find out what he/she usually drinks with meals and if he/she likes French cooking. Suggest a date and time. Your friend thanks you for the invitation and you respond accordingly.

♦ See ***Appendice B*** for expressions related to telephone behavior.

B. Invitation à dîner. Call your partner (your mother-in-law who lives in another city) and make small talk. Invite her to spend next weekend at your house. There is an exhibit of impressionist painters **(des peintres impressionnistes)** at the local museum, and you know she likes impressionist art. She politely declines and gives a reason. You suggest the following weekend and she accepts. Set the time and day of arrival. She thanks you for the invitation and you respond politely.

BRAVO!
Culture et Littérature

LEÇON 2

Comment offrir à boire ou à manger

Instructor's Tape

«Conversation» (suite)

Rappel: Have you reviewed definite articles, indefinite articles, partitive articles, and expressions of quantity? (text pp. 33–34 and workbook)

Premières impressions

Soulignez:

- des expressions pour offrir à boire et à manger, pour accepter ou refuser, et pour resservir *(to offer a second helping)*

Trouvez:

- ce qu'on va manger comme entrée[4]
- le fromage que Marie choisit

accueillir to welcome

Jean-Louis, qui avait invité Marie à dîner chez lui et sa mère jeudi soir, accueille° Marie à la porte.

JEAN-LOUIS: Ah, bonjour, Marie. Ça va?
MARIE: Bonjour, Jean-Louis, oui, ça va bien. Et toi?
JEAN-LOUIS: Bien, merci.
MME FOURNIER: Bonjour, Marie, comment allez-vous?
JEAN-LOUIS: Maman, tu te rappelles Marie?
MME FOURNIER: Mais oui, très bien. Bonjour, Marie. Vous avez beaucoup changé!
MARIE: Bonjour, madame. Oui, ça fait dix ans quand même! Ça me fait plaisir de vous revoir!
MME FOURNIER: Oui, moi aussi, beaucoup, oui.
JEAN-LOUIS: Ben, écoute, Marie, assieds-toi, je vais chercher les amuse-gueule.° Je te sers un apéritif?°

un amuse-gueule appetizer, snack/**un apéritif** before-dinner drink

MARIE: Oui, volontiers, oui!
JEAN-LOUIS: Un petit kir,[5] peut-être?
MARIE: Un petit kir, oui, j'adore ça!
JEAN-LOUIS: Et toi, maman?
MME FOURNIER: Oui, je veux bien, merci... Alors, comme ça, vous faites vos études avec Jean-Louis?
MARIE: Eh bien, oui. On s'est rencontrés dans le cours de maths l'autre jour; c'était une bonne surprise...
MME FOURNIER: Je vous ai fait un dîner vraiment tout simple! Une entrée avec des cœurs d'artichauts...
MARIE: Hmm... J'adore les artichauts!
MME FOURNIER: Oui, c'est vraiment la saison en ce moment. Ils arrivent tout frais de Bretagne... Ah, voilà nos kirs!
MARIE: Merci beaucoup, Jean-Louis. A votre santé!
JEAN-LOUIS: Merci. A la tienne! Tchin-tchin!°

Tchin-tchin! (familiar) Cheers!

Un peu plus tard...
MME FOURNIER: On va peut-être passer à table... si vous voulez bien me suivre...
Pendant le repas...
MARIE: Hmm... C'est vraiment un repas délicieux. Les côtelettes de veau° sont un vrai régal.°
MME FOURNIER: Oh, vous savez, c'est tout simple, hein, ce n'est vraiment pas grand-chose à faire.
JEAN-LOUIS: Tu reprends des légumes peut-être?

les côtelettes de veau veal chops/**un régal** treat, pleasure

◆ Note that this response to a compliment is typical for the French, who tend to minimize compliments in order not to appear egotistical. See ***Chapitre 10*** for more information.

[4] Bien que le mot **entrée** signifie le plat principal d'un repas en anglais, il désigne en français le plat servi avant le plat principal.

[5] A popular **apéritif** of white wine and **crème de cassis** (black currant liqueur).

MARIE:	Oui, volontiers. Les haricots verts sont si tendres.
	Un peu plus tard...
MME FOURNIER:	Est-ce que je peux vous servir du fromage? J'ai pris un petit peu de tout. Du brie, du chèvre...°
MARIE:	Oh, vous savez, je crois vraiment que je ne peux plus...
MME FOURNIER:	Laissez-vous tenter° par ce petit chèvre que j'achète chez mon fromager, et qui est toujours excellent!
MARIE:	Bon, d'accord. Alors, un tout petit peu! Par pure gourmandise,° vraiment.
	Après le repas...
JEAN-LOUIS:	Maman, tu veux du café?
MME FOURNIER:	Volontiers, Jean-Louis, oui.
JEAN-LOUIS:	Et toi aussi, n'est-ce pas, Marie?
MARIE:	Oui, merci bien.
JEAN-LOUIS:	D'accord, je vais faire du café pour trois.

le chèvre goat's milk cheese

tenter to tempt; to try

la gourmandise gluttony

A suivre

Observation et Analyse

1. Que dit-on avant de boire?
2. Que servent les Fournier comme apéritif? comme entrée? comme viande? comme légume? Que servent-ils d'autre?
3. Pourquoi est-ce que Mme Fournier a décidé de préparer des artichauts pour ce dîner?
4. Quand on est invité pour dîner chez les Français, le repas typique (en général) comporte comme ici: une entrée ou des crudités, un plat principal, des légumes, de la salade verte, du fromage, un dessert (souvent des fruits) et du café pour les adultes. Qu'est-ce qui rend le repas de Mme Fournier spécial? Pourquoi? Pensez-vous que toutes les préparations pour le dîner a dérangé Mme Fournier? Expliquez.

Réactions

1. Normalement, qu'est-ce que vous buvez avant un grand dîner? et après?
2. Avez-vous jamais mangé du brie? du chèvre? Si oui, comment avez-vous trouvé ces fromages?
3. Les Français et les Américains accordent-ils la même importance au fromage? Expliquez.

Quels fromages préférez-vous?

«Expressions typiques pour...»

◆ Many of the expressions for accepting and refusing offers of food and drink can be used in both formal and informal contexts, particularly those that are starred.

Offrir à boire ou à manger

(rapports intimes et familiaux)

Je t'offre/te sers quelque chose à boire/à manger?
On se boit un petit apéro?[6]
Tu veux du café?
Tu mangeras bien quelque chose?

Accepter

*Oui, merci. Je veux bien.
*Oui, merci bien.
*Bonne idée.
*Oui, volontiers.
Bien sûr. Pourquoi pas?

Refuser

*Non, merci. Ça va comme ça.
*Merci.[7]
*Je ne prendrai rien, merci.

Resservir

Encore un peu de vin?
Tu en reprends un petit peu?
Je te ressers?

Accepter

*Oui, volontiers. Merci bien.
*Avec plaisir.
*Je me laisse tenter. *(I'll give in to temptation.)*

Refuser

*Non, merci. Ça va comme ça.
*Je n'ai plus faim, merci.
*Merci, mais je crois vraiment que je ne peux plus *(I've had enough).*

Offrir à boire ou à manger

(rapports professionnels et formels)

Est-ce que je peux vous servir quelque chose?
Vous prendrez bien l'apéritif?
Laissez-vous tenter par ce dessert au chocolat?
Que puis-je vous servir?

Accepter

*Oui, merci. Je prendrai un kir.
Qu'est-ce que vous avez comme boisson gazeuse *(carbonated drink)*?
Bon, d'accord. Un tout petit peu, mais c'est par pure gourmandise.

Refuser

*Ce sera tout pour moi, merci.
*Non, merci. Je n'ai pas soif.
*Rien, merci.
Rien, je vous remercie.

Resservir

Vous allez bien reprendre un peu de quiche?
Puis-je vous resservir?

Accepter

*Volontiers. C'est tellement bon.
*Je veux bien, mais c'est par pure gourmandise.

Refuser

Non, merci. Ce ne serait pas raisonnable *(sensible)*.
*Ce sera tout pour moi, merci.

[6] (familiar) shortened form of **apéritif**

[7] with slight shake of the head to indicate "no, thank you"

MINI-CONVERSATIONS

Offrir à boire ou à manger/accepter *(rapports intimes et familiaux)*

—Je te sers quelque chose à boire?
—Oui, volontiers.

Offrir à boire ou à manger/refuser *(rapports professionnels et formels)*

—Est-ce que je peux vous servir du fromage?
—Oh, le plateau a l'air vraiment délicieux, mais ce ne serait pas raisonnable.

A VOUS

- Offrez à votre ami(e) un dessert que vous avez fait. Votre ami(e) l'acceptera.
- Faites repasser la choucroute à vos collègues qui dînent chez vous. Ils refuseront poliment de se resservir.

«Mots et expressions utiles»

La nourriture et les boissons

MENU

L'Atrium vous propose...

Buffet froid *(cold dishes)*

Assiette de charcuterie *(cold cuts)* 35,40
Assiette-jambon de Paris 37,40
Œuf dur *(hard-boiled egg)* mayonnaise 11,85

SALADES COMPOSEES *(salads)*

Salade de tomates 16,50
Salade de saison *(seasonal salad)* 15,00
Thon *(tuna)* et pommes de terre à l'huile 25,65
Salade niçoise (thon, anchois [*anchovies*], œuf, pommes de terre, tomate, poivron vert [*green pepper*]) 36,40
Artichauts vinaigrette 19,65

ŒUFS

Omelette nature *(plain)* 12,90
Omelette jambon 15,75

Buffet chaud *(warm dishes)*

VIANDES

Côtelettes de porc *(pork chops)* 31,40
Côtes d'agneau *(lamb chops)* aux herbes 57,50
Brochette avec sauce barbecue 59,50
Steak frites 31,40
Lapin *(rabbit)* 36,15
Veau *(veal)* à la crème 40,80

LEGUMES *(vegetables)*

Asperges *(asparagus)* 10,65
Choucroute *(sauerkraut)* 36,15
Epinards *(spinach)* 8,70
Petits pois *(peas)* 8,70
Haricots verts *(green beans)* 10,65

PATES *(noodles, pasta)* 7,35

Fromages *(cheeses)*

Chèvre *(goat cheese)* 12,95
Gruyère-Camembert 12,95
Roquefort 15,00
Fromage blanc 12,95
Yaourt *(yogurt)* 7,00

Gourmandises *(delicacies)*

DESSERTS

Tarte aux pommes *(apple pie)* 16,20
Crème caramel 11,00
Coupe de fruits au Cointreau *(fruit salad with Cointreau)* 18,25

GLACES-SORBETS *(ice cream-sherbet)*

Coupe Lutèce (3 parfums au choix) fraise, rhum, caramel, nougat, cassis, vanille, café, chocolat 18,00
Poire Belle Hélène (poire, glace vanille, sauce chocolat, chantilly [*whipped cream*], amandes grillées) 21,85
Banana Split (glace vanille, fraise, chocolat, banane, chantilly) 25,85

Vins (au verre)

Côtes-du-Rhône 9,20
Beaujolais 14,00
Sauvignon 9,20
Bordeaux blanc 9,20

Bières

Pression *(draft)* 9,00
Heineken 12,50
Kronenbourg 11,20

Boissons fraîches

1/4 Perrier *(mineral water)* 12,20
1/4 Vittel *(mineral water)* 10,50
Fruits frais pressés 15,00
Lait froid 7,00
Fanta *(orange soft drink)* 13,00

Service 15% compris. Nous acceptons la «Carte Bleue». La direction n'est pas responsable des objets oubliés dans l'établissement.

Au repas

un amuse-gueule *appetizer, snack*
accueillir *to welcome, greet*
un apéritif *a before-dinner drink*
A votre/ta santé! (A la vôtre!/A la tienne!) *To your health!*
une boisson gazeuse *carbonated drink*
Bon appétit! *Have a nice meal!*
la gastronomie *the art of good cooking*
un gourmet *one who enjoys eating but eats only good quality food*
quelqu'un de gourmand *one who loves to eat and will eat anything, especially sweets*
Tchin-tchin! *(familiar) Cheers!*
resservir *to offer a second helping*

Hmm... qu'est-ce que je pourrais prendre...? Du **veau à la crème** avec des **asperges**? Ou une salade de **thon,** d'**anchois** et de tomates? Une **tarte aux pommes** ou un **sorbet**? Un petit verre de **vin** ou une **boisson gazeuse.** Hmm... C'est tellement difficile de choisir!

Activités

♦ **Offrir** in this context means that you are going to buy your friend a drink.

A. Entraînez-vous: Au café. Qu'allez-vous offrir à ces personnes? Utilisez la situation et la liste des boissons à la page 45 comme guide. Employez aussi les différentes boissons de la liste à la page 47.

modèle: Vous emmenez un ami au café.
Je t'offre un coca?

1. Vous emmenez un(e) client(e) au restaurant.
2. Vous invitez un(e) collègue à la maison pour prendre quelque chose à boire.
3. Vous allez en boîte avec des copains.
4. Votre patron(ne) prend l'apéritif chez vous.
5. Votre grand-mère est au café avec vous.

B. Oui ou non. Allez-vous accepter ou refuser? Avec un(e) partenaire, jouez les scènes suivantes. Variez vos réponses en faisant attention au degré de respect.

1. Un(e) ami(e) vous offre l'apéritif.
2. Votre mère vous offre du lait chaud et vous le détestez.
3. Le professeur de français vous offre un morceau de fromage de chèvre pendant une petite fête dans la salle de classe.
4. L'ambassadeur de France vous offre un kir à un cocktail officiel.
5. Un(e) collègue vous invite à prendre un pot.
6. Le patron (La patronne) vous offre un chocolat chaud. Vous êtes allergique au chocolat.

C. Sur le vocabulaire. Le serveur se trompe! Trouvez son erreur dans les phrases suivantes.

1. Aujourd'hui, comme salades, nous avons... une salade au crabe / une salade niçoise / une omelette nature / du thon et des pommes de terre à l'huile.
2. Comme plat de viande... du poulet / un steak / du lapin / une assiette de charcuterie.
3. Comme dessert... des côtes d'agneau / une crème caramel / une poire Belle Hélène / de la tarte.
4. Et pour boire... une pression / des coupes Lutèce / des boissons gazeuses / des fruits frais pressés.
5. Maintenant, c'est à vous de créer un exemple! Faites une liste de quatre plats dont l'un ne s'accorde pas avec les autres.

Quelles boissons préférez-vous? Lesquelles prenez-vous le plus souvent?

Boissons

Bière Alsace Tradition 33 cl	14	Eau minérale 50 cl	14
Bière sans alcool	10	Limo	10
Pression 25 cl	9	Sirop	10
Pression 50 cl	18	Schweppes	10
Panaché 25 cl	8	Coca Cola	12
Panaché 50 cl	16	Jus d'orange	10
Expresso	6	Jus raisin	10
Café	5	Jus de tomate	10
Double café	12	Jus de pomme	10
Thé	10	Orangina	10
Infusion	10	Badoit 50 cl	14

D. Imaginez. Utilisez les nouveaux mots de vocabulaire et ceux que vous avez appris auparavant pour imaginer les repas suivants.

1. Décrivez le déjeuner de quelqu'un qui a toujours un énorme appétit.
2. Imaginez le repas de deux végétariens.
3. Vous invitez Julia Child à dîner chez vous. Qu'est-ce que vous préparez?
4. Décrivez votre repas préféré.

E. Vous désirez? Utilisez le menu à la page 45 pour jouer les rôles de client(e) et serveur/serveuse au restaurant. Attention! Vous n'avez que 150F à dépenser!

«Grammaire»

Les Articles: choisir l'article approprié

You have reviewed the various types and forms of articles in ***Révisons un peu.*** The focus will now be on choosing the proper article.

A. The partitive article **(du, de la, de l', des)** is used to indicate that you want *some* part of a quantity. It is used for "mass" nouns, things that cannot be or are not usually counted.

> D'abord, il commande **des** crudités et **du** pain. Ensuite, il prend **du** lapin, **des** asperges et **de la** salade.
> *First of all, he orders some raw vegetables and bread. Next he has rabbit, asparagus, and salad.*

NOTE: A partitive article is also used when mentioning abstract qualities attributed to people:

> Le serveur a **de la** patience avec ce client.
> *The waiter has patience (is patient) with this customer.*

B. The definite article **(le, la, l', les)** is used to:

- designate a specific object

> Peux-tu me passer **le** sel et **le** poivre, papa? Et **l'**eau, s'il te plaît?
> *Can you pass me the salt and pepper, Dad? And the water, please?*

- express general likes, dislikes, and preferences

> Comme boisson, j'aime **l'**eau minérale, Evian ou Perrier, et **le** café.
> *As for drinks, I like mineral water, Evian or Perrier, and coffee.*

- make generalizations about objects, people, or abstract subjects

> J'admire **la** patience et **la** compétence chez un serveur.
> *I admire patience and competence in a waiter.*
>
> **Les** vins français sont plus secs que **les** vins américains.
> *French wines are drier than American wines.*

Liens culturels

Les Repas en France

Pendant le repas, gardez les mains sur la table de chaque côté de votre assiette. Vous mettrez le pain directement sur la table. Sauf pendant le petit déjeuner, mangez-le sans beurre en petits morceaux que vous détachez discrètement. Les tartines du petit déjeuner se mangent entières et avec du beurre et de la confiture.

En France, on fait souvent resservir les invités et il est poli de reprendre un peu de l'un des plats (même en petite quantité). Il est aussi poli de refuser en disant que c'est très bon mais qu'on n'a plus faim. On ne mange pas, en général, entre les repas. Les repas sont donc plus longs.

Après le repas, restez pour bavarder avec vos hôtes. Si vous fumez, offrez des cigarettes aux autres. En partant, complimentez l'hôte/l'hôtesse pour son repas.

En quoi les habitudes américaines sont-elles différentes?

Parlez d'un dîner de fête en famille.

The definite article is also used with geographical names (countries, continents, mountains, lakes, rivers), names of seasons, names of languages, titles (e.g., **le commandant Cousteau**), and names of subjects and leisure activities **(les maths/la natation).**

C. The indefinite article **(un, une, des)** is used to talk about something that is not specified or specific and corresponds to the English *a, an,* and *some*. If you can count the number of items you are mentioning, you will often use the indefinite article.

> Il y a **une** orange, **une** banane et **des** raisins dans la salade.
> *There are an orange, a banana, and some grapes in the salad.*
>
> Achetons **un** fromage de chèvre et **un** camembert.
> *Let's buy a goat's milk cheese and a camembert.*

When speaking French, you will normally use **des** with a plural noun to express indefiniteness. In English we often omit this article.

> Le brie et le camembert sont **des** fromages à pâte molle.
> *Brie and camembert are soft cheeses.*

D. It can be difficult to differentiate between the definite article and the partitive article, especially when the definite article is used in a general sense. The statement **les pommes sont bonnes** means that all apples, or apples in general, are good. When talking in general terms the definite article is usually used. Common verbs used with the definite article to state a preference are: **admirer, adorer, aimer, détester, préférer,** and **aimer mieux.**

> Elle préfère **le** Beaujolais.
> *She prefers Beaujolais wine.*

Il y a des pommes sur la table implies that *there are some apples on the table.* The possible use of *some* in English should give you the hint that the partitive article is appropriate. Sometimes, however, it is not used in English.

Je mange souvent **des** pommes.
I often eat apples.

The partitive may be used with the following verbs: **acheter, avoir, boire, demander, donner, manger, prendre,** and **vendre.**

Elle boit souvent **du** vin rouge.
She often drinks red wine.

Observe these examples to help you discern the correct article:

L'article défini	**L'article partitif**
Elle adore **la** bière.	Elle vend **de la** bière dans son supermarché.
Il déteste **le** lait.	Il prend **du** lait seulement dans son café le matin.

NOTE: If you want to say that you like some type of food or drink, the following constructions can be used:

J'aime **certains** fromages.
Il y a **des** fromages que j'aime (et **certains** que je n'aime pas).

E. As you may remember, when you use an expression of quantity, no article follows **de.** The same is true for a negative expression of quantity.

Il reste un peu **de** jus d'orange.
There is a little orange juice left.

Il y a **du** jus d'orange dans le réfrigérateur.
There is some orange juice in the refrigerator.

Il n'y a pas **de** jus d'orange dans le congélateur.
There is no orange juice in the freezer.

Tu veux **du** café, alors?
Do you want some coffee, then?

Non merci, je ne veux pas **de** café.
No thank you, I don't want any coffee.

Activités

A. Conversation au café. Le café est un endroit très bruyant! On dirait que tout le monde parle en même temps. Complétez les fragments de conversation suivants. N'oubliez pas de conjuguer les verbes et d'ajouter les articles appropriés.

1. Tu / préférer / boire / boissons gazeuses / ou / boissons alcoolisées?
2. Nous / commander / coca.
3. Moi, je / ne... jamais / prendre / boissons alcoolisées. Je / prendre / eau minérale.
4. Anglais / à cette table là-bas / boire / trop / vin!
5. serveuse / avoir / patience / avec / Anglais, n'est-ce pas?

B. Une lettre. Alain vient de recevoir une lettre d'Amérique, mais elle a été endommagée *(damaged)* pendant son transport et quelques passages ne sont pas très lisibles. Aidez Alain à lire la lettre en remplissant les blancs avec l'article défini ou indéfini, le partitif ou **de,** selon le cas.

le 4 novembre

Cher Alain,

Dans ta dernière lettre, tu m'as demandé _______ nouvelles d'Allal. Tu sais qu'il devait partir le 8 septembre. Il a été très heureux de son séjour. _______ semaine dernière, il a tenu à remercier ses amis pour tout ce qu'ils avaient fait pour lui pendant son séjour aux Etats-Unis. Il a décidé de nous inviter à prendre ______ «brunch» chez lui. Il voulait servir ______ repas français, marocain et américain. Il a servi ______ jus d'orange et ______ café au début. Il a mis beaucoup ______ pain sur ______ table. Il a préparé ______ belle omelette décorée avec ______ olives et ______ tranches ______ tomates. ______ viande était assaisonnée avec ______ épices arabes. ______ dessert était bien américain—______ «bananas splits»! Nous avons accompagné le tout d'un bon thé à la menthe. Dommage que tu n'aies pas pu être des nôtres.

Mille bises,

Jessica

C. Généralisations. Utilisez des stéréotypes pour compléter les phrases suivantes.

1. Aux Etats-Unis, on mange souvent...
2. Au contraire, en France, on préfère...
3. Avec les repas, les Américains prennent souvent...
4. Mais les Français boivent...
5. Les Américains pensent que les Français ne... pas...
6. Mais les Français pensent que les Américains mangent trop...

D. Questions indiscrètes? Posez les questions suivantes à un(e) ami(e). Donnez un résumé de ses réponses à la classe.

1. LE PETIT DEJEUNER: A quelle heure prends-tu le petit déjeuner? Que bois-tu au petit déjeuner? Que manges-tu?
2. LE DEJEUNER: Où déjeunes-tu? Manges-tu beaucoup au déjeuner? Qu'est-ce que tu préfères manger au déjeuner? Que manges-tu le plus souvent?
3. LE GOUTER *(snack around 4 P.M.):* Prends-tu un goûter? Et quand tu étais petit(e)? Grignotes-tu *(Do you snack)* souvent entre les repas?
4. LE DINER: A quelle heure dînes-tu? Que prends-tu au dîner? Invites-tu souvent des amis à dîner? Parle de ce que tu leur sers.

«Interactions»

Use the following information to create conversations with a partner. Try to use the vocabulary and grammar from ***Leçon 2*** as much as possible.

A. Invitation à la maison. You want to invite a special friend to eat at your home. Before that day arrives, ask if he/she:

1. prefers meat or fish
2. enjoys French wine
3. likes coffee
4. watches television during meals
5. can leave **(laisser)** his/her dog at home
6. likes desserts

B. Invitation au café. You invite a good friend to have an aperitif with you in a neighborhood café.

1. Ask him/her what you can buy him/her to drink.
2. Discuss the weather and daily activities.
3. Offer him/her another drink.
4. Ask about his/her family or some mutual friends you haven't seen in a while.
5. Give a reason why you must leave.

BRAVO! Culture et Littérature

LEÇON 3

Comment poser des questions et répondre

 Instructor's Tape

«Conversation» (conclusion)

Rappel: Have you reviewed interrogative expressions? (text p. 34 and workbook)

Premières impressions

Soulignez:
- des mots spécifiquement utilisés pour poser des questions

Trouvez:
- où est M. Fournier en ce moment
- où est le frère de Marie

Après le repas, Marie, Jean-Louis et Mme Fournier se sont assis dans le salon. Ils sont en train de discuter de choses et d'autres.°

discuter de choses et d'autres to talk about this and that

un vrai cordon-bleu gourmet cook

partir en voyage d'affaires to leave on a business trip

un congrès conference

pareil same

Qu'est-ce qu'il devient? (familiar) What's become of him?

MARIE: Oh, c'était délicieux, madame. Vous êtes un vrai cordon-bleu.° Merci beaucoup.

MME FOURNIER: De rien, cela m'a fait plaisir de vous revoir.

MARIE: Oui, moi aussi. Et M. Fournier, où est-il?

MME FOURNIER: Ah, il est parti en voyage d'affaires° à Boston. Il voyage beaucoup avec son travail.

JEAN-LOUIS: C'est vrai. On ne le voit plus jamais ou presque. Il a toujours un congrès° quelque part.

MME FOURNIER: Il y a tellement de choses qui changent en médecine. Il faut rester au courant. Et avec ses responsabilités de chef du service de cardiologie, il n'a pas le choix.

MARIE: Oui, pour ma mère, c'est pareil.° Elle voyage tout le temps, pour son travail. C'est fou!

MME FOURNIER: Oui, d'ailleurs comment va-t-elle?

MARIE: Elle va bien. Le petit cabinet de comptabilité qu'elle a créé il y a longtemps s'est beaucoup agrandi. Donc, ça prend tout son temps...

JEAN-LOUIS: Et ton frère, Christian, qu'est-ce qu'il devient?°

MARIE: Christian, euh... eh bien, il est professeur d'histoire, comme vous le savez, mais il prend une année sabbatique en ce moment. Ça fait déjà longtemps qu'il habite à Atlanta. Alors, il a décidé de voyager pendant un an. Il a acheté un billet d'avion pour l'Asie et je crois qu'il est maintenant à Singapour. Enfin, il voyage... Vous vous souvenez qu'il était toujours en train de voyager déjà à l'époque...

MME FOURNIER: Oui, je m'en souviens... Quand mon mari sera de retour, on se fera un plaisir de vous recevoir à nouveau.

MARIE: Oui, ça me fera très plaisir aussi! C'est vraiment gentil.

JEAN-LOUIS: Allez, je te raccompagne en voiture...

MARIE: Volontiers... Bon, alors, merci beaucoup, madame.

MME FOURNIER: De rien. A très bientôt, j'espère.

MARIE: A très bientôt. Au revoir, madame.

MME FOURNIER: Au revoir, Marie.

JEAN-LOUIS: A tout à l'heure, maman.

Observation et Analyse

1. Quelle est la profession de M. Fournier? et celle de Christian?
2. Que pensent Jean-Louis et Marie des voyages de leurs parents?
3. Décrivez le frère de Marie.
4. Quelle invitation Marie reçoit-elle?
5. Quel est le statut socio-économique des familles de Jean-Louis et de Marie?

Réactions

1. Est-ce que votre père ou votre mère part souvent en voyage d'affaires? Si oui, quelle est la réaction des enfants?
2. Aimez-vous voyager? Quel est le voyage le plus long que vous ayez jamais fait? Où êtes-vous allé(e)? Pour quelle raison? Pour combien de temps?

«Expressions typiques pour...»

Poser des questions et répondre

• In general, when seeking information from someone, you should first use expressions that lead up to questions so as not to appear too rude or blunt. For example:

A un(e) inconnu(e)	**A votre ami(e)**
Pardon, monsieur. Pourriez-vous me dire...?	Est-ce que tu peux m'indiquer...
Excusez-moi, madame, mais est-ce que vous savez...?	Est-ce que tu sais...
J'aimerais savoir..., s'il vous plaît.	Dis-moi, s'il te plaît...
	Excuse-moi, mais...

• Asking questions can take many forms. You may wish to request information about time, location, manner, number, or cause, as in the following situation:

VOYAGE A PARIS: Où se trouve la tour Eiffel?
Y a-t-il un ascenseur pour y monter?
Mon Dieu! Pourquoi est-ce qu'il y a tant de touristes ici?

• Or you may wish to ask about persons or things:

Qui va monter avec moi? Mimi?
Que fais-tu? Allons-y!
Regarde la belle vue! Lequel de tous ces bâtiments est notre hôtel?

• Most answers to requests for information are fairly straightforward:

—Savez-vous où se trouve la sortie?
—Mais oui, mademoiselle. Là-bas, au fond à droite.

• However, an affirmative answer to a negative question requires the use of **si,** instead of **oui:**

—Ce billet *(ticket)* n'est plus valable *(valid)*?
—**Si,** mademoiselle, il l'est toujours.

MINI-CONVERSATIONS

Poser des questions à un(e) inconnu(e)

—**Pardon, mademoiselle. Est-ce que vous savez** où se trouve la rue Mouffetard?
—Oui, monsieur. Continuez tout droit et tournez à gauche au feu rouge. Vous tomberez sur la rue Mouffetard.

Poser des questions à un(e) ami(e)

—Caroline, **est-ce que tu sais** à quelle heure le film commence?
—Bien sûr. Il commence à 20h20.

A VOUS

• Demandez à un(e) passant(e) dans la rue où se trouve le cinéma Eden. Il/Elle va vous donner des directions.

• Demandez à votre ami(e) à quelle heure il/elle ira voir le film. Votre ami(e) répondra.

«Mots et expressions utiles»

Les voyages

un aller-retour *round-trip ticket*
annuler *to void, cancel*
l'arrivée *arrival*
un billet (aller) simple *one-way ticket*
un demi-tarif *half-fare*
le départ *departure*
desservi(e) *served*
les frais d'annulation m pl *cancellation fees*
le guichet *ticket window, office; counter*
un horaire *schedule*
indiquer *to show, direct, indicate*
partir en voyage d'affaires *to leave on a business trip*
payer un supplément pour excès de bagages *to pay extra for excess luggage*
le quai *platform*
une réduction *discount*
les renseignements m pl *information*
un tarif *fare, rate*
valable *valid*
un vol *flight; theft*

Horaire DU 31 Mai AU 26 Sept.
SNCF
Paris – Nice
• Paris
• Dijon
• Mâcon
• Lyon
• Valence
• Orange
• Avignon
• Arles
Marseille
• Cannes
• Juan-les-Pins
• Antibes
• Cagnes-sur-Mer
• Nice
Cette fiche ne comporte que les horaires pour les relations au départ d'une localité • à destination des localités •
551A

—Tu as entendu les nouvelles?
—Non, quoi?
—Les plus grandes lignes aériennes ont décidé de se faire la guerre des prix. Il y a maintenant une **réduction** sur presque tous les **vols** domestiques.
—Ce n'est pas vrai?
—Si! Moi, je vais **annuler** tous mes rendez-vous de vendredi afin de pouvoir passer un long week-end à la plage. J'ai déjà acheté mon **aller-retour.** Regarde!
—Hmm... Ça me plairait beaucoup de rendre visite à mon petit ami. Merci beaucoup pour les **renseignements**!

Activités

A. Entraînez-vous: La recherche de renseignements. Posez les questions suivantes de manière courtoise en utilisant les ***Expressions typiques pour....***

modèle: (à un[e] inconnu[e]) où se trouve Notre-Dame
—Pardon, monsieur. Pourriez-vous me dire où se trouve Notre-Dame?

1. (à votre ami[e]) à quelle heure est le dernier métro
2. (à votre ami[e]) où l'on peut acheter une robe Christian Dior
3. (à un[e] inconnu[e]) combien coûte un kilo de tomates
4. (à un[e] inconnu[e]) où je pourrais trouver une épicerie
5. (à votre ami[e]) à quelle heure ouvre la cafétéria

B. A la gare Saint-Lazare. Un voyageur américain veut utiliser son Eurailpass pour la première fois. Complétez ses phrases avec les ***Mots et expressions utiles*** appropriés. Faites les accords nécessaires.

—Pardon, monsieur... J'ai besoin de quelques ________ sur mon Eurailpass. Pourriez-vous m'________, par exemple, où il faut aller pour valider la carte? Je l'ai achetée il y a quatre mois. Est-ce que vous sauriez si elle est toujours

_____? Si je veux l'annuler, y aura-t-il des _____? Aussi, pourriez-vous m'aider à comprendre les _____ de trains? Je voudrais savoir quel est le prochain _____ pour Rouen, et quelles autres villes sont _____ sur la route... Je vous remercie, monsieur. Vous êtes bien aimable.

C. **Dis-moi, s'il te plaît...** Thérèse, qui a six ans, va accompagner sa mère en voyage d'affaires. Pendant que sa mère fait leurs valises, Thérèse lui pose sans cesse des questions. Jouez le rôle de sa mère et expliquez-lui ce que veulent dire les mots suivants qui se trouvent sur leurs billets d'avion.

1. un aller-retour
2. payer un supplément pour excès de bagages
3. un demi-tarif
4. une réduction
5. un vol

ORLY / NEW YORK

Air France offre un vol quotidien Paris / New York.
Aéroport de départ Orly Sud
Aéroport d'arrivée NEWARK·

Les caractéristiques de ce vol

Avec un départ à 10h30 d'Orly Sud, ce vol est le premier de la journée vers New York.
Une arrivée à NEWARK à 12h35. Cet horaire permet d'offrir des correspondances pratiques vers de nombreuses villes des USA. A cette heure de faible encombrement, les filtres de douane et de police sont franchis aisément.

De NEWARK à MANHATTAN

2 arrivées en bus: la 8th Avenue /42nd Street et au World Trade Center. Départ toutes les 15 minutes. Trajet en 30 mn.
En hélicoptère jusqu'à la 34th East River.

PARIS / NEW YORK AVEC AIR FRANCE:

Le choix des aéroports

– au départ de Paris: Orly Sud ou Charles de Gaulle 2
– à l'arrivée à New york: Newark ou J.F. Kennedy

Le choix des horaires

– 10h30 : Orly Sud / Newark, quotidien
– 11h00 : Concorde - CDG / J.F. Kennedy, quotidien
– 13h00 : CDG / J.F. Kennedy, quotidien
– 17h30 : CDG / J.F. Kennedy, quotidien*

*Sauf le mardi du 5 avril au 15 juin et du 27 septembre au 23 octobre

AIR FRANCE N° 1 VERS LES ETATS UNIS

Edité par FCE JY Conception Réalisation TAO Mars 1992

«Grammaire»

Les Pronoms interrogatifs

When forming questions in French, different forms are used according to whether you are referring to persons or things, and whether you are referring to a subject, direct object, or object of a preposition.

A. Questions sur les gens *(who/whom)*

Regardless of how it is used in the question, **qui** will be appropriate.

- **Qui** emmène papa à l'aéroport? *(subject)*

  Neither inversion nor **est-ce que** is used.
  Qui est-ce qui is an alternate form, although the simple **qui** is more commonly used.

- **Qui** est-ce qu'il va rencontrer au congrès? *(direct object)*
  Qui va-t-il rencontrer au congrès?

  Inversion or **est-ce que** must be used.

- Chez **qui** est-ce qu'il compte rester? *(object of preposition)*
  Chez **qui** compte-t-il rester?

  Inversion or **est-ce que** must be used.
  Questions about objects of prepositions begin with the preposition, contrary to spoken English.

  NOTE: **Qui** does *not* contract: **Qui** est ici?

B. Questions sur les choses *(what)*

The manner in which the word *what* is used in the sentence determines which interrogative expression is used. Note the different forms used below.

- **Qu'est-ce qui** se passe? *(subject)*

  Neither inversion nor **est-ce que** is used.

- **Que** bois-tu? *(direct object)*
  Qu'est-ce que tu bois?

  Inversion or **est-ce que** must be used.
  Short questions with a noun subject and simple tense use the order **que** + verb + subject: **Que** boivent tes amis?

  NOTE: **Que** contracts to **qu'** before a vowel or mute **h: Qu'**as-tu bu?

- Avec **quoi** est-ce que nous pouvons ouvrir cette bouteille? *(object of preposition)*
  Avec **quoi** pouvons-nous ouvrir cette bouteille?

  Inversion or **est-ce que** must be used.

C. Demander une définition

Qu'est-ce que c'est? *What is it?*
Qu'est-ce que la démocratie? *What is democracy?*
Qu'est-ce que c'est que la démocratie? *What is democracy?*
La démocratie, **c'est quoi?** *(familiar) What is democracy?*

In all four cases, you are asking for a definition or explanation of what something is.

Activités

A. Imaginez. Vous vous trouvez à une soirée organisée par le patron de votre fiancé(e). L'hôtesse et les invités vous ont posé beaucoup de questions. Voici vos réponses. Imaginez les questions qui ont inspiré chacune de vos réponses.

1. Je voudrais *un coca,* s'il vous plaît.
2. Je suis venu(e) avec *ma fiancée Julie (mon fiancé Guy).*
3. Ça? *Oh, ce ne sont que les initiales de mon nom.*
4. Malheureusement, *on ne passe pas grand-chose d'intéressant* au cinéma ce soir.
5. En dehors de mon travail, je m'intéresse surtout au *cinéma et au théâtre.*
6. C'est *un ami de Georges.*

B. Au restaurant. Dans un restaurant, vous entendez le garçon poser les questions suivantes. Remplissez les blancs avec **qui, que, quoi,** etc., selon le cas. N'oubliez pas d'utiliser **est-ce que** si nécessaire.

1. Bonjour, monsieur. ________ aimeriez-vous manger aujourd'hui? *(What)*
2. ________ vous voudriez boire? *(What)*
3. Pardon, monsieur, mais ________ a commandé la salade niçoise? *(Who)*
4. ________ vous plairait comme dessert? *(What)*
5. ________ vous a recommandé ce restaurant? *(Who)*
6. ________ je pourrais vous apporter? *(What)*
7. «Une Cadillac»? ________? *(What is it?)* Une boisson?
8. De ________ est-ce qu'un kir se compose? *(Of what)*

Quel et *lequel*

A. Quel *(what, which)*

	Singulier	**Pluriel**
Masculin	quel	quels
Féminin	quelle	quelles

Quel is an interrogative *adjective* and thus must agree in number and gender with the noun it modifies.

> **Quel** vol prenez-vous?
> A **quelle** porte d'embarquement *(departure gate)* faut-il aller?

Quel is also used when asking someone to identify or describe himself/herself or his/her belongings. The construction **quel + être +** *noun* asks *what (which) is/are.*

> **Quelle est** votre nationalité?
> **Quels sont** vos bagages?

NOTE: In the above examples, the noun that **quel** modifies follows the verb **être.**

> **Quelle est** votre nationalité? = **Quelle** nationalité avez-vous?

When asking for identification, **quel + être +** *noun* is used; when asking for a definition, **qu'est-ce que** is used.

> —**Quelle est** votre profession?
> —Je suis herboriste.
> —**Qu'est-ce qu'**un herboriste?
> —C'est quelqu'un qui vend des plantes médicinales.

B. Lequel *(which one, which)*

	Singulier	**Pluriel**
Masculin	lequel	lesquels
Féminin	laquelle	lesquelles

Lequel is an interrogative *pronoun* that agrees in number and gender with the noun it stands for. It always refers to one, or more than one, of a pair or group.

> Vous connaissez une des sœurs Dupont? **Laquelle?**
>
> **Lequel** de ces garçons est son frère? Je ne le reconnais pas sur cette photo.

Lequel contracts with **à** and **de** in the same manner as the definite article.

auquel, à laquelle **auxquels, auxquelles**	*to, at, in which one*

> —Je m'intéresse à plusieurs clubs sociaux de l'université.
> —Moi aussi! **Auxquels** est-ce que tu t'intéresses?

duquel, de laquelle **desquels, desquelles**	*of, about, from which one*

> —J'étais en train de parler d'un film que j'ai vu récemment.
> —Ah, oui? **Duquel** parlais-tu?

Activités

A. A la gare. La femme qui travaille au guichet entend toutes sortes de questions de la part des voyageurs. Remplissez les blancs avec une forme de **quel.**

1. A _____ heure part le prochain train pour Lyon?
2. _____ sont les frais d'annulation si je décide de ne pas y aller?
3. _____ est la réduction de tarif pour les étudiants?

Maintenant, remplissez les blancs avec une forme de **lequel.**

4. _____ de ces horaires sont les plus récents?

5. Je ne comprends pas tous ces numéros sur mon billet. Est-ce que vous pourriez me dire ____ indique ma place?

6. —Vite, vite! Le train part dans deux minutes. Est-ce que vous savez de quel quai?
—Oui, du quai *(bruit)*...
—Pardon, ____ est-ce que vous avez dit?

B. Au café. Un groupe d'amis se retrouvent dans un café près de l'université. Ils discutent de choses et d'autres. Remplissez les blancs avec une forme de **quel** ou de **lequel.**

1. —Je suis sortie avec un des maîtres-assistants hier soir.
—Vraiment! Avec ____?
2. —Nous avons vu un film.
—____ film avez-vous vu?
3. —J'aime la plupart de mes cours ce semestre.
—____ est-ce que tu aimes le mieux?
4. —Vous savez, j'ai raté mon examen de... *(bruit à l'extérieur)* aujourd'hui.
—Comment? ____ examen est-ce que tu as raté?
5. —____ de ces bières est à moi?

C. Chez Marie. Marie et son amie Alice sont en train de parler de leurs enfants. Complétez la conversation en remplissant les blancs avec une forme de **quel** ou de **lequel,** selon le cas.

—Je sais qu'on ne doit pas comparer ses enfants, mais il faut dire que de mes deux enfants, Paul est l'athlète et Marc est l'intellectuel.
—Ah, oui? ____ est le plus âgé?
—Paul a trois ans de plus que Marc.
—____ est-ce que j'ai vu avec toi l'autre jour?
—____ jour?
—Tu te souviens, devant la boulangerie... ?
—Ah, oui, c'était Marc. Tiens! Voilà quelques photos d'eux.
—Elles sont très bien prises. J'aime bien ces deux-ci. Et toi, ____ est-ce que tu préfères?
—Je les aime toutes. Mais parlons de tes enfants. ____ âge a Cécile?
—Elle aura dix-neuf ans dans un mois.
—En ____ année de fac est-elle?
—Elle est en deuxième année et toujours à Bordeaux.

D. Question de goût! Demandez à votre partenaire ses préférences en ce qui concerne les sujets ci-dessous. Utilisez une forme de **quel,** puis de **lequel,** selon le modèle.

modèle: la musique
Quelle musique est-ce que tu préfères?
Lequel est-ce que tu préfères: le rock ou le jazz?

1. les sports
2. l'art
3. la cuisine
4. les boissons
5. les moyens de transport
6. les automobiles

«Interactions»

Use the following information to create situations with a partner. Try to use the vocabulary and grammar from ***Leçon 3*** as much as possible.

A. Des vacances de rêve. Think of five to ten questions to ask your friend about his/her dream vacation. Be sure to use a variety of interrogative expressions in your questions. Your friend should respond truthfully.

B. Une question d'argent. Your boyfriend/girlfriend wants to borrow $100 from you. You really like this person and, in fact, may be in love with him/her. But you have several questions to ask before lending the money. Ask five to ten questions. Your boyfriend/girlfriend will answer.

C. Au secours! You are at the Orly airport in Paris and your plane for Rome is leaving in forty-five minutes. Unfortunately, you have left your plane ticket in your hotel room. Try to

BRAVO! Culture et Littérature

resolve the situation by talking to the airline employee. Find out what the telephone number of your hotel is and if you can use the phone. Find out at what time the next flight for Rome leaves and if your old ticket would still be valid. Ask how much a new round-trip ticket would cost. Don't forget to be polite!

SYNTHESE

Activités orales

A. A Monte-Carlo. Invite your friend to have dinner with you at one of the restaurants in the Beach Plaza Hotel. Ask your friend where and at what time you can meet. He/She should respond accordingly and thank you for the invitation.

B. A table. In a group of three, one person plays the role of host/hostess and the other two are the guests. Role play a dinner scene in which the host/hostess offers a wide variety of food and drink and insists that no one leave the table hungry. The guests eventually depart, thanking their host/hostess for the excellent meal.

◆ See ***Appendice B*** for expressions related to telephone behavior.

C. Est-ce que tu es libre... ? You call up your baby-sitter, Anne, and ask her to sit for your one-year-old child. You get a wrong number the first time, but finally reach her on the second try. Ask if she has plans Saturday night and if not, if she can baby-sit **(garder mon fils/ma fille).** She will ask you pertinent questions, such as what time and for how long. You respond and tell her what time you will pick her up **(aller la chercher).**

Listen to Student Activity Tape, ***Chapitre 2***, and complete the corresponding Student Activity Worksheet in your workbook.

◆ Turn to ***Appendice A*** for a complete list of active chapter vocabulary. Note that the listing for each chapter includes a ***Divers*** category. These are miscellaneous words or expressions used throughout the three lessons.

Activités écrites

A. Journalistes/Célébrités. Pretend you are a reporter. Decide who is the one famous person, alive or dead, whom you would most like to interview. Write ten questions to ask him/her. Use a variety of interrogative expressions, making sure that no less than seven of your questions seek information, not a yes/no response.

B. En Amérique. You are an athlete from a French-speaking country attending a small college in the United States. Write a letter to your parents describing the school cafeteria. Describe a typical menu for each meal and give your opinion of the food. Begin your letter: **Cher papa, chère maman** and end it with **Je vous embrasse, Bises,** or **Grosses bises.**

CHAPITRE 3

«Qui suis-je?»

Révisons un peu

The information presented here is intended to refresh your memory of various grammatical topics that you have probably encountered before. Review the material and then test your knowledge by completing the accompanying exercises in the workbook.

Avant la première leçon

L'Adjectif possessif

Masculin	Féminin	Pluriel	Equivalent
mon	ma/mon	mes	*my*
ton	ta/ton	tes	*your*
son	sa/son	ses	*his/her/its*
notre	notre	nos	*our*
votre	votre	vos	*your*
leur	leur	leurs	*their*

• Possessive adjectives agree with the possessor in terms of meaning **(mon, ma, mes** versus **ton, ta, tes)** and with the object possessed in terms of gender and number **(mon** versus **ma** versus **mes):**

his/her dog = **son** chien
his/her car = **sa** voiture

• Feminine singular objects beginning with a vowel or silent **h** require the masculine form **(mon, ton, son):**

mon amie Annette	**ton** habileté
my friend Annette	*your skillfulness*

• French possessive adjectives are repeated before each noun unless the nouns represent the same person or object possessed:

Où sont **mon** frère et **ma** sœur?

Je vous présente **mon** collègue et ami, Raphaël.

Avant la deuxième leçon

L'Adjectif qualificatif

A. Le Féminin singulier

• In general, an **e** is added to the masculine singular to form the feminine.

If the masculine form already ends in an unaccented **e**, nothing is added:

content → contente   gâté → gâtée   poli → polie

BUT: sympathique/sympathique

• Some irregular patterns:

Masculin		Féminin	Exemples	
-eux	→	**-euse**	généreux	généreuse
-f	→	**-ve**	sportif	sportive
-el	→	**-elle**	professionnel	professionnelle
-il	→	**-ille**	gentil	gentille
-on	→	**-onne**	mignon	mignonne
-os	→	**-osse**	gros	grosse
-as	→	**-asse**	bas	basse
-en	→	**-enne**	ancien	ancienne

B. Le Pluriel

• In general, an **s** is added to the singular to form the plural:

content → contents   contente → contentes

• If the masculine singular adjective ends in an **s** or **x**, nothing is added to form the plural. Feminine adjectives follow the regular pattern in the plural:

les gros messieurs	les grosses femmes
les hommes généreux	les femmes généreuses

• Some irregular patterns:

Singulier		Pluriel	Exemples	
-eau	→	**-eaux**	nouveau	nouveaux
-al	→	**-aux**	légal	légaux

EXCEPTIONS:	examen final	examens finals
	roman banal	romans banals

Like these: fatal, natal, naval

C. Adjectifs à forme masculine double

Masculin	Masculin avant voyelle ou *h* muet	Féminin	Pluriels
vieux	vieil	vieille	vieux/vieilles
nouveau	nouvel	nouvelle	nouveaux/nouvelles
beau	bel	belle	beaux/belles
fou	fol	folle	fous/folles

Avant la troisième leçon

Les Verbes pronominaux

Pronominal verbs are verbs that must be conjugated with a reflexive pronoun. The basic patterns of use are:

A. Affirmatif

Je **me** couche tard.	Nous **nous** couchons tard.
Tu **te** couches tard.	Vous **vous** couchez tard.
Il/Elle/On **se** couche tard.	Ils/Elles **se** couchent tard.

B. Négatif

Nous **ne nous** couchons **pas** trop tôt.

Ils **ne se** détendent **pas** assez.

C. Interrogatif

Est-ce que tu t'appelles Marie?
(form used most often)

T'appelles-tu Marie?

Ne t'appelles-tu pas Marie?

D. Impératif

Affirmatif: The reflexive pronoun follows the verb and is attached with a hyphen (**te** changes to **toi**):

Lavez-vous les mains, les enfants! On va manger tout de suite!

Lucien, **dépêche-toi!**

Négatif: The reflexive pronoun precedes the verb:

Ne vous couchez **pas** trop tard.

Lucien, **ne te** couche **pas** tout de suite. Je veux te parler.

E. Infinitif

Je vais **me** reposer pendant quelques minutes.

Nous allons **nous** préparer à sortir.

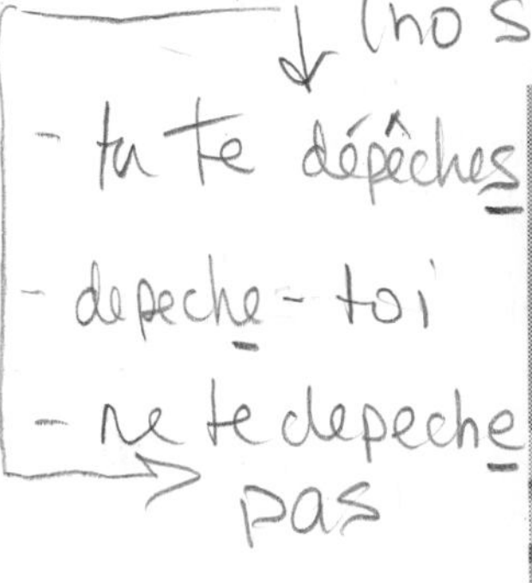

Que faites-vous pour vous détendre?

LEÇON 1

Comment identifier les objets et les personnes

 Instructor's Tape

« Conversation »

Rappel: Have you reviewed possessive adjectives? (text p. 60 and workbook)

Premières impressions

Soulignez:
- des expressions qui vous permettent d'identifier les professions et les personnes

Trouvez:
- où Charles et Philippe se sont connus autrefois
- où habite Philippe

Deux amis, qui ne se sont pas vus depuis longtemps, se rencontrent par hasard au café à Paris dans le quartier universitaire où ils passaient beaucoup de temps auparavant.° Ils commencent à se parler et à se montrer des photos.

CHARLES: Philippe! Eh bien! dis donc! Ça fait longtemps, hein?
PHILIPPE: Le temps passe, Charles! Mais tu as l'air en forme. Qu'est-ce que tu deviens?
CHARLES: Bof! Je cherche du travail! Sans succès, mais enfin je cherche, je cherche.
PHILIPPE: C'est vrai que c'est dur en ce moment, avec le chômage.°
CHARLES: Enfin... Et toi? Je croyais que tu avais déménagé!°
PHILIPPE: Oui, j'en avais un peu marre° de la situation en France, et puis je me suis marié, tu sais?
CHARLES: *(incrédule)* Ce n'est pas vrai!
PHILIPPE: Si, ça fait déjà deux ans que je vis aux Etats-Unis... Tiens, j'ai des photos, si ça t'intéresse. Je viens juste d'aller les chercher au studio. J'ai un fils.
CHARLES: Toi, un fils? Eh bien, félicitations, mon vieux!° Il faut que tu me fasses voir tout ça.
PHILIPPE: C'est une amie qui a pris les photos au moment de quitter l'hôpital. Tiens, regarde... là, j'installe le siège-voiture.°
CHARLES: C'est ta voiture?
PHILIPPE: Oui, oui, elle est à nous. Nous avons une voiture américaine. Et alors, ici, le voilà, ce petit bonhomme-là.°
CHARLES: Et il s'appelle comment?
PHILIPPE: Ah! nous lui avons donné un nom très américain. On l'a appelé Walker. Tu sais, comme le photographe Walker Evans.[1]
CHARLES: Oui, oui... Et ça, c'est toujours à l'hôpital?
PHILIPPE: Oui, c'est la sortie de l'hôpital.
CHARLES: Qui est-ce, là, sur cette photo?
PHILIPPE: C'est l'infirmière et le bébé, parce que dans la plupart des hôpitaux américains, tu n'as pas le droit d'aller chercher ton enfant si tu n'as pas de siège-voiture. L'infirmière descend avec toi et vérifie que tout est en ordre. Et si tu n'as pas de siège-voiture, tu es obligé de laisser ton enfant à l'hôpital!
CHARLES: Ce n'est pas croyable!
PHILIPPE: Tiens, regarde le petit bout de chou° à la maison... Non, non, je me trompe. Ça, c'est encore l'hôpital.
CHARLES: Toujours à l'hôpital?
PHILIPPE: Oui, c'est lui dans la chambre avec ma femme. Ça, c'est le petit bracelet d'identité: tu vois son nom et le nom de ma femme. On met un bracelet aux

le chômage unemployment
déménager to move
j'en ai marre/j'en ai assez (popular) I'm fed up
mon vieux old man
le siège-voiture/siège-bébé car seat
le petit bonhomme (term of endearment) little man
le bout de chou (familiar) little darling

[1] Walker Evans (1903–1975) was an American photographer whose brutal depiction of reality had a strong influence on contemporary photography. He is especially known for his scenes of poverty and misery in the rural United States during the depression (1935–1940).

un accouchement childbirth, delivery
un oreiller pillow

nouveau-nés tout de suite, dans la salle d'accouchement.° C'est pour éviter qu'on confonde les bébés plus tard dans la nursery. Tiens, le petit bonhomme dans toute sa splendeur, sur l'oreiller° de sa maman!

A suivre

Observation et Analyse

1. Quelle est la situation domestique de Philippe?
2. Quelle est la situation économique de Charles?
3. Où a-t-on pris la plupart de ces photos?
4. Expliquez la règle des sièges-voitures dans les hôpitaux américains.
5. Pensez-vous que Philippe soit content de sa vie? Expliquez.

Réactions

1. Aimez-vous les photos d'enfant? Est-ce que vos parents ont pris beaucoup de photos de vous quand vous étiez petit(e)? Expliquez.
2. Avez-vous déjà des enfants ou pensez-vous en avoir? Parlez de votre famille.

«Expressions typiques pour...»

Identifier un objet

C'est ta voiture? { Non, c'est la voiture du voisin.
Oui, j'ai une voiture française.

Qu'est-ce que c'est? { C'est un ordinateur *(computer)*.
Ce sont mes disquettes.
Ça, c'est mon appareil-photo *(camera)*.

Identifier le caractère d'un objet

Quel type d'ordinateur/de magnétoscope *(VCR)* est-ce? C'est un IBM/SONY.
Quelle marque *(brand)* de voiture est-ce que tu as? J'ai une Peugeot 405.
Quel modèle est-ce? C'est le dernier modèle.

Identifier une personne

Qui est-ce, là, sur cette photo? C'est Alain.
Qui est Alain? C'est le mari *(husband)* de notre voisine Hélène.

♦ More professions can be found in ***Chapitre 7.***

Identifier les activités d'une personne

Que fait ton mari/ta femme? { Il/Elle est dentiste/psychiatre/ingénieur/secrétaire/homme (femme) d'affaires/vendeur (vendeuse).
Il/Elle est à la retraite *(retired)*.

Que fais-tu? { Je suis étudiant(e)/avocat(e)/biologiste/professeur/banquier (banquière)/femme (homme) au foyer *(housewife/househusband)*/pilote.

♦ Disjunctive pronouns are in ***Chapitre 6.***

Identifier le/la propriétaire

A qui *(to whom)* est cet appareil-photo? { C'est mon appareil-photo.
Il est à moi (toi/lui/elle/nous/vous/eux/elles).

M I N I - C O N V E R S A T I O N S

Identifier le/la propriétaire

—**C'est ton** appareil-photo?
—Oui, **il est à moi.**

Identifier le caractère d'un objet

—**Quelle marque est-ce que tu as?**
—**J'ai un** Canon EOS 650. Il est vieux mais il marche bien.

Identifier une personne

—**Qui est-ce sur cette photo?**
—Ça, **c'est mon mari.**

Identifier les activités d'une personne

—**Que fait-il?**
—**Il est ingénieur.** Il travaille chez Renault.

A VOUS

- Demandez à un(e) camarade de classe quelle sorte de voiture il/elle a. S'il/Si elle n'a pas de voiture, demandez quelles voitures il/elle a déjà conduites.
- Demandez à un(e) camarade de classe ce qu'il/elle veut faire comme profession après ses études.

«Mots et expressions utiles»

La famille

les arrière-grands-parents *great-grandparents*
le beau-frère/beau-père *brother-/father-in-law or stepbrother/-father*
la belle-sœur/belle-mère *sister-/mother-in-law or stepsister/-mother*
célibataire/marié(e)/divorcé(e)/remarié(e) *single/married/divorced/remarried*
le demi-frère/la demi-sœur *half brother/sister*
une famille nombreuse *large family*
une femme/un homme au foyer *housewife/househusband*
le mari/la femme *spouse; husband/wife*
le parent *parent; relative*
le troisième âge *old age*
la vie de famille *home life*
une mère/un père célibataire *single parent*

Les enfants

l'aîné(e) *elder, eldest*
bien/mal élevé(e) *well/badly brought up*
le cadet/la cadette *younger, youngest*
un fils/une fille unique *only child*
gâté(e) *spoiled*
un(e) gosse *kid*
un jumeau/une jumelle *twin*

Médoune parle de sa famille au Sénégal: Je viens d'**une famille nombreuse.** J'ai neuf frères et sœurs. Mes **arrière-grands-parents** habitent avec mes parents, et aussi une de mes sœurs et mon **beau-frère. La cadette** va au lycée, donc elle habite toujours à la maison. Le mélange des générations rend la vie intéressante. Heureusement que la maison est grande! La plupart de mes frères et de mes sœurs ont voyagé. On habite un peu partout dans le monde. Par exemple, **l'aîné** et moi, nous sommes tous les deux aux Etats-Unis.

La possession

C'est à qui le tour? *Whose turn is it? (Who's next?)*
C'est à lui/à toi. *It's his/your turn.*
être à (+ pronom disjoint) *to belong to (someone)*

Les affaires

l'appareil-photo m *camera*
le magnétoscope *VCR*
l'ordinateur m *computer*

Fabienne prépare ses valises pour aller passer deux ans à Strasbourg dans une des grandes écoles. Comme elle partage tout avec sa sœur, elle vérifie ce qui est à elle.

FABIENNE: **Il est à toi,** cet appareil-photo? Je pense que maman me l'a acheté comme cadeau de Noël, mais c'est toi qui l'utilises toujours.

VÉRONIQUE: Tu as raison. **Il est à toi.** Mais attention, **le magnétoscope** est à moi. Tu le laisses à la maison!

FABIENNE: Et **l'ordinateur** que nous utilisons toutes les deux... qu'allons-nous en faire?

VÉRONIQUE: Ça, il faut en parler avec papa et maman.

Activités

A. Entraînez-vous: Une réplique *(response).* Pour chacune des répliques suivantes, posez la question appropriée. Aidez-vous des ***Expressions typiques pour....***

1. Nous avons une vieille Mercedes 240.
2. Là, dans la voiture, c'est mon fils, Julien.
3. Mon fils est à l'école primaire. Il a seulement sept ans!
4. Jean? C'est mon mari.
5. C'est l'ordinateur préféré de mon mari.

B. Une famille nombreuse. Imaginez que les portraits suivants soient ceux de votre propre famille. Ecrivez une phrase pour identifier le membre de la famille et son activité.

modèle: ***Ma mère est étudiante.***

Ma mère est étudiante.

C. Ma famille. Ecrivez le nom de trois membres de votre famille immédiate ou de vos parents. Indiquez leurs liens de parenté *(family ties)* avec les autres parents et membres de votre famille en utilisant les ***Mots et expressions utiles.***

modèle: ***Georges: Georges est mon père. C'est le mari de ma belle-mère Marthe et aussi le cadet de sa famille. C'est le beau-père de ma belle-sœur Céline qui est mariée à mon demi-frère Paul.***

D. Apportez des photos en classe. Formez des groupes de trois ou quatre personnes et identifiez la personne ou l'objet sur la photo.

E. Questions indiscrètes. Posez les questions suivantes à un(e) ami(e). Donnez un résumé de ses réponses à la classe.

1. Est-ce que tu as un ordinateur? un magnétoscope? De quelle marque est-il?
2. Quelle marque de voiture ta famille a-t-elle?
3. Dans ta famille est-ce que tu es fils/fille unique? le cadet/la cadette? l'aîné(e)? Tu es gâté(e), n'est-ce pas?
4. Est-ce que tu es célibataire? marié(e)? divorcé(e)? remarié(e)?
5. Que veux-tu faire comme travail plus tard? Explique.

«Grammaire»

C'est vs *il/elle est*

A. When identifying or describing someone, you frequently say what that person's profession is. With **être, devenir,** and **rester,** no determiner is used before a profession unless it is modified by an adjective that expresses an opinion or judgment.

Mon cousin est **pilote** dans l'Armée de l'Air, et c'est **un pilote** célèbre.
My cousin is a pilot in the Air Force, and he is a famous pilot.

The same rule also applies to stating one's religion, nationality, political allegiance, social class, or relationships.

Son beau-frère est **français,** mais il n'est pas **catholique.**
His brother-in-law is a Frenchman, but he is not a Catholic.

Il vient de devenir **papa** de jumeaux.
He's just become a father of twins.

Je suis **une réceptionniste** très efficace, mais je voudrais devenir **femme d'affaires.**
I am a very efficient receptionist, but I would like to become a businesswoman.

C'est or **ce sont** must be used instead of **il/elle est** or **ils/elles sont** when the noun after **être** is modified by an adjective. An article or a determiner (possessive or demonstrative) must also be used.

Je recommande chaudement le docteur Dupin. **C'est un** psychiatre brillant.
I highly recommend Dr. Dupin. He is a brilliant psychiatrist.

(Il est brillant; il est psychiatre. C'est un psychiatre brillant; c'est mon nouveau psychiatre.)

NOTE: **C'est** + article without an adjective can be used as well, although **il/elle** is more common.

C'est un psychiatre. } *He is a psychiatrist.*
Il est psychiatre.

B. Additional uses of *c'est*

- **c'est** + masculine adjective referring to an idea:

100 F le kilo? C'est cher!

- **c'est** + proper noun:

  C'est Marc à l'âge de douze ans.

- **c'est** + disjunctive pronoun:

  Mlle Piggy dit toujours: «C'est moi!»

- **c'est** + noun being identified:

  Qu'est-ce que c'est?
  C'est une marionnette.

C. Additional uses of *il/elle est*

- **il/elle** + adjective referring to a particular person or thing:

  Mon cours de français?
  Il est excellent.

- **il/elle** + preposition of location:

  La salle de classe? Elle est près d'ici.

Activités

A. Sondage de télévision. Mme Le Bois reçoit un coup de téléphone d'une représentante d'Antenne 2 qui veut savoir ce qu'elle aime regarder à la télé. Choisissez l'expression appropriée afin de compléter chacune de ses réponses.

Allô? Bonjour, madame. Oui, ________ (c'est/elle est) la résidence Le Bois... Mon mari? Non, ________ (ce n'est pas/il n'est pas) à la maison en ce moment, mais je pourrais peut-être répondre à vos questions... Sa profession? ________ (C'est/Il est) homme d'affaires... Ma profession? Je ________ (suis/suis une) femme au foyer... Oui, je ________ (suis/suis une) mère... de trois enfants... L'émission «Champions»? Oui, nous la regardons très souvent. Nous trouvons que (qu') ________ (c'est/elle est) intéressant(e) mais ________ (c'est/il est) notre fils Paul qui l'aime le plus... Oui, ________ (c'est/il est) étudiant... Il veut ________ (devenir/devenir un) pilote... Pardon, madame. On sonne à la porte. ________ (C'est/Il est) probablement mon voisin d'à côté *(next-door neighbor)*... Je vous en prie. Au revoir, madame.

B. Notice nécrologique. Voici une description d'un auteur célèbre qui est mort récemment. Complétez la description en remplissant les blancs avec un article (si c'est nécessaire) ou **ce** ou **il/elle**.

Carlos B. était ________ écrivain connu du grand public depuis quarante-cinq ans. Il était ________ espagnol de naissance mais il est devenu ________ citoyen français en 1939 quand il a épousé Angélique, ________ jeune secrétaire française. Devenu ________ père de jumelles, il est entré au service de la maison d'édition Lhomond comme ________ lecteur, puis comme ________ directeur du service des ventes. ________ C(c)atholique dévoué, il est resté ________ socialiste pendant toute sa vie. ________ est lui qui a écrit *Le Citoyen de demain.* Mais ________ est sa *Guerre des enfants* qui l'a rendu célèbre. ________ est un homme dont l'humour tendre nous manquera. ________ est très regretté de tous ceux qui l'ont connu de près et de loin.

C. Sondage d'étudiants. Posez les questions suivantes à un(e) ami(e). Donnez un résumé de ses réponses à la classe.

1. Quelle est ta profession? nationalité? religion?
2. Appartiens-tu à un parti politique? Auquel?
3. Est-ce que tu as un emploi? Si oui, est-ce que ton emploi est près ou loin d'ici?
4. Que fait ton père? ta mère?
5. Quand tu étais petit(e), qu'est-ce que tu voulais devenir? Et aujourd'hui?

D. Un jeu. Décrivez une personne dans la classe. Les autres étudiants vont deviner qui c'est. Utilisez **c'est** et **il/elle est** autant que possible, bien sûr!

modèle: ***C'est une américaine.***
Elle est enthousiaste.
C'est aussi une étudiante dynamique.
Elle veut être pilote.
Elle a les cheveux blonds.
Elle est grande.
Réponse: ***C'est Julie.***

Les Pronoms possessifs

A. Saying what belongs to you or what you possess is another common use of the function of identifying. You reviewed the use of possessive adjectives to show ownership in ***Révisons un peu.*** Now you will learn to express possession with possessive pronouns. This method is preferred when making comparisons or contrasts:

		Adjectif possessif		**Pronom possessif**
la maison de Pierre	=	**sa** maison	=	**la sienne**
Pierre's house	=	*his house*	=	*his*

—A qui sont ces clés? —Elles sont **à moi.**
—Est-ce mon livre? —Non, c'est **le mien.**

Like possessive adjectives, possessive pronouns agree with both the possessor and the person or object possessed. Note the need for a definite article, as well as the **accent circonflexe** (ˆ) on **nôtre(s)** and **vôtre(s).**

Masculin singulier	**Féminin singulier**	**Masculin pluriel**	**Féminin pluriel**	**Equivalent**
le mien	la mienne	les miens	les miennes	*mine*
le tien	la tienne	les tiens	les tiennes	*yours (familiar)*
le sien	la sienne	les siens	les siennes	*his/hers/its*
le nôtre	la nôtre	les nôtres	les nôtres	*ours*
le vôtre	la vôtre	les vôtres	les vôtres	*yours*
le leur	la leur	les leurs	les leurs	*theirs*

—As-tu apporté les photos de la naissance de ta fille?
—Oui, je les ai apportées, mais commençons par **les tiennes.**
—Tu sais, j'ai oublié **les miennes,** mais mon mari a toujours **les siennes** avec lui. Attends, je vais les lui demander.

B. Contrary to English, the following expression in French requires a possessive adjective (rather than a possessive pronoun):

a friend of mine = un de **mes** amis
a cousin of ours = un de **nos** cousins

NOTE: The usual contractions of **à** and **de** occur with the definite article preceding the possessive pronoun:

J'ai écrit à mes parents. Est-ce que tu as écrit **aux tiens?**

Liens culturels

Le troisième enfant

Aujourd'hui le taux de natalité *(birth rate)* est de 1,82, contre 2,84 en 1965. Pourquoi cette baisse? Les raisons possibles sont nombreuses: l'activité professionnelle de la femme, l'usage généralisé de la contraception, la légalisation de l'avortement *(abortion)*, la diminution du nombre des mariages et, tout simplement, le «coût de l'enfant». Puisqu'il faut que chaque femme ait en moyenne 2,1 enfants pour assurer le renouvellement des générations, le gouvernement a pris de nouvelles mesures pour encourager un troisième enfant. Parmi elles, le gouvernement finance les charges sociales versées par une famille à une personne employée à domicile pour garder un ou plusieurs enfants de moins de trois ans.

Adapté du *Journal Français d'Amérique* (7–20 novembre 1986, p. 3)

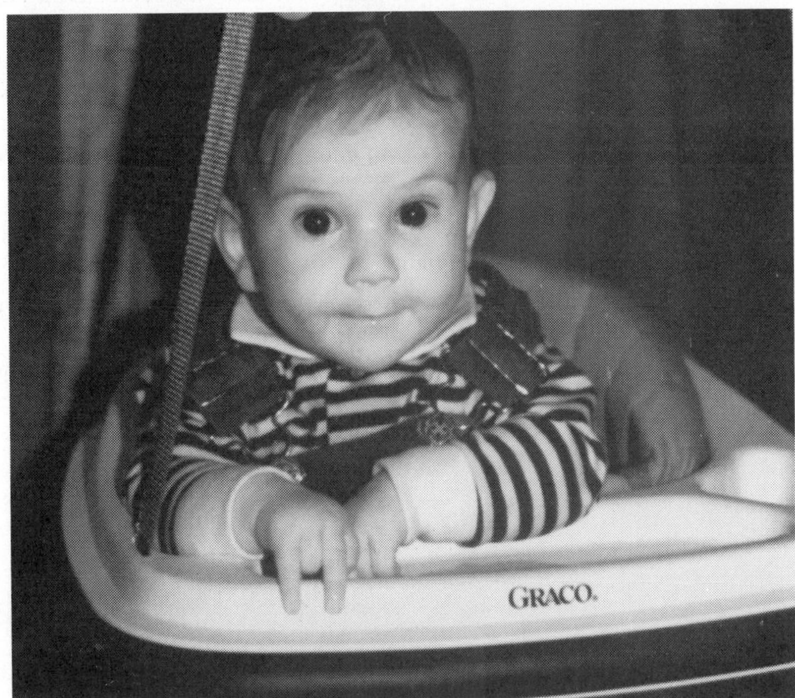

Il est vrai qu'à l'exception de l'Irlande, la baisse de la natalité touche tous les pays de la Communauté européenne. Avec 1,8 enfants par femme, la France est un des pays les plus féconds. Ce sont les agricultrices, les ouvrières, les femmes au foyer qui ont le plus d'enfants. «Et ce sont les femmes appartenant aux couches moyennes salariées *(middle salary levels)* (surtout employées) qui en ont le moins…»

Gérard Mermet, *Francoscopie, 1991* (Larousse, pp. 134–135)

Activités

A. En voyage. Vous voyagez en France. A l'aéroport, en passant par la douane *(customs)*, vous essayez de déterminer à qui appartiennent les objets suivants.

modèle: bouteille de champagne/ Eric
C'est la sienne?

1. sac / Stéphanie
2. appareil-photo / moi
3. valise / Timothé et Martine
4. billets / nous
5. timbres / vous

B. C'est à qui? Vous et votre ami(e) êtes en train de déménager de votre appartement pour retourner chez vos parents pour l'été. Dans la première phrase, identifiez le/la propriétaire de chaque objet avec un pronom possessif. Affirmez la possession en complétant la deuxième phrase avec un adjectif possessif ou un pronom disjoint.

1. —La chaîne stéréo? C'est ______ *(mine)*.
   —Tu es sûr(e)?
   —Oui, elle est à ______.
2. —Tous les disques? Ce sont ______ *(yours)*. Ils sont à ______.
3. —Cette belle plante appartient à ta mère, n'est-ce pas?
   —Oui, c'est ______ *(hers)*. C'est ______ plante.

4. —Ce pull-over bleu... Est-ce que c'est ________ *(yours)*? Tu m'entends? C'est ________ pull-over, hein?
5. —Ces affiches *(posters)*? Ce sont ________ *(mine)*. Elles sont à ________.
6. —Mon Dieu! Voilà les assiettes que j'ai empruntées à nos voisins d'à côté il y a longtemps. Ce sont ________ *(theirs)*, pas ________ *(ours)*.
   —Il faut leur rendre ________ *(their)* assiettes tout de suite!

C. On adore se vanter *(to brag)*! Deux petits gamins *(kids)* de sept ans se trouvent dans la cour de récréation. Ils sont en train de se vanter. Complétez leurs phrases en donnant l'équivalent français des mots entre parenthèses.

1. Mes parents sont beaucoup plus riches que ________ *(yours)*.
2. Ah oui? Ecoute. Mon père est plus grand que ________ *(yours)*.
3. Mais ta sœur n'est pas aussi intelligente que ________ *(mine)*.
4. J'aime mieux notre chien que le chien de ton frère. ________ *(Ours)* est beaucoup mieux dressé *(trained)* que ________ *(his)*.
5. C'est possible, mais si on compare nos deux chats avec tes chats, il faut dire que ________ *(yours)* ne sont pas aussi gentils que ________ *(ours)*.

Aimez-vous les animaux? Avez-vous un chat (une chatte)?

«Interactions»

A. Interview. Your partner is an inquisitive journalist interviewing typical American consumers. You are the consumer who answers his/her questions regarding: your marital status; your family; how you or your parents earn a living; your religion; what kind of car you or your parents own; if you have a computer and, if so, what type; where you live and what kind of lodging it is. Then reverse roles.

B. A la douane. Play the role of a French customs officer **(le douanier/la douanière)** questioning a teacher from France (your partner) who is returning from the U.S. with a tour group of high-school students **(lycéens)**. Ask the teacher to identify the owner of:

- the green suitcase/brown purse
- the two bottles of California wine
- the radio/camera
- the bottle of maple syrup **(le sirop d'érable)**
- the cowboy boots **(santiags,** *m pl***)**
- several other items (Make them up!)

BRAVO! Culture et Littérature

LEÇON 2

Comment décrire les objets et les personnes

 Instructor's Tape

« Conversation » (suite)

Rappel: Have you reviewed descriptive adjectives? (text p. 60 and workbook)

Premières impressions

Soulignez:
- les expressions qui décrivent le bébé de Philippe

Trouvez:
- où Philippe et sa femme se sont rencontrés
- où la femme de Philippe travaille

Charles et Philippe poursuivent leur discussion. Philippe ne veut parler que de son fils.

CHARLES: Alors, qu'est-ce que tu fais? Tu as trouvé du travail aux Etats-Unis?

PHILIPPE: *(faisant voir une photo à Charles)* Attends! Tu as vu ces cheveux? Ce n'est pas croyable! Regarde ça! Il a plein de° cheveux! Je n'ai jamais vu de bébé comme ça.

CHARLES: *(rire)* C'est vrai, mais dis-moi quelle situation est-ce que ta femme et toi avez?

PHILIPPE: Je ne suis pas trop content de mon travail... je pense changer mais la situation est dure là-bas aussi. Tiens, regarde, c'est une belle photo de Martha. Tu ne trouves pas?

CHARLES: Si... elle a l'air très heureuse...

PHILIPPE: Martha, c'est un phénomène! On s'est rencontrés il y a déjà quelques années... On était en Irlande tous les deux, chacun de son côté,° et puis un soir on attendait le début d'un concert, à un festival de musique, et on était dans un pub. Elle était avec des Américains, j'étais tout seul, et... c'est là qu'on s'est parlé pour la première fois.

CHARLES: *(en regardant une photo)* Dis donc, ton bébé, c'est vrai qu'il a beaucoup de cheveux, ce bonhomme. Ce n'est pas comme moi! J'aimerais avoir autant de cheveux que lui! *(rire)* Alors, ta femme, elle est comment? Raconte-moi!

PHILIPPE: Elle est super mignonne° et toujours en forme. Elle a les cheveux ondulés° et les yeux bleus. Elle a un caractère très dynamique. Elle a toujours le sourire.

CHARLES: Vous vous entendez bien?

PHILIPPE: Oui, merveilleusement bien. Ça aide beaucoup, tu sais.

CHARLES: Oui, évidemment! Alors tu comptes changer de travail bientôt? Et ta femme, qu'est-ce qu'elle fait?

PHILIPPE: Elle travaille dans une maison d'édition.° Elle fait partie de l'équipe rédactionnelle.°

CHARLES: Une maison d'édition qui se spécialise en quoi?

PHILIPPE: Ils font des livres pour étudier les langues étrangères.

CHARLES: Ah, d'accord! Est-ce qu'elle parle français, Martha?

PHILIPPE: Oui, oui. Elle parle français. Elle a appris le français quand elle était étudiante en France.

A suivre

plein de (familiar) a lot of

chacun de son côté each on his/her own

super mignonne very cute
ondulé wavy

une maison d'édition publishing company/**une équipe rédactionnelle** editorial team

Observation et Analyse

1. Que savez-vous sur le fils de Philippe et de Martha?
2. Comment Philippe et Martha se sont-ils rencontrés?
3. Pourquoi Philippe va-t-il changer de travail?
4. Comment est Martha?
5. Pensez-vous que le mariage de Philippe et de Martha soit solide? Expliquez.

Réactions

1. Avez-vous de bons rapports *(good relationship)* avec quelqu'un en particulier? Comment avez-vous fait la connaissance de cette personne? Décrivez cette personne.
2. Pensez-vous avoir des enfants un jour? Pourquoi ou pourquoi pas?

«Expressions typiques pour...»

Décrire les personnes

Comment est-il/elle (physiquement)?
- Il/Elle a les cheveux blonds/châtains *(chestnut)*/gris/roux.
- Il/Elle a les cheveux longs/courts.
- Il/Elle a les yeux bleus/verts/marron.

Quel âge a-t-il/elle?
- Il/Elle a (à peu près)... ans.
- Il/Elle est d'un certain âge/vieux (vieille)/(assez) jeune.

Combien mesure-t-il/elle?
Quel poids *(weight)* fait-il/elle?
- Il/Elle mesure... un mètre soixante/quatre-vingt-cinq.[2]
- Il/Elle est gros (grosse)/mince.

Quel genre d'homme/de femme est-ce?
- Il/Elle est sympa/timide/drôle.
- Il/Elle a bon/mauvais caractère.
- C'est un imbécile!

Décrire les objets

Comment est-ce?
- C'est petit/grand.
- C'est long/court.

En quoi est-ce? — C'est en métal/plastique/coton/nylon.

A quoi est-ce que ça sert?
- Ça sert à...
- C'est un truc *(familiar)* pour...
- On s'en sert pour/quand...
- Les gens s'en servent pour...

MINI-CONVERSATIONS

Décrire les personnes

—**Comment est ta femme?**
—Elle est...**jolie, sympa** et **affectueuse.** Elle a trente-huit ans, mais elle ne fait pas son âge *(does not look her age).* Elle a **les cheveux blonds et courts.**

Décrire les objets

—**Comment est-ce?**
—**C'est petit,** c'est noir et ça a des dents.
—**En quoi est-ce?**
—C'est **en plastique.**
—**A quoi ça sert?**
—**Ça sert à** se peigner *(comb one's hair).*
—C'est un peigne!

[2] 1 mètre = approx. 39 inches; 2,5 centimètres = approx. 1 inch

A VOUS

- Demandez à un(e) camarade de classe comment est son/sa meilleur(e) ami(e). Il/Elle donnera une description.
- Demandez à un(e) camarade de classe comment est son sac à dos *(backpack)* ou son cartable *(school bag)*. Il/Elle donnera une description.

«Mots et expressions utiles»

Les personnes

avoir la vingtaine/la trentaine, etc. *to be in one's 20s/30s, etc.*

avoir les cheveux
- **roux** *to have red hair*
- **châtains** *chestnut*
- **bruns** *dark brown*
- **noirs** *black*
- **raides** *straight*
- **ondulés** *wavy*
- **frisés** *curly*

avoir les yeux marron *to have brown eyes*
avoir une barbe/une moustache/des favoris *to have a beard/moustache/sideburns*
être chauve *to be bald*
être de petite taille *to be short*
être de taille moyenne *to be of average height*
être d'un certain âge *to be middle-aged*
être en forme *to be in condition*
être grand(e) *to be tall*
être fort(e) *to be heavy, big, stout*
être marrant(e)/gentil(gentille)/mignon(mignonne) *to be funny/nice/cute, sweet*
ne pas faire son âge *to not look one's age*
porter des lunettes/des verres de contact *to wear glasses/contact lenses*

Les objets

être en argent/or/acier/laine *to be made of silver/gold/steel/wool*
être gros (grosse)/minuscule *to be big/tiny*
être haut(e)/bas (basse) *to be tall, high/short, low*
être large/étroit(e) *to be wide/narrow*
être lourd(e)/léger (légère) *to be heavy/light*
être pointu(e) *to be pointed*
être rond(e)/carré(e) *to be round/square*

Une petite fille fait deviner sa mère:
—Maman, devine qui est **grand, fort et mignon.** Il a de grandes oreilles noires et un nez rond et noir. **Il ne fait pas son âge,** mais il est vraiment vieux.
—C'est Mickey qui est arrivé à Euro Disney le 12 avril 1992!
Elle continue:
—Maman, devine à quoi je pense: C'est **en or** et **en argent.** C'est assez **léger** et c'est **rond.** Ça te donne l'heure.
—C'est une montre!

Activités

A. Entraînez-vous: Descriptions. Décrivez au hasard les personnes ou les choses suivantes en utilisant les ***Mots et expressions utiles*** de la ***Leçon 2.*** Quelqu'un dans la classe va deviner lequel/laquelle vous décrivez.

1. Elton John
2. Arsenio Hall
3. Jane Fonda
4. Jessye Norman
5. Boris Becker
6. une raquette de tennis
7. des lunettes de soleil
8. un cahier
9. un tee-shirt
10. des ciseaux *(scissors)*

B. Mes rêves. Avec un(e) partenaire, décrivez l'apparence physique et le caractère de votre meilleur(e) ami(e) ou de l'homme (de la femme) de vos rêves.

C. Comment est-il/elle? Retournez aux portraits à la page 65. Décrivez l'apparence physique de chaque personne dans les portraits. Imaginez aussi sa personnalité et décrivez-la.

D. Comment est-ce? Choisissez trois objets dans votre poche ou dans votre sac, mais ne les montrez à personne. Les membres de la classe vont vous poser des questions concernant l'apparence et l'utilisation de ces objets. Vous devez répondre en donnant une description aussi détaillée que possible. Continuez jusqu'à ce que quelqu'un devine l'objet, après quoi montrez-le.

modèle: ***—En quoi est-ce?***
—C'est en acier.
—Quelle est sa taille/forme?
—C'est petit et court, mais très lourd...

E. Questions indiscrètes. Posez les questions suivantes à un(e) ami(e). Donnez un résumé de ses réponses à la classe.

1. Décris-toi. Parle de tes cheveux, de tes yeux, de ton âge, de ta taille.
2. Qu'est-ce qui est préférable—porter des lunettes ou des verres de contact? Pourquoi?
3. Est-ce que tu fais ton âge? Et tes grands-parents?
4. Tes parents sont-ils grands on petits? Et toi?
5. A ton avis, qu'est-ce qu'il faut faire pour être en forme?

«Grammaire»

L'Adjectif qualificatif

In order to make detailed descriptions in French, you must be able to use adjectives properly, that is, make them agree with the modified noun and place them correctly in a sentence. You reviewed a series of adjective formation patterns in ***Révisons un peu.*** Below are some additional irregular patterns to form the feminine singular.

♦ Several adjectives ending in **-t** (**complet, incomplet, concret, discret, indiscret, inquiet, secret**) do not double the **-t** but take the grave accent on the preceding **e** (**complète, incomplète, concrète, discrète, indiscrète, inquiète, secrète**). Others take double **t** (as in **muet/muette**).

♦ If you can drop the **-eur** and add **-ant** to make a present participle (**mentant** [*lying*] or **trompant** [*tricking*]), you will form the feminine of the adjective by adding **-euse.** EXCEPTIONS: **enchanteur** and **vengeur**, add **-esse (enchanteresse, vengeresse).** Adjectives that do not have a present participle ending in **-ant** form their feminine with **-trice: consolateur, consolatrice; conservateur, conservatrice.** Note, however, that several comparative adjectives form their feminine by adding **-e: meilleur(e), supérieur(e), inférieur(e), extérieur(e), intérieur(e)**, etc.

Masculin		Féminin	Exemples	
-er	→	-ère	premier	première
-et	→	-ète	inquiet	inquiète
-et	→	-ette	muet	muette
-c	→	-che	blanc	blanche
-c	→	-que	public	publique
-eur	→	-eure	supérieur	supérieure
BUT:				
-eur	→	-euse	menteur	menteuse
-eur	→	-rice	conservateur	conservatrice

C'était un couple étrange: Lui, il avait l'air toujours **inquiet;** elle, elle était **menteuse.** On avait vraiment du mal à les connaître.

A few adjectives follow no regular pattern:

Masculin	Féminin	Masculin	Féminin
doux	douce *(soft; sweet)*	frais	fraîche *(fresh)*
faux	fausse *(false)*	long	longue *(long)*
favori	favorite *(favorite)*	sec	sèche *(dry)*

On a eu une journée **longue** et difficile.

Although adjectives generally agree in number and gender with the nouns they modify, in the following situations the adjective remains unchanged:

• a qualified color: des cheveux **châtain foncé** *(dark brown)*/**châtain clair** *(light brown)*

- adjectives of color (**orange, citron, crème, marron,** etc.) that are also nouns: des rideaux *(curtains)* **crème**
- **snob, chic, bon marché:** Quelle femme **chic!**
- **demi** before **heure:** une **demi**-heure
  BUT: deux heures et **demie**

NOTE: When an adjective modifies two or more nouns of different genders, the masculine plural is used:

une fille et un fils **américains**

◆ Note that **bon marché** never changes, but **chic** and **snob** agree in number though not in gender with the nouns they are modifying:
—Martine est **chic,** n'est-ce pas?
—Moi, je trouve que Timothé et Martine sont tous les deux **chics.**

Activité

Qui suis-je? Complétez la description de Jeanne et de ses parents en utilisant la forme correcte de l'adjectif entre parenthèses.

J'ai un père et une mère _______ (célèbre) dont je suis très _______ (fier). Mon père est un journaliste _______ (indépendant) depuis longtemps. Il a reçu de _______ (nombreux) prix pour ses œuvres _______ (créatif).

Ma mère est une artiste _______ (contemporain) de renommée *(fame)* _______ (mondial). Dans ses idées _______ (politique), elle est un peu _______ (conservateur) comme mon père, mais c'est une mère _______ (affectueux), _______ (gentil) et _______ (juste).

Moi, je ne suis pas du tout _______ (exceptionnel). Je suis une élève _______ (ordinaire) et même _______ (moyen) dans une école _______ (privé) de Paris. Dans l'ensemble je ne suis ni très _______ (travailleur) ni trop _______ (paresseux). Mes parents pensent que je suis _______ (fou), mais un jour j'espère devenir actrice.

Liens culturels

La nouvelle image du couple: un homme et une femme

«Pendant longtemps, l'homme et la femme eurent (ont eu) au sein du couple des attributions bien distinctes. D'un côté, la femme au foyer, de l'autre le chef de famille. Aujourd'hui, les rôles des deux partenaires se sont rapprochés, que ce soit pour faire la vaisselle... ou l'amour.» Pourquoi y a-t-il eu cette évolution, à votre avis? Et comment le couple américain a-t-il changé?

Gérard Mermet, *Francoscopie, 1991* (Larousse, p. 120)

La Position des adjectifs

Adjectives in French usually *follow* the noun.

une histoire agréable   un livre intéressant

A. A few common adjectives are normally placed *before* the noun:

autre	beau	joli	gentil
nouveau	vilain	gros	haut
jeune	bon	grand	long
vieux	mauvais	petit	court

premier (-ière), deuxième, etc. (all ordinal numbers)

◆ In formal speech, **des** becomes **de** before a plural adjective and a noun.
de bons voisins
BUT: **les** bons voisins
However, when the adjective is considered as part of the noun, **des** does not change.
des jeunes filles
BUT: **de** gentilles jeunes filles

B. When there is more than one adjective modifying a noun, the word order normally associated with each adjective is used:

une **belle** ville **pittoresque**   la **vieille** église **gothique**

C. **Et** is generally used if both adjectives follow the noun. If both precede the noun, the use of **et** is optional:

un homme **intelligent et sympathique**
un **beau petit** garçon   une **grande et jolie** femme

D. The following adjectives change their meaning according to their placement:

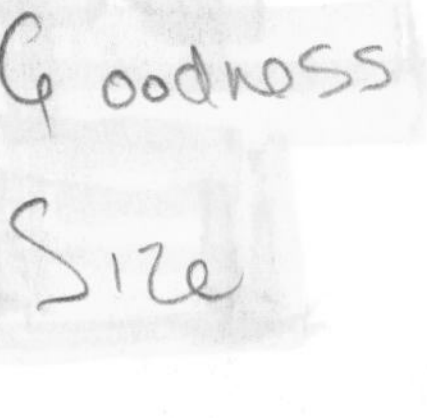

ancien	mon ancien professeur *my former professor*	un livre ancien *an ancient book*
certain	un certain homme *a certain, particular man*	une victoire certaine *a sure win*
cher	mes chers collègues *my dear colleagues*	des machines chères *expensive machines*
dernier	la dernière année *the final year (in a series)*	l'année dernière *the last, preceding year*
grand	un grand homme *a great man*	un homme grand *a big, tall man*
même	la même idée *the same idea*	l'idée même *the very idea*
pauvre	la pauvre famille *poor, unfortunate family*	la famille pauvre *poor, penniless family*
propre	ma propre chambre *my own room*	une chambre propre *a clean room*
prochain	la prochaine fois *next time (in a series)*	la semaine prochaine *next week (one coming)*
seul	le seul homme *the only man*	un homme seul *a solitary man*

Activités

A. Descriptions. Avec un(e) ami(e), regardez des photos prises pendant les vacances. Décrivez ce que vous voyez. Faites des phrases complètes. Attention au genre et à la position des mots.

1. Regarde / maisons / vieux / en Normandie.
2. C'est / homme / français / vieux / dont j'ai fait la connaissance.
3. Tu vois / plages / beau / sur la côte.
4. Regarde / cathédrale / grand / gothique.
5. Regarde / armoire / gros / ancien.
6. C'est un / enfant / petit / pauvre / de Paris.
7. J'ai pris ces photos / magnifique / avec / appareil / propre.
8. C'était / notre / journée / dernier / à Paris.

B. Petites annonces. Voici quelques petites annonces incomplètes. Pour les terminer, mettez le nom et les adjectifs entre parenthèses à la bonne place, en faisant l'accord nécessaire. Ajoutez **et** s'il le faut.

1. Un ______ ______ (jeune, Français) désire correspondre avec une ______ ______ (étudiante, américain).
2. Une ______ ______ ______ (femme, californien, beau) cherche un ______ ______ ______ (compagnon, gentil, francophone) pour aller voir des pièces de théâtre et des ______ ______ (films, français).
3. Une ______ ______ ______ (dame, raffiné, élégant), de cinquante-six ans, de ______ ______ ______ (personnalité, gai, charmant), qui est une ______ ______ (maîtresse, très bon) de maison, désire correspondre avec un monsieur dans la soixantaine, de ______ ______ (situation, aisé). Ecrire en fournissant des détails et une ______ ______ (photo, récent).

C. Au secours! M. Gamblin, directeur d'une grande entreprise de Montréal, doit afficher l'annonce suivante en anglais et en français. Ecrivez la version française pour lui.

> One of our fellow workers needs your help. This unfortunate man and his family lost their home in a fire **(dans un incendie)** last night. The only clothes they have are those **(ceux)** they are wearing. They especially need money and clean, new clothing. Please **(Veuillez)** bring what you would like to give to room 112 by Friday of next week. With your help, our drive **(initiative,** ***f*****)** will be a sure success. Thank you very much.
>
> *M. Gamblin*

D. Trouvez quelqu'un qui... Traduisez les phrases suivantes et poses des questions pour trouver quelqu'un qui...

modèle: has a famous sister
—As-tu une sœur célèbre?
—Non, ma sœur n'est pas célèbre.

1. has a little brother
2. likes old books
3. likes dry wine
4. has a long day today
5. has an expensive watch
6. has a clean room
7. is going on a trip next week
8. has bought numerous cars

«Interactions»

A. Imaginez. Imagine that you have just been robbed. You saw the burglar leaving your house with your VCR and a bag full of other things that belong to you. Your partner should play the role of the police detective who asks you for a description of the robber and your stolen possessions. Use as many details in your description as possible.
MOTS UTILES: *to steal* **(voler);** *burglar* **(le cambrioleur);** *robbery* **(le vol)**

BRAVO!
Culture et Littérature

B. Devinez mon nom. Pretend that you are your favorite TV character. Describe what you look like, your profession, and some personality traits. Do not tell what program you are on; however, give many details to describe what your character is like. The rest of the class will try to guess your identity.

LEÇON 3

Comment décrire la routine quotidienne et les rapports de famille

 Instructor's Tape

«Conversation» (conclusion)

Rappel: Have you reviewed pronominal verbs? (text p. 61 and workbook)

Premières impressions

Soulignez:

- comment Philippe décrit la routine quotidienne
- comment il décrit les rapports personnels

Trouvez:

- quand Philippe se dispute avec sa femme

Philippe et Charles discutent toujours. Ils parlent de la vie quotidienne° de Philippe et de sa famille aux Etats-Unis.

CHARLES: Et la vie de tous les jours, comment ça se passe pour vous, aux Etats-Unis?

PHILIPPE: C'est un peu la routine… C'est justement pour ça que j'aimerais bien changer de travail, car je commence à en avoir un peu assez… c'est beaucoup trop «métro-boulot-dodo».° Je travaille en ville, alors j'ai pratiquement quarante-cinq minutes de transport le matin et autant le soir pour rentrer. Le bureau où je travaille comme vendeur est installé en sous-sol. Je ne vois pas beaucoup le soleil. En été, c'est difficile parce qu'il fait beau et en hiver c'est encore «pis»° parce que je ne vois jamais la lumière du jour! Il faut que je pense à trouver quelque chose d'autre.

> **métro-boulot-dodo** the daily grind of commuting, working, sleeping
>
> **pis (pire)** worse

CHARLES: Et à la maison, comment est-ce que vous vous occupez° du bébé?

PHILIPPE: Un bébé, cela te change la vie. Il a une routine très stricte et tu ne fais pas ce que tu veux.

CHARLES: Finie la grasse matinée!°

PHILIPPE: Oui, la grasse matinée, et même des nuits entières de sommeil! Six heures de suite,° c'est un luxe pour le moment.

CHARLES: Est-ce que tu taquines° ta femme comme tu le faisais avec les filles à l'université?

> **s'occuper de** to take care of, handle
>
> **faire la grasse matinée** to sleep late
>
> **de suite** in a row, in succession
>
> **taquiner** to tease

PHILIPPE: Oui, on a des rapports très détendus. Nous sommes de très bons amis. On se traite en bons camarades, en fait, on est autant amis qu'amants. Nous nous disputons rarement.

CHARLES: C'est rare de bien s'entendre tout le temps.

PHILIPPE: Oui, mais ça ne veut pas dire que nous n'avons pas de petits accrochages° de temps en temps. La dernière fois, c'était ses parents qui étaient venus pour le baptême du petit, et euh… Je les aime bien, mes beaux-parents, mais seulement à petite dose, et là, ils sont restés trois jours. Le troisième jour j'aurais aimé être ailleurs… *(Il rit.)*

> **avoir de petits accrochages** to disagree with

CHARLES: Oui, c'est toujours difficile! Les rapports avec les beaux-parents sont toujours comme ça, apparemment. Mais tu t'entends quand même bien avec eux? Vous n'êtes pas en mauvais termes?°

PHILIPPE: Oh non! Nous n'en sommes quand même pas à ce point-là…

> **être en mauvais termes** to be angry with, on bad terms

Observation et Analyse

1. Décrivez les rapports que Philippe a avec sa femme et avec les parents de sa femme.
2. Parlez de la vie de tous les jours de Philippe. Est-il content de son travail? Expliquez.
3. Comment le bébé a-t-il changé la vie de ses parents?
4. Pensez-vous que Philippe s'entende bien avec ses beaux- parents? Comment le savez-vous?

Réactions

1. Avez-vous jamais eu un travail que vous n'aimiez pas? Expliquez.
2. Connaissez-vous quelqu'un qui ait un bébé? Cet enfant lui a-t-il changé la vie? Expliquez.
3. Comment sont vos rapports avec vos parents ou vos beaux-parents?

«Expressions typiques pour...»

Décrire la routine quotidienne

Quelle est votre routine typique?

Je me lève, je me lave (je prends une douche/un bain),
je me peigne, je me brosse les dents, je me rase,
je m'habille, je me maquille, je prends mon petit déjeuner, je vais au...,
je déjeune à..., je rentre à..., je dîne à...,
je fais mes devoirs, je me déshabille, je me couche.

Décrire les rapports personnels

Quelle sorte de rapports avez-vous avec...?

Je m'entends bien/mal avec mon petit ami/ma petite amie.
J'ai de bons/mauvais rapports *(good/bad relationship)* avec lui/elle.
Nous sommes de très bons amis.
Nous nous disputons *(argue)* rarement/souvent/de temps en temps.
Nous (ne) nous comprenons (pas) bien.
Nous nous sommes rencontrés l'an dernier.
Nous nous sommes fiancés/mariés.

MINI-CONVERSATIONS

Décrire la routine quotidienne

Un médecin parle avec son patient, Etienne

—Décrivez-moi votre routine personnelle.

—Oh, ce n'est pas très passionnant! Alors voilà, **je me lève** à six heures, **je me prépare** pour le travail; **je vais** à mon bureau et **je rentre** à sept heures du soir. C'est ma routine typique.

Décrire les rapports personnels

—Est-ce que **vous vous entendez bien avec** votre femme et vos enfants?

—Eh, euh, oui, nous avons **de bons rapports. Nous nous disputons** de temps en temps, mais en général nous nous entendons bien.

A VOUS

- Avec un(e) camarade de classe, parlez de votre routine typique.
- Avec un(e) camarade de classe, décrivez les rapports que vous avez avec un membre de votre famille.

«Mots et expressions utiles»

Les bons rapports

le coup de foudre *love at first sight*
s'entendre bien avec *to get along well with*
être en bons termes avec quelqu'un *to be on good terms with someone*
se fiancer *to get engaged*
fréquenter quelqu'un *to go steady with someone*
les liens m pl *relationship*
  les liens de parenté *family ties*
les rapports m pl *relationship*
se revoir *to see again*
tomber amoureux (amoureuse) de quelqu'un *to fall in love with someone*

Les rapports difficiles

une dispute *a quarrel*
se disputer *to argue*
s'entendre mal avec quelqu'un *to get along badly with someone*
être en mauvais termes avec quelqu'un *to be on bad terms with someone*
exigeant(e) *demanding*
le manque de communication *communication gap*
rompre avec quelqu'un *to break up with someone*
se plaindre (de quelque chose à quelqu'un) *to complain (to someone about something)*
taquiner *to tease*
tendu(e) *tense*

Trop souvent les histoires d'amour suivent ce scénario:
Le jeune couple se rencontre par hasard. C'est **le coup de foudre.** Les jeunes gens **se revoient.** Ils **s'entendent bien. Les rapports** sont très bons. Ils sont parfaits l'un pour l'autre. Ils **se fiancent...**
Après le mariage, **les disputes** commencent. L'un des deux **se plaint de** tout. **Les rapports** sont de plus en plus **tendus.** Une personne veut **rompre.** Il est trop tard pour résoudre les problèmes: **le manque de communication** a détruit **les liens** qui existaient au début.

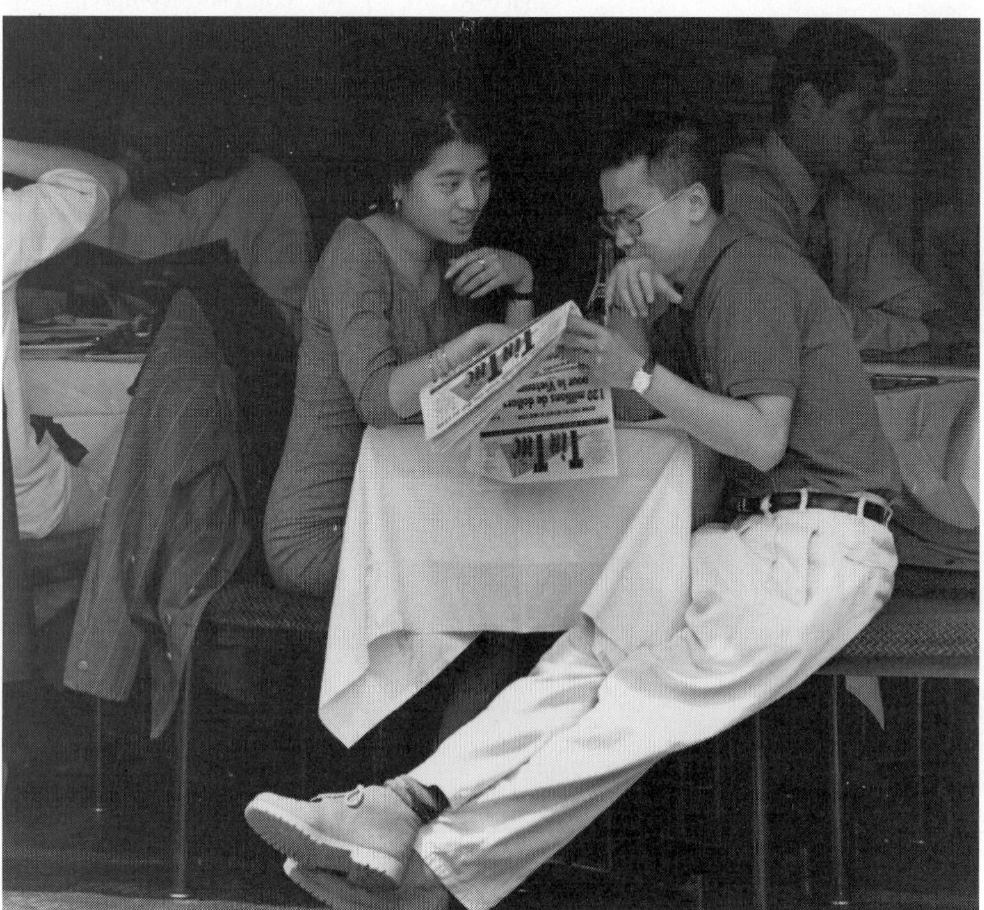

Décrivez les rapports de ce jeune couple.

Activités

A. Entraînez-vous: Les rapports sociaux. Donnez deux phrases pour décrire vos rapports avec chacune des personnes ci-dessous. Variez vos réponses.

modèle: votre mère
J'ai de bons rapports avec ma mère.
Nous nous disputons rarement.

1. votre sœur/frère
2. votre petit(e) ami(e)
3. votre père
4. votre camarade de chambre
5. un copain/une copine que vous connaissez depuis longtemps
6. votre professeur de français

B. Ma routine. Décrivez la routine d'un jour de semaine typique. Contrastez cette description avec celle d'un jour de week-end typique.

C. Questions indiscrètes. Posez les questions suivantes à un(e) ami(e). Donnez un résumé de ses réponses à la classe.

1. Es-tu jamais tombé(e) amoureux/amoureuse? Quand? Est-ce que c'était un coup de foudre? Est-ce que vous vous voyez toujours?
2. Quelles situations causent le plus de stress pour toi? Pourquoi? Qu'est-ce que tu fais pour réduire le stress?
3. Est-ce que tu te plains souvent? De quoi? A qui? D'habitude est-ce que tu te sens mieux après?

«Grammaire»

Les Verbes pronominaux

A. Pronominal verbs are often used when describing daily routines and personal relationships. You reviewed the basic patterns of use and word order in ***Révisons un peu.*** The most common type of pronominal verbs, *reflexive verbs,* reflect the action back to the subject.

Il se couche à onze heures.
He goes to bed at eleven o'clock.

Many common reflexive verbs can be found in the ***Expressions typiques pour....*** Additional reflexive verbs are listed below:

s'amuser *to have fun*
s'arrêter *to stop*
se couper *to cut oneself*
se débrouiller *to manage, get along*
se demander *to wonder*
se détendre *to relax*
se fâcher contre *to get angry with*
s'inquiéter de *to worry about*
s'intéresser à *to be interested in*
se moquer de *to make fun of*
se reposer *to rest*

B. A second group of pronominal verbs, *reciprocal verbs*, describe an action that two or more people perform on or for each other rather than on or for themselves. These verbs are conjugated in the same way as reflexive verbs; however, they can only be used in the plural.

Nous nous aimons bien.
We like each other a lot.

Nous nous parlons chaque jour.
We speak to each other every day.

The addition of **l'un(e) l'autre** (for two people) and **les un(e)s les autres** (for more than two people) can be used if ambiguity exists:

Paul et Marie se comprennent.
Paul and Mary understand themselves.
OR: *Paul and Mary understand one another.*
BUT: Paul et Marie se comprennent l'un l'autre.
Paul and Mary understand one another.

Note the placement of a preposition:

Ils s'entendent bien, les uns **avec** les autres.
They get along fine with each other.

◆ The use of pronominal verbs in the past tenses will be presented in ***Chapitre 4.***

C. A third group, *idiomatic pronominal verbs,* change meaning when used in a pronominal construction.

Non-pronominal	**Pronominal**
aller *to go*	s'en aller *to go away*
apercevoir *to see*	s'apercevoir *to realize*
attendre *to wait*	s'attendre à *to expect*
douter *to doubt*	se douter de *to suspect*
ennuyer *to bother*	s'ennuyer *to be bored, get bored*
entendre *to hear*	s'entendre (avec) *to get along (with)*
faire *to do, make*	s'en faire *to be worried*
mettre *to put, place*	se mettre à *to begin*
passer *to pass*	se passer de *to do without*
plaindre *to pity*	se plaindre de *to complain*
rendre compte de *to account for*	se rendre compte de *to realize*
servir *to serve*	se servir de *to use*
tromper *to deceive; to cheat on*	se tromper *to be mistaken*

Some verbs exist only in pronominal form:

se méfier de *to be wary, suspicious of*
se souvenir de *to remember*
se spécialiser en *to specialize, major in*
se taire *to be quiet*

En 1990, Paul et Marie—couple de restaurateurs parisiens—s'inquiétaient beaucoup de leur situation financière et avaient décidé de **se passer de** vacances pour faire des économies *(save money)*. Les pauvres! Ils ne **se doutaient** pas que toute une année de travail sans congés, c'est dur! Dès le mois de juillet, Marie **se plaignait de** tout et **de** rien et Paul **s'ennuyait** dans sa cuisine. Il **se sont** vite **aperçus** qu'ils avaient eu tort d'annuler *(cancel)* leurs vacances, et ils ont donc décidé de **s'en aller** quelques jours pour se changer les idées. Ils **sont passés** par le Tunnel du Mont Blanc et **ont mis** beaucoup de temps pour arriver à Rome, parce qu'ils **ont fait** le tour d'un tas de *(a lot of)* petits restaurants! Paul **se méfiait de** chaque plat qu'on lui **servait** et **se mettait** souvent **à** critiquer les recettes… Bref, une vraie catastrophe! Paul et Marie **se souviendront** longtemps de ce petit voyage désastreux, et les cuisiniers entre Paris et Rome… n'en parlons pas!

Activités

A. Comment? Choisissez la phrase qui complète logiquement la situation décrite ci-dessous.

1. Je ne peux pas me passer de voiture.
a. Une voiture est essentielle pour moi.
b. Je ne me laisse jamais doubler *(pass)* par une autre voiture.

2. Ils ne s'entendent pas bien.
   a. On doit toujours répéter ce qu'on dit quand on leur parle.
   b. On les entend souvent se disputer.
3. Nous nous doutons qu'elle est gravement malade.
   a. Elle n'est pas sortie de sa maison depuis longtemps.
   b. On l'a vue faire du ski récemment.
4. Je ne me trompe jamais.
   a. Je suis toujours honnête.
   b. J'ai toujours raison.
5. Claire s'ennuie beaucoup à la campagne.
   a. Elle dit qu'il n'y a rien à faire.
   b. Elle dit que les insectes sont très embêtants.

B. Ma famille. Annie, une jeune fille de quatorze ans, doit écrire une composition sur sa famille. Traduisez sa composition en français en utilisant autant de verbes pronominaux que possible.

There are five of us in my family—my mother, father, half sister, half brother, and myself, the youngest. For the most part **(dans l'ensemble),** we all get along fairly well. Of course I get angry with my older brother when he makes fun of me. But I tell him to be quiet and he usually stops. Maybe I am wrong but I suspect that he teases me because he gets bored. My older sister, Hélène, is majoring in science at the university. She has a lot of work but she never complains.

My parents have a great relationship. It's easy to see that they love each other very much.

And me? I am fourteen years old. I get along fine at school and like most of my classes, but I am mainly interested in vacations.

C. Interview. Utilisez les verbes et les expressions interrogatives ci-dessous pour interviewer un(e) camarade de classe.

1. se lever, se coucher: à quelle heure?
2. s'habiller: comment?
3. se débrouiller: à l'université?
4. s'intéresser: à quoi?
5. s'amuser: comment?
6. se fâcher: contre qui? quand?
7. s'inquiéter: de quoi?
8. se détendre: quand? comment?
9. s'ennuyer: quand?
10. se marier: un jour?

De quoi ce prospectus fait-il la publicité?

**Renseignez-vous, sans engagement de votre part, sur les autres possibilités d'assurance scolaire et extra-scolaire UAP Séquanaise.
Il vous suffit d'adresser ce coupon-réponse à votre Agent.**

M. et Mme ....
....
Adresse ....
....
Téléphone ....

«Interactions»

A. Au café. You are at a café with a good friend. Gossip about Denise and Eric whom you both know. Discuss the fact that you heard **(entendre dire)** that they broke up, and you wonder why. Talk about whom Denise is now going with and what that person looks like. Gossip about how Eric is getting along, and that Eric and Denise are no longer seeing nor speaking to each other. Add details to make the story more interesting.

B. Imaginez. You are an elementary school teacher. Call the parents of one of your ten-year-old students (Christophe) and invite them to school for a conference **(un rendez-vous pour discuter).** They accept your invitation and you arrange the date and time. At the conference discuss the following:

- Christophe is not doing well in school;
- he is never quiet in class;
- you suspect he is bored.

Find out:

- how he gets along with his parents and his older brothers;
- if he complains about headaches at home;
- if he goes to bed early enough.

BRAVO! Culture et Littérature

SYNTHESE

Activités orales

A. Jouez le rôle. You are visiting the psychiatrist. Explain your real or imagined problems with your job, family, friends, etc. He/She will question you at length about your life in order to find out how to help you.

B. Décisions. You and a good friend (who will be your roommate next fall) discuss what you are going to bring from home or buy for your dorm room. Discuss your preferences regarding color, size, shape of each object, and who will be in charge of getting it.
MOTS UTILES: *poster* **(l'affiche, *f*)**; *rug* **(le tapis)**; *bedspread* **(le couvre-lit)**; *refrigerator* **(le réfrigérateur)**; *microwave oven* **(le four à micro-ondes)**

C. Le jeu des professions. Half of the class will act as contestants **(concurrents)** and the other half will be the studio audience **(spectateurs).** One student (or the teacher) plays the role of the game show host. Each contestant must describe his profession in detail without stating the name of it or using any form of the word. The studio audience must try to identify the profession of each contestant.

modèle: ***—Dans mon travail, je parle avec beaucoup de gens qui désirent obtenir de l'argent.***
—Est-ce que vous êtes banquier?
—Oui, je suis banquier.

Listen to Student Activity Tape, ***Chapitre 3,*** and complete the corresponding Student Activity Worksheet in your workbook.

♦ Turn to ***Appendice A*** for a complete list of active chapter vocabulary. Note that the listing for each chapter includes a ***Divers*** category. These are miscellaneous words or expressions used throughout the three lessons.

Activités écrites

A. Métro-boulot-dodo. Write a composition describing your daily routine at work or school. Provide a description of several people you see each day and talk about your relationship with them.

B. Chère Françoise... Write a letter to a newspaper advice columnist describing a problem with your roommate, boyfriend/girlfriend, or parents. Begin with **Chère Françoise** and end with **Amicalement vôtre.**

CHAPITRE 4

«On ne croira jamais ce qui m'est arrivé... »

Révisons un peu: Le passé composé; l'imparfait; le plus-que-parfait

Leçon 1: Comment dire qu'on se souvient/ne se souvient pas de quelque chose; le passé composé

Leçon 2: Comment raconter une histoire; l'emploi de l'imparfait; l'emploi du passé composé; comparaison entre l'imparfait et le passé composé

Leçon 3: Comment raconter une histoire (conclusion); l'emploi du plus-que-parfait

Thèmes: Les vacances, les moyens de transport, la douane, l'hôtel

Révisons un peu

The information presented here is intended to refresh your memory of various grammatical topics that you have probably encountered before. Review the material and then test your knowledge by completing the accompanying exercises in the workbook.

Avant la première leçon

Le Passé composé

Exemple		Equivalent
J'**ai voyagé** partout.	→	*I traveled everywhere.* *I have traveled everywhere.* *I did travel everywhere.*

Tu **as voyagé**...
Il / Elle / On } **a voyagé...**
Nous **avons voyagé**...
Vous **avez voyagé**...
Ils / Elles } **ont voyagé...**

FORMATION: present tense of **avoir** or **être** (auxiliary verb) + past participle

A. Le Participe passé: formes régulières

- Change **-er** ending of infinitive to **é**.
- Change **-ir** ending of infinitive to **i**.
- Change **-re** ending of infinitive to **u**.

traverser → traversé
finir → fini
perdre → perdu

B. L'Auxiliaire

- Most verbs are conjugated with **avoir.**
- All pronominal (reflexive) verbs, as well as the following verbs of motion, require **être**:

naître	monter	aller	rester
mourir	descendre	venir	retourner
arriver	entrer	revenir	rentrer
partir	sortir	devenir	tomber
passer			

NOTE: All object and reflexive pronouns precede the auxiliary verb:

Il **m'**a regardé longtemps. Puis, il **s'en** est allé.

C. L'Accord du participe passé

- When the auxiliary verb is **être,** the past participle agrees (in gender and number) with the *subject:*

Claire est **arrivée** en retard, comme d'habitude.

- When the auxiliary verb is **avoir,** there is usually no agreement:

Elle a **fourni** *(provided)* ses excuses habituelles.

- With a *preceding direct object,* the past participle agrees (in gender and number) with the *direct object:*

Elle **les** a **présentées** d'un air contrit.
Les excuses qu'elle a **données** étaient assez compliquées *(complicated).*

- With a *preceding indirect object* or **en,** there is no agreement:

On ne **lui** a pas **fait** beaucoup de compliments.

D. Le Négatif

Je **n'**ai **pas** oublié ton anniversaire, ma chérie, mais je **ne** me suis **pas** souvenu de t'envoyer une carte à temps!

E. L'Interrogatif

Est-ce que **vous avez** voyagé à l'étranger?
Avez-vous voyagé à l'étranger?

Est-ce que **vous** ne **vous êtes** pas arrêté(e) en Grèce?
Ne **vous êtes-vous** pas arrêté(e) en Grèce?

Avant la deuxième leçon

L'Imparfait

Exemple		Equivalent
J'**allais** à la plage...	→	*I used to go to the beach . . .* *I was going to the beach . . .* *I went to the beach . . .*

Tu **allais**...
Il / Elle / On } **allait...**
Nous **allions...**
Vous **alliez...**
Ils / Elles } **allaient...**

FORMATION:

- *Stem:* **nous** form of present tense minus **-ons**
  EXAMPLE: **ven**-ons, **écriv**-ons
  ONLY EXCEPTION: être (*stem:* **ét-**)
- *Endings:* **-ais** **-ions**
  -ais **-iez**
  -ait **-aient**

REMINDER: Verbs ending in **-cer** add a **cédille** to the **c (ç)** before the endings **-ais, -ait,** and **-aient;** verbs ending in **-ger** add **e** before the same endings.

Quand il **commençait** à faire chaud, nous allions à la plage.

Tes parents **voyageaient** souvent à l'étranger, n'est-ce pas?

NOTE:

- In the **nous** and **vous** forms, however, the verbs in **-ger** do not take an **e:**

  Nous **voyagions** souvent en Afrique.

- Remember the spelling of **nous étudiions** in the imperfect. All verbs ending in **-ier (crier, prier)** take two **i**'s.

Avez-vous déjà passé des vacances dans une île tropicale? Racontez.

Avant la troisième leçon

Le Plus-que-parfait

Exemple		**Equivalent**
J'**avais** déjà **téléphoné** quand Marc est rentré.	→	*I had already telephoned when Marc got home.*

Tu **avais téléphoné...**

Il / Elle / On **avait téléphoné...**

Nous **avions téléphoné...**

Vous **aviez téléphoné...**

Ils / Elles **avaient téléphoné...**

FORMATION: imperfect tense of **avoir** or **être** + past participle

NOTE: Agreement rules, word order, and negative/interrogative patterns are the same as for the **passé composé.**

LEÇON 1

Comment dire qu'on se souvient/ne se souvient pas de quelque chose

 Instructor's Tape

«Conversation»

Rappel: Have you reviewed the **passé composé?** (text p. 86 and workbook)

Premières impressions

Soulignez:

- plusieurs façons de dire qu'on se souvient de quelque chose
- plusieurs façons de demander à quelqu'un de raconter ses souvenirs

Trouvez:

- où Katia et Marc sont allés en vacances

Après un bon repas ensemble, un groupe de jeunes parlent de choses diverses. La conversation en vient maintenant à des vacances passées.

épouvantable horrible

le blouson de cuir leather jacket/**troué** with holes

le pire the worst

un geste gesture/**se ronger les ongles** to bite one's fingernails/ **grossier** rude/**l'argot** *m* slang/ **jurer** to swear

une gourde flask

j'en passe and that's not all

piquer (slang) to steal

marrant (slang) funny; strange

une banquette (booth) seat

une horloge clock

KATIA: Oh, on a eu des vacances épouvantables°...

NADINE: Qu'est-ce qui vous est arrivé?

KATIA: Tu te souviens, Marc?

MARC: Oui, je me souviens. Ça a commencé avec le voyage, et ça a continué jusqu'au retour. Au départ de Paris, gare de Lyon, il y avait trois adolescents, blousons de cuir,° jeans troués,° qui se sont installés dans notre compartiment. Bon début!

KATIA: Je ne sais même pas s'ils avaient quatorze ans. Ils étaient vraiment mal élevés. Ils voulaient tout le temps ouvrir la fenêtre, fermer la fenêtre...

LAURENCE: Ils voyageaient seuls?

KATIA: Oui, on aurait dit. Je crois qu'il y avait deux frères. Le troisième devait être un copain. C'était lui le pire.° Il voulait être drôle. Tu te rappelles... il faisait tout le temps ça *(geste° de se ronger les ongles°)*. Et puis il était très, très grossier°... et en plus tu te souviens, il parlait tout le temps le pire argot° possible, et il n'arrêtait pas de jurer°...

MARC: Oui, oui, et à chaque fois, ils voulaient descendre leur sac parce qu'ils avaient quelque chose dedans: leurs billets, leurs sandwichs, leurs gourdes° et j'en passe!°

LAURENCE: Ça devait être pénible!

KATIA: Oui, je ne l'oublierai jamais. Est-ce qu'ils allaient en Suisse? Je ne me souviens plus.

NADINE: Parce que vous, vous alliez en Italie...

KATIA: Non, en fait, c'était la première fois où on allait en Suisse, hein, Marc?

MARC: Oui, c'est ça. Et puis le lendemain, on m'a piqué° ma montre.

KATIA: Ah, bon? Je ne me souviens pas de ça, moi, c'est marrant!° C'était quand?

MARC: Je ne sais plus, mais pendant la nuit, je crois. Je dormais et quand je me suis réveillé, plus de montre. On l'a cherchée partout, tu ne te rappelles pas? Sous les banquettes,° partout...

KATIA: Ah, si, si! Je me souviens maintenant! Quelle horreur! On ne savait plus l'heure. Il fallait tout le temps regarder les horloges° dans les gares.

MARC: Je me sentais tout perdu sans montre! C'est drôle, on n'a pas l'habitude.

A suivre

Observation et Analyse

1. Qui parle de ses vacances passées à l'étranger?
2. Que savez-vous des adolescents qui étaient dans le compartiment avec Katia et Marc?
3. Quel autre événement mémorable leur est arrivé pendant le voyage?
4. Pensez-vous que Katia et Marc partent souvent en vacances? Comment le savez-vous?

Réactions

1. Que pensez-vous de ces adolescents? Auriez-vous eu la même réaction que Katia et Marc ont eue? Expliquez.
2. Est-ce que quelqu'un vous a jamais volé une montre? autre chose? Racontez l'histoire.
3. Avez-vous eu des vacances mémorables comme celles de Katia et Marc? Expliquez.

«Expressions typiques pour...»

♦ **Se souvenir de** and **se rappeler** both mean *to remember.* Note, however, that you will use the preposition **de** with **se souvenir.** For example:
—Je me souviens **de** nos vacances en Grèce.
—Moi, je me rappelle nos vacances en Italie.
When using a pronoun, you will say **Je *m'en* souviens** or **Je me *les* rappelle.**

Demander si quelqu'un se souvient de quelque chose

Est-ce que tu te souviens de (nos vacances à...)?
Est-ce que tu te rappelles (nos vacances à...)?
Vous n'avez pas oublié...?

Dire qu'on se souvient

Je me souviens encore de...
Je me rappelle bien le...
Je ne l'oublierai jamais.

Dire qu'on ne se souvient pas

Je ne m'en souviens pas.
Tiens! Je ne me le rappelle plus!
J'ai complètement oublié.

Demander à quelqu'un de raconter ses souvenirs

Qu'est-ce qui t'est arrivé?
Parle-moi du jour où tu...
Il paraît qu'une fois tu...
Une fois, n'est-ce pas, tu...

Commencer à raconter des souvenirs

J'ai de très bons/mauvais souvenirs *(memories)* de...
Je ne suis pas certain(e) des détails mais...
Si j'ai bonne mémoire *(memory)*...
Autant qu'il m'en souvienne... *(As far as I remember . . .)*
Je me souviens de l'époque où j'étais gosse *(kid)* et où j'aimais...
Je ne sais même pas..., mais je pense que...
Quand j'étais jeune,...

M I N I - C O N V E R S A T I O N S

Demander si quelqu'un se souvient de quelque chose

—Chantal, **est-ce que tu te souviens** encore des vacances que nous avons passées, il y a longtemps, en Espagne avec tante Hélène?

Dire qu'on ne se souvient pas

—Non, **je ne me rappelle plus.**
—Mais si, voyons! Tu ne veux peut-être pas t'en souvenir parce que tu as eu le mal du pays *(you were homesick)!*

Demander à quelqu'un de raconter ses souvenirs

—Jeannette, **parle-nous** de ton voyage de l'année dernière aux Etats-Unis.

Commencer à raconter des souvenirs

—**Si j'ai bonne mémoire,** l'avion a atterri *(landed)* à l'aéroport Kennedy le 10 juillet et...

A VOUS

• Demandez à un(e) camarade de classe si elle/s'il se souvient de sa première journée à l'école. Elle/Il va dire qu'elle/il ne se rappelle pas.

• Demandez à un(e) camarade de classe si elle/s'il se rappelle ses premières vacances. Elle/Il va dire qu'elle/il s'en souvient et va commencer à raconter ses souvenirs.

«Mots et expressions utiles»

Les vacances

une agence de voyages *travel agency*
aller à l'étranger *to go abroad*
aller voir quelqu'un *to visit someone*
un appartement de location *a rental apartment*
avoir le mal du pays *to be homesick*
une brochure *pamphlet*
les congés payés *paid vacation*
descendre dans un hôtel *to stay in a hotel*
être en vacances *to be on vacation*
flâner *to stroll*
passer des vacances magnifiques/épouvantables *to spend a magnificent/horrible vacation*
se perdre *to get lost*
rendre visite à (quelqu'un) *to visit (someone)*
un séjour *stay, visit*
un souvenir *memory; souvenir*
un syndicat d'initiative *tourist bureau*
un terrain de camping *campground*
se tromper de train *to take the wrong train*
visiter (un endroit) *to visit (a place)*

Les transports

atterrir *to land*
un car *bus (traveling between towns)*
la circulation *traffic*
une contravention *ticket, fine*
descendre de (la voiture, etc.) *to get out of (the car, etc.)*
un embouteillage *traffic tie-up/jam*
faire de l'auto-stop *to hitchhike*
faire le plein *to fill up (gas tank)*
garer la voiture *to park the car*
manquer le train *to miss the train*
monter dans (une voiture/un bus/un taxi/un avion/un train) *get into (a car/bus/taxi/plane/train)*
ramener *to bring someone (something) back; to drive someone home*
tomber en panne d'essence *to run out of gas*

En août 1991, au moment où des milliers de Québécois se trouvaient sur la côte est des Etats-Unis, le cyclone Bob se dirigeait vers le Cap Hatteras. Martine et Paul Duchesne **étaient en vacances** en Caroline du nord. Ils **rendaient visite** à la sœur de Paul, qui habitait près des îles d'Outer Banks. Martine voulait **flâner** sur les plages sous le soleil chaud, mais **ce séjour** n'allait pas être calme...

La police avait mis des barrages routiers *(barriers)* en place pour arrêter les automobilistes qui se dirigeaient vers les îles d'Outer Banks et faisait évacuer *(evacuate)* les touristes qui étaient **descendus dans les hôtels** et **les appartements de location** des îles et de la côte. **La circulation** a été dense et il y a eu beaucoup **d'embouteillages.** Sur la côte, il n'y avait plus assez d'essence pour **faire le plein.** Comme les avions avaient du mal à **atterrir** à cause du vent et de la pluie, la plupart des vols ont été annulés. Le service national des parcs avait aussi pris des mesures de sécurité et avait fermé **des terrains de camping** et les plages de la côte et des îles. Paul et Martine se demandaient où ils pouvaient aller...

Adapté du *Journal de Québec* (lundi 19 août 1991, p. 3)

Activités

A. Entraînez-vous: Souvenirs. Demandez à chaque personne suivante s'il/si elle se souvient de l'événement donné. Un(e) camarade de classe va jouer les rôles. Variez la forme des questions et des réponses en utilisant les ***Expressions typiques pour....***

modèle: un(e) ami(e) d'université: le voyage à New York
— ***Est-ce que tu te souviens du voyage à New York que nous avons fait il y a trois ans?***
— ***Oui, je m'en souviens bien.***

1. votre mère/père: le jour où vous êtes né(e)
2. votre petit(e) ami(e): votre premier rendez-vous
3. vos étudiants: les devoirs pour aujourd'hui
4. votre frère/sœur aîné(e): les vacances à...
5. votre ami(e): la première fois qu'il/elle a conduit une voiture
6. votre camarade de chambre: ce qu'il/elle a fait hier soir à la petite fête *(party)*

B. A l'agence de voyages. Vous parlez avec l'agent de voyages, mais vous avez du mal à entendre à cause des autres conversations dans le bureau. Remplissez les blancs avec les mots suivants: **flâner, à l'étranger, visiter, rendre visite à, vols, le mal du pays, circulation, garer, séjour, brochures.**

VOUS: Bonjour, Madame Riboni.
L'AGENT: Bonjour. Comment allez-vous?
VOUS: Bien, merci. Et vous?
L'AGENT: Très bien. Eh, bien, est-ce que je peux vous renseigner?
VOUS: Oui, je veux aller ______ cette fois-ci au mois de mai. J'aimerais ______ un endroit où il fasse très beau à ce moment-là.
L'AGENT: Vous préférez la mer ou la montagne?
VOUS: Plutôt la mer. Je veux me reposer. Mais je veux également pouvoir ______ en ville.
L'AGENT: Préférez-vous les grandes villes ou les petites?
VOUS: Ça m'est égal, pourvu qu'il *(provided that)* n'y ait pas trop de ______. Je veux pouvoir ______ la voiture sans trop de problèmes. Mais je dois dire que je préférerais une région où l'on parle français pour que je n'aie pas trop ______. Après, je vais ______ à un ami à Miami, en Floride.
L'AGENT: Alors, pourquoi ne pas aller dans une île des Caraïbes? Je pense, par exemple, à la Guadeloupe ou à la Martinique. Il y a des ______ de Paris à Fort-de-France tous les jours. Vous pourriez passer un ______ très agréable là. Il y a même le Club Med, si ça vous intéresse.
VOUS: Auriez-vous des ______ ou des dépliants *(leaflets)* à me donner?

Imaginez la scène. Jouez les rôles avec un(e) camarade de classe.

C. En famille. Vous vous trouvez à une réunion de famille. Faites raconter aux personnes suivantes les expériences ci-dessous. Jouez chaque scène avec un(e) camarade de classe. Variez la forme des questions et des réponses.

modèle: tante Christine et son accident de voiture
—J'ai entendu dire qu'une fois tu as eu un accident de voiture.
—Je ne suis pas certaine des détails mais...

1. cousine Juliette et son voyage en Californie
2. vos grands-parents et leur voyage de noces
3. oncle Jean-Pierre et ses aventures comme coureur *(racer)* dans le Tour de France
4. vos parents et leur lune de miel *(honeymoon)*
5. oncle Mathieu et la croix de guerre qu'il a reçue pendant la deuxième guerre mondiale

D. Questions indiscrètes. Posez les questions suivantes à un(e) ami(e). Donnez un résumé de ses réponses à la classe.

1. Combien de semaines de congés payés as-tu généralement? et tes parents?
2. Pendant ton dernier voyage, où est-ce que tu es allé(e)? Comment est-ce que tu as voyagé? As-tu rendu visite à quelqu'un? A qui?
3. Voyages-tu souvent en voiture? Quelle est la vitesse maximum permise sur les autoroutes américaines? Et sur les autoroutes françaises?[1]
4. As-tu jamais reçu une contravention pour excès de vitesse? A quelle vitesse roulais-tu? Combien est-ce que la contravention t'a coûté?
5. As-tu jamais eu un pneu crevé? *(flat tire)*? Si oui, qui a changé le pneu?
6. Es-tu jamais tombé(e) en panne d'essence sur la route? Qu'est-ce que tu as fait?
7. Est-ce que tu as jamais pris un train ou un car ici ou dans un autre pays? Où allais-tu? Avec qui?

«Grammaire»

Le Passé composé

The **passé composé** is one of the past tenses used frequently in French to talk about past events. The following rules complete the description, begun in ***Révisons un peu,*** of how to form the tense.

A. Le participe passé: formes irrégulières. The following irregular verbs also have irregular past participles:

avoir	**eu**	**-ert**		**-u**	
craindre	**craint**	découvrir	**découvert**	boire	**bu**
être	**été**	offrir	**offert**	connaître	**connu**
faire	**fait**	**-it**		courir	**couru**
mourir	**mort**	conduire	**conduit**	croire	**cru**
naître	**né**	dire	**dit**	devoir	**dû**
		écrire	**écrit**	falloir	**fallu**
		-is		lire	**lu**
		asseoir	**assis**	plaire/pleuvoir	**plu**
		mettre	**mis**	pouvoir	**pu**
		prendre	**pris**	recevoir	**reçu**
		-i		savoir	**su**
		rire	**ri**	venir	**venu**
		suivre	**suivi**	vivre	**vécu**
				voir	**vu**
				vouloir	**voulu**

[1] En 1973, pour réduire le nombre d'accidents de la route et la consommation de produits pétroliers, la France a choisi de limiter la vitesse à 130 km à l'heure (84 miles/hr) sur les autoroutes. (Il n'y avait pas de limite de vitesse avant 1973.)

VACANCES-JEUNES EN FRANCE
Un spécialiste des séjours linguistiques en France
3 à 7 semaines entre le 28 Juin et le 28 Août 1993

Pour les jeunes de 11 à 19 ans :
•En famille à Dinan (Bretagne)
•En Ecole: Ecole des Roches (Normandie)
Ecole Internationale de Paris (Banlieue Sud Paris)
•des cours de Français par niveau
•des sports : piscine, tennis, équitation, etc.

Pour les Etudiants de plus de 18 ans: Université à Paris

Demandez la brochure gratuite (in English) à

Vacances-Jeunesse/Student Vacations
608 - 5th Avenue, Suite 309
New York, NY 10020
Tél.: (212) 582-9280 Tx: 237948 bccur

Vacances Jeunes
88, rue de Miromesnil
75008 Paris
Tél.: (1) 42.89.39.39 Tx: 650113 vacjeu

Est-ce que vous aimeriez faire un séjour linguistique en France? Quel programme est-ce que vous choisiriez?

B. Le choix de l'auxiliaire. A few verbs—**descendre, monter, passer, sortir, retourner,** and **rentrer**—that normally use **être** as the auxiliary, take **avoir** and follow the **avoir** agreement rules when there is a direct object in the sentence. Notice how the meaning changes with some of the verbs in the following examples.

(C'est Mathieu qui parle.)

Hier je **suis descendu** voir mon amie Sylvie.	*(went down)*
La rue que j'**ai descendue** était en construction.	*(went down)*
Je **suis monté** à son appartement...	*(went up)*
et j'**ai monté** l'escalier.	*(climbed, went up)*
L'après-midi **est** vite **passé.**	*(went by, passed)*
En effet, j'**ai passé** tout l'après-midi chez elle.	*(spent)*
A sept heures, nous **sommes sortis** pour manger.	*(went out)*
Après le repas, j'**ai sorti** mon argent, mais elle a insisté pour partager l'addition.	*(took out)*
Je l'ai ramenée chez elle vers dix heures, puis je **suis retourné** au restaurant pour chercher le parapluie que j'y avais laissé.	*(returned)*
J'ai eu une idée que j'ai tournée et **retournée** dans ma tête.	*(turned over)*
Pensif, je **suis rentré** chez moi.	*(came home)*
J'**ai rentré** la voiture dans le garage et je suis entré dans le salon.	*(put away)*
Finalement, j'ai téléphoné à Sylvie pour lui demander si elle voulait bien devenir ma femme.	

C. Le passé composé des verbes pronominaux. As you know, pronominal verbs are conjugated with **être,** and the reflexive pronoun precedes the auxiliary.

Malheureusement, il ne **s'est** pas **rappelé** mon adresse.

- The past participle will agree with the reflexive pronoun if it acts as a direct object. If the verb is followed by a direct object noun, the reflexive pronoun becomes the indirect object, and consequently no agreement is made.

Elle s'est **lavée.** Elle s'est **lavé** la figure.

- With verbs such as **s'écrire, se dire, se téléphoner, se parler, se demander,** and **se rendre compte,** the reflexive pronoun functions as an indirect object because the simple verbs **écrire, dire, téléphoner,** etc., take the construction **à quelqu'un.** Thus, agreement is not made.

Les sœurs **se sont écrit** pendant leur longue séparation.
Elles **se sont dit** beaucoup de choses dans leurs lettres.
Elles **se sont téléphoné** une fois par semaine.

Activités

A. Les nouvelles. Voici quelques titres *(headlines)* tirés d'un numéro du journal français *Libération* (22 décembre 1991). Racontez ce qui s'est passé ce jour-là en mettant chaque titre au passé composé.

1. LA CEI[2] ENTERRE L'URSS
2. ONZE REPUBLIQUES SE CONSITUTENT
3. LES ETATS-UNIS APPLAUDISSENT L'ACCORD
4. VENISSIEUX[3]: LE POLICIER AGIT PAR LEGITIME DEFENSE
5. JPP[4] EST SACRE «MEILLEUR JOUEUR EUROPEEN» DE 1991
6. FONDA-TURNER SE MARIENT

B. La Louisiane. Caroline raconte ses souvenirs de vacances en Louisiane. Complétez son histoire en remplissant les blancs avec le passé composé d'un des verbes suivants.

lire / arriver / voir / ramener / aller / manquer

Je me rappelle bien les vacances de l'été passé quand nous _______ en Louisiane. Avant de partir, notre agence de voyages nous avait donné *(had given)* des brochures touristiques que nous _______ avec grand plaisir. Donc quand nous _______ à la Nouvelle-Orléans, nous ne _______ pas _______ de passer par le Vieux Carré *(the French Quarter)* où nous _______ la vieille cathédrale Saint-Louis.

descendre / faire / partir / parcourir *(to travel up and down)*

Nous _______ aussi la rue Décatur pour visiter le Marché français. Une partie du groupe _______ les bayous célèbres et d'autres _______ une croisière *(cruise)* sur le Mississippi.

passer / découvrir / flâner / rentrer / offrir / boire

Mais tout le monde _______ les délices extraordinaires de la cuisine créole. La Nouvelle-Orléans nous _______ toutes les spécialités louisianaises comme le jambalaya et les beignets *(doughnuts)* Calas. Et bien sûr, nous _______ du café brûlot *(coffee mixed with whiskey)*. Il faut dire que tout le monde _______ des vacances merveilleuses. Quand nous _______ en France, c'était avec regret.

C. En vacances. Utilisez les verbes et les mots ci-dessous pour interviewer un(e) camarade de classe au sujet de son dernier voyage.

1. passer les vacances: avec qui, comment
2. faire du tourisme: où
3. s'arrêter: dans quelles villes
4. s'amuser: comment
5. s'ennuyer: un peu/pourquoi
6. pleuvoir: pendant le voyage
7. lire/boire: qu'est-ce que
8. prendre des photos: combien
9. écrire des cartes postales: à qui
10. rentrer: quand

«Interactions»

A. Il était une fois... Play the role of your grandfather/grandmother or another older relative. Your partner will play your grandson or granddaughter and will try to get you to remember an incident that took place when you were younger. For example: your first day of school, your first date, the day you skipped school **(sécher les cours),** how you ran out of gas on your honeymoon. At first you can't remember, but after some encouragement, you finally do remember the incident and describe it to your partner.

BRAVO!
Culture et Littérature

B. Vacances exotiques. Imagine that you are on vacation in some exotic location that you have always wanted to visit. Write three postcards to friends and/or family members describing your experiences. Be sure to recount different events in each of the postcards.

[2] La Communauté d'Etats Indépendants regroupent onze républiques de l'ex-URSS (Union des Républiques Socialistes Soviétiques).

[3] une ville française de la banlieue lyonnaise

[4] Jean-Pierre Papin, joueur de football de l'équipe «l'Olympique de Marseille»

LEÇON 2

Comment raconter une histoire

«Conversation» (suite)

Rappel: Have you reviewed the imperfect tense? (text pp. 86–87 and workbook)

Instructor's Tape

Premières impressions

Soulignez:

- les expressions qu'on utilise pour céder la parole à quelqu'un
- les expressions pour lier *(link)* une suite *(series)* d'événements

Trouvez:

- ce que Laurence a vu dans les bayous

Les amies de Marc et Katia continuent à se raconter leurs vacances.

NADINE: Alors, tu as mentionné la Louisiane. Tu es partie en Louisiane?

KATIA: Allez, raconte, j'aimerais y aller un jour!

LAURENCE: Eh bien, c'était vraiment extraordinaire! D'abord, on est allé à La Nouvelle-Orléans, et on a séjourné dans un hôtel tout près du Mississippi. C'était comme dans les romans: la nuit, on entendait le bruit des bateaux sur le fleuve.

KATIA: Qu'est-ce que vous avez vu de beau?

LAURENCE: Tu ne croiras jamais ce qui nous est arrivé! Un jour, on est allé dans les «bayous». On était dans une barque° et on regardait les crocodiles sur la rive° et dans l'eau, autour de nous. Tout à coup, il y en a un qui a arraché° le nounours° d'un enfant.

une barque small boat/**la rive** bank/**arracher de** to grab from/**le nounours** teddy bear

NADINE: Hein? Tu plaisantes!

LAURENCE: Non, je t'assure, c'est arrivé dans notre barque. L'enfant était assis entre ses parents.

NADINE: Et il y avait du monde° autour de vous?

du monde people

LAURENCE: Oui, le Cajun qui était notre guide nous a rassurés, mais je crois que tout le monde avait peur que ça ne recommence.

NADINE: Ah, oui! Est-ce que ce guide parlait français?

LAURENCE: Oui, mais avec un accent qui n'est pas le même que l'accent canadien. Tu sais au dix-septième siècle, les Anglais ont chassé les Français du Canada. Ces Français s'appelaient les Acadiens. Ils sont arrivés en Louisiane, et au bout d'un certain temps, on a fini par les appeler «Cajuns»... **Cajun,** c'est une déformation du mot **acadien.** Petit à petit, les Cajuns ont incorporé d'autres mots dans leur langue.

NADINE: Et tu arrivais à comprendre la langue?

LAURENCE: Le guide était facile à comprendre, mais je ne comprenais pas bien les gens qui parlaient cajun entre eux. Mais comme j'ai l'habitude des accents régionaux en France, je crois que j'aurais pu me débrouiller° en quelques jours. Le cajun est une langue très pittoresque.

se débrouiller to manage

A suivre

Observation et Analyse

1. Où est-ce que l'aventure de Laurence a eu lieu?
2. D'où viennent les Cajuns? Pourquoi sont-ils partis? Où sont-ils allés?
3. D'où vient la langue des Cajuns? Que faut-il pour comprendre la langue?
4. Pensez-vous que l'histoire de Laurence soit vraie? Expliquez.

Réactions

1. Avez-vous jamais visité La Nouvelle-Orléans? Et les bayous? Si oui, qu'avez-vous pensé de cette région? Si non, que savez-vous des Français de Louisiane?
2. Quels accents français connaissez-vous, de réputation ou par expérience personnelle? Et quels accents américains connaissez-vous?

«Expressions typiques pour...»

Raconter une histoire

Prendre la parole

Est-ce que tu sais ce qui (m')est arrivé?
Tu ne croiras jamais ce qui (m')est arrivé!
Ecoute, il faut que je te raconte quelque chose.
Devine ce que je viens de faire!

Céder la parole à quelqu'un

Dis-moi (vite)!
Raconte!
Je t'écoute.
Qu'est-ce qui s'est passé?

Lier une suite d'événements

Commencer

D'abord...
Au début...
Quand (je suis arrivé[e])...
J'ai commencé par (+ infinitif)...

Continuer

Et puis...
Alors...
Ensuite...
Au bout d'un moment...
En même temps/Au même moment...
Un peu plus tard...
Tout à coup...
Avant (de)...
Après...

Terminer

Enfin...
Finalement...
A la fin...
J'ai fini par (+ infinitif)...

◆ **Commencer par** indicates the first action in a series.

◆ **avant** + noun; **avant de** + infinitive: avant midi/avant de partir

◆ **après** + noun/pronoun; **après** + past infinitive (inf. of auxiliary + past part.): après minuit/après avoir lu

◆ **Finir par** means to end up doing something after other options have been considered: D'abord nous voulions aller en Louisiane, puis nous avons pensé à la Martinique et à la Guadeloupe. Nous **avons fini par** aller à Haïti.

Connaissez-vous La Nouvelle-Orléans?

MINI-CONVERSATIONS

Raconter une histoire: céder la parole à quelqu'un

—Notre voyage de rêve à Chamonix a tourné au cauchemar *(nightmare)*!
—Pierre! **Qu'est-ce qui s'est passé?**

Raconter une histoire: prendre la parole

—**Tu ne croiras jamais ce qui nous est arrivé!** C'était en décembre, il y a trois ans. Je faisais du ski avec Jacques...

Lier une suite d'événements

—Eh bien, **d'abord,** tout allait bien. Il faisait froid et chaque jour il neigeait juste assez pour qu'on ait de la poudreuse *(powder)* le matin. Le dimanche matin nous avons décidé de prendre la piste *(slope)* la plus longue. **Bon, alors,** nous venions juste de descendre du télésiège *(chairlift)* au sommet quand **tout à coup** les télésièges se sont arrêtés. **Au même moment** il a commencé à neiger très fort...

A VOUS

• Avec un(e) camarade de classe, complétez l'histoire suivante en choisissant parmi ces mots: **ensuite, puis, finalement, à la fin.**

Il fallait descendre très vite, mais la neige tombait dru *(was falling thickly)*. Après une descente éprouvante *(nerve-racking)*, nous sommes arrivés à la station de ski!...

«Mots et expressions utiles»

A la douane *(customs)*

confisquer *to confiscate*
débarquer *to land*
déclarer (ses achats) *to declare (one's purchases)*
le douanier/la douanière *customs officer*
embarquer *to go on board*
faire de la contrebande *to smuggle goods*
fouiller les bagages/les valises *to search, go through baggage/luggage*
montrer le passeport *to show one's passport*
le passager/la passagère *passenger (on an airplane)*
passer à la douane *to go through customs*
payer des droits *to pay duty/tax*
se présenter à la douane *to appear at customs*

Martha raconte son retour aux Etats-Unis à ses amis français: «Eh bien, quand nous sommes arrivés à New York, il a fallu **nous présenter à la douane,** bien sûr. Mon mari et moi devions **déclarer nos achats.** Vous savez que j'avais acheté pas mal de cadeaux. Après nous avoir posé des questions, **la douanière a fouillé nos valises.** Elle devait croire que nous **faisions de la contrebande!** Elle n'a rien trouvé d'illégal, mais elle a **confisqué** des bijoux au monsieur qui était derrière nous. Il avait acheté du jade en Thaïlande et il ne l'avait pas **déclaré.**»

Activités

A. Entraînez-vous: Les événements. Racontez une suite de trois à cinq événements pour chaque sujet suivant. Utilisez les expressions pour lier une suite d'événements.

modèle: comment vous avez commencé votre journée
D'abord *je me suis réveillé(e) à 6h30.* ***Au bout d'un moment*** *je me suis levé(e).* ***Puis*** *je me suis lavé(e) et je me suis habillé(e).* ***Ensuite*** *j'ai fait le lit. Quand j'ai* ***finalement*** *bu mon café, il était déjà 7h30.*

1. comment vous vous êtes préparé(e) à vous coucher hier soir
2. ce qui s'est passé dans la classe de français hier
3. ce que vous (et vos parents) avez fait pendant votre première visite sur le campus
4. comment vous avez étudié pour votre dernier examen
5. ce que vous avez fait hier soir

B. Vous êtes le prof. Vos élèves ne comprennent pas leur vocabulaire. Aidez-les à apprendre en donnant un synonyme pour les expressions suivantes. Utilisez les ***Mots et expressions utiles.***

1. dire ce qu'on a acheté
2. introduire illégalement des marchandises
3. celui/celle qui voyage en avion
4. descendre de l'avion
5. celui/celle qui travaille à la douane
6. inspecter les affaires de quelqu'un

C. Racontez! Avec un(e) partenaire, racontez une petite histoire en employant les expressions pour prendre et céder la parole. Ensuite, changez de partenaire et utilisez les expressions sans regarder la liste.

«Grammaire»

L'Emploi de l'imparfait

A. Along with the **passé composé,** the imperfect tense plays an important role when telling a story or describing any type of past events or conditions in French. Its main emphasis is on description, as the following uses illustrate:

• *Background description:* To say what the weather was like; what people were doing; what was going on; what the setting and time frame were.

> C'**était** en juin 1980. Il **faisait** très beau ce jour-là. Tout le monde **s'amusait** à la plage.

• *Habitual, repetitive action:* To describe or state past events that were repeated for an unspecified period or number of times.

CLUES: **souvent; d'habitude; chaque semaine; toujours; tous les jours, tous les lundis,** etc.

> On **allait souvent** au bord de la mer. Les enfants **étaient** petits. C'**était** facile.

• *Conditions or states of mind:* To describe states or conditions that continued over an unspecified period of time.

CLUES: **savoir, connaître, penser, être, avoir, vouloir, pouvoir, aimer, détester** (abstract verbs)

> Tout ce que je **voulais** faire, c'**était** me reposer et m'amuser avec de bons amis.

• *Continuous actions:* To describe how things were or an action that was going on when another action (in the **passé composé**) interrupted it.

> Un jour je **dormais** sur le sable chaud quand soudain j'ai entendu des appels au secours qui **venaient** de la mer.

NOTE: To express that the action *had been going on* for a period of time before it was interrupted, use **depuis** + imperfect. This is the past equivalent of **depuis** + present.

> C'était Pierrot. Apparemment, il **était** en difficulté depuis quelques minutes.

• ***With venir de** + infinitive:* To describe an action that *had just* happened. Notice that this is the past tense equivalent of **venir de** (present tense) + infinitive.

> Je me suis levé à toute vitesse; j'ai couru vers lui aussi vite que j'ai pu et puis je l'ai rejoint à la nage. Je **venais de** l'atteindre quand j'ai vu un requin *(shark)* qui s'avançait rapidement vers nous. Je ne savais plus quoi faire...

B. The imperfect can also be used with **si** to carry out functions such as:

• inviting someone to do something

> Si nous **dînions** ensemble?
> *How about having dinner together?*

- suggesting a course of action

  Si je **faisais** des réservations?
  Why don't I make the reservations?

- expressing a wish or regret

  Ah, si seulement j'**étais** riche!
  If only I were rich!

Activités

A. Votre enfance. Posez les questions suivantes à un(e) ami(e). Donnez un résumé de ses réponses à la classe.

1. En général où est-ce que tes parents et toi alliez en vacances quand tu étais petit(e)?
2. Qu'est-ce que tu faisais pour t'amuser avec tes amis? Est-ce que vous vous disputiez souvent?
3. Qu'est-ce que tu voulais devenir? Et maintenant?
4. Dans quelle sorte de logement habitais-tu?
5. Aimais-tu l'école? Lisais-tu beaucoup?

B. Invitations. Faites les invitations suivantes en utilisant **si + l'imparfait.** Variez les sujets. Votre partenaire doit répondre.

modèle: aller au concert
—Si nous allions au concert?
—Oui, c'est une bonne idée.

1. faire une promenade sur la plage
2. voir le dernier film de Lelouch
3. prendre un pot à votre café préféré
4. sortir ensemble demain soir
5. venir chez vous pour le dîner
6. boire un peu de champagne pour fêter un événement

Alliez-vous souvent à la plage quand vous étiez petit(e)? Où?

C. A l'école en France. Jessica, une jeune Américaine, a fait sa quatrième année d'école primaire en France parce que son père avait été muté *(transferred)* à Nancy pour un an. Aidez-la à faire la description de son séjour en France avec des notes qu'elle a prises.

Je / avoir / dix ans à cette époque-là. Je / parler / très peu le français. Malheureusement, en France, toutes mes leçons / être / en français. Je / devoir / faire les maths et les sciences en français! Le pire, ce / être de parler / avec les autres / pendant la récréation *(recess)*. Je / me sentir / toute seule / au début. Personne ne / parler / anglais. Après deux mois, ce / être (passé composé) / un miracle. Je / commencer / à tout comprendre et à m'exprimer en français. Maintenant je / se débrouiller / toujours bien en français.

L'Emploi du passé composé

A. Whereas the **imparfait** describes past actions or conditions with reference to their continuation, the **passé composé** describes past events from the point of view of their completion:

- *Completed, isolated action:* A reported event tells what happened or what someone did.

  Je **suis allée** faire du ski.

- *Action completed in a specified period of time:* The beginning and/or end of the period is specified.

  J'**ai passé** une semaine dans une station de ski.

- *Action that happened a specific number of times:* The number of times an action occurred is detailed or implied.

  Je **suis allée** quatre fois sur les pistes.

- *Series of events:* A series of actions are reported that advance the story. Each answers the question, "And what happened next?"

  Le dernier jour de mes vacances je **suis montée** sur le télésiège comme d'habitude. Une fois arrivée, j'**ai respiré** à fond *(took a deep breath)*; je **me suis mise** en position de départ; je **me suis concentrée; j'ai pris** mes bâtons de ski; et je **suis partie.** Je **suis arrivée** en bas sans tomber une seule fois. C'était la première fois!

Liens culturels

Les Vacances—c'est sacré!

Depuis 1982, la loi garantit à chaque travailleur salarié français cinq semaines annuelles de congés payés. Malgré les efforts du gouvernement pour encourager les Français à étaler *(spread out)* leurs congés sur l'année, la majorité des Français prend ses vacances en août. Tout ou presque tout s'arrête. En fait, 95 pour cent des entreprises françaises ferment ou travaillent au ralenti *(experience slowdowns)* au mois d'août.

Mais où vont les Français? Comme dans les années précédentes, la mer, la montagne et la campagne attirent ceux qui partent en vacances, c'est-à-dire, 56 pour cent de la population. De ce groupe, 51,4 pour cent font des séjours chez des proches (parents ou amis) ou dans leur propre résidence secondaire. A peu près 20 pour cent voyagent à l'étranger, surtout en Espagne et en Italie.

Adapté du *Journal Français d'Amérique* et Gérard Mermet, *Francoscopie, 1991* (Larousse, pp. 404–405)

- *Change in state or condition:* Something occurs, the reaction to which causes alteration of an existing state or condition.

  Avant de descendre, j'avais peur de tomber. Quand je me suis rendu compte que j'allais réussir un parcours sans chute, j'**ai été** très heureuse.

B. A few abstract verbs have special meanings when used in the **passé composé:**

	Imparfait	**Passé composé**
savoir	je savais *I knew*	j'ai su *I found out*
pouvoir	je pouvais *I could/was able*	j'ai pu *I succeeded in*
vouloir	je voulais *I wanted (to)*	j'ai voulu *I tried to*
		je n'ai pas voulu *I refused to*

Ce jour-là j'**ai pu** skier sans tomber… Le soir je **voulais** fêter ça!

Comparaison entre l'imparfait et le passé composé

Almost any time that you tell a story in French, you need to use a combination of past tenses. Study the comparison chart below to further your understanding of the **imparfait** and the **passé composé.**

Imparfait	**Passé composé**
Françoise **allait** souvent à Vence pour rendre visite à ses grands-parents. *(habitual, repetitive action)*	
	Elle y **est allée** trois fois l'été passé. *(specific number of times)*
	Pendant sa dernière visite, quelque chose de formidable **s'est passé.** *(specified period of time)*
	Elle **est tombée** amoureuse. *(completed, isolated action)*
C'**était** un jour splendide. Il **faisait** beau dans la petite ville, mais il ne **faisait** pas trop chaud. *(background)*	
Françoise **voulait** acheter un petit cadeau pour sa grand-mère. *(condition/state)*	
	Alors, elle **a pris** son sac et elle **est sortie** de la maison. Elle **a traversé** la rue puis elle **a tourné** à gauche. *(series of events)*
Distraite par ses pensées, elle **marchait** sans regarder devant elle… *(continuing action)*	
	jusqu'au moment où elle **a bousculé** *(bumped into)* un jeune homme *(interruption)*
qui **regardait** une vitrine. *(condition/state)*	
	Surpris, ils **ont** tous les deux **été** gênés *(change in mental state)* et ils **ont commencé** à s'excuser. Cela **a été** le début d'un amour qui semble être éternel! *(specified period of time)*

NOTE: Although certain words may provide clues to a particular tense (e.g., **souvent** for the **imparfait** and **tout à coup** for the **passé composé**), the context will always provide the most help.

Racontez une histoire sur le voyage d'une de ces personnes.

Activités

A. Faites une comparaison. Retournez à la ***Conversation*** de cette leçon et relisez l'histoire racontée par Laurence. Justifiez l'emploi du passé composé ou de l'imparfait dans chaque phrase en indiquant la sorte de condition ou d'action dont il s'agit.

B. Complétez l'histoire. Terminez les phrases suivantes par un verbe à l'imparfait pour indiquer le contexte des actions.

1. Hier soir j'ai téléphoné à mon amie parce que...
2. Je n'ai pas fait mes devoirs parce que...
3. Quand je me suis couché(e), je...

Terminez les phrases suivantes par un verbe au passé composé qui indique l'action survenue *(intervening)*.

4. Je dormais depuis une demi-heure quand le téléphone...
5. J'étais certaine que c'était Jacques, alors je...
6. J'avais raison. Pendant un quart d'heure nous...

Terminez les phrases suivantes par un verbe à l'imparfait ou au passé composé, selon le contexte.

7. Le lendemain il faisait très beau, par conséquent nous...
8. Je venais de finir mon livre quand...
9. Puisque j'étais très fatigué(e), je...

C. Les aventures d'un chat. Claire a une histoire à raconter à propos de son chat.[5] Remplissez les blancs à la page suivante avec l'imparfait ou le passé composé du verbe entre parenthèses, selon le cas.

—Tu ne croiras jamais ce qui m'est arrivé!
—Raconte!

[5] Plus de la moitié (55 pour cent) des familles françaises ont un animal domestique, en général, un chien ou un chat. On dit que les intellectuels, les artistes, les instituteurs, les fonctionnaires préfèrent les chats, tandis que les commerçants, les artisans, les policiers, les militaires et les contremaîtres *(factory supervisors)* aiment mieux les chiens. «Le simple fait de caresser un animal réduit la pression artérielle et abaisse le rythme cardiaque.» Dans une société qui est souvent angoissante, les animaux «apportent un réconfort» aux Français. Gérard Mermet, *Francoscopie, 1991,* Larousse, pp. 193–195

—Eh bien, l'autre jour je _______ (se faire bronzer) dans la cour quand je _______ (entendre) un chat. Les sons _______ (sembler) venir de l'autre côté de notre clôture *(fence)*. Bon, alors, je (j') _______ (courir) à toute vitesse puisque je _______ (s'attendre) à trouver mon chat mort à la suite d'une bataille avec un autre animal. Mais ce _______ (ne pas être) le cas. Mon chat noir, bien vivant, _______ (être) là avec sa proie *(prey)*, une petite souris grise. Evidemment, il _______ (être) tellement fier de sa prouesse qu'il _______ (vouloir) me montrer sa prise. D'abord je _______ (se fâcher) parce qu'il m'avait fait peur. Mais, au bout de quelques secondes, j'_______ (être) très contente. Mon chat, normalement indifférent à tout humain, m'avait invitée à entrer dans son monde à lui pendant quelques instants.

D. En vacances. Voici les pensées de M. Thibault pendant une journée lors de *(at the time of)* ses vacances à Paris. Le soir, il veut écrire ses pensées dans un journal. Récrivez les événements au passé pour son journal, en faisant attention au temps du verbe.

Ce matin il fait chaud et il fait du soleil. J'espère qu'il va faire beau toute la journée. Je vais au syndicat d'initiative à dix heures parce que je veux faire une excursion dans le Val de Loire. Les employés du syndicat me donnent beaucoup de renseignements utiles. Avec leur aide je sais où m'adresser pour louer une voiture. Je les remercie.

La circulation à Paris est épouvantable et éprouvante, comme d'habitude, mais je réussis à sortir de la ville sans incident. Je conduis depuis une demi-heure quand j'entends un bruit d'éclatement *(blow-out)*. Zut, alors! Un pneu crevé! Je veux changer le pneu mais je ne sais pas comment faire. Il y a une station-service qui n'est pas trop loin, et je décide donc d'y aller à pied.

Il n'y a pas cinq minutes que je marche quand il commence à pleuvoir et qu'il se met à faire froid. Ce n'est pas mon jour de chance! Enfin j'arrive à la station-service où l'on m'aide. Au bout d'une heure, je peux reprendre la route du Val de Loire!

«Interactions»

A. Une histoire. Tell a story in French about yourself or someone you know, using past tenses. Try to provide background description as well as a series of events. Don't forget to link the events using the expressions presented in the lesson. Afterwards, your classmates will guess whether the story is true or false by asking you questions.

modèle: ***Alors, un jeune Français, qui avait très faim, est entré dans un restaurant qui se trouvait dans la banlieue de Londres. Il a demandé à la serveuse:***
—Mademoiselle, s'il vous plaît, donnez-moi le plat du jour et... un petit mot aimable.
Au bout de quelques instants elle lui a apporté le plat. Puis elle est retournée à la cuisine. Le Français l'a rattrapée et lui a demandé:
—Et mon petit mot aimable?
Alors, elle s'est penchée à son oreille et lui a dit:
—Ne mangez pas ça.

BRAVO!
Culture et Littérature

B. Une histoire. Working in groups of four, have each person tell a story. Your classmates will respond accordingly. Sample topics include: the first time you drove a car, what you did last night, a recent vacation, the day you first met a good friend.

Comment raconter une histoire (conclusion)

Instructor's Tape

«Conversation» (conclusion)

Rappel: Have you reviewed the **plus-que-parfait?** (text p. 87 and workbook)

Premières impressions

Soulignez:

- les expressions qu'on emploie pour exprimer la surprise
- les petites expressions pour gagner du temps quand on parle

Trouvez:

- ce qu'on peut faire à La Nouvelle-Orléans

Les amies continuent leur discussion.

NADINE: Mais, dis-moi encore, le crocodile... Qu'est-ce que vous avez fait après qu'il avait arraché le nounours?

LAURENCE: Ça nous a fait tellement peur que nous sommes partis tout de suite. C'est impressionnant, vous savez, une gueule° de crocodile grande ouverte...

une gueule mouth (of animal)

NADINE: Oh là là! C'est même difficile à imaginer...

KATIA: Et alors une journée typique, comme ça, à La Nouvelle-Orléans, ça se passe comment?

LAURENCE: Bon, il y a le quartier français, le Vieux Carré, qui est un quartier très diversifié. L'architecture est espagnole; je ne sais pas pourquoi on l'appelle le quartier français... les balcons, les maisons, tout est de style espagnol. Et il y a le jazz, beaucoup de musiciens qui font du jazz dans les cafés, dans la rue. La Nouvelle-Orléans c'est la capitale du jazz, tu sais.

KATIA: Oui, c'est là que tout a commencé.

LAURENCE: On a vu des enfants qui chantaient dans la rue, qui jouaient de la trompette, du saxophone ou qui dansaient pour les touristes.

KATIA: Il doit y avoir de l'ambiance, hein?

LAURENCE: Oui, c'est super, et il y en a pour tous les goûts. Et puis les Cajuns, ils aiment vraiment vivre, ils aiment beaucoup danser.

NADINE: Alors, c'est vraiment ce que l'on dit sur La Nouvelle-Orléans. C'est vraiment là où tu t'amuses le soir, là où il y a une activité nocturne qu'il n'y a pas dans d'autres villes américaines...

LAURENCE: D'après ce qu'on m'a dit, c'est une ville qui ne dort pas!

KATIA: Et tu es rentrée quand, alors?

LAURENCE: De La Nouvelle-Orléans? Eh bien, voyons... c'était... enfin... c'était il y a trois ans à l'époque de Noël. Il faisait assez chaud pour le mois de décembre, il neigeait lorsque nous sommes partis de Paris, et arrivés à La Nouvelle-Orléans, il faisait vingt degrés.°

vingt degrés 20° C (= 68° F)

Observation et Analyse

1. Décrivez ce qu'on avait fait après la petite aventure.
2. Décrivez l'architecture de La Nouvelle-Orléans.
3. Pourquoi dit-on que La Nouvelle-Orléans est une ville qui ne dort pas?
4. Quelle sorte de musique Laurence a-t-elle entendue?
5. Quel temps a-t-il fait pendant le séjour de Laurence?
6. Pensez-vous que La Nouvelle-Orléans ait plu à Laurence? Expliquez.

Réactions

1. Quelle autre ville peut-on comparer avec La Nouvelle-Orléans? L'avez-vous visitée?
2. Quelle sorte de musique préférez-vous? Quand écoutez-vous de la musique? Etes-vous amateur de musique *(music lover)*?

«Expressions typiques pour...»

Gagner du temps pour réfléchir

Pause words enable you to stall for more time to think and to let the listener know that you will continue to talk.

Au début de la phrase

—Enfin...
—Eh bien...
—Euh...
—Tu sais/vois.../Vous savez/voyez...
—Bon...
—D'après moi/ce qu'on m'a dit...
—Ben... *(familiar)*
—Dis/Dites donc... *(By the way, tell me . . .)*
—Et bien, voilà...
—A propos... *(By the way . . .)*
—En fait/De fait... *(In fact . . .)*

Au cours du récit

...enfin...
...euh...
...alors...
...donc...
...et puis...
...et puis ensuite...
...ensuite...
...mais...
...de toute façon/en tout cas...

A la fin de la phrase

...n'est-ce pas?
...quoi?
...tu vois/vous voyez?
...tu sais/vous savez?
...tu comprends/vous comprenez?
...tu ne crois pas/vous ne croyez pas?
...hein? *(familiar)*
...voilà.

Réagir à un récit

Exprimer la surprise

Non!
C'est incroyable!
Vraiment?
C'est (Ce n'est) pas vrai!/C'est vrai?
Je (ne) comprends pas!
Sans blague! *(no kidding!—familiar)*
Tiens! *(familiar)*
Oh là là! *(familiar)*
C'est (vachement [*very*]) bizarre!
Ça alors! *(intonation descendante)*

Dire que l'on comprend

Oui, oui.
Je comprends.
Et alors? *(intonation ascendante)*

Exprimer l'indifférence

Ça ne me surprend pas.
Ça ne m'étonne pas.
Et alors? *(intonation descendante)*
Et après? *(intonation descendante)*
C'est tout?

Encourager celui/celle qui raconte

Et qu'est-ce qui s'est passé après?
Qu'est-ce que tu faisais pendant que...?
Qu'est-ce que tu as fait après?
Est-ce que tu savais déjà...?
Est-ce que tu t'étais déjà rendu compte que...?

NOTE: Any of these expressions can be used with **vous**.

MINI-CONVERSATIONS

Gagner du temps pour réfléchir

Eh bien, il y a à peu près... **euh...** une heure, **quoi,** j'étais à la réception de notre hôtel. **Bon.** J'ai remarqué que l'autre réceptionniste parlait avec un monsieur... **euh...** qui se fâchait petit à petit, **tu vois**? **Et alors,** je ne voulais pas être indiscrète, mais je voulais voir qui c'était. **Eh bien...** c'était notre ancien professeur de français au lycée, **tu comprends**? C'était M. Morris! On avait perdu sa réservation et il ne voulait pas le croire. **Alors,** il demandait à parler au patron de l'hôtel. **Voilà!**

A VOUS

- Utilisez la ***Mini-conversation*** comme guide et racontez l'histoire suivante en utilisant des expressions pour gagner du temps pour réfléchir.

Imaginez que le réceptionniste parle avec un monsieur qui a sorti un revolver de sa poche. Il s'est fâché parce qu'on avait fait une erreur dans sa facture *(bill)*. Le directeur qui avait entendu la conversation a téléphoné à la police, sans que le client s'en rende compte.

«Mots et expressions utiles»

L'hôtel

une chambre à deux lits *double room (room with two beds)*
une chambre avec douche/salle de bains *room with a shower/bathroom*
une chambre de libre *vacant room*
la clé *key*
un grand lit *double bed*
payer en espèces/avec chèques de voyage/par carte de crédit *to pay in cash/in travelers' checks/by credit card*
la réception *front desk*
le/la réceptionniste *hotel desk clerk*
régler la note *to pay, settle the bill*
réserver/retenir une chambre *to reserve a room*
le service d'étage *room service*

Conversation à **la réception** de l'hôtel:
—Bonjour, madame. Avez-vous **une chambre de libre** pour une nuit?
—Oui, mademoiselle, il nous reste **une chambre à deux lits.**
—Oh, je n'ai besoin que d'un **grand lit,** mais... est-ce une chambre **avec salle de bains?**
—Oui, il y a une salle de bains **avec douche.**
—Bon, ça va, je prends la chambre. Voulez-vous que **je règle la note** maintenant?
—Non, vous pouvez payer quand vous partez... Voilà **la clé...**

Activités

A. Entraînez-vous: Les réactions. Vous vous trouvez à une soirée où les sujets de conversation sont variés. Quelle est votre réaction à ce que disent les gens autour de vous? Utilisez les ***Expressions typiques pour....***

modèle: —Marie vient d'avoir des jumeaux...
—C'est vrai? Elle doit être contente!

1. —... et puis ils ont divorcé...
2. —On m'a dit que Jeanine et Paul fêtaient leur vingtième anniversaire de mariage...
3. —De toute façon, je ne veux pas y aller avec vous.
4. —Bon, j'ai rentré ma voiture dans le garage et je suis entré dans le salon...
5. —Les Doublot partent pour l'Afrique demain...
6. —Est-ce que tu peux croire que son fiancé sort avec une autre fille?

VOLET DETACHABLE
Faîtes-nous profiter de votre expérience de clients en remettant vos observations à la réception.
En vous consultant, nous recherchons votre satisfaction.

Séjour du : ____________ Chambre n° ______

TRES BON | BON | MOYEN | MAUVAIS

L'ACCUEIL : qu'en pensez-vous ?
LE CONFORT : l'utile vous est-il agréable ?
LA CHAMBRE : répond-t-elle à votre usage ?
LE BAR : vous en reste-t-il une idée ?
LE RESTAURANT : l'accueil, le service ?
LA CUISINE : l'avez-vous appréciée ?

Observations : ____________

Mentions facultatives :
Nom : ________ Prénom : ________ Age : ____
Profession : ____________
Adresse : ____________

ARCADE PARIS
2, rue Cambronne
75740 PARIS cedex 15
Tél. (1) 567.35.20
Telex ARCAPAR 203 842

B. Un film. Un scénariste a écrit le dialogue ci-dessous pour un nouveau film. Refaites son dialogue afin de le rendre plus naturel en insérant dans les phrases des expressions qui donnent du liant à la conversation. Jouez la scène avec un(e) camarade de classe.

—Qu'est-ce que tu fais le week-end prochain?
—Pas grand-chose. Je resterai à la maison, probablement.
—Si nous allions faire du ski à Val Thorens?
—C'est une bonne idée. Les pistes y sont excellentes.
—Je ferai des réservations d'hôtel.
—Je demanderai à mon frère de me prêter sa voiture.
—Je te téléphone ce soir.
—D'accord. Salut. A ce soir!

C. A l'hôtel. Imaginez que vous vous trouviez à la réception d'un hôtel en France. Jouez la scène avec un(e) camarade de classe. Demandez:

1. si une chambre est disponible;
2. le prix de la chambre;
3. comment on peut régler la note;
4. où l'on peut garer la voiture.

Le/La réceptionniste (votre partenaire) va vous demander:

1. combien de personnes sont avec vous;
2. la durée de votre séjour à l'hôtel;
3. le type de chambre que vous voulez;
4. votre adresse.

«Grammaire»

♦ The **passé simple,** used mainly in works of literature, is listed in ***Appendice C.***

L'Emploi du plus-que-parfait

The **plus-que-parfait** (pluperfect) is the last past tense you need to learn in order to tell a story in conversational French. As you saw in ***Révisons un peu,*** its formation is like that of the **passé composé** except that it uses the imperfect of **avoir** or **être** instead of the present tense form.

The **plus-que-parfait** is used primarily in narration to report events that *had* already happened or had been completed *before* another past event took place. Thus, it might be called a "past" past tense.

Il s'est avéré que j'**avais** déjà **fait** sa connaissance il y a trois ans.
It turned out that I had already met him three years ago.

Sometimes in English the pluperfect is translated as a simple past tense, as in the examples below. However, whenever it is clear that an action had been completed prior to another past action in the same time period, the **plus-que-parfait** must be used.

J'ai vu le film que vous m'**aviez recommandé.**
I saw the movie that you (had) recommended to me.

Le film était aussi bon que vous me l'**aviez dit.**
The movie was as good as you (had) said it would be.

The following is a summary of past tenses in French and their English equivalents:

plus-que-parfait	Il avait dit... *He had said . . .*
passé composé	Il a dit... *He said/has said/did say . . .*
imparfait	Il disait... *He said/was saying/used to say . . .*
venir **(imparfait)** de + infinitif	Il venait de dire... *He had just said . . .*
imparfait + depuis	Il disait... depuis... *He had been saying . . . for . . .*

NOTE: The **plus-que-parfait,** when used with **si,** expresses a wish or regret about past events:

Si seulement j'**avais gagné** à la loterie!
Si seulement je n'**avais** pas **perdu** tout mon argent!

←
De quelle sorte de brochure est-ce qu'on a détaché cette fiche? A quoi sert-elle? Avez-vous jamais rempli une telle fiche aux Etats-Unis? Où? Imaginez que vous la remplissiez après avoir joué la scène de l'exercice C.

Liens culturels

Connaissez-vous ces réalisations techniques et ces formules de transport en France?

Airbus Industrie: Un consortium très dynamique de six pays, dont la France, qui fabrique et vend des avions dans le monde entier, y compris aux Etats-Unis.

Ariane: Une fusée spatiale *(space rocket)* européenne (à la fabrication de laquelle participe la France) qui lance des satellites de communication et de commerce.

Concorde: Une réalisation franco-britannique, c'est le seul avion supersonique au monde à faire des vols commerciaux. Durée du vol entre Paris et New York: un peu plus de trois heures.

Formule 1: Un billet qui permet l'accès à tous les transports parisiens (métro, bus, trains de banlieue) pour une journée. Le billet équivalent, valable pour une semaine ou un mois, s'appelle La Carte Orange. Celui qui est valable pour un an s'appelle La Carte Intégrale.

TGV: (Train à grande vitesse) Le train le plus rapide du monde (500 km/h maximum), caractérisé par le confort et l'économie.

Le tunnel sous la Manche: Ce projet franco-britannique reliera la Grande-Bretagne à la France à partir de 1993. Les voitures traverseront le tunnel sous la Manche dans des trains. Le tunnel «comprendra deux voies ferroviaires transportant passagers et voitures...» Londres ne sera plus qu'à trois heures de Paris au lieu de cinq heures et demie aujourd'hui.

Gérard Mermet, *Euroscopie, 1991* (Larousse, pp. 91–92)

Activités

A. Un voyage. Répondez aux questions suivantes sur votre dernier voyage.

1. Quels préparatifs aviez-vous déjà faits deux jours avant le départ?
2. Est-ce que vous aviez déjà visité cet endroit?
3. Où est-ce que vous êtes resté(e) (dans un hôtel, chez des amis, etc.)? Est-ce que vous y étiez resté(e) auparavant *(before)*?
4. Avant de partir, qu'est-ce que vous aviez projeté de faire pendant le séjour? Et est-ce que vous avez vraiment fait ce que vous aviez prévu?

B. En métro. Complétez l'histoire suivante sur un voyage en métro, en mettant le verbe entre parenthèses au passé composé, à l'imparfait ou au plus-que-parfait selon le cas.

On lui ________ (dire) que le métro parisien ________ (être) le meilleur du monde, mais Danielle ________ (n'en pas être) si sûre. Ce ________ (être) son premier séjour à Paris; elle ________ (venir) d'une petite ville du Québec. Elle ________ (voyager) seule et elle ________ (ne jamais prendre) de métro auparavant.

Elle ________ (vouloir) aller au Centre Pompidou sur la Place Beaubourg. D'après le plan de métro qu'elle ________ (consulter), Rambuteau ________ (sembler) être la station de métro la plus proche. Avec quelques palpitations, donc, elle _______ (aller) à la station Cambronne tout près de son hôtel, et elle _______ (acheter) ses premiers tickets de métro au guichet, un carnet de dix tickets.

Elle _______ (prendre) la direction Charles-de-Gaulle-Etoile. Elle _______ (attendre) sur le quai l'arrivée de la rame *(subway train)*. Après être montée dans un wagon, elle _______ (se rendre compte) du fait qu'elle _______ (devoir) faire deux changements. Elle _______ (avoir peur) de se tromper de ligne, mais il _______ (s'avérer) qu'elle _______ (s'inquiéter) pour rien. Avec l'aide des plans de métro affichés partout dans les stations et dans les voitures, elle _______ (se rendre) à Rambuteau sans le moindre problème.[6]

C. Une lettre. Chantal a écrit une lettre à son amie américaine. Voici la version anglaise. Quelle était la version française originale?

Dear Jennifer,

Hi! How are you? I am doing fine. In fact, I had just returned from vacation when I received your letter.

The photos you sent me were great! No kidding! I recognized several historic sites I had studied in my civilization course.

You will not believe what happened to Philippe during our vacation at the beach. (You remember Philippe, don't you?) He was in the process of paying the hotel bill when a crazy man (who was talking to the hotel clerk) pulled out a gun **(sortir un revolver)**. Apparently the hotel had lost his reservation. The man got so upset **(se fâcher tellement)** that he threatened to kill the hotel clerk! And here I had always thought that I was high strung **(nerveux/nerveuse)!**

I am enclosing **(joindre)** the book I promised to send you. I hope you like it **(plaire).**

Love, **(Grosses bises)**

Chantal

«Interactions»

A. Une fête. Imagine that both you and a friend were at the same party last night. Role play a conversation in which the two of you discuss the party. Be sure to use expressions of hesitation and encourage each other to talk by using reactive listening expressions and questions. Possible topics include:

- who was there (and who was not there because they had not been invited)
- what everyone was wearing
- whether you had fun **(s'amuser)** or not
- a description of an incident that occurred at the party

B. Eh bien. Working in groups of three, take turns telling a story related to one of the topics below or one of your choosing. Use expressions of hesitation to make your speech realistic. Your listeners will take an active role by reacting verbally to what you say and by encouraging you with their questions. Try to include at least one statement about a past action that had occurred before another past action (using the **plus-que-parfait).** Suggested topics: An incident that…

- happened during a vacation
- embarrassed **(gêner)** you
- happened on the way to work/school
- happened when you went to France

BRAVO!
Culture et Littérature

[6] Aujourd'hui, le métro fait partie de la vie quotidienne de l'habitant de la région parisienne, avec sa régularité, sa publicité, ses foules aux heures de pointe *(rush hour)*. (Guy Michaud et Alain Kimmel, *Le nouveau guide France, 1990,* Hachette, p. 50)

SYNTHESE

Activités orales

A. Mon pauvre Toutou. Over spring break you went to Florida and left your rather obnoxious dog with a friend. You have just returned and you call your friend, who says that your dog unfortunately died during your absence. Role play the telephone conversation. Ask five to ten questions about how the tragic event occurred. Your friend will respond.

B. Le voyage de mes rêves. Talk about a vacation you have taken or would like to take. If possible, bring slides, photos, or pictures from travel books to show to the class. Describe where you went and with whom; how you got there; how the weather was; what preparations you had made before leaving; where you stayed; if you would go again; and any interesting incident that might have happened. Use linking expressions liberally to make the storytelling go smoothly. The rest of the class should stop you as you go along to react and ask questions.

Listen to Student Activity Tape, ***Chapitre 4,*** and complete the corresponding Student Activity Worksheet in your workbook.

◆ Turn to ***Appendice A*** for a complete list of active chapter vocabulary. Note that the listing for each chapter includes a ***Divers*** category. These are miscellaneous words or expressions used throughout the three lessons.

Activités écrites

A. Bon anniversaire, bon anniversaire... Write a composition in which you describe your sixteenth or twenty-first birthday. Include the following information: the date; what songs/movies were popular at the time; where you were living; what you did to celebrate; what gifts you remember receiving.

B. Une histoire. Write a story about a recent trip to Quebec City. Look at the following brochures and choose one of the places for the setting of your story. Describe an event that happened here, adding details and a few other characters besides yourself. Add an element of excitement and pay attention to your tenses.

CHAPITRE 5

«Exprimez-vous!»

Révisons un peu: Le subjonctif
Leçon 1: Comment dire ce que l'on veut; le subjonctif: formation irrégulière; le subjonctif: la volonté
Leçon 2: Comment exprimer les sentiments et les attitudes; le subjonctif: l'émotion, l'opinion et le doute; l'infinitif pour éviter le subjonctif
Leçon 3: Comment persuader et donner des ordres; le subjonctif: la nécessité et l'obligation; le passé du subjonctif
Thèmes: Les médias (la presse, la télévision, la radio)

Révisons un peu

The information presented here is intended to refresh your memory of a grammatical topic that you have probably encountered before. Review the material and then test your knowledge by completing the accompanying exercises in the workbook.

Avant la première leçon

Le Subjonctif

The subjunctive is used more frequently in French than in English. The subjunctive mood is used to express uncertainty or subjectivity. It expresses the personal feelings of the speaker, such as doubt, emotion, opinion, and volition. The subjunctive mood occurs in a dependent clause beginning with **que.**

Main clause	**Dependent clause**
Le professeur veut	que je **finisse** mon devoir.

The present subjunctive of all verbs (except **avoir** and **être**) is formed by adding the following endings to the subjunctive stem: **-e, -es, -e, -ions, -iez, -ent.** To find the subjunctive stem of regular **-er, -ir,** and **-re** verbs and verbs conjugated like **sortir,** drop the **-ent** ending from the third-person plural form of the present tense.

	parler	**rendre**	**finir**	**sortir**
STEM:	**parl**ent	**rend**ent	**finiss**ent	**sort**ent
que je	parle	rende	finisse	sorte
que tu	parles	rendes	finisses	sortes
qu'il/elle/on	parle	rende	finisse	sorte
que nous	parlions	rendions	finissions	sortions
que vous	parliez	rendiez	finissiez	sortiez
qu'ils/elles	parlent	rendent	finissent	sortent

Qu'est-ce que vous vous attendez à voir dans *Télé Poche?* Que veut dire HEBDO: chaque jour? chaque semaine? chaque mois?

Comment dire ce que l'on veut

 Instructor's Tape

«Conversation»

Rappel: Have you reviewed the regular formation of the subjunctive? (text p. 112 and workbook)

Premières impressions

Soulignez:
- des expressions pour exprimer ce que l'on veut ou ce que l'on préfère faire

Trouvez:
- la chaîne *(channel)* où se trouve l'émission que Julie désire voir

un contrôle test/**tenir à** to really want to, insist on

La famille Derimay a fini de dîner. Bien qu'elle ait des tas de contrôles° en ce moment, Julie, qui a quinze ans, tient à° regarder la télévision ce soir-là.

une émission TV show

en étude *f* in study hall

s'embrouiller to become confused

un caprice temper tantrum

JULIE: J'aimerais bien voir Vanessa Paradis.[1] Elle passe à l'émission° de variétés sur la chaîne 3.

MME DERIMAY: Dis donc, ma chérie, tu ne m'as pas dit que tu avais un contrôle demain?

JULIE: Si, en maths, mais j'ai révisé en étude° cet après-midi.

MME DERIMAY: La dernière fois aussi, tu avais révisé en étude et tu as eu une assez mauvaise note, non? Il vaut mieux monter dans ta chambre maintenant et refaire quelques problèmes.

JULIE: Oh non, maman... je vais m'embrouiller° les idées si je refais des problèmes ce soir!

MME DERIMAY: *(incrédule)* Ne me raconte pas d'histoires, hein? Comment vas-tu faire demain quand tu auras les sujets du contrôle devant toi?

JULIE: Le prof a dit qu'il nous donnerait des exercices qui ressemblent à ceux du livre.

MME DERIMAY: Eh bien justement, il faut en refaire quelques-uns, un par chapitre, je dirais. Tu redescendras quand tu auras fini.

JULIE: Maman, s'il te plaît! Je voudrais bien voir Vanessa Paradis. Laisse-moi la regarder et après, je monterai, je te promets.

MME DERIMAY: Regarde l'heure. Il est déjà neuf heures moins le quart. Allez, monte travailler. Je fais la vaisselle et je vais voir où tu en es dans une demi-heure.

JULIE: Maman! Ce n'est pas juste! Je ne peux rien faire comme mes copines. Je suis sûre qu'elles vont regarder Vanessa Paradis, elles...

MME DERIMAY: Ecoute, ma fille. Les caprices,° ce n'est vraiment plus de ton âge!

A suivre

Observation et Analyse

1. Qu'est-ce que Julie veut faire? Pourquoi? (Donnez trois raisons.)
2. Est-ce que sa mère est d'accord avec elle? Expliquez.
3. Décrivez Julie (son âge, sa personnalité, ses désirs, etc.).
4. A votre avis, est-ce que c'est Julie ou sa mère qui va finalement gagner la dispute? Pourquoi?

Réactions

1. Aimez-vous regarder la télévision? Choisissez-vous de regarder la télévision au lieu de faire vos devoirs de temps en temps? En supportez-vous d'habitude les conséquences?
2. Selon vous, est-ce qu'il est nécessaire de limiter les heures que les enfants passent devant le poste de télévision? Expliquez.

[1] On dit que Vanessa Paradis est la nouvelle Brigitte Bardot. C'est une chanteuse de hit-parade qui a aussi joué dans le film *Noce blanche*.

«Expressions typiques pour...»

♦ When deciding whether to use **je veux...** or **je voudrais...**, keep in mind that **je veux...** is much stronger, less polite, and could be interpreted as an order.

♦ In a store, restaurant, or service institution, sometimes simply identifying what you want to buy is sufficient: **Une baguette, s'il vous plaît.** The addition of **je voudrais...** increases the level of politeness: **Je voudrais un steak-frites, s'il vous plaît.**

♦ To express what you do not want or hope not to do, make the same expressions negative. Note that a similar distinction as above is made between **je ne veux pas...** and **je ne voudrais pas...**, the former being a very strong, less polite expression.

Dire ce que l'on veut ou espère faire

Je (veux) voudrais bien regarder la télévision.
J'aimerais bien regarder un feuilleton *(soap opera)*.
J'ai l'intention de faire mes devoirs demain.
Je pense parler avec maman ce soir.
Je tiens à *(really want)* travailler dur demain.
Je compte *(intend, plan on)* aller à Paris pour voir la nouvelle exposition.
J'ai envie de *(feel like)* voir un bon film.
J'espère aller au Brésil.
Je compte bien *(expect)* partir demain.

Dire ce que l'on préfère

Je préfère le sport.
J'aime mieux le foot.
J'aimerais mieux partir après le match.
Il vaut mieux partir tout de suite.
Je regarde plutôt *(rather)* les sports à la télé.

M I N I - C O N V E R S A T I O N S

Dire ce que l'on voudrait faire

—**J'aimerais bien** voir un bon film à la télé.
—Tu n'as pas de chance. Il n'y a rien d'intéressant à la télé ce soir!

Dire ce que l'on préfère

—J'aime beaucoup les feuilletons. C'est bête, mais c'est vrai. En fait, celui que **je préfère** commence dans un quart d'heure.
—Les feuilletons, je ne les connais pas bien. Moi, je regarde **plutôt** les informations et les émissions culturelles. J'aime bien aussi «Thalassa» et les «Dossiers de l'écran».[2]

A VOUS

• Dites à votre ami(e) ce que vous voudriez faire après le dîner ce soir.

• Discutez avec un(e) ami(e): Quelles émissions tenez-vous à regarder à la télévision? Quelles émissions vous intéressent moins ou pas du tout?

«Mots et expressions utiles»

La volonté

avoir envie de (+ infinitif) *to feel like (doing something)*
compter *to intend, plan on, count on, expect*
tenir à *to really want; to insist on*

[2] «Thalassa»: émission consacrée à la mer et aux activités sportives, commerciales et scientifiques qui s'y rapportent. «Les Dossiers de l'écran»: émission centrée sur un sujet historique ou d'actualité. La première partie consiste en un film qui traite du sujet: par exemple, l'assassinat de JFK. Une table ronde de témoins, de chercheurs et de personnalités variées discute ensuite les questions proposées par l'animateur et par le public par l'intermédiaire d'un central téléphonique *(telephone exchange)*.

La télévision

les actualités/les informations f pl *news (in the press, but especially on TV)*
allumer la télé *to turn on the TV*
augmenter le son *to turn up the volume*
une causerie *talk show*
une chaîne *channel*
la concurrence *competition*
un débat *debate*
diffuser/transmettre *to broadcast*
l'écran m *screen*
une émission *broadcast, TV show*
éteindre la télé *to turn off the TV*
un feuilleton *serial; soap opera*
un jeu télévisé *game show*
le journal télévisé *TV news*
mettre la 3, 6, etc. *to put on channel 3, 6, etc.*
le poste de télévision *TV set*
un programme *program listing*
rater *to miss*
une série *series*
un spot publicitaire *TV commercial*
une télécommande *remote control*
un téléspectateur/une téléspectatrice *TV viewer*
la télévision par câble *cable TV*

—Tiens, il est presque midi! **Allume la télé,** s'il te plaît. **Le journal télévisé** commence dans cinq minutes sur Antenne 2. Je ne veux pas manquer le résumé des **actualités.**
—Je me demande s'ils vont **transmettre** en direct la visite du président américain à Los Angeles?
—En tout cas, c'est ce qu'ils ont dit hier soir. Et ce soir, il y aura un **débat** sur les problèmes des banlieues françaises. Le **programme** habituel est changé.
—Ce n'est pas grave. L'épisode du **feuilleton** peut bien attendre une semaine! Euh... puisque la **télécommande** est près de toi, peux-tu **augmenter le son**? Merci!

Activités

A. Entraînez-vous: Désirs, espoirs et intentions. En utilisant les ***Expressions typiques pour...,*** dites à chacune de ces personnes ce que vous comptez faire dans les situations suivantes.

modèle: votre père—vos projets pour les vacances de Pâques *(Easter)*
Papa, j'aimerais aller en Floride pour les vacances de Pâques.

1. le professeur de français—votre intention d'avoir une bonne note
2. votre fille/fils—elle/il a une chambre en désordre
3. une amie—vous voulez emprunter sa voiture
4. un ami—vous allez au cinéma ensemble et vous voulez voir un film qu'il n'a pas envie de voir
5. une voisine—elle fait beaucoup de bruit
6. un camarade de classe—il parle avec un autre étudiant et vous n'entendez pas le professeur

B. Mot de passe. Imaginez que vous participiez au jeu télévisé «Mot de passe». Devinez quel mot ou quelle expression (de la liste au-dessus) chacune des définitions suivantes décrit.

1. Une émission de télé où l'animateur/animatrice *(announcer)* invite des gens célèbres à venir parler avec lui/elle et à divertir les téléspectateurs
2. Le contraire d'**allumer la télé** (ou ce qu'on fait quand on ne veut plus regarder la télé)
3. La partie du poste de télé où l'image est projetée
4. Un petit appareil qui permet de contrôler la télé à distance
5. La liste et l'horaire des émissions

Maintenant, c'est à vous! Donnez un synonyme ou une définition en français pour les mots et les expressions suivants afin que votre partenaire ou le reste de la classe puisse les deviner. (Il serait utile de réviser les expressions utilisées pour identifier et décrire les objets et les personnes, ***Leçons 1 et 2, Chapitre 3.***)

6. les actualités
7. un feuilleton
8. avoir envie de
9. un téléspectateur/une téléspectatrice

Liens culturels

Les Médias

DU 8 DÉCEMBRE AU 14 DÉCEMBRE — TOUTES VOS SOIRÉES

	SAMEDI	DIMANCHE	LUNDI	MARDI
TF1	20.40 VARIÉTÉS □ SURPRISE SUR PRISE (p. 53). 22.20 MAGAZINE USHUAÏA De Nicolas Hulot (p. 54).	20.40 CINÉMA □ LE SUCRE Avec G. Depardieu (p. 71). 22.35 CINÉMA CINQUIÈME COLONNE D'Alfed Hitchcock. Avec Robert Cummings (p. 72).	20.35 VARIÉTÉS □ STARS 90 Avec Gérard Depardieu, Florence Arthaud, Alain Prost (p. 88). 22.30 MAGAZINE PERDU DE VUE (p. 89).	20.35 CINÉMA □ LA SMALA Avec Victor Lanoux, Dominique Lavanant, Josiane Balasko (p. 104). 22.15 MAGAZINE CIEL, MON MARDI ! (p. 104).
A2	20.45 DIRECT □ LA GRANDE FÊTE DU TÉLÉTHON Avec Claudia Cardinale, Claude Sérillon, Gérard Holtz (p. 57)	20.40 SÉRIE □ HAUTE TENSION Retour à Malaveil Avec F. Pierrot, (p. 74). 22.25 MAGAZINE MUSIQUES AU CŒUR Spécial Felicity Lott (p. 75).	20.40 VARIÉTÉS □ GALA DE LA COMMUNAUTÉ DES T.V. FRANCOPHONES (p. 91). 22.20 DOCUMENT LA VILLE LOUVRE (p. 92).	20.40 DOSSIERS □ LA COULEUR DE L'ARGENT Avec Paul Newman. A 22.50 Débat : Les arnaqueurs et les jeux (p. 106).
 FR3	21.00 TÉLÉFILM □ LA COURSE DE LA PAIX Avec Tadeusz Bradecki, Jaroslaw Kopaczewski (p. 59). 23.00 MAGAZINE LIRE ET ÉCRIRE De P. Dumayet (p. 59).	20.40 CIRQUE □ LES PLUS BEAUX MOMENTS DU CIRQUE (p. 77). 22.30 CINÉMA LE GRAND ZIEGFELD Avec William Powell (p. 77).	20.40 CINÉMA □ L'HOMME DE KIEV De John Frankenheimer Avec Alan Bates, Dirk Bogarde, Georgia Brown, Hugh Griffith (p. 94).	20.40 TÉLÉFILM □ VOL D'ENFANT De Luc Béraud. Avec Laure Killing, Claire Nebout (p. 108).
 C+	20.30 TÉLÉFILM □ TENDRE CHOC Avec E. Montgomery, Robert Foxworth (p. 61). 23.00 CINÉMA IMAGINE: JOHN LENNON (p. 61).	20.40 CINÉMA □ NOCE BLANCHE Avec Bruno Cremer, Vanessa Paradis, Ludmila Mikael, François Négret (p. 79).	20.30 CINÉMA □ RIEN QUE POUR VOS YEUX Avec Roger Moore (p. 95). 22.35 CINÉMA LES DOIGTS DANS LA TÊTE De Jacques Doillon (p.95).	20.05 FOOTBALL □ A.S. MONACO / TORPEDO MOSCOU Coupe de l'UEFA Match retour (p. 109).
 M6	20.35 TÉLÉFILM □ MON ENFANT, MON AMOUR Avec Vanessa Redgrave (p. 65). 22.15 TÉLÉFILM RÊVE DE FEMME Avec Donna Mills (p. 65).	20.35 TÉLÉFILM □ LES FUSILS DU DÉSERT Avec Sam Elliot (p. 83). 22.30 CINÉMA LA FEMME FLAMBÉE Avec Gudrun Landgrebe, Mathieu Carrière (p. 83).	20.35 TÉLÉFILM □ MEURTRE AU BAHAMAS De Harvey Hart. Avec Armand Assante, Catherine Mary Stewart (p. 99).	20.35 TÉLÉFILM □ LE VAGABOND DE NOËL Avec Barnard Hughes (p. 113). 22.30 CINÉMA L'INDISCRÉTION Avec Dominique Sanda (p. 113).

La télévision occupe la plus grande partie du temps libre des Français. Les jeux vidéo, les magnétoscopes et les caméscopes *(camcorders)* multiplient son utilité.

Les jeunes Américains passent de 900 à 1 800 heures par an devant le petit écran; les écoliers français environ 1 000 heures contre 800 heures en classe. 95 pour cent des foyers français possèdent un poste de télévision, dont 60 pour cent avec télécommande, ce qui explique le développement du «zapping» (passage d'une chaîne à l'autre de façon répétée). Les adultes regardent la télévision en moyenne trois heures et quarante-quatre minutes par jour—les jeunes de onze à quatorze ans, deux heures et vingt-huit minutes par jour. Il est intéressant de remarquer que les enfants regardent moins la télévision que leurs parents.

Depuis 1983, de nouvelles chaînes de télévision ont modifié le paysage audiovisuel en France. Canal Plus (la télévision par câble) a été la première chaîne privée. En 1986, on a vu la naissance de la cinquième et de la sixième chaîne (bien que la 5

D'UN SEUL COUP D'ŒIL

Réservez ☒ vos soirées en les cochant

MERCREDI	JEUDI	VENDREDI
20.35 FOOTBALL □ BORDEAUX / A.S. ROMA Coupe de l'UEFA (p. 118). 22.40 *TÉLÉFILM* LES LENDEMAINS QUI TUENT Avec D. Duval (p. 118).	**20.40 TÉLÉFILM □** DEUX FLICS À BELLEVILLE Avec P. Timsit (p. 135). 22.05 *MAGAZINE* EX LIBRIS (p. 136)	**20.35 VARIÉTÉS □** TOUS À LA UNE Jean Poiret (p. 150). 22.40 *MAGAZINE* 52 SUR LA UNE L'éternelle jeunesse (p. 151).
20.40 FEUILLETON □ LE MARI DE L'AMBASSADEUR (fin) Avec Louis Velle, Diane Bellego (p. 120). 21.45 *SÉRIE* HÔTEL DE POLICE Avec M. Blanco (p. 120).	**20.40 MAGAZINE □** ENVOYÉ SPÉCIAL La taupe nom de code : Farewell (p. 138). 22.00 *CINÉMA* LE SIXIÈME SENS Avec W. Petersen (p. 138).	**20.40 VARIÉTÉS □** AVANT QUE LE CIEL NOUS TOMBE SUR LA TÊTE (p. 153). 0.30 *CINÉMA* SEX SHOP Avec C. Berri (p. 154).
20.40 MAGAZINE □ LA MARCHE DU SIÈCLE La rage de savoir (p. 123). 22.40 *MAGAZINE* FAUT PAS RÊVER (p. 123).	**20.40 CINÉMA □** L'HOMME QUI EN SAVAIT TROP D'Alfred Hitchcock. Avec J. Stewart (p. 140). 23.00 *PORTRAIT* ALFRED HITCHCOCK (p. 140)	**20.40 MAGAZINE □** THALASSA Aral, la mer assassinée (p. 156). 21.35 *TÉLÉSUITE* LE COUSIN AMÉRICAIN (fin) Avec B. Davis (p. 156).
21.00 CINÉMA □ COP Avec James Woods, L. A. Warren (p. 125). 22.50 *CINÉMA* VOYAGEUR MALGRÉ LUI Avec William Hurt (p. 125).	**20.30 CINÉMA □** PENTIMENTO Avec Magali Noël, Antoine de Caunes (p. 141). 22.00 *CINÉMA* LE NINJA BLANC De Sam Firstenberg (p. 141).	**20.30 TÉLÉFILM □** LA VENGEANCE DU PÈRE Avec B. Dennehy (p. 157). 23.00 *CINÉMA* PIÈGE DE CRISTAL Avec Bruce Willis (p. 158).
20.35 TÉLÉFILM □ À CŒUR PERDU Avec Jane Seymour (p. 129). 23.10 *DOCUMENT* SOLIDARNOSC De Jean-Michel Meurice (p. 129).	**20.35 CINÉMA □** ELLE CAUSE PLUS... ELLE FLINGUE Avec Annie Girardot (p. 145). 22.30 *CINÉMA* SACCO ET VANZETTI Avec G.M. Volonte (p. 145).	**20.35 TÉLÉFILM □** LE NOUVEL HOMME INVISIBLE Avec Ben Murphy (p. 162). 22.20 *SÉRIE* BRIGADE DE NUIT Le mouvement (p. 162).

Gérard Depardieu, Dimanche, 20.40.

Paul Newman, Mardi, 20.40.

Dirk Bogarde, Lundi, 20.40.

Vanessa Paradis, Dimanche, 20.40.

Annie Girardot, Jeudi, 20.35.

n'existe plus aujourd'hui à cause des problèmes financiers). La création de la chaîne M6 et la privatisation *(taking over by a private concern)* de TF1 ont lieu en 1987. L'ère *(era)* de la télévision privée suscite beaucoup de commentaires dans tous les milieux et dans tous les médias.

Aujourd'hui, 31 pour cent des foyers sont équipés d'un magnétoscope. De nombreux vidéoclubs permettent aux vidéomaniaques de louer le dernier film en vidéo. La plupart des téléspectateurs qui possèdent un magnétoscope l'utilisent pour enrégistrer des émissions qu'ils ont envie de voir plus tard.

Combien de chaînes de télévision avez-vous? Possédez-vous un magnétoscope? Quel genre de vidéo préférez-vous? Combien d'heures par jour passez-vous devant la télévision?

↑ Quelle émission choisissez-vous de regarder le dimanche 9 décembre? Quelle chaîne passe le plus de films américains?

Gérard Mermet, *Francoscopie, 1991* (Larousse, pp. 362–368)

C. Vos projets d'avenir. Vous parlez avec un(e) ami(e) et vous lui expliquez ce que vous voulez faire dans l'avenir. Complétez les phrases ci-dessous. Les sujets suivants peuvent vous donner des idées: le travail, le mariage, le logement, les voyages, les visites.

1. J'aimerais...
2. J'ai l'intention de...
3. Je préfère... mais en ce moment je...
4. Dans cinq ans je compte... et je tiens surtout à...
5. Maintenant, il vaut mieux...

«Grammaire»

Le Subjonctif: formation irrégulière

When expressing wants and intentions regarding other people and events, it is often necessary to use the subjunctive mood. In ***Révisons un peu,*** you reviewed the formation of verbs that are regular in the subjunctive. This section completes the discussion of how to form the subjunctive.

A. Some verbs have two subjunctive stems—one for the **nous** and **vous** forms and one for the remaining forms. For example:

appeler

que j'**appelle**	que nous **appelions**
que tu **appelles**	que vous **appeliez**
qu'il **appelle**	
qu'elle **appelle**	
qu'on **appelle**	
qu'ils **appellent**	
qu'elles **appellent**	

The following verbs have two subjunctive stems:

croire	que je **croie**	que nous **croyions**
devoir	que je **doive**	que nous **devions**
envoyer	que j'**envoie**	que nous **envoyions**
mourir	que je **meure**	que nous **mourions**
prendre	que je **prenne**	que nous **prenions**

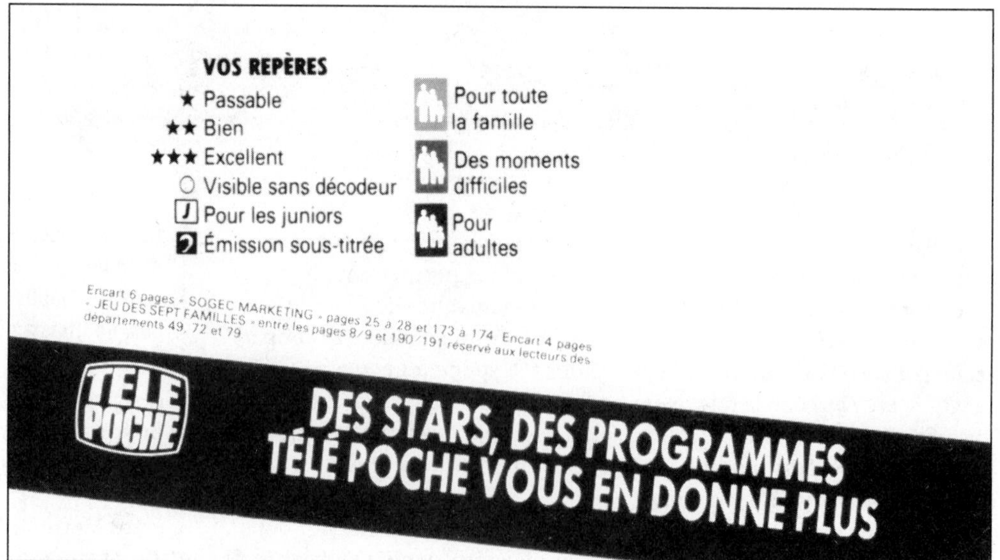

Quels renseignements peut-on trouver dans *Télé Poche?*

recevoir	que je **reçoive**	que nous **recevions**
venir	que je **vienne**	que nous **venions**
voir	que je **voie**	que nous **voyions**

B. The following verbs have irregular stems but regular subjunctive endings:

	aller	**faire**	**pouvoir**
que je (j')	**aille**	**fasse**	**puisse**
que tu	**ailles**	**fasses**	**puisses**
qu'il/elle/on	**aille**	**fasse**	**puisse**
que nous	**allions**	**fassions**	**puissions**
que vous	**alliez**	**fassiez**	**puissiez**
qu'ils/elles	**aillent**	**fassent**	**puissent**

	savoir	**valoir**	**vouloir**
que je	**sache**	**vaille**	**veuille**
que tu	**saches**	**vailles**	**veuilles**
qu'il/elle/on	**sache**	**vaille**	**veuille**
que nous	**sachions**	**valions**	**voulions**
que vous	**sachiez**	**valiez**	**vouliez**
qu'ils/elles	**sachent**	**vaillent**	**veuillent**

NOTE: The irregular subjunctive form of **falloir** is **qu'il/elle/on faille.**

Avoir and **être** have completely irregular forms in the subjunctive, which must simply be memorized:

	avoir	**être**
que je (j')	**aie**	**sois**
que tu	**aies**	**sois**
qu'il/elle/on	**ait**	**soit**
que nous	**ayons**	**soyons**
que vous	**ayez**	**soyez**
qu'ils/elles	**aient**	**soient**

Le Subjonctif: la volonté

As stated in ***Révisons un peu,*** the subjunctive mood is used to express the attitudes and opinions of the speaker. The verb in the subjunctive occurs after **que** in the dependent clause, and the subjects of the main and dependent clauses must be different. The subjunctive is used after verbs of wishing, preference, desire, or will. Verbs of volition include: **aimer (bien), désirer, exiger** *(to demand),* **préférer, souhaiter** *(to wish),* **vouloir,** and **vouloir bien.**

♦ Notice that with the **je** form of regular **-er** verbs, there is no difference between the present indicative and the present subjunctive. There is, however, a difference in the **nous** and **vous** forms.

Mon père ne veut pas que je **regarde** la télévision.
Il veut que je **fasse** mes devoirs.
My father does not want me to watch television.
He wants me to do my homework.

Je voudrais que mes parents **puissent** me comprendre.
I wish that my parents could understand me.

The verb **espérer** *(to hope)* is an exception. It is one of the few verbs of volition that does not take the subjunctive. It is followed by the indicative—in general, the future tense.

J'espère qu'ils me **donneront** plus de liberté l'année prochaine.
I hope (that) they'll give me more freedom next year.

REMINDER: In French **que** is required; in English *that* may or may not be used.

Activités

A. Deux opinions. Voici deux lettres contradictoires au sujet d'une émission américaine, parues dans un journal français. Complétez-les en remplissant les blancs avec le subjonctif des verbes suivants.

être / avoir / écrire / faire / pouvoir / savoir / trouver / prendre (prendre fin: *to end)*

Triste semaine! Le feuilleton quotidien «Santa Barbara» disparaît de TF1. Nous sommes de nombreux spectateurs français à souhaiter que cette émission ______ continuer. Nous aimerions que la chaîne ______ les moyens de reprendre cette émission. Cette chronique d'une ville californienne du vingtième siècle révélait admirablement les hauts et les bas de la vie d'affaires. Nous ne voulons pas que ce programme qui nous rappelle l'univers de «Dallas» ______ fin. Pour ma part, je souhaite que la plupart des téléspectateurs ______ d'accord avec moi et qu'ils ______ à TF1.

Une autre opinion:

Bonne nouvelle! L'émission «Santa Barbara», qui donnait une image stéréotypée du monde riche et snob de la Californie du sud, disparaît enfin de TF1. On avait perdu depuis longtemps le fil de l'histoire. Les téléspectateurs français aimeraient bien que la télévision ______ purgée de tous les feuilletons quotidiens de ce genre. Nous désirons que TF1 et toutes les chaînes ______ que nous ne voulons plus de feuilletons invraisemblables et insipides. Nous tenons à ce que ces émissions qui ne parlent que de sexe et d'argent ______ fin, et que les chaînes ______ plus attention à la qualité de leurs programmes. Je souhaite que ceux qui partagent mon avis ______ le bon sens d'écrire à TF1 pour demander la disparition de ces émissions à la «Dallas».

Adapté d'un article du *Monde Radio-Télévision* (lundi 16 juin 1986)

P.S. Après beaucoup de discussions, de lettres de protestation des téléspectateurs et de nombreux débats, TF1 a décidé de remettre «Santa Barbara» sur l'antenne. Le feuilleton passe actuellement de 18h55 à 19h20, du lundi au vendredi.

B. Préférences. Choisissez un(e) partenaire et complétez chaque phrase à l'aide d'un verbe approprié au subjonctif qui exprimera les préférences de ces personnes.

1. Le professeur de français veut que nous...
2. Je souhaite que le professeur de français...
3. Je désire que l'université...
4. Mon/Ma camarade de chambre préfère que je...
5. J'aime bien que mes amis...
6. Les Américains veulent que le Président...
7. Les Français préfèrent que les Américains...
8. Les téléspectateurs désirent que les réalisateurs de télévision *(TV producers)*...

C. Une lettre. Stéphane écrit à sa mère, qui habite dans l'est de la France. Il a pris des notes. Aidez-le maintenant à composer la lettre. Faites attention au temps des verbes!

Paris, le 25 novembre

Chère maman,

Je / savoir / que / tu / travailler / beaucoup / pour payer mes études à l'université. Je / te / demander / donc / un grand service. Mes amis / vouloir / que / je / aller / avec eux en Grèce au mois de mars. Il y a / vols d'étudiants / qui / être / bon marché. Je voudrais bien / que / tu / me / permettre / d'y aller avec eux. Je / souhaiter / aussi / que / tu / me / envoyer / 1 600F pour le billet. Pour avoir les meilleurs prix, l'agence de voyage / exiger / que / nous / payer / le vol d'ici deux semaines. Tu / vouloir / que / je / obtenir / mon diplôme / et que / je / devenir / médecin, et c'est normal. Je / travailler / de mon mieux / mais je / avoir besoin de / me reposer / pendant deux semaines en mars. Ce voyage m'aidera à mieux travailler au printemps. Je / espérer / que / tu / comprendre.

Affectueusement,

Stéphane

D. Une émission annulée *(cancelled).* Choisissez une émission de la télévision américaine qui a été annulée cette année. Ecrivez une lettre aux réalisateurs dans laquelle vous exprimez votre opinion (pour ou contre). Utilisez les lettres dans l'exercice A comme modèles.

«Interactions»

A. Un poste. You are discussing a job (that you would very much like to have) with a family member. Express your desire to have the job and tell why you would be good at it. Discuss your intentions for the future. State that you hope that someone will consider your application **(demande** [*f*] **d'emploi)** seriously.

BRAVO!
Culture et Littérature

B. Samedi. A friend calls to ask you to go shopping on Saturday. Explain to him/her what you intend to do that day and why. Be assertive and ask him/her to join you, or compromise and do something you would both enjoy.

Si on vous invitait au Musée des Beaux Arts, que diriez-vous?

LEÇON 2

Comment exprimer les sentiments et les attitudes

 Instructor's Tape

« Conversation » (conclusion)

Premières impressions

Soulignez:

- des expressions qui expriment le contentement, l'admiration, l'inquiétude et l'irritation

Trouvez:

- le nom de l'enfant de Paul
- le nom du magazine préféré de Julie

s'inquiéter to worry

M. et Mme Derimay s'inquiètent° parce que leur fille Julie passe trop de temps devant la télé. Ils discutent du problème avec Paul, le frère de Mme Derimay, qui est également père d'un enfant.

M. DERIMAY: Ah, Paul, je suis content de te voir! J'ai une question à te poser. On a un petit problème avec Julie et on ne sait pas quoi faire. En ce moment, c'est télé, télé, télé; il n'est pas question de la faire travailler... Elle a des 7 et des 8 sur 20 comme notes et si ça continue, elle va finir par redoubler sa seconde.

MME DERIMAY: Oh! tu exagères un petit peu, quand même!

M. DERIMAY: Ecoute, tu as bien vu son carnet de notes ce trimestre... Et en plus, elle a l'air de trouver cela sans importance. Au fond, ça m'inquiète peut-être encore plus que ses notes.

PAUL: Ce n'est pas facile maintenant avec les jeunes. A quinze ans, ils se croient adultes, et ils veulent être indépendants.

MME DERIMAY: Elle traverse une période de révolte scolaire en ce moment. Il faut la comprendre: elle travaille tous les jours de neuf à cinq, elle va tous les jours en classe... il faut bien qu'elle ait un petit peu de répit° le soir quand elle rentre...

le répit respite, rest

M. DERIMAY: Je suis d'accord, mais les devoirs, ça aussi, ça compte! Et pourquoi ne pas lire au lieu de se mettre devant la télé? Et quand elle prend quelque chose à lire, regarde ce qu'elle choisit—*Podium Hit*. Ce magazine, je le trouve complètement débile!° Ce n'est pas ce genre de lectures qui va lui donner du vocabulaire...

débile idiotic

MME DERIMAY: Ecoute, Georges! Tous les jeunes adorent le magazine *Podium Hit*. Qu'est-ce que tu veux qu'elle lise—quelque chose de très sérieux, comme *Le Monde*?[3] Elle est jeune!

M. DERIMAY: Je sais, mais tout de même... Et avec Sébastien, comment est-ce que ça se passe?

PAUL: On ne le laisse pas faire tout ce qu'il veut!

M. DERIMAY: Alors, qu'est-ce que tu fais?

MME DERIMAY: Il n'a pas le droit de regarder la télé?

PAUL: Ah, pas beaucoup! Il regarde la télé quand, euh... s'il nous demande poliment... quand il y a une bonne émission.

M. DERIMAY: Et il fait son travail?

PAUL: Il fait toujours ses devoirs avant même qu'on le lui dise. Et quand nous éteignons la télé après les infos pour lire, il lit aussi avec nous. On a de la chance, pourvu que cela dure...

[3] *Le Monde* est un journal de réputation internationale, très respecté et généralement dépourvu *(devoid)* de photos.

M. DERIMAY: Qu'est-ce que c'est bien!
MME DERIMAY: Julie aussi, en général…
M. DERIMAY: Oui, mais il est plus jeune, Sébastien… c'est peut-être ça, en fait…
PAUL: Peut-être. En tout cas, je crois qu'il aime lire. Mais on lui permet toutes sortes de lectures. Il a souvent des bandes dessinées ou des magazines.
MME DERIMAY: Peut-être que nous devrions éteindre la télé certains soirs tout simplement?
M. DERIMAY: C'est vrai que nous ne lisons pas beaucoup nous-mêmes quand nous demandons à Julie de faire ses devoirs.
PAUL: Ça vaut peut-être la peine d'essayer.

Observation et Analyse

1. Qu'est-ce qui inquiète M. et Mme Derimay chez Julie? Que craignent-ils?
2. Comment réagit Paul?
3. Est-ce que Mme Derimay est d'accord avec son mari et avec Paul? Expliquez.
4. Selon Paul, comment est son fils? Quels conseils Paul donne-t-il aux Derimay?
5. Devinez l'âge de Sébastien. Pensez-vous qu'il donnera plus de problèmes à ses parents quand il sera plus âgé? Expliquez.

Réactions

1. Avez-vous beaucoup lu pendant vos études au lycée? Pourquoi? Vous a-t-on encouragé dans un sens ou dans l'autre?
2. Que feriez-vous à la place de M. et Mme Derimay? Etes-vous plutôt d'accord avec M. Derimay, sa femme ou Paul?

«Expressions typiques pour…»

Dire qu'on est content… ou mécontent

Je suis { content(e) / heureux(-euse) / enchanté(e) } qu'elle soit arrivée.

Ça me plairait de revoir ce film.
C'est parfait.
Formidable!

Je suis { agacé(e) *(annoyed)*. / ennuyé(e) *(bored, annoyed, bothered)*. / fâché(e). / en colère. }

Exprimer la déception *(disappointment)*

J'ai été très déçu(e) *(disappointed)* par le film.
Ça m'a beaucoup déçu.

Exprimer la crainte *(fear)* et l'inquiétude *(worry, anxiety)*

J'ai très peur de prendre l'avion.
Je crains l'altitude.
J'ai peur qu'elle ne vienne pas.
Je crains qu'on ne soit en retard pour la réunion.
Je suis inquiet (inquiète) *(worried)*.
Ça m'inquiète un peu.

♦ In more formal speech, **craindre, avoir peur,** and other verbs of fear require the "**ne explétif**" to be used before the verb of the second clause, but the **ne** has no meaning.

Exprimer le soulagement *(relief)*

Heureusement! *(Thank goodness!)*
On a eu de la chance!
Ouf! On a eu chaud! *(familiar—That was a narrow escape!)*

Exprimer la joie ou l'admiration

Je trouve ça magnifique!
C'est formidable/merveilleux/génial *(fantastic)*/super!
Qu'est-ce que c'est beau/bien/bon!

Manifester de la réticence *(hesitation)* ou du dégoût *(disgust)*

Je n'ai aucune envie de faire cela.
Ça ne me dit rien.
Ça m'embête *(bothers)*.
Ça me dégoûte.
Je trouve ça dégoûtant/détestable.
Ça me barbe *(familiar—bores)*.
L'histoire du film est débile.

Protester/Exprimer l'irritation

C'est insupportable/inacceptable/révoltant!
Ça m'énerve!
J'en ai assez *(have had enough)* de ces histoires.
J'en ai marre *(am fed up)* de vivre comme ça.
Ah, zut alors!
Cela m'agace! *(It's getting on my nerves!)*

Dire des insultes

ATTENTION: Utilisez ces expressions quand vous êtes très fâché(e). Elles sont très insultantes. Utilisez-les avec soin.

(en s'adressant à une personne)
Espèce d'idiot/de crétin!
Sale type!

(en parlant d'une personne)

C'est un(e) { imbécile! / débile mental *(mental idiot)*! / idiot(e)! }

MINI-CONVERSATIONS

Exprimer l'admiration, l'irritation et le dégoût

—On devrait regarder le match de football sur la 2.
—Pourquoi pas «Thalassa», le magazine de la mer? **Je trouve ça super!**
—Eh bien, moi, franchement, **ça ne me dit rien.** J'ai déjà vu ça une fois... **Ça m'énerve!**

Exprimer l'inquiétude et le soulagement

—Dépêche-toi! **J'ai peur que nous ne soyons en retard** pour notre vol!
—Ne t'inquiète pas! Tu vois? Les autres passagers n'ont pas encore commencé à monter à bord. Nous avons le temps.
—Ouf! Heureusement!

A VOUS

• Un journal local annonce le concert de Madonna au bénéfice du quartier pauvre des Minguettes (près de Lyon). Vous et votre camarade de chambre voyez les choses de façon différente. Exprimez vos sentiments concernant cette visite en France.

• Vous et votre camarade de chambre, qui suit le même cours de maths que vous, avez un contrôle demain. Vous vous inquiétez, mais votre camarade de chambre ne s'inquiète pas. Exprimez vos sentiments.

«Mots et expressions utiles»

Les émotions

agacer *to annoy*
On a eu chaud! *That was a narrow escape!*
en avoir assez *to have had enough*
en avoir marre *to be fed up*
barber *to bore*
la crainte *fear*
débile *idiotic, moronic*
la déception *disappointment*
déçu(e) *disappointed*
le dégoût *disgust, distaste*
embêter *to bother*
ennuyé(e) *bored, annoyed, bothered*
ennuyeux (ennuyeuse) *boring, tedious, annoying, irritating*
génial(e) *fantastic*
heureusement *thank goodness*
s'inquiéter *to worry*
inquiet (inquiète) *worried, anxious*
l'inquiétude f *worry, anxiety*
insupportable *unbearable, intolerable*
le répit *respite, rest*
le soulagement *relief*
supporter *to put up with*

—As-tu vu le nouveau film de Jean-Luc Godard? Il est **génial!**
—Ah, bon? J'ai été très **déçu** par son dernier film, donc, je n'avais pas l'intention d'aller voir celui-ci. Sa passion pour les histoires compliquées m'**agace.** Autant j'adorais ses films dans les années soixante, autant je les trouve **insupportables** et **ennuyeux** maintenant.

La radio

un animateur/une animatrice *radio or TV announcer*
un auditeur/une auditrice *member of (listening) audience*
une station *(TV, radio) station*

La presse

un abonnement *subscription*
être abonné(e) à *to subscribe to*
une annonce *announcement, notification*
  les petites annonces *classified advertisements*
annuler *to cancel*
un bi-mensuel *bimonthly publication*
un hebdomadaire *weekly publication*
un journal *newspaper*
un lecteur/une lectrice *reader*
un magazine *magazine*
un mensuel *monthly publication*
les nouvelles f pl *printed news; news in general*
une publicité *advertisement*
un quotidien *daily publication*
un reportage *newspaper report; live news or sports commentary*
une revue *magazine (of sophisticated, glossy nature)*
une rubrique *heading, item; column*
le tirage *circulation*

Ça fait longtemps que je suis **abonnée à** cet **hebdomadaire,** mais je trouve qu'il contient trop de **publicité** ces jours-ci. Où sont les bons articles, les **reportages** sur les événements internationaux, les analyses sur tel ou tel politicien, les **rubriques** spécialisées? Si la qualité ne s'améliore pas, je vais **annuler** mon **abonnement** et prendre un **bi-mensuel** comme *Lire,* c'est sûr.

On a eu chaud!

Quelle barbe! *(How dull.)*

T'es toqué, non?! *(You're nuts!)*

J'en ai marre!

Extra!

Mon œil! *(You can't fool me!)*

↑ **Les gestes sont très expressifs et communiquent avec force les émotions. Quels sont des gestes typiquement américains?**

Activités

A. Entraînez-vous: Contradictions. Vous n'êtes pas d'accord avec votre ami(e) et vous le contredisez systématiquement.

modèle: —Je suis très heureux/heureuse d'aller chez elle demain.
—Moi, ça m'embête. Je préfère rester à la maison.

1. Je trouve ce tableau merveilleux.
2. Je suis content(e) d'avoir choisi ce film.
3. Qu'est-ce qu'elle est belle, cette voiture!
4. Je trouve cette publicité révoltante.
5. J'en ai marre de cette pluie.
6. J'adore écouter ses histoires.

B. Les médias. Vous écoutez une émission de Radio-Québec, mais vous n'entendez pas bien à cause de l'électricité statique. Complétez les blancs en choisissant parmi les mots suivants.

émission / station / chaîne / lecteurs / auditeurs / nouvelles / petites annonces / reportage / journal / revue / rubrique / presse

Bonsoir. Ici Jacques Baumier. Voici un résumé des dernières _______. Aujourd'hui à Québec, selon le _______ *Le Devoir,* une réunion très importante a eu lieu entre le Président des Etats-Unis et le Premier Ministre canadien. La _______ de télévision TV 5 transmettra une émission spéciale ce soir. *L'Actualité,* la _______ québécoise de nouvelles, interviewera le Président américain et publiera un _______ sur son séjour à Ottawa. La _______ spécialisée offrira aussi des analyses à ses _______ dans leur prochaine numéro. Bonsoir, mesdames et messieurs.

C. Exprimez-vous. Expliquez à un(e) camarade de classe ce que vous dites dans les situations suivantes.

1. Vous venez de payer $120 pour un repas qui n'était pas très bon!
2. Vous venez de recevoir une contravention. L'agent de police est parti. Vous êtes fâché(e).
3. Votre frère/sœur vient d'arriver. Vous ne vous êtes pas vu(e)s depuis un an.
4. Vous venez de recevoir vos notes. Elles sont très bonnes. Vous vous attendiez *(expected)* à de mauvaises notes.
5. Une personne vient d'accrocher *(run into)* votre voiture. Vous étiez garé(e) sur un parking.
6. Votre ami vient de vous offrir un très joli cadeau.
7. Vous venez de lire un reportage sur un meurtre commis dans votre quartier.

D. Questions indiscrètes? Posez les questions suivantes à un(e) ami(e). Donnez un résumé de ses réponses à la classe.

1. Dans quelles occasions es-tu content(e)?
2. Dans quelles circonstances es-tu mécontent(e)?
3. De quoi as-tu souvent peur?
4. Raconte un événement où tu as exprimé ton soulagement.
5. Pour qui éprouves-tu de l'admiration?
6. Qu'est-ce qui te dégoûte?
7. Décris une situation où tu as protesté.

«Grammaire»

Le Subjonctif: l'émotion, l'opinion et le doute

A. The subjunctive mood is frequently used after expressions of emotion. As with verbs of volition, the subject of the main and dependent clauses must be different. For example:

être heureux(-euse) / content(e) / triste / désolé(e) / fâché(e) / furieux(-euse) / étonné(e) / surpris(e) / ravi(e) / déçu(e) que
regretter que
avoir peur que / craindre que

Je suis **déçue** que nous ne **puissions** pas regarder la télévision. Le poste est en panne *(broken)*.
Je **regrette** que nous n'**ayons** pas de deuxième poste.
La famille est **heureuse** que ce ne **soit** pas un week-end, parce que nous regardons beaucoup plus la télé le week-end.
Nos parents **ont peur** que les réparations **ne soient** chères.

B. Some impersonal expressions indicate points of view or opinions that are uncertain, hypothetical, or emotional. These begin with the impersonal **il** or, in less formal language, **ce.** For example:

il vaut mieux que
il est bon / triste / étonnant / utile / curieux / bizarre / étrange / honteux / surprenant / important / naturel / regrettable / rare / normal que
c'est dommage / ce n'est pas la peine que

Il est important que nous **voyions** ce match.
Mais, il vaut mieux que nous **attendions** le week-end pour aller au cinéma.

C. To express doubt, uncertainty, or possibility, the following verbs and impersonal expressions may be used:

douter que
ne pas être sûr(e) / certain(e) que
il est douteux / impossible / peu probable que
il se peut que
il est possible que
il semble que

Il se peut que ce cinéma **soit** plein.
Nous doutons que Marc **vienne** au ciné-club avec nous.

NOTE: When the expressions **être sûr(e) que** and **être certain(e) que** are used in the affirmative, they take the indicative mood. The expressions **il me semble que** and **il est probable que** also take the indicative.

Il est probable qu'ils viendront.
Il me semble qu'il a dit qu'ils allaient venir.
Moi, **je suis sûre qu'**ils arriveront bientôt.

Liens culturels

La Presse: les journaux

En matière d'information, la presse est considérée comme le média le plus crédible par les Français. Pourtant *(However)*, en 1989, les quotidiens et les hebdomadaires d'information ont enregistré une baisse de leurs ventes. On a observé un phénomène semblable aux Etats-Unis. Aujourd'hui 47 pour cent des Français lisent régulièrement un quotidien contre 55 pour cent en 1973. Pour beaucoup de Français, le journal télévisé du soir et les informations à la radio constituent une dose journalière suffisante.

En 1989 les journaux quotidiens les plus importants par leur tirage *(circulation)* étaient: *Le Parisien* (un journal qui exploite le sensationnel), *Le Monde, Le Figaro* (un quotidien assez conservateur), *Le Matin* (un journal socialiste), *L'Equipe* (un quotidien sportif), *Libération* (un quotidien d'extrême gauche), *France-Soir* (un quotidien de droite), *L'Humanité* (un quotidien communiste) et *La Croix* (un journal catholique). Depuis 1991, *L'Humanité* a perdu un bon nombre de ses lecteurs.

La Presse: les magazines

Les magazines français se sont adaptés au monde actuel avec intelligence et imagination. Chaque année de nouveaux titres tentent de s'installer dans les «créneaux» *(niches)* ouverts par les centres d'intérêt des Français. Les sujets s'étendent de l'aventure à l'informatique en passant par le golf ou la planche à voile. La presse française en compte aujourd'hui plus de 3 000 magazines, et 68 pour cent des Français lisent régulièrement un magazine. Il est intéressant de noter que la presse pour les jeunes et la presse sportive connaissent une forte progression *(are experiencing a large increase)*, et que le secteur des loisirs est celui qui progresse le plus vite.

Les magazines les plus importants par leur tirage sont aujourd'hui: *Télé 7 jours, Femme Actuelle, Télé Poche, Télé Star, Prima, Modes et travaux, Géo, Paris-Match, Télé Z, Art et Décoration, Sélection* et *Marie-Claire.*

Quelles sortes de magazines sont-ils? Selon vous, quels sont les magazines américains les plus importants par leur tirage?

Gérard Mermet, *Francoscopie, 1991* (Larousse, pp. 383–386)

After verbs of thinking, believing, and hoping **(penser, croire,** and **espérer)** in the negative or interrogative, the subjunctive is used to indicate uncertainty on the part of the speaker.

Pensez-vous que la télé **soit** une drogue?
Oui, je pense que la télévision est une drogue douce.

Crois-tu que nous **ayons** le temps de regarder la télé ce soir?
Non, je ne pense pas que vous **ayez** le temps ce soir. Il faut faire vos devoirs.

L'Infinitif pour éviter le subjonctif

An infinitive is used instead of the subjunctive when the subject of the dependent clause is the same as that of the main clause or if the subject is not specified.

- With verbs of volition:

Moi, je veux **partir** bien en avance.
I want to leave well in advance.

◆ In the present infinitive form, the **ne pas** precedes the infinitive.

Mon mari préfère ne pas **partir** trop tôt.
My husband prefers not to leave too early.

BUT:

A vrai dire, je préfère qu'il **parte** en avance avec moi.
Really, I prefer that he leave early with me.

- With impersonal expressions or with **être** + adjective + **de:**

Il est bon de **se détendre** le mercredi après-midi, n'est-ce pas?
It is good to relax on Wednesday afternoons, isn't it?

Je suis content de ne pas **avoir** grand-chose à faire.
I am happy to not have much to do.

Activités

A. Doutes et certitudes. Nous avons souvent des doutes sur notre avenir. Un étudiant nouvellement arrivé à l'Université de Dijon se parle à lui-même. Complétez ses pensées en mettant des verbes suivants au **subjonctif,** à l'**indicatif** ou à l'**infinitif** selon le cas:

devoir / donner / pouvoir / obtenir / réussir à / trouver / être / aller

Je doute que les professeurs me ______ de bonnes notes. Je ne suis pas sûr de ______ l'université. Il se peut que je ne ______ pas mon diplôme. Il est possible que mes parents ______ fâchés contre moi.

Je suis sûr, cependant, que je ______ beaucoup travailler. Il est probable qu'on me ______ souvent dans la salle d'études du Foyer des Etudiants. Il me semble qu'on ______ reconnaître mes efforts.

B. C'est le matin. Mal réveillée, Brigitte reprend ce que dit Thierry d'une façon un peu différente. Répondez comme elle aux déclarations suivantes de Thierry.

modèle: —Je suis content qu'on soit tranquille le matin.
—Tu es content d'être tranquille le matin?

1. Il est bon qu'on lise le journal le matin.
2. Je préfère qu'on ne regarde pas la télévision le matin.
3. J'aimerais mieux qu'on écoute la radio.
4. Il vaut mieux qu'on ne se parle pas le matin.
5. Il est important que je prenne une douche le matin.
6. Il n'est pas normal que je fasse des exercices le matin.

C. Vos opinions? Avec un(e) camarade de classe, exprimez vos opinions en choisissant une des phrases suivantes et en la complétant. Racontez ensuite à la classe l'opinion la plus intéressante, la plus amusante ou la plus originale que vous avez entendue.

modèle: ***Il est curieux que la plupart des Américains ne parlent qu'une langue.***

Il est important		les étudiants...
Il est triste		les professeurs...
Il est curieux		les enfants...
Il est étrange	que	les parents...
Il est normal		les Français...
Il est bon		les Américains...
Il est regrettable		le Président américain...
Il vaut mieux		???

D. Vos opinions sur les médias. Le professeur va vous poser quelques questions. Discutez de vos attitudes respectives.

1. Pensez-vous que les enfants doivent regarder la télévision? Expliquez.
2. Souhaitez-vous que la publicité disparaisse de la télévision? Est-il possible que la publicité disparaisse de la télévision? Justifiez votre point de vue.
3. Pensez-vous que les feuilletons télévisés donnent une vue réaliste de la vie? Expliquez.
4. Etes-vous sûr(e) que les informations des journaux ou des magazines soient objectives? Justifiez-vous.
5. Croyez-vous que la radio soit un moyen d'expression plus efficace que la télévision? Expliquez.

E. Chère Micheline... Lisez cette lettre adressée à «Chère Micheline» (la rubrique «Courrier du cœur» d'un journal français) et inventez des conseils à donner en vous servant des expressions ci-dessous. Attention: pensez à mettre les verbes au **subjonctif,** à l'**indicatif** ou à l'**infinitif** selon le cas.

Chère Micheline,

Mon mari Charles ne veut jamais sortir! Depuis que nous sommes abonnés à Canal Plus, il préfère s'installer devant le petit écran tous les soirs. Il regarde n'importe quoi, même les émissions les plus débiles. A part cela, c'est un assez bon mari. Il gagne bien sa vie et c'est un bon père—bien qu'il ne parle plus beaucoup à nos enfants.

Nous sommes encore jeunes, et j'aimerais beaucoup pouvoir sortir avec nos amis. Je veux aussi que mes enfants sachent que leur papa les aime. Que suggérez-vous que je fasse?

Emma

Chère Emma,

Voilà ce que je pense de votre situation:

Il est important que vous... Je ne pense pas que votre mari... Il est probable que... Il est étonnant que vous... N'oubliez pas qu'il est important de... J'espère que vous...

«Interactions»

A. Maintenant, à vous! Write a letter to "Chère Micheline" describing one of the following situations. Then exchange letters with a classmate and write a response, using a variety of expressions.

1. Your girlfriend/boyfriend likes to go out on the weekends. She/He flirts with your friends and says that she/he is going to her/his parents' each weekend, but refuses to give you their telephone number. Express your anxiety and irritation, and ask what you should do.

2. Your roommate never does the chores, leaves clothes everywhere (**partout**), never does the dishes, and watches TV while you're doing homework or when you invite a friend to your apartment. Express your irritation and anger, and ask what you should do.

BRAVO! Culture et Littérature

B. La personnalité. With a classmate, tell a story about each of the four people below. Imagine what is happening, what they are saying, and what they are thinking about. Let your imagination run free.

Comment persuader et donner des ordres

 Instructor's Tape

«Conversation»

Premières impressions

Soulignez:

- des expressions pour persuader et donner des ordres

Trouvez:

- pourquoi le match de foot Brésil-Irlande est tellement important

Julie, son frère Adrien et Hubert, leur cousin, sont en plein milieu d'une discussion où il s'agit de décider de l'émission qu'ils vont regarder à la télévision.

JULIE: Il y a un bon western américain ce soir: «Le gang des frères James». Ça ne vous tente pas?

ADRIEN: Ah, non, écoute, je vois que sur la 2[4] il y a le match de foot Brésil-Irlande…

JULIE: Oh, non! Pas le foot!

HUBERT: Passe-moi le programme, s'il te plaît.

ADRIEN: *(à sa sœur)* Ça ne te dit rien de regarder le match de foot? Ce sont les quarts de finale de la Coupe du Monde ce soir.[5]

JULIE: Tu sais bien que je ne comprends pas grand-chose au foot! Alors, regarder trois heures de match à la télé, ça ne me dit vraiment rien!

ADRIEN: Oui…, mais tu ne comprends pas: c'est le Brésil qui joue contre l'Irlande ce soir. Allez, sois sympa, je t'en prie,° et regarde le match avec nous, quoi. Hubert et moi, nous t'expliquerons. Le western, on l'a déjà vu trois fois!

je t'en prie will you please

JULIE: Mais je ne l'ai pas encore vu, moi! Et puis, les paysages de désert, ça me plaît.

HUBERT: Tiens, il y a aussi l'inspecteur Maigret[6] sur la 3. Et l'épisode a l'air bien…

JULIE: C'est quoi? Une histoire de jalousie à Montmartre, entre un peintre et ses modèles? Le western a l'air beaucoup mieux. Les histoires de jalousie, c'est toujours la même chose.

HUBERT: Bon, eh bien, je vois que je ne vais pas faire l'unanimité. Je vous propose un compromis.° Que diriez-vous d'une partie de «Scrabble»?

un compromis compromise

ADRIEN: Tiens, pourquoi pas? Ça fait longtemps qu'on n'y a pas joué. Et on pourra mettre le match en sourdine,° juste pour voir le score de temps en temps.

JULIE: Tu ne renonces° jamais, Adrien, hein? Eh bien, puisque tu nous imposes ton choix, c'est toi qui vas chercher le jeu dans le placard° de ma chambre.

mettre en sourdine to turn on mute/**renoncer** to give up
le placard cupboard

Observation et Analyse

1. Qu'est-ce que Julie veut voir à la télé? Quels arguments utilise-t-elle pour convaincre les autres?
2. Que veut voir Adrien? Pourquoi?
3. Est-ce qu'Hubert a une émission préférée? Expliquez.
4. Est-ce qu'on aboutit à *(reach)* un compromis à la fin? Quelle sorte de compromis?
5. Pensez-vous que Julie et son frère aient souvent ce genre de petite discussion? Justifiez votre point de vue.

[4] La 2: la chaîne Antenne 2, dont le sigle *(abbreviation)* est A2.

[5] Tous les quatre ans (1986, 1990, 1994, etc.) la Coupe du Monde permet aux meilleures équipes nationales de football de se disputer le titre de Champion du Monde. Le football, introduit en France en 1890, est devenu le sport le plus populaire. La Fédération Française de Football, qui compte 22 608 clubs, organise chaque année les Championnats de France et la Coupe de France.

[6] Le Commissaire Maigret est le héros d'une série policière basée sur les romans de Georges Simenon.

Réactions

1. Quelle émission auriez-vous choisie et pourquoi? (J'aurais choisi...)
2. Autrefois, est-ce que vous aviez souvent des discussions dans votre famille au sujet de l'émission qu'on allait regarder à la télé? Qui gagnait le plus souvent?

«Expressions typiques pour...»

Persuader

Si tu me laisses/vous me laissez tranquille, je te/vous promets qu'on sortira dans dix minutes.
Cela ne te/vous dit rien de regarder le match?
Ferme/Fermez la porte pour me faire plaisir.
Essaie de te calmer./Essayez de vous calmer.
Efforce-toi *(try hard)* de te calmer./Efforcez-vous de vous calmer.
Sois sympa, je t'en prie./Soyez sympa, je vous en prie.
Qu'est-ce qu'il faut dire pour te/vous persuader de venir avec nous au cinéma?
Que dirais-tu d'une pizza?/Que diriez-vous d'un apéritif? Ça ne te/vous tente pas?
J'aimerais que tu viennes/vous veniez avec nous.
Je serais content(e)/heureux(-euse) si tu venais avec nous.
Je t'encourage à le faire./Je vous encourage à venir.

Donner des ordres

Couche-toi/Couchez-vous! Il est tard!
Tu vas te coucher tout de suite!
Je te/vous demande d'éteindre la télé.
Je te/vous défends/interdis *(forbid)* de regarder cette émission.
Je te/vous prie de me laisser seul(e).
Ne parle pas la bouche pleine!
Veux-tu monter dans ta chambre tout de suite!

Exprimer la nécessité ou l'obligation

Il est indispensable que tu étudies/vous étudiiez. *(subjonctif)*
Il est obligatoire que tu fasses tes devoirs/vous fassiez vos devoirs. *(subjonctif)*
Il faut absolument que tu me laisses tranquille/vous me laissiez tranquille. *(subjonctif)*
Tu dois/Vous devez dormir.
Tu as/Vous avez besoin de cela pour mieux travailler.
Tu as intérêt à *(You'd better)* écouter ta mère!

FÉDÉRATION FRANÇAISE DE FOOTBALL
MATCH INTERNATIONAL N° 1419
[CANAL+] [EUROPE 1]
FRANCE – LUXEMBOURG
Le 30 OCTOBRE A 20 H 00
AU PARC DES PRINCES
TRIBUNE : AUTEUIL
DIVISION
RANG
SCOLAIRES
GRATUIT
PRIX : 200F
Ce n'est que dans le cas d'un arrêt définitif en 1ère mi-temps que ce billet sera remboursé ou restera valable pour le match à rejouer.
TAXES ET DROITS DE LOCATION COMPRIS
Ce billet ne peut être repris, ni échangé, ni revendu.

Voici un billet pour un match de football. Qui joue? Quand? Où?

MINI-CONVERSATIONS

Persuader

—**J'aimerais que** mon fils lise des hebdomadaires comme *Le Nouvel Observateur* ou *Le Point.*[7] Mais il adore les magazines de jeunes comme *Podium-Hit.* Je les trouve idiots.

—Ils ne sont pas si mauvais que ça! **Essayez de comprendre** votre fils. Il ne peut pas être tout le temps sérieux.

Donner des ordres/Exprimer la nécessité

—**Lève-toi,** Stéphane! Nous devrons partir dans vingt minutes!

—Oh, maman, je voudrais juste dormir cinq minutes de plus.

—**Ecoute-moi,** Stéphane. C'est la troisième fois que je t'appelle. **Il faut te coucher** plus tôt le soir.

A VOUS

- Vous passez un examen demain en classe de français. Essayez de convaincre votre professeur de remettre *(to put off)* l'examen à plus tard.
- Votre fille est en train de regarder la télé, alors qu'elle devrait déjà être couchée. Dites-lui de monter se brosser les dents.

«Mots et expressions utiles»

La persuasion

aboutir à un compromis *to come to or reach a compromise*
avoir des remords *to have (feel) remorse*
changer d'avis *to change one's mind*
convaincre (quelqu'un de faire quelque chose) *to persuade (someone to do something)*
se décider (à faire quelque chose) *to make up one's mind (to do something)*
défendre (à quelqu'un de faire quelque chose) *to forbid (someone to do something); to defend*
une dispute *an argument*
s'efforcer de *to try hard, try one's best*
l'esprit ouvert *open mind*
indécis(e) (sur) *indecisive; undecided (about)*
interdire (à quelqu'un de faire quelque chose) *to forbid (someone to do something)*
ménager la chèvre et le chou *to sit on the fence*
le point de vue *point of view*
prendre une décision *to make a decision*
je te/vous prie (de faire quelque chose) *will you please (do something)*
renoncer *to give up*
têtu(e) *stubborn*

—Maman, **je t'en prie,** laisse-moi aller à Chicago pendant le week-end! Tous mes amis y vont, et je serai le seul à rester ici si tu ne me donnes pas la permission.

—Des lycéens qui vont à Chicago sans surveillance *(supervision)*? C'est impossible! J'ai généralement **l'esprit ouvert,** mais cette fois, je n'ai pas le choix. Tu es trop jeune. Je dois t'**interdire** d'y aller.

—Qu'est-ce que tu veux que je te promette pour te faire **changer d'avis**?

—Désolée, je n'ai pas le droit de me laisser **convaincre.** S'il t'arrivait quelque chose... j'en **aurais des remords** toute ma vie. Mais je te propose **un compromis.** On ira tous à Chicago pendant les grandes vacances.

[7] *Le Point* est un magazine qui exprime des idées politiques de droite.

Ceci est une publicité tirée d'une revue québécoise. Comment cette publicité essaie-t-elle de vous persuader d'acheter ce produit?

Activités

A. Entraînez-vous: Le bon choix. Pour chacune des situations suivantes, choisissez l'expression appropriée ou inventez-en une autre.

1. Votre fille de quatre ans veut regarder un film d'épouvante à la télévision. Vous dites:
   - **a.** Si tu regardes cette émission, je t'envoie au lit.
   - **b.** J'aimerais que tu regardes ce film avec moi.
   - **c.** ?
2. Votre femme/mari ne veut pas vous acheter de cadeau d'anniversaire. Elle/Il ne veut pas dépenser trop d'argent. Vous dites:
   - **a.** Je t'assure que je ne te parlerai plus jamais de la vie si tu ne m'achètes rien.
   - **b.** Sois gentil(le) et achète-moi un petit quelque chose.
   - **c.** ?
3. Vous avez froid. Votre camarade de chambre préfère les appartements froids. Vous dites:
   - **a.** Si tu augmentes *(raise)* la température, je te prépare du thé glacé *(iced tea).*
   - **b.** Il faut qu'on augmente la température. Sinon, je vais attraper un rhume.
   - **c.** ?
4. Vous voulez sortir pour célébrer le Nouvel An. Votre fiancé(e) veut rester à la maison. Vous dites:
   - **a.** Qu'est-ce qu'il faut faire pour te persuader de sortir? Je te promets un bon dîner demain...
   - **b.** Tu vas sortir avec moi.
   - **c.** ?
5. Vous voulez acheter une nouvelle voiture. Votre mère n'offre pas de vous prêter de l'argent. Vous dites:
   - **a.** Tu me prêteras de l'argent, n'est-ce pas?
   - **b.** Si tu ne me prêtes pas d'argent, je me roule par terre.
   - **c.** ?
6. Vous avez choisi la voiture que vous voulez. Elle est trop chère. Vous dites au vendeur:
   - **a.** Il faut que vous baissiez le prix de $1 000.
   - **b.** Si vous baissez le prix de $1 000, je l'achète tout de suite!
   - **c.** ?

B. L'indécision. Pauvre Anne! Elle est toujours indécise. Utilisez les mots et les expressions suivants pour compléter ses pensées. Faites tous les changements nécessaires.

l'esprit ouvert / changer d'avis / indécis / prendre une décision / la chèvre et le chou / s'efforcer de

Oh! je ne sais pas me décider. Je suis tellement ______. Mon problème, c'est que j'ai ______; alors, pour moi, c'est très difficile de ______ parce que je peux toujours comprendre les deux points de vue. On ______ me convaincre de quelque chose, mais tous les efforts restent vains parce que je ménage toujours ______. Les rares occasions où je prends position *(take a stand)*, je finis par *(end up)* ______ après du temps. Qu'est-ce que je dois faire?

C. Imaginez. Pour chacune des expressions suivantes, recréez un contexte approprié **(où, quand, avec qui,** etc.). Jouez ensuite la scène.

modèle: Essaie de te calmer.

Situation imaginée: Mon ami(e) et moi sommes coincés* (stuck) *dans un ascenseur qui s'est arrêté entre deux étages. Pendant que nous attendons que quelqu'un nous aide, mon ami(e) a une crise de nerfs. Par conséquent, je lui dis: Essaie de te calmer. Si tu te calmes, tu t'en sortiras mieux. Ne t'inquiète pas, etc.

1. Donnez-moi votre revolver, je vous en prie!
2. Efforcez-vous de paraître contents.
3. Souris un peu, juste pour me faire plaisir.
4. Il est essentiel que tu coures aussi vite que possible.
5. Sois gentil(le), ne me laisse pas seul(e). J'ai très peur.

«Grammaire»

Le Subjonctif: la nécessité et l'obligation

These expressions are followed by the subjunctive and will be helpful when you are requesting or persuading someone to do something.

demander que
insister pour que
empêcher que
il faut (absolument) que
il est nécessaire que
il est essentiel que
il suffit que

Il est nécessaire que nous **choisissions** les meilleures émissions de télévision.
It is necessary that we choose the best television programs.

J'insiste pour que nous **regardions** des émissions sérieuses.
I insist that we watch serious programs.

Certain expressions of obligation **(il est nécessaire que, il faut que, il est essentiel que)** can be replaced by **devoir** + infinitive. The meaning conveys less of a sense of obligation, however.

Il est nécessaire qu'on y aille avec lui.
On **doit** y **aller** avec lui.
It is necessary to go there with him.

Il faut que nous écrivions à sa sœur.
Nous **devons écrire** à sa sœur.
We must write to his sister.

Le Passé du subjonctif

The past subjunctive is a compound tense used to refer to actions or conditions that took place at any time prior to the time indicated by the main verb. It is formed from the present subjunctive of the auxiliary verbs **avoir** or **être** plus the past participle. You will choose the same auxiliary verb as you would for the **passé composé.**

regarder

que j'**aie regardé**	que nous **ayons regardé**
que tu **aies regardé**	que vous **ayez regardé**
qu'il / qu'elle / qu'on } **ait regardé**	qu'ils / qu'elles } **aient regardé**

partir

que je **sois parti(e)**	que nous **soyons parti(e)s**
que **tu sois parti(e)**	que vous **soyez parti(e)(s)**
qu'il **soit parti**	qu'ils **soient partis**
qu'elle **soit partie**	qu'elles **soient parties**
qu'on **soit parti(e)**	

se réveiller

que je **me sois réveillé(e)**	que nous **nous soyons réveillé(e)s**
que tu **te sois réveillé(e)**	que vous **vous soyez réveillé(e)(s)**
qu'il **se soit réveillé**	qu'ils **se soient réveillés**
qu'elle **se soit réveillée**	qu'elles **se soient réveillées**
qu'on **se soit réveillé(e)**	

Il a demandé que je **parte** de très bonne heure.
He asked that I leave very early.

Il est content que je **sois partie** très tôt.
He is happy that I left very early.

Il sera content que **je revienne** tôt aussi.
He will be happy that I come back early too.

NOTE: There is no *future* subjunctive form. The *present* subjunctive is used to express future actions.

Activités

A. Exigences. Une Anglaise va bientôt faire un voyage en France. Elle est très difficile. Elle veut que l'hôtel soit parfait. Voici ses conditions. Traduisez-les-lui en français.

I ask that the hotel be clean **(propre).** Furthermore **(de plus),** I insist that the employees smile **(sourire).** It is necessary that breakfast be on time and that the tea be hot. The croissants must be fresh. It is essential that the bed not be too soft **(mou).** I must sleep in silence. It is therefore necessary that the other guests **(clients)** be quiet.

B. Le cadeau d'anniversaire. C'est l'anniversaire de Stéphanie. Sébastien lui a acheté un cadeau mais il y a un problème. Combinez chacune des paires de phrases suivantes, et vous découvrirez de quel problème il s'agit.

modèle: Stéphanie est heureuse. Sébastien lui a offert un cadeau.
Stéphanie est heureuse que Sébastien lui ait offert un cadeau.

1. Stéphanie est contente. Sébastien lui a acheté une platine laser *(compact disc player).*
2. Sébastien est triste. La platine laser a coûté une fortune.
3. Stéphanie est embêtée. Sébastien n'a pas pu sortir avec elle le lendemain de son anniversaire.
4. Sébastien est désolé. Stéphanie s'est fâchée contre lui.
5. Sébastien est surpris. Stéphanie a refusé de lui parler au téléphone.
6. Maintenant Sébastien est fâché. Il a dépensé son argent pour une fille ingrate.

C. Quel professeur! Un professeur parle avec ses étudiants. Un(e) étudiant(e) du fond de la salle répète moqueusement tout ce qu'il dit. Jouez le rôle de cet(te) étudiant(e) et répétez les déclarations suivantes.

modèle: —Il faut que vous alliez au laboratoire de langues tous les jours.
—Vous devez aller au laboratoire de langues tous les jours.

1. Il est nécessaire que vous écriviez ces phrases pour demain.
2. Il faut que trois étudiants me remettent *(hand in)* leurs cahiers demain matin.
3. Il est essentiel que nous lisions ce paragraphe tout de suite.
4. Il faut que Georges et Marie écrivent leurs réponses au tableau.
5. Il est nécessaire que vous fassiez attention à ce que je dis.
6. Il faut que Monique vienne me voir après le cours.

Que pensez-vous de ce professeur? Voulez-vous suivre son cours? Expliquez.

D. Que dois-je faire? Donnez trois suggestions à un(e) camarade de classe qui vous demande des conseils.

Que dois-je faire...

1. pour bien dormir?
2. pour bien manger?
3. pour être heureux/heureuse?
4. pour être riche?
5. pour rester jeune?
6. pour vivre longtemps?

«Interactions»

BRAVO!
Culture et Littérature

A. Une contravention. You return to your car and see a policeman **(un agent de police)** giving you a ticket for parking on the sidewalk **(une contravention pour stationnement sur le trottoir).** Explain that you were only parked for a few minutes because you had to take care of something very important **(quelque chose de très important)**. Give some details. Persuade him/her to not give you the ticket.

B. Une publicité. Write a short advertisement for a product and present it to a small group of students. Use your advertisement to persuade them to buy your product.

SYNTHESE

Activités orales

A. Je m'excuse... You are in a restaurant buying a nice lunch for a friend and his or her mother. When the check arrives, you realize that you do not have your wallet **(le portefeuille).** Role play your discussion with the headwaiter **(le maître d'hôtel).** Explain your feelings about this matter. Persuade him to let you leave and return later with the money.

B. La loterie. You receive a phone call telling you that you have just won the lottery **(gagner à la loterie).** Role play receiving the good news. Express your joy. Explain what you intend to do with the money. Persuade the person who called to celebrate with you.

Lisez-vous des magazines français?

Activités écrites

Listen to Student Activity Tape, ***Chapitre 5,*** and complete the corresponding Student Activity Worksheet in your workbook.

♦ Turn to ***Appendice A*** for a complete list of active chapter vocabulary. Note that the listing for each chapter includes a ***Divers*** category. These are miscellaneous words or expressions used throughout the three lessons.

A. Un télégramme. Write a telegram to a close friend or family member. Give them some good or bad news. Express your feelings about the particular event. Explain what you intend to do next.

B. Un vol annulé. You are planning to fly to Quebec City for business when you are informed that the flight has been cancelled. The ticket agent arranges another flight through a different airline, but after you rush to the terminal, you find that the flight has already departed. Write a letter insisting that you be reimbursed for your inconvenience and describe the business that you lost. Demand that they send you a check as soon as possible. Begin: **Monsieur/Madame.** End with: **Veuillez croire, monsieur/madame, à mes sentiments les plus distingués.**

N° 698 TÉLÉGRAMME

Étiquettes

Timbre à date

N° d'appel :

INDICATIONS DE TRANSMISSION

Ligne de numérotation

ZCZC

N° télégraphique

Taxe principale.

Taxes accessoires

Ligne pilote

N° de la ligne du P.V. :

Bureau de destination Département ou Pays

Total . .

Bureau d'origine	Mots	Date	Heure	Mentions de service

Services spéciaux demandés : (voir au verso)

Inscrire en **CAPITALES** l'adresse complète (rue, n° bloc, bâtiment, escalier, etc...), le texte et la signature (une lettre par case ; **laisser une case blanche entre les mots**).

Nom et adresse

TEXTE et éventuellement signature très lisible

Pour accélérer la remise des télégrammes indiquer le cas échéant, le numéro de téléphone (1) ou de télex du destinataire

TF ____________ TLX ____________

Pour avis en cas de non remise, indiquer le nom et l'adresse de l'expéditeur (2) :

728678 Y - Cy, Paris - 7/80.

CHAPITRE 6

«A mon avis... »

Révisons un peu: Les pronoms objets directs et indirects; la position des pronoms objets

Leçon 1: Comment engager, continuer et terminer une conversation; les pronoms **y** et **en**

Leçon 2: Comment exprimer une opinion; la position des pronoms objets multiples; les pronoms disjoints

Leçon 3: Comment exprimer la probabilité; le verbe **devoir;** les adjectifs et les pronoms indéfinis

Thèmes: Les actualités et les arts

Révisons un peu

The information presented here is intended to refresh your memory of various grammatical topics that you have probably encountered before. Review the material and then test your knowledge by completing the accompanying exercises in the workbook.

Avant la première leçon

Les Pronoms objets directs et indirects

A. Formes

Pronoms objets directs		**Pronoms objets indirects**	
me	nous	me	nous
te	vous	te	vous
le	les	lui	leur
la			

B. Fonctions

- *Direct* object pronouns replace nouns referring to persons or things that receive the action of the verb directly:

  Est-ce que tu as la clé?
  Do you have the key?

  Est-ce que tu **l'**as?
  Do you have it?

- When an adjective or an entire clause or phrase is replaced, the neuter pronoun **le** is used:

  Est-ce que tu penses que **tu as perdu la clé?**

  Non, je ne **le** pense pas.
  No, I don't think so.

- *Indirect* object pronouns replace nouns referring to persons (not things) that receive the action of the verb indirectly. In English *to* either precedes the noun or is implied:

  Alors, est-ce que tu as donné la clé à Anne?

  Oui! Je **lui** ai donné la clé!
  Yes! I gave the key to her. (I gave her the key.)

NOTE: Certain verbs, such as **écouter** *(to listen to),* **regarder** *(to look at),* **payer** *(to pay for),* **chercher** *(to look for),* and **attendre** *(to wait for)* take direct object pronouns in French, contrary to their English usage. On the other hand, certain verbs that take a direct object in English require an indirect object in French, such as **téléphoner à** *(to telephone),* **demander à** *(to ask),* **dire à** *(to tell),* **plaire à** *(to please),* and **offrir à** *(to offer).*

Avant la deuxième leçon

La Position des pronoms objets

Affirmative:	La clé? Je **l'**ai.
Negative:	Je ne **l'**ai pas.
Interrogative:	L'as-tu, la clé?
Compound tense:	Je **l'**ai perdue.
	Non! La voilà. Je ne **l'**ai pas perdue.
Infinitive:	Je vais **la** donner à Anne.
	Oui, je vais **lui** donner la clé.
Imperative:	
affirmative:	Anne! Attrape-**la!**
	Regarde-**moi!**
negative:	Ne **la** perds pas, s'il te plaît.
	Ne **me** demande pas une nouvelle clé.

NOTE: In an affirmative command, **me** changes to **moi** and **te** changes to **toi.** They are placed after the verb. Both pronouns retain their usual form and placement in negative commands.

Remember that past participles agree with preceding *direct* objects in gender and number. Past participles do not agree, however, with preceding *indirect* objects.

LEÇON 1

Comment engager, continuer et terminer une conversation

 Instructor's Tape

«Conversation»

Rappel: Have you reviewed direct and indirect object pronouns? (text p. 142 and workbook)

Premières impressions

Soulignez:

- les expressions pour engager une conversation
- plusieurs expressions pour exprimer une opinion

Trouvez:

- qui arrive à la table d'Emilie et Fabien. Trouvez ce qu'elle veut.

Emilie et Fabien, deux jeunes cadres, se trouvent dans une brasserie près de l'agence publicitaire où travaille Emilie. Ils viennent de déjeuner ensemble.

se faire licencier to get laid off

être au chômage to be unemployed

la peine de mort death penalty

tuer to kill

je n'en ai que pour quelques minutes I'll only be a few minutes

EMILIE: Oui, qu'est-ce que tu m'as dit à propos de Paul... Qu'il s'était fait liciencier?°

FABIEN: Non, pas encore, mais ça va très, très mal en ce moment. Je crois que cela ne va pas tarder... il va être au chômage.°

Une volontaire d'Amnesty International[1] arrive et les interrompt.

BENEDICTE: Amnesty International! Qui veut signer une pétition pour Amnesty International contre la peine de mort?° Pardon, messieurs-dames, excusez-moi de vous interrompre. Est-ce que vous seriez d'accord pour signer une petite pétition ici pour Amnesty? C'est une excellente cause. C'est contre la peine de mort. Une petite signature ici, si ça ne vous dérange pas.

EMILIE: On peut en savoir un peu plus? C'est pour quel pays?

BENEDICTE: C'est aux Etats-Unis. Ils vont exécuter... ils vont électrocuter cet homme... qui a effectivement tué° quelqu'un, mais Amnesty s'oppose totalement à la peine de mort et nous essayons d'avoir autant de signatures que possible, pour que le gouvernement américain change d'opinion et abolisse aussi la peine de mort. Alors, voilà.

FABIEN: Je pense que c'est une très bonne cause.

BENEDICTE: Ah, très bien. Si vous voulez juste signer ici.

EMILIE: Oui, mais cette pétition, elle va aller où après? Je n'ai pas bien compris.

BENEDICTE: Elle va aller à la Cour suprême des Etats-Unis pour essayer de faire changer d'opinion les juges et les législateurs américains.

EMILIE: Ah, d'accord!

BENEDICTE: Alors, si vous voulez bien signer ici.

EMILIE: Mais pourquoi pas? Je ne sais pas ce que tu en penses, Fabien?

FABIEN: Cela me semble raisonnable!

BENEDICTE: Voilà. Ici, s'il vous plaît. Merci beaucoup, monsieur. Madame...? Voilà, très bien. Merci. Au revoir, excusez-moi de vous avoir interrompus. Merci beaucoup messieurs-dames, au revoir.

FABIEN: Bon, il faut que je m'en aille. Excuse-moi, mais je suis vraiment très en retard. Je reviendrai après cette petite réunion. Je n'en ai que pour quelques minutes.°

EMILIE: Bon, alors, à tout de suite. Je vais lire le journal en attendant Didier et Martine.

FABIEN: Au revoir!

A suivre

[1] Amnesty International, dont le siège international est à Londres, a été créée *(created)* en «1961 à la suite de l'appel de l'avocat britannique Peter Benenson en faveur des prisonniers oubliés». C'est une organisation mondiale dont le but est la «défense des droits de l'homme». Elle est indépendante «de tout gouvernement, groupe politique, intérêt économique ou confession religieuse». Le mouvement s'oppose «à la peine de mort et à la torture en toute circonstance». La section française a plus de 22 000 membres. (Dominique et Michèle Frémy, *Quid, 1992*, p. 739C)

Observation et Analyse

1. Pourquoi Emilie et Fabien parlent-ils de leur ami Paul?
2. Qu'est-ce que Bénédicte propose à Emilie et à Fabien?
3. Que fera Bénédicte après avoir parlé avec les deux jeunes cadres?
4. Qu'est-ce qu'Amnesty International fera de la pétition?
5. Quelle est l'attitude d'Amnesty International envers la peine de mort?
6. Selon la conversation, quels sont les rapports entre Fabien et Emilie?

Réactions

1. Avez-vous jamais signé une pétition? Pour quelles causes?
2. Pensez-vous que la pétition de Bénédicte ait un effet positif?
3. Parlez de la peine de mort aux Etats-Unis. Est-ce que les exécutions sont plus fréquentes qu'avant en ce moment? Expliquez.

«Expressions typiques pour...»

♦ See ***Chapitre 1, Leçon 2,* pp. 13–14**, for expressions to use when you want to make small talk but do not have a particular subject in mind.

Engager une conversation sur un sujet précis

(rapports intimes et familiaux)	*(rapports professionnels et formels)*
Je te dérange?	Excusez-moi de vous interrompre...
J'ai besoin de te parler...	Excusez-moi de vous déranger *(disturb you)*...
Dis donc, Marc, tu sais que...	Je (ne) vous dérange (pas)?
Au fait *(By the way)*...	Je peux prendre quelques minutes de votre temps?
	Si vous permettez...
	Pardon, monsieur/madame...

Prendre la parole

Eh bien.../Bon.../Ecoute(z)...

Je { veux / voulais / voudrais } dire que... / demander que...

Pour exprimer une opinion

Moi, je pense que...
A mon avis...

♦ More expressions will be presented in ***Leçon 2*** of this chapter.

Pour répondre à une opinion exprimée

Mais.../Oui, mais.../D'accord, mais...
Je comprends bien, mais...
Justement.../Exactement.../Tout à fait...
En fait/En realité *(Actually)*...

Terminer une conversation (annoncer son départ)

♦ Remember to use the subjunctive mood after **il faut que**.

Bon.../Eh bien...
Bon.../Alors.../Excusez-moi, mais... { je dois m'en aller/partir. / il faut que je m'en aille/parte. / je suis obligé(e) de m'en aller/partir.

Allez, au revoir.
A bientôt
A la prochaine.
On se revoit la semaine prochaine?
Alors, on se téléphone?
Il faut qu'on se revoie très bientôt, hein?

MINI-CONVERSATIONS

Engager une conversation *(rapports intimes et familiers)*

Un collègue de Patrick, qui s'appelle Vincent, arrive et interrompt deux amis (Sabine et Patrick) qui parlent.

—Euh, **je vous dérange?**

—Non, pas du tout.

Terminer une conversation *(rapports intimes et familiers)*

—Ah, **il faut que je parte.** Alors, **on se revoit demain,** hein? Au revoir, Patrick. Au revoir, Sabine.

—Au revoir, Vincent. **A la prochaine.**

—Ciao, Vincent...

Engager une conversation *(rapports professionnels et formels)*

Un inconnu interrompt deux amis qui parlent.

—**Pardon, monsieur, mademoiselle.** Est-ce que vous avez quelques instants? Je représente les Verts et, **si vous permettez,** je pourrais vous renseigner un peu sur les prochaines élections.

—Oui, quelques minutes...

Terminer une conversation *(rapports professionnels et formels)*

—**Excusez-moi, monsieur, mais je dois m'en aller.**

—Je vous en prie. Merci beaucoup, mademoiselle. Au revoir.

—Au revoir, monsieur.

A VOUS

- Engagez une conversation avec un(e) camarade de classe. Demandez s'il y a un examen de français demain parce que vous voulez étudier avec cette personne.
- Imaginez que vous parliez avec un(e) ami(e), mais que vous deviez partir. Terminez la conversation de manière convenable.

«Mots et expressions utiles»

La politique

une campagne électorale *election campaign*
un débat *debate*
désigner *to appoint*
discuter (de) *to discuss*
un électeur/une électrice *voter*
élire (past part.: **élu**) *to elect*
être candidat(e) (à la présidence) *to run (for president)*
se faire inscrire *to register (to vote)*
un mandat *term of office*
la politique étrangère *foreign policy*
la politique intérieure *internal policy*
un programme électoral *platform*
se représenter *to run again*
soutenir *to support*
voter *to vote*

En France les femmes ont acquis *(acquired)* le droit de vote en 1945. On peut **voter** à partir de dix-huit ans si **on se fait inscrire** à la mairie *(city hall)*. François Mitterand a été **élu** en 1981 et réélu en 1988. (Il avait été **candidat à la présidence** en mai 1974.) Pendant son second **mandat,** la question principale de **politique étrangère** est celle du grand marché commun. L'autre problème important au niveau **de la politique intérieure,** c'est le chômage.

Adapté de Guy Michaud et Alain Kimmel, *Nouveau Guide France* (Hachette, 1990, pp. 164–165)

La guerre *(War)*

l'armée f *army*
les armes f pl *arms*
attaquer *to attack*
un attentat *attack*
céder (à) *to give up; to give in*
les combats m pl *fighting*
le conflit *conflict*
l'espionnage m *spying*
les forces f pl *forces*
le front *front; front lines*
insensé(e) *insane*
libérer *to free*
livrer *to deliver*
une mine *mine*
les morts m pl *the dead*
la négociation *negotiation*
l'opposition f *opposition*
la paix *peace*
la peine de mort *death penalty*
les pourparlers m pl *talks; negotiations*
prendre en otage *to take hostage*
se produire *to happen, take place*
le terrorisme *terrorism*
tuer *to kill*

Pendant **le conflit** entre l'Iraq et le Koweït, les Français n'étaient pas d'accord sur le rôle de **l'armée.** Des unités spécialisées de l'armée de l'air ont fait partie des troupes qui **ont attaqué** les **forces** iraquiennes sur le **front** ouest. Un pilote français a été **pris en otage,** mais il a été **libéré** après la fin des **combats** mêmes. Mais il y a eu plusieurs **morts** ensuite pendant les opérations de déminage *(minesweeping)* des plages.

Activités

A. Entraînez-vous: Pardon. Engagez des conversations avec les personnes mentionnées. Parlez des sujets donnés en employant les ***Expressions typiques pour....***

modèle: votre père: un emprunt de $20
—Papa, je te dérange? Non? Je voulais te demander si tu pourrais me donner $20?

1. vos amis: l'article sur la prise d'otages
2. un étranger dans la rue: le chemin pour aller à la pharmacie la plus proche
3. M. Voulzy, votre patron: une idée qui vous est venue au sujet de la nouvelle publicité
4. vos voisins d'à côté: le vol qui a eu lieu dans la maison en face de la vôtre
5. votre mari/femme: quelque chose que vous voulez acheter

B. Eh bien... Maintenant, imaginez que vous terminiez chaque conversation que vous avez commencée dans l'Exercice A. Que dites-vous dans chaque situation? Utilisez les ***Expressions typiques pour....***

modèle: ***—Bon, eh bien, papa. Merci. Je dois retourner à mes devoirs. J'en ai plusieurs pour demain.***

C. Sur le vocabulaire. Voici des phrases tirées d'un journal français. Remplissez les blancs avec le(s) mot(s) approprié(s) de la liste suivante. Faites tous les changements nécessaires.

LES ENFANTS DE LA GUERRE

opposition / guerre / négociation / pourparlers / peine de mort

1. Initialement prévue pour le 15 décembre, la paix qui devait mettre fin à douze ans de _______ civile n'a toujours pas été signée.
2. Le gouvernement et _______ d'extrême gauche s'étaient retrouvés à New York pour une session de _______ que l'on espérait devoir être la dernière.
3. Mais _______ continuent et les combats aussi.
Pour les enfants, Noël a été cette année encore une fête triste.

Adapté du *Figaro* (vendredi 27 décembre 1991, p. 7)

ELECTIONS PRESIDENTIELLES

électeur / se représenter / mandat / voter / débat

1. On ne sait pas si le président actuel recherchera un troisième ______ ou non.
2. S'il ne ______ pas, on dit que les Français voteront probablement pour un conservateur.
3. Le ______ politique sur l'attitude de la France à l'égard de l'immigration n'est pas nouveau.
4. Selon les experts, les ______ indécis sont à la clé de la prochaine élection.

D. Une opinion. Prenez la parole et exprimez une opinion en deux phrases avec un(e) partenaire; l'autre répondra à l'opinion exprimée.

1. les prochaines élections
2. l'unification de l'Europe
3. l'évolution de la Communauté d'Etats Indépendants
4. un événement sportif récent
5. la criminalité dans les grandes villes

«Grammaire»

Les Pronoms *y* et *en*

During a conversation, people often use pronouns to refer to persons, things, or ideas already mentioned. You reviewed direct and indirect object pronouns in ***Révisons un peu.*** The following is information relevant to the pronouns **y** and **en.**

A. L'usage du pronom *y*

- **Y** replaces a preposition of location **(à, en, sur, chez, dans, sous, devant**, etc., except for **de**) and its object. Translated as *there*, it is not always said in English, although it must be used in French:

  —Est-ce que tu es déjà allée au musée Rodin?[2]

  —Non, je n'**y** suis jamais allée. Allons-**y.**

- **Là** must be used to express *there* if the place has not been previously mentioned:

  —Déposez vos sacs au vestiaire, juste **là,** derrière le pilier, avant d'entrer dans le musée.

- **Y** is also used to replace **à** + noun referring to a thing. Typical verbs requiring **à** before a noun object are: **s'intéresser, répondre, penser, jouer,** and **réfléchir:**

  —La technique de Rodin? J'**y** réfléchis en regardant ses sculptures.

  —Nos questions sur la technique de Rodin? Le guide peut **y** répondre.

  —La sculpture? Nous nous **y** intéressons beaucoup!

♦ **Jouer à** is used for sports or games; **jouer de** is used with musical instruments.

NOTE: **A** + person is replaced by an indirect object pronoun or a disjunctive pronoun. (Disjunctive pronouns will be discussed in the next lesson.)

—Est-ce que tu sais où se trouve notre guide? Je voudrais **lui** poser une question sur «Le Penseur».

- In the future and conditional tenses of **aller, y** is not used:

  —Le musée Rodin est formidable! Je voudrais aussi voir le musée Picasso. Est-ce que tu **irais** avec moi?

[2] Auguste Rodin (1840–1917) est un des sculpteurs les plus connus de France. Il est l'auteur du «Penseur», du «Baiser», de «Balzac», etc.

Liens culturels

L'Art de discuter

Il y a plusieurs différences entre l'art de discuter chez les Français et chez les Américains. D'abord, les Français se tiennent plus près les uns des autres quand ils se parlent. Mal interprétée quelquefois par les Américains qui y voient un acte agressif, cette coutume reflète tout simplement un moindre besoin d'espace personnel. Ce trait culturel est aussi évident dans les mouvements plus restreints que font les Français, comparés avec les gestes plus expansifs des Américains.

Il est aussi admis d'interrompre son interlocuteur avant qu'il ait terminé sa phrase dans une conversation française, ce qui produit un effet de chevauchement *(overlapping)*. En outre, pendant qu'un Français vous parle, un autre Français commencera peut-être à vous parler aussi. Il faut alors écouter deux conversations en même temps! Alors qu'interrompre quelqu'un est considéré comme impoli chez les Américains, l'absence d'interruptions chez les Français passe pour une certaine indifférence.

→

Imaginez la conversation entre ces quatre personnes. De quoi discutent-elles?

◆ **Penser** only requires **de** before a noun object when it is in the interrogative form, asking for an *opinion.* In all other cases, it takes **à**.

B. L'usage du pronom *en*

• **En** is used to replace the preposition **de** and its noun object referring to a place or thing. If the noun object refers to a person, a disjunctive pronoun is normally used instead. Typical verbs and verbal expressions whose objects are introduced by **de** are: **avoir peur, avoir besoin, parler, se souvenir, penser, discuter,** and **jouer:**

—Est-ce que tu te souviens du mouvement de révolte étudiant qui a eu lieu en 1986?

—Oui, je m'**en** souviens bien. On **en** parle toujours.

• Nouns preceded by the partitive or an indefinite article are replaced by **en**. The English equivalent *(some/any)* may be expressed or understood, but **en** is always used in French:

—Connais-tu des étudiants qui ont participé aux manifestations *(demonstrations)*?

—Oui, j'**en** connais. Paul et Catherine, par exemple.

• **En** is also used to replace a noun referring to a person or thing preceded by a number or other expression of quantity **(beaucoup de, peu de, trop de, un verre de, plusieurs,** etc.). The noun object and the preposition **de** (if there is one) are replaced by **en;** only the number or expression of quantity remains. Although **en** may not be translated in English, it *must* be used in French:

—Un grand nombre d'étudiants ont participé aux manifestations, n'est-ce pas?

—Oui, il y **en** avait beaucoup, parfois plus de 100 000 qui se rassemblaient dans une seule manifestation.

—Y a-t-il eu des morts?

—Malheureusement, il y **en** a eu un, un jeune étudiant de vingt-deux ans.[3]

Additional notes on the use of ***y*** *and* ***en:***

• Placement in a sentence follows the same rules as other object pronouns.

• Past participle agreement is never made with **y** or **en.**

• In general, **y** replaces **à** + noun; **en** replaces **de** + noun.

[3] A la suite de la mort du jeune étudiant, Malek Houssékine, le Premier ministre Jacques Chirac a annoncé le retrait de la réforme de l'enseignement supérieur qu'il proposait (1986).

Activités

A. Sondage. Martine répond aux questions d'un journaliste qui fait un sondage pour *Femme Actuelle,* une revue française destinée aux femmes d'aujourd'hui. Complétez ses réponses en utilisant **y** ou **en.**

1. Les sports? Oui, je m'_______ intéresse beaucoup.
2. Des enfants? Non, je n'_______ ai pas.
3. Le cinéma? Oui, nous _______ allons souvent.
4. Les élections? Non, je n'_______ ai pas discuté au bureau.
5. Le bridge? Non, je n'_______ joue jamais.
6. Plus d'argent? Bien sûr! J'_______ ai toujours besoin.
7. Des animaux domestiques? Oui, j'_______ ai deux: un chat et un oiseau.
8. Des amis américains? Oui, j'_______ ai plusieurs.
9. Le prochain concert de Sting? Oui, nous _______ allons.
10. Votre dernière question? Mais j'_______ ai déjà répondu!

B. Interview. Utilisez les verbes et les mots ci-dessous pour interviewer un(e) camarade de classe. Votre partenaire doit répondre en utilisant un pronom objet (direct, indirect, **y** ou **en**), selon le cas.

modèle: aimer visiter: les grandes villes / la campagne / les parcs nationaux
—Est-ce que tu aimes visiter les grandes villes?
—Oui, j'aime les visiter.
—Est-ce que tu aimes visiter la campagne?
—Non, je n'aime pas beaucoup la visiter.

1. avoir trop (beaucoup, assez) de: temps / argent / petit(e)s ami(e)s / devoirs
2. s'intéresser à: la politique / l'art / la sculpture / les sports
3. connaître: la ville de New York / tous les étudiants de la classe / *(name of one student)*
4. se souvenir de: les devoirs pour aujourd'hui / mon nom / l'anniversaire de tes seize ans
5. aller souvent à: la bibliothèque / la cantine / un bar / chez tes grands-parents
6. téléphoner hier à: tes parents / le président de l'université / le professeur

C. La politique. Un homme qui travaille pour la campagne électorale d'un conseiller municipal parle avec un électeur. Remplissez les blancs avec un pronom objet (direct, indirect, **y** ou **en**), selon le cas. N'oubliez pas de faire tous les changements nécessaires.

—Je ne vous dérange pas?
—Non, vous ne _______ dérangez pas. Entrez.
—Est-ce que vous vous intéressez à la politique?
—Oui, je me _______ intéresse un peu.
—Bon. Je voulais vous parler un peu de Jean Matou, qui se présente au Conseil municipal de votre mairie. Est-ce que vous connaissez Jean Matou?
—Oui, je _______ connais. En fait, je _______ ai rencontré à une soirée il n'y a pas longtemps.
—C'est bien... Avez-vous vu ses deux interviews à la télé?
—Euh, je _______ ai vu une.
—Qu'est-ce que vous _______ avez pensé?
—Oh, j'ai pensé que... c'était pas mal.
—Très bien, monsieur. J'aimerais préciser quelques points de son programme électoral. Auriez-vous deux minutes?
—Bon. D'accord. Allez-_______...
L'homme commence à expliquer.
—Enfin, téléphonez-_______ si vous souhaitez que je _______ donne plus de renseignements.
—D'accord. Je _______ téléphonerai si je _______ ai besoin.
—Une dernière chose: Est-ce que ça vous intéresserait de travailler comme volontaire dans cette campagne?
—Euh... Ecoutez, je vais _______ réfléchir et je _______ appellerai.

«Interactions»

A. Trouvez quelqu'un qui... Try to find a different student for whom each item below is true. Politely begin a conversation with someone, introduce yourself, and ask your question. Do at least one follow-up question and then appropriately end the conversation. Whenever possible, your partner should use object pronouns in his/her responses.

1. watches the same TV program as you
2. was born in the same state as you
3. studies in the library
4. is from the same city as you
5. has the same number of family members as you

B. Au secours! Imagine that you often lose things around your apartment or house. A classmate will play your roommate. Ask him/her where various things of yours are. Don't forget to begin each conversational exchange appropriately. Your roommate will either say that he/she does not know where you put them, that he/she has not seen them anywhere, or that he/she knows where you put them because he/she found them somewhere.
MOTS UTILES: **sac à dos,** *m (knapsack);* **livre de français; pull-over,** *m* **marron; sur le plancher** *(floor);* **dans un tiroir** *(drawer);* **dans le panier à linge** *(laundry basket);* **ne... nulle part** *(not anywhere).*

BRAVO! Culture et Littérature

"Maas...tricht..? A part que c'est imprononçable, je suis plutôt pour."

Que pensez-vous de l'Europe unie? Expliquez.

LEÇON 2

Comment exprimer une opinion

«Conversation» (suite)

Rappel: Have you reviewed the placement of object pronouns? (text p. 142 and workbook)

Instructor's Tape

Premières impressions

Soulignez:
- plusieurs façons de donner son avis
- plusieurs façons de marquer son accord ou son désaccord

Trouvez:
- de quel musée on parle
- ce qu'on propose de faire

Après le départ de la représentante d'Amnesty International, un jeune couple, Didier et Martine, ont rejoint Emilie à table pour prendre un café. Voici leur conversation.

DIDIER: Dites donc les amies. Je viens juste de lire un très bon article dans *Le Monde* à propos d'un nouveau projet architectural à Paris.

MARTINE: Ah bon? De quoi s'agit-il?

DIDIER: C'est un projet de rénovation du Muséum d'Histoire Naturelle, qui se trouve dans le Jardin des plantes. Ils ont décidé de garder l'armature métallique,° mais de changer tout le reste... d'enlever° tous les murs et de mettre du verre° partout. Il y aura du verre à la place des murs, et il y aura aussi du verre...

l'armature [*f*] **métallique** framework of iron/**enlever** to remove/**le verre** glass

MARTINE: Par terre!

DIDIER: Oui, les planchers° seront en verre!...

le plancher floor

MARTINE: Mais, c'est absurde, ça!

EMILIE: Non, ça devrait être assez chouette° d'après ceux qui ont vu les maquettes°...,

MARTINE: Mais pas du tout! C'est honteux!° C'est scandaleux, même!

chouette neat/**une maquette** model/**c'est honteux** it's a disgrace

DIDIER: Ah, non! Moi, je trouve que c'est fantastique. Ça va permettre de voir les squelettes° de baleines,° de girafes, d'éléphants qui sont en train de prendre de la poussière° en ce moment... et d'amener du monde dans ce musée qui est un peu oublié...

un squelette skeleton/**une baleine** whale/**la poussière** dust

MARTINE: Ah non! Moi, je ne suis pas du tout d'accord! Je trouve que c'est une très mauvaise idée, parce que finalement à Paris, tout ce que l'on voit c'est des musées modernes, rénovés°... avec des pyramides partout et des «Beaubourgs». Finalement ces belles structures classiques du dix-huitième et du dix-neuvième siècles... il n'y en aura plus à Paris, et c'est quand même dommage!

rénover to renovate

EMILIE: A mon avis, si on rénove ce musée, je pense que c'est une bonne idée parce que l'on pourra mieux voir... alors qu'en ce moment on ne voit rien... c'est sombre...

MARTINE: Oui, moi, je ne suis pas sûre. Il me semble que les autres bâtiments du Jardin des plantes ne seraient plus en harmonie avec le Muséum d'Histoire Naturelle.

DIDIER: Mais ils garderont la structure. Moi, je trouve qu'il faut ouvrir le musée, qu'il faut...

MARTINE: Oui, mais tu te rends compte des frais que ça va engager! Ça va coûter une fortune de faire ça! Enfin! En ce moment, ils n'arrêtent pas de rénover les musées.

DIDIER: Dans la mesure où l'on rénove le musée, ça va attirer° une nouvelle clientèle... et cela va permettre de rembourser les frais.

attirer to attract

MARTINE: Oui, mais moi, je trouve que c'est très dommage de gâcher° comme ça... enfin l'architecte qui a créé, conçu° ce musée... il ne l'a pas créé pour qu'il soit en verre! On doit respecter...

gâcher to spoil
conçu (from **concevoir**) designed, planned

DIDIER: Mais on garde le reste du Jardin des plantes...

A suivre

Observation et Analyse

1. Quel est l'avis de Martine sur la rénovation du Muséum d'Histoire Naturelle? Expliquez ses arguments.
2. Est-ce qu'Emilie est d'accord avec elle? Expliquez son point de vue.
3. Quelle est l'attitude de Didier dans le débat?
4. A-t-on rénové beaucoup de musées à Paris? Comment le savez-vous?
5. Pensez-vous que le Muséum d'Histoire Naturelle plaise aux Parisiens après sa rénovation? Expliquez.

Réactions

1. Quels musées avez-vous visités? Lesquels préférez-vous et pourquoi?
2. Est-ce que l'apparence d'un musée est importante pour vous? Expliquez.
3. Etes-vous pour ou contre la rénovation des bâtiments anciens? Justifiez-vous. Avec qui êtes-vous le plus d'accord dans le débat sur le Muséum d'Histoire Naturelle?

«Expressions typiques pour...»

♦ After the negative of **croire** and **penser,** the subjunctive is used to imply doubt: **Je ne crois pas qu'il y aille.**

♦ Contrary to several other opinion verbs, **(J'ai) l'impression que** and **il me semble que** take the indicative mood, even in the negative and interrogative forms.

Demander l'avis de quelqu'un

Quel est ton/votre avis?
Qu'est-ce que tu penses de...?
Qu'est-ce que vous en pensez?
Est-ce que tu es/vous êtes d'accord avec...?
Selon toi/vous, faut-il...?
Comment tu le trouves?/Comment vous le trouvez?
Tu te rends compte que...
Vous vous rendez compte que...

Exprimer une opinion...

Je (ne) crois/pense (pas) que...
Je trouve que...
..., je crois/pense.
A mon avis.../Pour moi...
D'après moi.../Selon moi...
Par contre... *(On the other hand . . .)*
De plus/En plus/En outre... *(Besides . . .)*

... avec moins de certitude

J'ai l'impression que...
Il me semble que...
..., vous ne trouvez pas?

Dire qu'on est d'accord

Ça, c'est vrai.
Absolument.
Tout à fait. *(Absolutely.)*
Je suis d'accord (avec toi/vous).
Je le crois.
Je pense que oui.
C'est exact/juste.
Moi aussi. *(Me too.)* (Ni) moi non plus. *(Me neither.)*

Dire qu'on n'est pas d'accord

Ce n'est pas vrai.
Absolument pas.
Pas du tout. *(Not at all.)*
Je ne suis pas d'accord (avec toi/vous).
Je ne le crois pas.
Je pense que non.
C'est absurde/idiot/honteux *(shameful)*!
C'est scandaleux!
Cependant... *(However . . .)*

Exprimer l'indécision

Vous trouvez?
C'est vrai?
C'est possible.
Je ne sais (pas) quoi dire.
Je ne suis pas sûr(e)/certain(e).
On verra.

Exprimer l'indifférence

Ça m'est (tout à fait) égal.
Tout cela est sans importance.
Au fond, je ne sais pas très bien.
Bof!

MINI-CONVERSATIONS

Demander l'avis de quelqu'un

Des amis parlent au café.

—Dites donc, j'étais au musée du Louvre l'autre jour. J'ai donc vu pour la première fois les pyramides de Pei dans la cour Napoléon.

—Et **qu'est-ce que tu en as pensé?**

Exprimer une opinion

—**A mon avis,** elles sont plutôt moches *(ugly)*!

Dire qu'on n'est pas d'accord

—Moi, **je ne suis pas du tout d'accord avec toi.** Je les trouve jolies.

Exprimer l'indifférence

—**Au fond, moi, je ne sais pas très bien.**

A VOUS

Demandez l'opinion de votre ami(e) sur les choses suivantes. Il/Elle donnera son opinion. Dites si vous êtes d'accord.

- Le Hard Rock, c'est une vraie abomination!
- Il n'y a rien d'important à voir à la télévision.
- Les sportifs professionnels gagnent trop d'argent.

«Mots et expressions utiles»

Les arts

s'accoutumer à *to get used to*
convaincre *to convince*
honteux (honteuse) *shameful*
insupportable *intolerable, unbearable*
laid(e) *ugly*
moche *(familiar) ugly, ghastly*
une œuvre *work (of art)*
passionnant(e) *exciting*
remarquable/spectaculaire *remarkable/spectacular*
réussi(e) *successful, well executed*
super *(familiar) super*
supprimer *to do away with*
en verre *made of glass*

Activités

A. Entraînez-vous: Un sondage. Un reporter du journal de votre campus mène une enquête sur les idées et les goûts des étudiants. Répondez à ses questions en vous servant des expressions présentées pour donner votre opinion.

modèle: —Qu'est-ce que tu penses de la musique de... *(current rock group)?*
—Moi, je la trouve super!

1. Est-ce qu'il faut supprimer les contrôles?
2. Faut-il assister à tous les cours pour bien comprendre le français (la philosophie, les mathématiques)?
3. A ton avis, est-ce que... est un(e) bon(ne) président(e) pour notre université?
4. D'après toi, quelle est la meilleure cuisine du monde? Quel est le meilleur restaurant de la ville?
5. Que penses-tu de... *(name of new film)*?
6. Comment trouves-tu... *(name of current TV program)*?

B. Les étudiants d'il y a dix ans. Pour rendre son article plus intéressant, le reporter veut comparer votre génération à celle d'il y a dix ans. Donnez votre opinion sur les phrases suivantes.

1. Les étudiants des années 80 pouvaient envisager *(imagine)* la dissolution de l'URSS.
2. Le terrorisme préoccupait *(concerned)* les étudiants d'il y a dix ans.
3. Ils étaient plus sérieux que nous dans leurs études.
4. Les étudiants d'il y a dix ans ont choisi d'avoir une famille tard dans leur vie.
5. Les étudiants d'il y a dix ans ont choisi des professions qui gagnaient de l'argent.

C. Selon moi... Voici les résumés de plusieurs éditoriaux récents dans le journal de votre ville. Réagissez à chaque opinion en disant si vous êtes d'accord ou non, et pourquoi.

modèle: Il faut légaliser la marijuana.
—Je ne le crois pas. La marijuana est une drogue et je suis contre toutes les drogues.

1. Ceux qui courent dans les marathons sont masochistes.
2. Il faut interdire aux gens de fumer dans les endroits publics.
3. M./Mme/Mlle... serait un(e) bon(ne) président(e) pour notre pays.
4. Les jeux de hasard *(gambling)* doivent être légalisés dans tous les états.
5. On ne doit pas permettre la possession d'armes à feu.

D. Les arts. Vous êtes au musée avec un(e) ami(e). Regardez ces œuvres d'art et donnez vos réactions en utilisant les expressions données aux pages 152–153.

Picasso

Rubens

Van Gogh

«Grammaire»

La Position des pronoms objets multiples

During the course of a conversation or debate you sometimes need to use more than one pronoun to refer to previously mentioned persons, things, or ideas. You have already reviewed placement of one object pronoun in ***Révisons un peu.***

The following chart illustrates pronoun order when you need to use two object pronouns together. Note that the same order applies to negative imperatives:

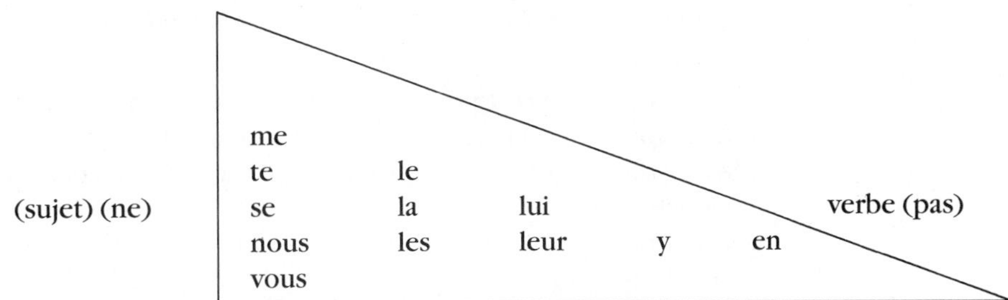

—Les peintures de Degas? Vous **vous y** intéressez?
Bien. Je **vous les** montrerai dans quelques minutes.
Ne **vous en** allez pas...

In affirmative commands, all pronouns follow the verb and are connected by a hyphen:

verbe	le la les	me (moi) te (toi) lui leur nous vous	y	en

As you can see, direct object pronouns come before indirect object pronouns, and **y** and **en** are always last.

—Vos sacs et vos paquets à la consigne? Oui, mettez-**les-y.**
Ils seront sous bonne garde.

—Vos tickets? Donnez-**les-moi,** s'il vous plaît.

Note that **me** and **te** change to **moi** and **toi** when they are the only or last pronouns after the imperative. However, when they precede **y** or **en,** they contract to **m'** or **t'** and an apostrophe replaces the hyphen.

—Des tableaux de Renoir? Oui, montrez-**m'en.**

Activités

A. Visite au musée d'Orsay. Voici des questions posées par un groupe de touristes à leur guide. Imaginez comment répondrait le guide en substituant des pronoms objets pour les mots en italique.

1. Est-ce qu'il y aura beaucoup *de touristes* aujourd'hui?
2. Est-ce que nous devons acheter *les billets au guichet*?
3. Est-ce qu'il faut vous donner *les billets?*
4. Est-ce que nous verrons *des tableaux de Manet dans cette galerie?*
5. Peut-on parler *de l'art moderne à cet artiste qui est en train de peindre*?
6. En général, est-ce qu'on donne un *pourboire aux guides*?

B. Mais je suis ta maman! Une mère donne les conseils suivants à son fils, qui ne l'écoute pas très bien. Répétez chaque conseil en utilisant des pronoms objets appropriés.

1. Mange *ton dîner*, mon petit.
2. Ne donne pas trop *de biscuits à ta sœur.*
3. Sers-toi *de ta fourchette*, s'il te plaît.

4. Attention! Ne te coupe pas *le doigt*!
5. Donne-moi *les allumettes* immédiatement!
6. Ne laisse pas *tes jouets sur le plancher*.
7. Donne *des bonbons à ta grand-mère*.
8. Bonne nuit, mon chou. N'aie pas peur *des monstres*.

C. **Sondage.** Circulez et posez les questions suivantes à plusieurs camarades de classe, qui répondront avec des pronoms, si possible. N'oubliez pas de saluer la personne et de lui dire «au revoir». Après, dites à la classe une ou deux choses intéressantes que vous avez apprises.

1. Est-ce que vous avez vu une exposition d'art au musée récemment? Si oui, laquelle?
2. Avez-vous pris un bon repas dans un restaurant récemment? Si oui, où?
3. Avez-vous regardé un bon programme de télévision chez vous récemment? Si oui, lequel?
4. Est-ce que vous devez faire des recherches *(research)* à la bibliothèque cette semaine? Si oui, sur quoi?
5. Avez-vous parlé de votre note au professeur de français récemment? Si oui, pourquoi?
6. Allez-vous donner un cadeau à votre professeur de français à la fin du trimestre/semestre? Si oui, quoi?

Les Pronoms disjoints

moi	nous
toi	vous
lui	eux
elle	elles

When expressing opinions in French, you often need to use a special group of pronouns called *disjunctive pronouns* in order to:

- emphasize your opinions

  —**Moi,** je trouve cette idée déplorable!

- or say with whom you agree or disagree

  —Je suis d'accord avec **lui;** c'est une idée absurde.

These and other functions of disjunctive pronouns are summarized below.

L'usage des pronoms disjoints

- To emphasize a word in a sentence:

  —**Toi,** tu ne sais pas ce que tu dis.
  You don't know what you are saying.

  —Mais non. Ce n'est pas **moi** qui ne sais pas où j'en suis! C'est **toi!**
  No. I'm not the one who is confused. You're the one!

In French, emphasis is achieved by the addition of a disjunctive pronoun or **c'est/ce sont** + disjunctive pronoun.

- After most prepositions:

  —Pour **moi,** l'idée même de la peine de mort est insupportable.
  ... Mes parents? Selon **eux,** la peine de mort est justifiable.

NOTE: **Y** replaces the preposition **à** + a place or thing, and the indirect object pronouns replace **à** + a person. However, with expressions such as **penser à/de, faire attention à, s'habituer à, s'intéresser à,** and **être à**, disjunctive pronouns are used after **à** or **de** when the object is a person.

Quels seraient les avantages d'un abonnement à ce magazine? Quel en est le prix étudiant en dollars américains?

—Qu'est-ce que vous pensez de ce nouvel homme politique, Paul?
Qu'est-ce que vous pensez de **lui**?

—Oh, je m'intéresse beaucoup à **lui.** Il me semble sincère.

- In compound subjects:

    —Mon mari et **moi,** nous ne sommes pas de votre avis.

Notice that the plural subject pronoun may be used in addition to the disjunctive pronoun:

- in one-word questions and answers without verbs

    —Qui est d'accord avec nous?
    —Moi!
    —Et **toi,** Marie?

♦ See *Chapitre 3, Leçon 1,* pp. 66–67.

- after **c'est/ce sont** in order to carry out the function of identifying

    —C'est **elle** qui trouve cet homme sans défaut.

NOTE: **C'est** is used in all cases except for the third-person plural, which takes **ce sont.**

—C'est **nous** qui avons raison; ce sont **eux** qui ont tort.

- in comparisons after **que**

    —Evidemment, Marie n'est pas du même avis que **toi.**

- in the negative expressions **ne... ni... ni** and **ne... que**

    —Elle n'écoute que **toi.** Elle n'écoute ni **lui** ni **moi.**

- with the adjective **-même(s)** to reinforce the pronoun

    —Avec tous ses efforts, Marie va réussir à le faire élire par **elle-même!**
    With all her efforts, Marie is going to succeed by herself in getting him elected!

Liens culturels

Trois grands musées

Le centre Beaubourg

Le musée d'Orsay

Le Louvre

Que pensez-vous de l'esthétique physique de ces trois musées? Laquelle préférez-vous et pourquoi?

Le musée d'Orsay: En 1986, l'ancienne gare d'Orsay a été transformée en musée de l'art du XIXe siècle. Il contient les œuvres *(works of art)* réalistes, impressionnistes, postimpressionnistes et fauves des années 1850 à 1914. Ces œuvres étaient autrefois exposées au Jeu de Paume, au musée Rodin, à Versailles et dans beaucoup d'autres petits musées et entrepôts *(warehouses)* dispersés dans Paris.

Le centre Beaubourg: Le Centre National d'Art et de Culture Georges Pompidou est situé dans le vieux quartier Beaubourg. Bien qu'on ait commencé sa construction pendant la présidence de Pompidou, ce musée d'art moderne n'a été fini qu'en 1977, après sa mort. Même aujourd'hui il continue à attirer l'attention à cause de son architecture singulière. Adoré ou détesté des Français, le centre Beaubourg est un des musées les plus fréquentés de Paris.

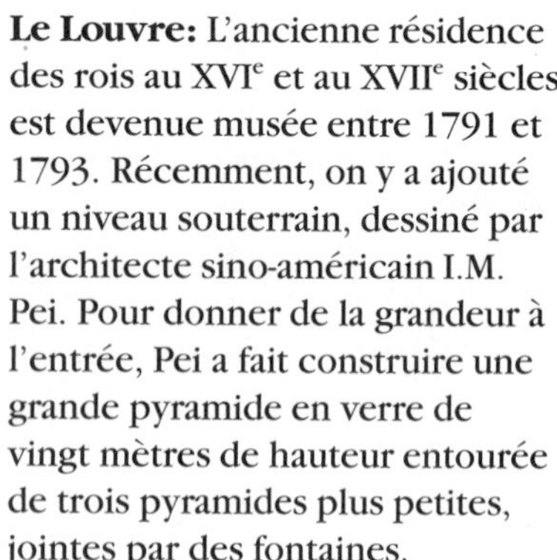

Le Louvre: L'ancienne résidence des rois au XVIe et au XVIIe siècles est devenue musée entre 1791 et 1793. Récemment, on y a ajouté un niveau souterrain, dessiné par l'architecte sino-américain I.M. Pei. Pour donner de la grandeur à l'entrée, Pei a fait construire une grande pyramide en verre de vingt mètres de hauteur entourée de trois pyramides plus petites, jointes par des fontaines.

Activités

A. Au musée. Un groupe d'amis se trouvent au musée du Louvre, où ils discutent de leurs tableaux préférés. Créez de nouvelles phrases en substituant les mots en italique par les sujets entre parenthèses. Changez les pronoms disjoints en italique aussi.

1. *J'*adore ce tableau de Delacroix. Selon *moi,* c'est sa meilleure œuvre. (Catherine / Tu / Tes sœurs)
2. *Paul* n'est pas d'accord avec *moi.* (Je, Paul / Nous, Paul et toi / Monique et toi, tes amis)
3. *Paul* va peindre un tableau *lui-même.* (Nous / Je / Tom et Guy)
4. Qui va au premier étage pour voir les œuvres de Rubens? *Moi!* (Anne et Sylvie / Tu / Paul et toi)
5. C'est *Catherine* qui est perdue! (Nous / Chantal et Luc / Marc)

B. Questions indiscrètes. Posez les questions suivantes à un(e) ami(e). Donnez un résumé de ses réponses à la classe.

modèle: Est-ce que c'était toi ou ta mère qui préparait ton petit déjeuner quand tu étais à l'école primaire?
—C'était moi qui préparais mon petit déjeuner quand j'étais à l'école primaire.

1. Est-ce que c'est toi ou ton (ta) camarade de chambre qui prépare les repas?
2. Est-ce que tu nettoies l'appartement/la maison toi-même?
3. A qui est la télé chez toi?
4. Ton (ta) camarade de chambre et toi, sortez-vous souvent ensemble?
5. D'habitude, est-ce que ton (ta) camarade de chambre a plus de travail à faire que toi?

«Interactions»

A. Imaginez. Play the role of a campaigning politician. Your partner will be a constituent who has not yet decided for whom she/he will vote and will ask for your views on a variety of subjects. Answer the questions with imagination! SUGGESTED TOPICS: la peine de mort, la réduction du déficit national, l'euthanasie, la pollution, le service militaire obligatoire, le terrorisme international, le droit aux soins médicaux.

B. Petits débats. Working in groups of three, the first person will express her/his opinion on a topic and will ask the second person for her/his views. After the second person's opinion is given, the third person will agree or disagree and state why.

modèle: la loi qui interdit aux jeunes de dix-huit à vingt et un ans de boire de l'alcool
—A mon avis, cette loi n'est pas juste. Qu'est-ce que tu en penses?
—Je suis d'accord avec toi. Si on peut être envoyé à la guerre à dix-huit ans, on doit avoir le droit de boire de l'alcool au même âge.
—Mais non, je ne suis pas de ton avis. Il y a trop d'accidents de voiture causés par de jeunes conducteurs ivres.

1. le rap
2. la violence dans les films
3. les livres de Kurt Vonnegut, Jr.
4. la cohabitation avant le mariage
5. l'énergie nucléaire
6. (votre choix)

BRAVO! Culture et Littérature

LEÇON 3

Comment exprimer la probabilité

«Conversation» (conclusion)

 Instructor's Tape

Premières impressions

Soulignez:

- les mots et les expressions que ces jeunes gens utilisent pour exprimer la probabilité ou l'improbabilité de certains événements

Trouvez:

- de quel problème on parle (citez deux exemples qui sont donnés)

Les jeunes amis continuent à discuter à la brasserie. Fabien est revenu de sa petite réunion.

EMILIE: Oui, on s'occupe beaucoup trop des problèmes à l'étranger. Enfin, je ne sais pas ce que tu en penses, mais on devrait plutôt s'occuper de ce qui se passe chez nous.

FABIEN: Oui, tout à l'heure il y avait une représentante d'Amnesty International qui voulait absolument que l'on signe sa pétition… Enfin, je pense qu'il y a des problèmes domestiques… Il faut d'abord s'occuper de cela…

MARTINE: Oui, mais il ne me semble pas qu'il y a autant de problèmes ici qu'ailleurs. Finalement… on n'est pas si mal en France!

DIDIER: On a quand même un gros problème avec le racisme, tu ne trouves pas?

MARTINE: Non, pas tellement… je trouve que finalement les choses vont assez bien.

DIDIER: Ça, c'est la meilleure, alors! Entre les gens qui pénètrent dans les cimetières juifs° et qui profanent les tombes,° et ceux qui n'aiment pas les Nords-Africains, on ne peut pas dire qu'on n'ait pas de problèmes de racisme!

EMILIE: Et un des résultats est une certaine insécurité dans les banlieues° habitées par les immigrés.

MARTINE: Oui, mais là, c'est une toute petite minorité de gens. Le reste du pays est calme…

EMILIE: Je trouve qu'on en entend beaucoup parler, que ça fait beaucoup de bruit.°

MARTINE: Ça fait la une des journaux° et la télé aime bien faire peur. Mais au fond,° ce sont juste quelques jeunes ici et là, des paumés° qui jouent aux durs° parce qu'ils ont dix-huit ans et parce qu'ils n'ont rien d'autre à faire. Ce n'est pas drôle, mais je doute que ça s'étende° en dehors des banlieues défavorisées°… En fait, j'ai l'impression que la plupart des Nord-Africains maintenant se sentent français. Il y en a beaucoup qui sont nés ici et qui sont allés à l'école ici.

EMILIE: Oui, mais beaucoup sont au chômage°… c'est quand même un problème. En plus, beaucoup d'autres se plaignent° d'une grande discrimination dans le travail.

FABIEN: Enfin il est probable que ces problèmes ne se résoudront° pas du jour au lendemain avec la récession économique qui s'aggrave° de jour en jour.

MARTINE: Je vous trouve tous les trois très négatifs. J'ai l'impression que finalement ça ne va pas si mal que ça chez nous, et puis, euh,…

EMILIE: Jusqu'en juin dernier, je pensais comme toi, mais maintenant, je dois dire que ça m'inquiète quand même…

MARTINE: Mais enfin, pourquoi? Est-ce que le pessimisme va résoudre quoi que ce soit!° Il faut avoir un peu plus d'espoir et de confiance dans les gens. Je parie que les choses s'arrangeront comme d'habitude. Et ce n'est pas uniquement français d'ailleurs. Il paraît que° c'est comme ça en Amérique depuis les années 80. C'est pareil, ils ont aussi beaucoup de racisme.

EMILIE: Oui, mais je trouve qu'il y a beaucoup plus de Français qui deviennent racistes. C'est vraiment triste. Le monde devient plus petit, et nous voulons rejeter les autres…

le cimetière juif Jewish cemetery/**profaner le tombe** to desecrate or violate the grave

la banlieue suburbs

faire beaucoup de bruit to make a great fuss about something/**la une des journaux** front page/**au fond** basically/**paumé** lost; misfit/**jouer aux durs** to act tough/**s'étendre** to spread/**défavorisé** disadvantaged, underprivileged

être au chômage to be unemployed/**se plaindre** to complain

résoudre to solve, resolve

s'aggraver to worsen

quoi que ce soit anything whatsoever

il paraît que it seems that; they say that

DIDIER: C'est peut-être plus un problème de culture et de religion que de race. Ce n'est pas facile pour une minorité ethnique musulmane de s'intégrer dans une civilisation catholique...

au fil des générations with the passing generations/**un mélange** mixture

MARTINE: Oui, mais il est probable qu'au fil des générations,° il va se faire un mélange,° que les gens vont arriver à se parler, à se comprendre, et puis euh... on arrivera à un juste milieu. Dans une génération ou deux, moi, je suis assez optimiste, les choses s'arrangeront.

rester en bas de l'échelle *f* to remain on the bottom of the ladder or financial scale

DIDIER: Pas si les Nords-Africains restent en bas de l'échelle°...

EMILIE: Moi, je pense... enfin l'avenir nous le dira, mais je ne suis pas du tout optimiste...

Observation et Analyse

1. Pourquoi Didier parle-t-il de racisme en France?
2. Qui dans la conversation est optimiste? Qui ne l'est pas?
3. Décrivez l'évolution de la société selon Martine.
4. Pourquoi y a-t-il un problème d'intégration pour les Nord-Africains parmi les Français? Pour la deuxième génération de Nord-Africains, comment ce problème va-t-il peut-être se résoudre?
5. Dans le dialogue, avec qui êtes-vous d'accord? Pourquoi?

Réactions

1. Avez-vous un grand-parent ou un arrière-grand-parent qui a émigré d'un pays étranger pour venir en Amérique? De quel pays?
2. Quelles sortes de problèmes est-ce qu'un nombre croissant *(increasing)* d'immigrants pose à un pays?
3. Y a-t-il des événements dans les années récentes qui peuvent nous faire réfléchir au problème du racisme aux Etats-Unis? Expliquez.

«Expressions typiques pour...»

Exprimer la probabilité des événements

*(The following expressions all take the indicative mood. Those with **devoir** are followed by an infinitive.)*

D'aujourd'hui ou de l'avenir

Sans doute qu'ils viendront dans quelques minutes.
Il est bien probable qu'ils viennent en voiture.
Ils doivent être en route *(to be on the way)*.
Il est probable qu'ils s'excuseront.

Du passé

Ils ont été retenus *(held up)* sans doute.
Ils ont dû partir en retard *(to get a late start)*.
Ils ont probablement oublié de nous téléphoner.
Ils devaient arriver à trois heures.

Exprimer l'improbabilité des événements

(The following expressions all take the subjunctive mood.)

Il ne semble pas que ce manque de ponctualité soit typique.
Il est improbable qu'ils aient oublié notre rendez-vous.
Il est peu probable qu'ils aient eu un accident de voiture.
Il est douteux qu'ils viennent.
Cela me semble peu probable qu'il ait oublié notre rendez-vous.

M I N I - C O N V E R S A T I O N S

Exprimer la probabilité des événements

—Je me demande si Miles vient. Quelle heure est-il? 2h20? Il **devait** nous retrouver ici à deux heures, non?

—Euh... je pense que oui. **Il doit être** en route.

Exprimer l'improbabilité des événements

—A propos, sais-tu si son père travaille toujours pour le Bureau national d'immigration?

—**Il est douteux qu'il y travaille toujours.** Je crois qu'il a pris sa retraite il y a deux ans.

A VOUS

Avec un(e) camarade de classe, prédisez:

- si le professeur sera en retard demain;
- si tous les étudiants seront en classe demain;
- si on aura une petite interro *(quiz)* dans le cours de français demain.

«Mots et expressions utiles»

L'immigration et le racisme

accroître *to increase*
l'accueil m *welcome*
accueillant(e) *welcoming, friendly*
s'aggraver *to get worse*
la banlieue *the suburbs*
blesser *to hurt*
un bouc émissaire *scapegoat, fall guy*
le chômage *unemployment*
un chômeur/une chômeuse *unemployed person*
croissant(e) *increasing, growing*
éclairer *to enlighten*
empirer *to worsen*
s'étendre *to spread*
un(e) immigrant(e) *newly arrived immigrant*
un(e) immigré(e) *an immigrant well established in the foreign country*
un incendie *fire*
maghrébin(e) *from the Maghreb (Northwest Africa: Morocco, Algeria, Tunisia)*
la main-d'œuvre *labor*
une manifestation *demonstration, protest (organized)*
se manifester *to arise; to emerge*
une menace *threat*
les quartiers défavorisés *slums*
rouer quelqu'un de coups *to beat someone black and blue*
un soulèvement *spontaneous uprising*
la xénophobie *xenophobia (fear/hatred of foreigners)*

Quand les Français ont lu les nouvelles sur les émeutes *(riots)* de Los Angeles (2 mai 1992), ils se sont demandé si ce genre de **soulèvement** pourrait avoir lieu en France. Certains ont répondu que non; d'autres pensaient que ça pourrait exploser dans les quartiers à forte population **immigrée** de Paris, de Marseille ou de Lyon, ou dans ce qu'on appelle **les banlieues** chaudes de ces grandes villes. En France **la xénophobie** est **empirée** par **le chômage,** qui **s'aggrave.** Le gouvernement français essaie d'éliminer **la menace** de telles émeutes par des mesures sociales destinées à former les jeunes qui habitent dans ces **quartiers défavorisés,** à les insérer socialement et à leur donner le goût de l'initiative, en proposant notamment des créations de restaurants de cœur *(soup kitchens)*, de documents vidéo, d'associations sportives.

Adapté du *Journal Français d'Amérique* (15–28 mai 1992, vol. 14, no. 11, p. 1)

Activités

♦ See ***Chapitre 7*** for a review of the future tense.

A. Entraînez-vous: Imaginez. Jouez le rôle de quelqu'un qui peut prédire l'avenir. Créez deux prédictions avec les mots donnés et une expression de probabilité ou d'improbabilité.

modèle: ... le prochain président des Etats-Unis sera...
—Il est bien probable que le prochain président des Etats-Unis sera une femme.
—Il est peu probable que je sois le prochain président des Etats-Unis.

1. ... le film qui gagnera l'Oscar du «meilleur film» de l'année sera...
2. ... je finirai mes études universitaires en...
3. ... je me marierai avec...
4. ... j'aurai... enfants.
5. ... je serai... (profession)
6. ... (votre choix)

B. Les actualités. Voici des phrases tirées d'un journal français. Finissez chaque phrase en utilisant les ***Mots et expressions utiles.***

1. Depuis quelques années, les incidents entre ______ et les Français se multiplient.
2. A cause de la crise économique et du ______, beaucoup de Français reprochent aux étrangers de s'approprier le travail revenant de droit aux nationaux.
3. En 1984, Frédéric Boulay, un ______ de vingt-deux ans, a tué deux ouvriers turcs et en ______ cinq autres. Il a dit que c'était à cause de la ______ étrangère qu'il était sans travail.
4. Dans le 20e arrondissement de Paris, de septembre à décembre 1986, trois ______ ont eu lieu dans des immeubles habités par des immigrés. Le feu a donc détruit leur logement.
5. S.O.S.-Racisme a organisé une ______ antiraciste qui a rassemblé entre 200 000 et 400 000 personnes. Aujourd'hui ce groupe continue à être actif dans la campagne contre le racisme.

C. Vous êtes le prof. Vos élèves ne comprennent pas les mots et expressions suivants. Aidez-les en donnant un synonyme pour chaque expression dans le premier groupe et un antonyme pour chaque expression dans le deuxième groupe. Utilisez les ***Mots et expressions utiles.***

Synonyme

1. battre quelqu'un
2. faire du mal à quelqu'un
3. une subdivision pauvre d'une ville
4. le feu

Antonyme

1. améliorer
2. un travailleur
3. le vrai responsable
4. diminuer

D. Qu'est-ce qui s'est probablement passé? Pour chacun des événements suivants, donnez une explication plausible.

modèle: Votre ami arrive en retard pour votre rendez-vous.
—Tu as dû partir en retard.

1. Votre mari/femme ne vous offre rien pour votre anniversaire.
2. Votre enfant, au bord des larmes *(tears)*, vient vous voir.
3. Votre camarade de chambre veut vous emprunter $100.
4. Il est sept heures du matin et on dit à la radio que l'université sera fermée aujourd'hui.

«Grammaire»

Le Verbe *devoir*

A. One of the principal ways of expressing probability is to use **devoir** + infinitive. (Remember that when **devoir** is followed directly by an object it means *to owe.*) Note the difference in meaning implied by each tense.

Présent: Tu **dois** avoir raison, mon pote *(familiar—friend).* *(must, probably)*
Imparfait: Je ne **devais** pas faire attention. *(was probably)*
Passé composé: J'**ai dû** oublier de fermer la porte à clé. *(must have)*

B. Devoir also may be used to express necessity or moral obligation, as in the following examples:

Présent
Nous **devons** réexaminer le problème de l'immigration clandestine aux Etats-Unis. *(must, have to)*
Passé composé
L'année passée, les douaniers **ont dû** arrêter plus de 1,8 million de personnes qui essayaient d'entrer illégalement dans le pays. *(had to)*
Imparfait
Autrefois, nous ne **devions** pas nous préoccuper de ce problème. *(used to have to)*
Futur
Je crois que le président **devra** proposer de nouvelles mesures. *(will have to)*
Conditionnel
Combien d'immigrants par an un gouvernement **devrait**-il accepter? *(should)*
Conditionnel passé
Nous **aurions dû** étudier ce problème plus tôt. *(should have)*

Activités

A. Questions indiscrètes. Posez les questions suivantes à un(e) ami(e). Donnez un résumé de ses réponses à la classe.

1. Qu'est-ce que tu dois faire ce soir?
2. Est-ce que tu devras travailler ce week-end aussi?
3. Tu dois être un(e) étudiant(e) exemplaire, non?
4. Quand tu étais petit(e), recevais-tu de l'argent de poche *(pocket money)* de tes parents? Quels genres de travaux ménagers *(chores)* est-ce que tu devais faire pour gagner cet argent?
5. Tu as dû être un(e) enfant sage, n'est-ce pas?
6. D'après toi, à quel âge est-ce que les parents devraient permettre aux enfants de sortir seuls?

B. Une lettre. Vous avez consenti à traduire en français une lettre écrite par les parents d'un(e) de vos ami(e)s aux propriétaires d'un petit hôtel à Caen. Voici la lettre en anglais.

Dear Mr. and Mrs. Lesage,

You probably do not often receive letters from Americans, but my husband and I have to tell you how much we enjoyed your hotel this summer.

Everyone was so friendly there, and the accommodations **(l'hébergement)** were great! We must have stayed at a dozen hotels during our trip, but yours was without any doubt the best.

We thank you once again for the warm **(chaleureux)** welcome that you gave us.

Sincerely,

Mr. & Mrs. Charles Jackson

Liens culturels

La France et le racisme

Depuis la récession des années 1972–1982 et les succès électoraux du Front national de M. Jean-Marie Le Pen, dont l'un des principaux slogans affirme «deux millions de chômeurs, c'est deux millions d'immigrés en trop», la question des immigrés, et par voie de conséquence, celle du racisme, est au centre du débat politique.

Selon un sondage réalisé en novembre 1984, 58 pour cent des Français pensaient que la proportion d'immigrés et de naturalisés était «trop forte»; 33 pour cent que ce n'était «pas un problème».

Les partisans d'un renvoi des immigrés, notamment maghrébins, leur reprochaient surtout d'aggraver le chômage, de ruiner la sécurité sociale, d'accroître l'insécurité et de créer des conditions de vie insupportables en raison des différences culturelles.

Pour défendre les immigrés, les antiracistes, représentés surtout par l'organisation S.O.S.-Racisme (fondée en 1984 par Harlem Désir) font valoir que: les immigrés ont fourni à la France des ouvriers, des enfants et parfois des soldats; qu'ils peuvent l'enrichir de leurs cultures; et que plus de 11 millions de Français ont un arrière-grand-parent étranger.

Cependant, des incidents violents ont lieu ça et là, dans les grandes agglomerations (Marseille, Nice, Paris, Lyon). Même le petit emblème de S.O.S.-Racisme, une main ouverte portant l'inscription «Touche pas à mon pote (*friend* [familiar])», se voit transformé négativement par ses ennemis en «Touche pas à la France, mon pote.»

Les Français sont-ils racistes? Beaucoup de Maghrébins affirment que l'organisation créée par Harlem Désir a empiré la situation parce qu'elle a montré les différences plutôt que les ressemblances entre les deux cultures. Arezki Dahmani, président de France Plus, une organisation qui défend les immigrés maghrébins, dit que seulement 6 pour cent des Français sont vraiment racistes. Il accuse S.O.S.-Racisme d'avoir rendu le racisme acceptable parmi les Français. Il demande que les Maghrébins aient le droit d'être assimilés, intégrés, de se sentir comme tout le monde.

Aux élections d'avril 1986, trente-deux candidats du Front national ont été élus à l'Assemblée nationale. Mais en juin 1988, un mois après la réélection de François Mitterand et un score de 14,6 pour cent (soit 4 400 000 voix) pour Jean-Marie Le Pen, un seul député du Front national (une femme) a été réélu. En octobre 1990, 74 pour cent de la population déclarait que Le Pen s'y prenait mal avec le problème du racisme. Seulement huit mois auparavant, 69 pour cent était d'accord avec lui. Peut-être que la vague *(wave)* de la popularité de Le Pen est en train de retomber.

Sofres, *Opinion publique* (1986); *Le Monde* (avril, mai, juin 1988); *France Magazine* (Fall 1991, pp. 10–21)

C. Que doit-on faire? Répondez en deux phrases aux questions suivantes avec un(e) camarade de classe. Notez vos conclusions.

1. Qu'est-ce qu'on doit faire pour les sans-abri *(homeless)*?
2. Qu'est-ce qu'on aurait dû faire pour les Kurdes d'Iraq?
3. Qu'est-ce qu'on devrait faire pour les émigrants d'Haïti?
4. Qu'est-ce qu'on aurait dû faire pour éviter les émeutes de Los Angeles en mai 1992?

Les Adjectifs et les pronoms indéfinis

Indefinite adjectives and pronouns are useful for carrying out practically any function of language. Examples of the more common adjectives and pronouns are given below.

♦ The indefinite pronouns **quelque chose** and **quelqu'un** are both singular and masculine. Adjectives that modify these pronouns follow them and are introduced by **de.**

Exemples: J'ai vu **quelque chose de** sympathique aujourd'hui. Il y avait des jeunes qui parlaient avec **quelqu'un de** bizarre dans le métro et qui essayaient de l'aider.

♦ The final **s** of **tous,** normally silent, is pronounced when it is used as a pronoun.

Adjectifs	Pronoms
quelque, quelques *some, a few*	**quelque chose (de)** *something* **quelqu'un** *someone, somebody* **quelques-un(e)s** *some, a few*

Il y a **quelques** jours, des terroristes ont pris des otages.
Quelques-uns des otages sont français.

chaque *each*	**chacun(e)** *each one*

Les preneurs d'otages ont pris une photo de **chaque** otage.
Comme on pouvait s'y attendre, **chacun** avait l'air pâle et effrayé.

tout(e) (avant un nom singulier sans article) *every, any, all*	**tous, toutes** *all*

On a perdu presque **tout** espoir parce que les otages sont **tous** accusés d'espionnage.

tout, toute, tous, toutes *all, every, the whole*	**tout** (invariable) *everything*

On espère que **toutes** les personnes enlevées seront bientôt libérées.
Mais **tout** doit être fait pour éviter un affrontement *(confrontation)* militaire.

plusieurs (invariable) *several*	**plusieurs** (invariable) *several*

Les preneurs d'otages ont **plusieurs** fois menacé la vie des prisonniers.
On a peur que **plusieurs** d'entre eux ne soient déjà tués.

tel(le)(s) *such, such a*	**un(e) tel(le)** *such, such a*

Une **telle** affaire émeut *(moves)* profondément l'opinion publique.

Activités

A. Ecoutez-moi! Voici les phrases tirées d'un discours prononcé par un étudiant qui est candidat à la présidence du gouvernement étudiant. Complétez chaque phrase selon votre imagination.

1. Je crois que vous, les étudiants, êtes tous…
2. Si je suis élu, chaque étudiant va recevoir…
3. Quant au stationnement sur le campus, je promets que tous les étudiants…
4. De plus, je crois que tout professeur devrait…
5. J'ai plusieurs idées pour améliorer la qualité de la nourriture universitaire, par exemple…
6. Maintenant, si vous aimez mes idées, il faut que chacun de vous…

B. A la bibliothèque. Carole doit faire un exposé en classe sur l'art impressionniste. Elle se rend donc à la bibliothèque universitaire de la Sorbonne pour y faire des recherches. Complétez la conversation suivante entre elle et l'employée de la bibliothèque avec des adjectifs et des pronoms indéfinis appropriés.

CAROLE: Bonjour, madame.
L'EMPLOYÉE: Bonjour, mademoiselle.
CAROLE: Pourriez-vous m'aider? J'ai besoin de ______ *(several)* livres sur l'art impressionniste.
L'EMPLOYÉE: Oui, alors, consultez ce catalogue et notez les livres que vous désirez voir... Voilà ______ *(a few)* de nos livres et ______ *(several)* de nos diapositives *(slides)*. Vous ne voulez probablement pas ______ *(all)* ces livres?
CAROLE: Euh, je ne sais pas. Je voudrais regarder ______ *(everything)* ce que vous m'avez apporté, si c'est possible.
L'EMPLOYÉE: Bien sûr, mademoiselle. Prenez votre temps pour étudier le ______ *(everything)*.

C. Répondez sans réfléchir. Dites la première chose qui vous vient à l'esprit. Posez les questions en français. Travaillez avec un(e) camarade de classe.

1. Name **(Nomme)** several French presidents.
2. Name each French professor you know.
3. Name someone interesting.
4. Name some French singers.
5. Think of **(Pense à)** something orange.
6. Think of all the French cars you know.
7. Name several American cities with French names. Give the state of each one.
8. Think of several famous French cities.

«Interactions»

A. Imaginez... In groups of three, think and talk about what your country and the world will be like in three years and in ten years. What changes will probably take place and what events are very *unlikely* to happen? Write down a brief summary of the predictions of your group for both periods, and then compare them with the rest of the class.

B. Au grand magasin. Pretend that you work in the women's/men's sportswear department of a large clothing store. Your partner will play a customer who comes in to return a sweater that has obviously been worn. Discuss the probability/improbability of whether the sweater was worn and whether the store will offer a refund or an exchange. You might want to eventually tell the customer that she or he can talk to the manager, but that it probably will do no good. MOTS UTILES: **rendre quelque chose** *(to return something);* **porté** *(worn);* **un remboursement** *(refund);* **un échange; sale** *(dirty);* **il manque un bouton** *(it's missing a button);* **détendu** *(stretched-out [material]);* **ne servir à rien** *(to do no good).*

BRAVO!
Culture et Littérature

SYNTHESE

Activités orales

A. Moi, je pense que... Find an article in a French or American newspaper or magazine on a current event or social issue. In groups of three or four, take turns describing your article. Be sure to add your own opinion on the topic. Your listeners should react to what you say and ask questions.

B. Faisons la fête! You are at an end-of-semester party at your friend Pam's house, where there are many people you know and some you don't. Circulate freely among the guests (the class as a whole) and converse briefly with at least eight guests. Use appropriate expressions to begin, maintain, and end the conversations. SUJETS DE CONVERSATION: les examens de fin de semestre; vos notes probables; les projets de vacances; les cours du semestre prochain; un(e) petit(e) ami(e); un film récemment vu; les actualités.

Listen to Student Activity Tape, ***Chapitre 6***, and complete the corresponding Student Activity Worksheet in your workbook.

Activités écrites

A. Immigration. Find an article in an American magazine or newspaper on the immigrant or racism problems in France. Use this article and the information in this chapter to write a composition in which you compare the immigrant or racism issues in France with the illegal alien problem in the United States. Include a discussion of the following questions:

- Quelles sont les ressemblances et les différences entre les deux situations?
- Est-ce que les immigrés viennent avec l'intention de rester en permanence dans les deux cas?
- Pourquoi est-il difficile de limiter l'entrée des immigrants?
- A votre avis, qu'est-ce qu'on doit faire pour résoudre le problème?
- Quelles seront, probablement, les conséquences si on n'y prête pas attention?

♦ Turn to ***Appendice A*** for a complete list of active chapter vocabulary. Note that the listing for each chapter includes a ***Divers*** category. These are miscellaneous words or expressions used throughout the three lessons.

B. Courrier. Write a letter to the editor of the monthly newsletter of the French department at your school. Express your opinions on a current problem and ask that something be done about it. SUGGESTED TOPICS: l'augmentation des droits d'inscription; la qualité de la nourriture servie dans les restaurants universitaires; l'incompétence du gouvernement étudiant; le stationnement sur le campus; l'entraîneur sportif récemment renvoyé par le président de l'université; le manque de foyers mixtes; les heures d'ouverture limitées de la bibliothèque.

CHAPITRE 7

«Qui vivra verra»

Révisons un peu: Le futur

Leçon 1: Comment parler de ce qu'on va faire; l'usage du futur; le futur antérieur

Leçon 2: Comment faire une hypothèse, conseiller, suggérer et avertir; les phrases conditionnelles

Leçon 3: Comment faire des concessions; le subjonctif après les conjonctions

Thèmes: La carrière, le logement et l'économie

Révisons un peu

The information presented here is intended to refresh your memory of a grammatical topic that you have probably encountered before. Review the material and then test your knowledge by completing the accompanying exercises in the workbook.

Avant la première leçon

Le Futur

A. Verbes réguliers

The future tense is formed by adding the following endings to the infinitive: **-ai, -as, -a, -ons, -ez, -ont.** You will recall that the conditional uses the infinitive in its formation as well. With **-re** verbs, the final **e** is dropped before adding the future endings.

parler

je parler**ai**	nous parler**ons**
tu parler**as**	vous parler**ez**
il/elle/on parler**a**	ils/elles parler**ont**

finir

je finir**ai**	nous finir**ons**
tu finir**as**	vous finir**ez**
il/elle/on finir**a**	ils/elles finir**ont**

rendre

je rendr**ai**	nous rendr**ons**
tu rendr**as**	vous rendr**ez**
il/elle/on rendr**a**	ils/elles rendr**ont**

B. Changements orthographiques dans certains verbes en *-er*

Some **-er** verbs have spelling changes before adding the future endings. These changes are made in all forms of the future and conditional.

- Verbs like **acheter:** j'ach**è**terai; nous m**è**nerons
- Verbs like **essayer:** j'essa**i**erai; nous emplo**i**erons
- Verbs like **appeler:** j'appe**ll**erai; nous rappe**ll**erons

C. Verbes irréguliers

aller: j'**irai**	pleuvoir: il **pleuvra**
avoir: j'**aurai**	pouvoir: je **pourrai**
courir: je **courrai**	recevoir: je **recevrai**
devoir: je **devrai**	savoir: je **saurai**
envoyer: j'**enverrai**	tenir: je **tiendrai**
être: je **serai**	valoir: il **vaudra**
faire: je **ferai**	venir: je **viendrai**
falloir: il **faudra**	voir: je **verrai**
mourir: je **mourrai**	vouloir: je **voudrai**

—Je serai bref...

LEÇON 1

Comment parler de ce qu'on va faire

 Instructor's Tape

«Conversation»

Rappel: Have you reviewed the formation of the future? (text p. 170 and workbook)

Premières impressions

Soulignez:
- des expressions pour dire ce qu'on va faire

Trouvez:
- ce que Jane va choisir comme profession

Nathalie, une étudiante française, et Jane, une étudiante américaine qui vit à Paris avec sa famille, sont dans leur première année à l'université. Elles parlent de leurs études et de leur avenir.°

l'avenir *m* future

JANE: Dis-moi, qu'est-ce que tu étudies, toi?
NATHALIE: Moi, je fais médecine.
JANE: Ah, bon? Tu as un bel avenir devant toi! C'est un métier° où l'on gagne bien sa vie et qui est intéressant en plus. Mais ce sera vraiment beaucoup de travail, non? Enfin, je sais, en tout cas, qu'en Amérique ce sont vraiment des études très difficiles!

un métier job, profession

NATHALIE: Oui, ce sont de longues études. Lorsque je terminerai ma formation,° j'aurai fait sept années d'études. C'est fou, non? Mais c'est vraiment ce que j'ai envie de faire.

la formation training, education

JANE: Et ça ne te fait rien° de ne pas avoir le temps de sortir, d'aller au ciné ou de partir en week-ends?

ça ne te fait rien it does not bother you

NATHALIE: Il ne faut pas exagérer. Je pense qu'il y a trois ans, peut-être quatre ans de sacrifices, et puis le reste du temps on peut quand même en profiter.° Et ce n'est pas trop mal, cette année. Et toi, qu'est-ce que tu fais?

en profiter to enjoy life

JANE: Moi, j'étudie la psychologie. Justement, j'ai aussi pensé à la médecine, mais alors vraiment, la perspective de m'enfermer° avec mes livres pendant des années me fait peur... Je ne supporterai° jamais une vie pareille,° je le sais. Je veux sortir et avoir des amis.

s'enfermer to close oneself up

supporter to put up with, endure/**pareil** such a

NATHALIE: Oui, mais la psycho, c'est long aussi!
JANE: Oui, c'est long, mais il me semble qu'il y a quand même un meilleur équilibre° entre les études et la vie privée qu'avec la médecine. Il me semble que j'aurai plus de temps libre, surtout si je ne travaille pas en clinique.

l'équilibre *m* balance

NATHALIE: Oui, tu as sans doute raison.
JANE: Si la médecine t'intéresse tellement, est-ce que tu as pensé à devenir infirmière?° Ça serait moins stressant.

l'infirmière *f* nurse

NATHALIE: Naturellement ce serait moins stressant parce que c'est moins long, mais je pense que c'est moins intéressant comme travail... Enfin, je sais que je veux faire médecine.
JANE: Eh bien, ce sera à moi de te téléphoner et de t'inviter pour te sortir de tes livres! A propos, nous allons au cinéma ce soir? Ça t'intéresse?
NATHALIE: Certainement! J'ai besoin de me distraire après toute cette discussion!

A suivre

Observation et Analyse

1. Selon Jane et Nathalie, quels sont les avantages d'être médecin? les inconvénients *(disadvantages)*?
2. Pourquoi Jane a-t-elle choisi la psychologie?
3. Comment Nathalie compare-t-elle les professions de médecin et d'infirmière?
4. Trouvez-vous les deux jeunes femmes aussi idéalistes l'une que l'autre? Expliquez.

Réactions

1. Combien d'années d'études votre future profession va-t-elle exiger? Quels sont les avantages et les inconvénients de cette profession? (Si vous n'avez pas encore choisi de profession, décrivez-en une qui vous semble intéressante.)
2. Croyez-vous que les longues années d'études de médecine sont trop stressantes pour la santé des étudiants? A votre avis, les patients que les jeunes internes traitent sont-ils négligés? en danger?

«Expressions typiques pour...»

Dire ou demander ce qu'on va faire

- Quand on fait référence au futur en français parlé, on peut utiliser le présent du verbe.

  Je pars { ce soir. / demain.

  Tu viens { mardi? / la semaine prochaine?

  Qu'est-ce que tu fais { demain? / ce week-end?

- Très souvent on utilise le futur proche (**aller** + infinitif) quand on parle d'un événement plus éloigné dans le futur.

  On va partir { mercredi en huit. / dans un mois.

- On utilise aussi le futur et le futur antérieur, surtout après **quand, lorsque, dès que, après que, aussitôt que** et en français écrit.

Liens culturels

Les Français et les métiers

Quels changements remarquez-vous dans les métiers en France pendant les vingt dernières années? A votre avis, pourquoi y a-t-il une baisse du nombre d'agriculteurs et de commerçants? Comment pouvez-vous expliquer l'augmentation du nombre des cadres et des employés (de bureau, techniciens, etc.) Les métiers des femmes ont-ils changé de la même façon que ceux des hommes?

Le nouveau paysage professionnel

Répartition de la population active selon la catégorie socioprofessionnelle (en %) et proportion de femmes:

	1989		1968	
	Total	**dont femmes**	**Total**	**dont femmes**
• Agriculteurs exploitants	5,3	4,4	11,5	12,8
• Artisans, commerçants et chefs d'entreprise	7,3	5,7	10,7	11,5
• Cadres et professions intellectuelles supérieures	9,6	6,3	5,1	2,5
• Professions intermédiaires	19,1	18,7	10,4	11,4
• Employés	28,1	49,0	21,2	38,8
• Ouvriers	29,6	14,3	39,3	22,5
• Autres catégories	1,0	1,6	1,8	0,5
Total	100,0	100,0	100,0	100,0
Effectifs (en milliers)	**24 062**	**10 521**	**19 916**	**7 208**

Gérard Mermet, *Francoscopie, 1991* (Larousse, p. 227)

Répondre à la question: Allez-vous faire quelque chose?

Oui!
- Je vais certainement/sûrement...
- On ne m'empêchera pas de *(You won't keep me from)*...
- Je vais..., c'est sûr.

Oui, probablement.
- Je vais peut-être...
- J'espère...
- J'aimerais...

Peut-être.
- Peut-être que oui/que non...
- Je ne suis pas sûr(e)/certain(e), mais...

Non, probablement pas.
- Je n'ai pas vraiment envie de...
- Je ne vais probablement pas...

Non!
- Ça m'étonnerait que je (+ subjonctif) *(I'd really be surprised that)*...
- On ne m'y prendra pas *(You won't catch me)*...!
- Ne t'inquiète pas/Ne te fais pas de souci *(Don't worry)*, je ne vais pas...

♦ When **peut-être** begins a sentence, a **que** must follow it or the subject must be inverted: **Peut-être qu**'elle deviendra médecin. **Peut-être** Nathalie deviendra-t-elle médecin.

M I N I - C O N V E R S A T I O N S

Dire ce qu'on va faire

—Pourquoi est-ce que tu te dépêches comme ça?

—**Je pars** dans une heure pour aller chez mon petit ami, et j'ai encore mille choses à faire!

Répondre à la question: Allez-vous faire quelque chose?

—Alors, c'est vrai? Tu vas visiter Euro Disney?[1]

—Oui, et **personne ne m'empêchera d'**y aller. J'attends ça depuis un an. Et toi?

—**Je ne suis pas certain.** C'est cher, et puis je suis un habitué du Parc Astérix.[2] **Peut-être que** j'irai l'année prochaine.

A VOUS

- C'est vendredi après-midi. Découvrez ce que votre ami(e) fait ce week-end.
- Découvrez si votre ami(e) va aller en France/à New York/en Californie cette année.

«Mots et expressions utiles»

La recherche d'un emploi *(Job search)*

les allocations [f pl] **de chômage** *unemployment benefits*
l'avenir m *future*
avoir une entrevue/un entretien *to have an interview*
changer de métier *to change careers*
chercher du travail *to look for work*
le curriculum vitae (le C.V.) *résumé, CV*
être candidat(e) à un poste *to apply for a job*
être au chômage *to be unemployed*
être à la retraite *to be retired*
la formation professionnelle *professional education, training*
occuper un poste *to have a job*
l'offre [f] **d'emploi** *opening, available position*
la pension de retraite *retirement pension*
prendre sa retraite *to retire*
en profiter *to take advantage of the situation; to enjoy*
la promotion *promotion*
remplir une demande d'emploi *to fill out an application*
la réussite *success*
le salaire *pay (in general)*
la sécurité de l'emploi *job security*
le service du personnel *personnel services*
le traitement mensuel *monthly salary*
trouver un emploi *to find a job*

[1] Euro Disney, le plus grand parc d'attractions d'Europe, se trouve à Marne-la-Vallée, à 32 kilomètres de Paris. C'est une copie des parcs d'attractions de Floride et de Californie. Il a ouvert en avril 1992.

[2] Le Parc Astérix, qui se trouve à Plailly (au nord de Paris), est un autre parc d'attractions qui a ouvert en 1988.

Mon Dieu! La **recherche d'un emploi** prend vraiment du temps! Le **curriculum vitae** à préparer, les **demandes d'emploi à remplir,** et, bien sûr, les **entrevues.** Tout ça me rend fou! Si jamais je **trouve un emploi,** je te jure que je ne **changerai** pas **de métier** tout de suite!

Les métiers *(Trades, professions, crafts)*

les professions [f pl] **libérales:** un médecin/une femme médecin, un(e) dentiste, un(e) avocat(e), un architecte, etc.

les fonctionnaires (employés de l'Etat): un agent de police, un douanier/une douanière, un magistrat *(judge)*, etc.

les affaires f pl *(business)* (travailler pour une entreprise): un homme/une femme d'affaires *(businessman/woman)* un(e) secrétaire, un(e) employé(e) de bureau, un(e) comptable *(accountant)*, un(e) représentant(e) de commerce *(sales rep)*, etc.

le commerce (servir les clients): un boucher/une bouchère, un épicier/une épicière, un(e) commerçant(e) *(shopkeeper)*

l'industrie f (travailler dans une usine): un ouvrier/une ouvrière *(worker)*, un(e) employé(e), un(e) technicien(ne), un chef d'atelier *(shop)*, un ingénieur, un cadre/une femme cadre *(manager)*, un directeur/une directrice, etc.

l'informatique f *(computer science)*: un(e) informaticien(ne) *(computer expert)*, un(e) analyste en informatique, un programmeur/une programmeuse, etc.

l'enseignement m: un instituteur/une institutrice, un professeur, etc.

Un métier peut être...

ingrat *(thankless)*, dangereux, malsain *(unhealthy)*, ennuyeux, fatigant, mal payé, sans avenir

ou...

intéressant, stimulant *(challenging)*, passionnant, fascinant, bien payé, d'avenir

Que faire dans la vie? Devenir **avocate**? C'est **bien payé,** mais je n'aime pas parler en public. **Comptable**? On peut travailler seul, mais le travail ne semble pas très **stimulant. Agent de police**? Hmmm..., peut-être un peu trop **dangereux** pour moi. Enfin, **professeur**? C'est parfait! C'est une profession **d'avenir** qui a l'air **intéressant,** sauf, bien sûr, quand on a des étudiants paresseux comme moi!

Activités

A. Entraînez-vous: Votre vie professionnelle. Vous cherchez du travail. Que faites-vous? Mettez les phrases dans l'ordre chronologique.

se présenter au service du personnel
trouver une agence de placement
préparer un curriculum vitae
demander des lettres de recommandation
remplir une demande d'emploi
accepter l'offre
avoir une entrevue/un entretien

B. Quel avenir vous attend? Une voyante *(fortune teller)* vous fait les prédictions suivantes. Réagissez en utilisant les ***Expressions typiques pour....***

modèle: L'année prochaine vous serez riche.
Ça m'étonnerait que je devienne riche.

1. Ce week-end vous allez au cinéma / vous allez étudier / vous allez beaucoup dormir.
2. L'année prochaine vous serez toujours étudiant(e) / vous allez changer de vie / vous allez chercher du travail / vous allez faire votre service militaire / vous allez voyager.
3. Dans quinze ans vous serez riche et célèbre / vous serez au chômage / vous aurez un métier dangereux / vous aurez cinq enfants.

Parlez des emplois que vous avez eus. Comment les avez-vous trouvés?

C. A l'agence locale de l'ANPE.[3] L'agent vous propose des métiers dans les secteurs suivants. Réagissez et dites ce que vous aimeriez ou n'aimeriez pas faire dans la vie et expliquez pourquoi.

modèles: l'informatique

Je vais peut-être devenir informaticien(ne). Nous sommes au milieu d'une révolution technologique, donc c'est un métier d'avenir. J'aime les ordinateurs et je voudrais apprendre à les utiliser pour faciliter la vie de tous les jours.

OU

Je n'ai pas vraiment envie de devenir informaticien(ne). Je déteste les ordinateurs, donc, pour moi, ce métier serait ennuyeux. Je préférerais un métier où il y ait des contacts avec les gens plutôt qu'avec les machines.

1. la médecine
2. le droit *(law)*
3. le secrétariat
4. les affaires
5. l'enseignement
6. l'industrie du bâtiment
7. le commerce
8. votre choix

D. Faites des projets. Travaillez avec un(e) camarade de classe pour préparer des projets. Utilisez les mots et expressions de la leçon.

1. Ce week-end: décidez ce que vous allez faire et parlez des préparatifs.
2. Les vacances: discutez de ce que vous allez faire pendant les prochaines vacances.
3. Votre vie professionnelle: parlez de votre avenir.

[3] Agence nationale pour l'emploi

«Grammaire»

♦ **Après que** is generally only used with the future perfect. See section B at the bottom of this page.

L'Usage du futur

You have reviewed the formation of the future in ***Révisons un peu.*** The future is used to express an action, event, or state that will occur in the future.

A. The future tense is used after **quand, lorsque** *(when),* **aussitôt que** *(as soon as),* **dès que** *(as soon as),* and **après que** *(after)* when expressing a future action. In English the present tense is used.

Dès qu'elle **aura** son diplôme, Monique fera un voyage aux Etats-Unis pour perfectionner son anglais.
As soon as she has her diploma, Monique will travel to the United States to perfect her English.

Quand elle nous **rendra** visite en juillet, nous l'emmènerons à Washington D.C. avec nous.
When she visits us in July, we will take her to Washington D.C. with us.

B. The future tense also states the result of a **si**-clause in the present tense.

Si elle réussit à cet examen compétitif, elle **sera** professeur d'anglais et son emploi **sera** garanti.
If she passes this competitive exam, she will be an English professor and her employment will be guaranteed.

Monique **acceptera** un poste à Strasbourg **si** son mari y trouve du travail.
Monique will accept a job in Strasbourg if her husband finds work there.

Note that the **si** clause can be placed either at the beginning or the end of a sentence.

Le Futur antérieur

A. The future perfect is formed with the future tense of the auxiliary **avoir** or **être** and the past participle of the main verb. Agreement rules, word order, and negative/interrogative patterns are the same as for the **passé composé.**

J'aurai passé dix ans à étudier la médecine avant de devenir médecin.
I will have spent ten years studying medicine before becoming a doctor.

étudier

j'**aurai étudié**	nous **aurons étudié**
tu **auras étudié**	vous **aurez étudié**
il/elle/on **aura étudié**	ils/elles **auront étudié**

arriver

je **serai arrivé(e)**	nous **serons arrivé(e)s**
tu **seras arrivé(e)**	vous **serez arrivé(e)(s)**
il **sera arrivé**	ils **seront arrivés**
elle **sera arrivée**	elles **seront arrivées**
on **sera arrivé**	

se coucher

je me **serai couché(e)**	nous nous **serons couché(e)s**
tu te **seras couché(e)**	vous vous **serez couché(e)(s)**
il se **sera couché**	ils se **seront couchés**
elle se **sera couchée**	elles se **seront couchées**
on se **sera couché**	

B. The future perfect is used to express an action that will have taken place *before* another action in the future. It expresses the English *will have* + past participle.

En l'an 2010, tout **aura changé.**
By the year 2010, everything will have changed.

As stated earlier, a future tense must be used after the conjunctions **quand, lorsque, aussitôt que, dès que,** and **après que** when expressing a future action. The future

Quelle sorte de formation l'agence UNIFHORT offre-t-elle? Quels sont les avantages d'une formation à UNIFHORT?

perfect is the tense needed if the future action or state will have taken place before another future action. The main verb will be in either the future or the imperative.

> Dès qu'il **aura trouvé** un emploi, il achètera une voiture.
> *As soon as he has found (will have found) a job, he will buy a car.*
>
> Partons aussitôt qu'il **aura appelé.**
> *Let's leave as soon as he has called (will have called).*

At times it is up to the speaker to decide whether to use the simple future or the future perfect after one of the above conjunctions. When both clauses use the simple future, it is implied that both actions take place at the *same* time.

> Aussitôt qu'il **achètera** sa nouvelle voiture, il nous **emmènera** faire un tour.
> *As soon as he buys his new car, he will take us for a ride.*
>
> Aussitôt qu'il **aura acheté** sa nouvelle voiture, il nous emmènera faire un tour.
> *As soon as he has bought his new car, he will take us for a ride.*

Note that after the conjunction **après que,** the future perfect is the most frequent choice.

> Après que nous **serons revenus,** je te raconterai toutes nos aventures.
> *After we have returned, I will tell you about all our adventures.*

◆ Note that verbs following **quand, lorsque, dès que,** and **aussitôt que** can occasionally be used in the present tense to convey the sense of habit: Dès que mon bébé **se réveille,** je le change.

Summary

	***Si*/conjunction clause**	**Main clause**
si	present	present future imperative
quand **lorsque** **dès que** **aussitôt que**	future	future imperative future perfect
	future perfect	future imperative
après que	future perfect	future imperative

Activités

A. Demain. Dites ce que nous aurons déjà fait demain. VERBES UTILES: **manger, déjeuner, étudier, parler, sortir, dîner, se coucher, se lever, enseigner, boire.**

modèle: A six heures demain matin...
j'aurai déjà beaucoup dormi.

1. A huit heures du matin, je...
2. A dix heures du matin, mes amis...
3. A midi, le professeur...
4. A cinq heures de l'après-midi, ma mère...
5. A sept heures demain soir, je...
6. A neuf heures demain soir, nous...
7. A minuit demain, les étudiants...

B. Le courrier du cœur. Ce jeune homme a un problème. Il écrit au courrier du cœur pour demander conseil. Choisissez les verbes qui conviennent et complétez sa lettre. Attention au temps des verbes! Ensuite imaginez la réponse.

le 27 février

Chère Madame,

Je vous écris pour vous demander votre avis. Dans une semaine je ________ (me marier / me promener) avec une jeune fille que je connais depuis longtemps. Dès que nous ________ (commencer / passer) nos examens, nous ________ (voyager / quitter) en Angleterre. Nous y ________ (passer / aller) deux mois. Lorsque nous ________ (enseigner / perfectionner) notre anglais, nous ________ (partir / finir) pour les Etats-Unis. Nous espérons travailler comme interprètes dans la Silicon Valley. Vous voyez, ma fiancée et moi, nous sommes spécialistes en informatique. Nous ________ (gagner / savoir) beaucoup d'argent en travaillant aux Etats-Unis. Après que nous ________ (avoir / devenir) riches, nous ________ (aller / rentrer) au Japon où nous ________ (continuer / dépenser) à travailler. Ma mère dit que nous n'avons pas les pieds sur terre. A-t-elle raison?

Un jeune idéaliste

C. L'avenir. Avec un(e) camarade, complétez les phrases suivantes en imaginant votre avenir selon les circonstances données.

1. Dès que j'aurai mon diplôme, je...
2. Je me marierai quand...
3. Aussitôt que je me marierai, je...
4. J'aurai des enfants lorsque...
5. Si je n'ai pas d'enfant, je...
6. Quand je travaillerai, je...
7. Si je ne trouve pas de travail, je...
8. Quand j'aurai gagné beaucoup d'argent, je...
9. Si je suis au chômage, je...
10. Je prendrai ma retraite quand...
11. En l'an 2050, je...

«Interactions»

♦ Review the telephone expressions in *Appendice B.*

A. Le week-end. Call a friend and ask him/her to take a short weekend trip with you. Talk about where you might go and what you might do at various destinations. Then pick one place and make plans.

B. Une offre d'emploi. You are the manager of a small office and you need to hire a bilingual secretary. You call an employment counselor for help in finding the secretary. The counselor will ask what duties (**responsabilités,** *f pl*) the person will have to perform. You explain that you want the secretary to answer the telephone and type letters (**taper à la machine**). Say that your budget is tight (**serré**) and that the salary may be low, but you can offer job security and a pleasant working atmosphere (**une bonne ambiance**).

BRAVO! Culture et Littérature

LEÇON 2

Comment faire une hypothèse, conseiller, suggérer et avertir

 Instructor's Tape

«Conversation» (suite)

Premières impressions

Soulignez:

- des expressions pour conseiller et suggérer quelque chose, pour faire une hypothèse et pour avertir

Trouvez:

- la raison pour laquelle Jane veut déménager
- combien d'argent Jane aura pour payer son logement

Plus tard, Jane retrouve Nathalie et d'autres amis devant le cinéma. Tandis qu'ils font la queue° pour acheter leur billet, ils se parlent.

faire la queue to stand in line

JANE: Est-ce que je peux vous demander un petit conseil? J'ai besoin de déménager. Mon père a fini son contrat à Paris et ma famille retourne donc aux Etats-Unis. Ils veulent que j'aille avec eux, mais moi, je voudrais rester ici pour finir mes études. A votre avis, est-ce que c'est possible de trouver un appartement à louer° pas trop cher?

NATHALIE: Pas vraiment! A Paris il est très difficile de trouver un appartement à louer, même au prix fort.°

JANE: Ah bon?

YVES: Si j'étais toi, je chercherais plutôt une chambre ou un petit studio.°

JANE: Une chambre? Je ne veux pas habiter dans une chambre.

OLIVIER: Mais ça coûte cher d'habiter à Paris.

JANE: Je pensais payer 600 F par mois...

DELPHINE: Avec ça, tu pourrais tout juste avoir une chambre de bonne° avec eau froide et W.C. sur le palier,° dans un quartier bruyant° et moche. A 600 F par mois, tu ne pourrais avoir ni eau chaude, ni douche!

JANE: Non, moi, je pensais prendre un appartement avec d'autres étudiants. Vous ne faites pas ça?

NATHALIE: Peut-être avec des Américains, mais les Français, ils ne font pas tellement° cela.

JANE: Ah, non?

NATHALIE: Non, mais si tu trouves des étudiants américains, tu pourrais peut-être vivre avec eux. A nous tous, on en connaît pas mal.°

JANE: Mais pourquoi ne pas vivre entre étudiants? Ça ne vous intéresserait pas de diviser le loyer° d'un appartement à trois ou quatre? Où est-ce que tu habites, toi, Olivier, par exemple?

OLIVIER: Moi, j'ai une chambre d'étudiant. Ce n'est pas le grand luxe, mais j'ai eu du mal à l'avoir! Je l'ai, je la garde!

JANE: Et vous, Nathalie et Delphine, vous n'avez jamais vécu dans un appartement?

NATHALIE: Non, dans des chambres...

JANE: C'est étonnant!

YVES: Mais même si on voulait se retrouver tous ensemble dans un appartement, financièrement, cela serait toujours très difficile à Paris.

JANE: Oh... mais c'est très décourageant! Alors, qu'est-ce que vous me conseillez?

DELPHINE: J'ai une idée. Tu pourrais aller à l'église américaine. Là ils ont des petites annonces partout sur les tableaux... pour des chambres, même des appartements, des gens de tous les âges... Je te conseille vraiment d'y aller...

JANE: Ah! Je n'y avais pas pensé. C'est une excellente suggestion! Merci beaucoup!

DELPHINE: J'ai beaucoup d'amis américains qui ont trouvé de bonnes solutions de ce genre.

louer to rent

au prix fort at a high price

un studio efficiency appartment

une chambre de bonne room for rent (formerly maid's quarters)/**sur le palier** on the landing/**bruyant** noisy

tellement so much

pas mal quite a few

le loyer rent

un panneau d'affichage bulletin board/**la Cité-U** student residence hall(s)

YVES: Tu as pensé aussi à aller à la bibliothèque? Ils ont des articles, des petites annonces sur des panneaux d'affichage,° pour des logements...

DELPHINE: Tu pourrais aussi habiter une chambre à la Cité-U.° Tu ferais la connaissance d'autres étudiants et tu pourrais manger au restaurant universitaire, qui est très bon marché.

JANE: Tiens! Ce sont de très bonnes idées. Il faudrait que je me renseigne. Merci!

A suivre

Observation et Analyse

1. Quelle est la réaction des amis de Jane à son idée de louer un appartement à Paris?
2. Quelle sorte de logement lui suggèrent-ils?
3. Est-ce que les autres veulent habiter ensemble? Pourquoi ou pourquoi pas?
4. Où conseillent-ils à Jane d'aller pour trouver des renseignements sur les logements disponibles?
5. Pourquoi, à votre avis, Jane a-t-elle tant de difficultés à comprendre la situation du logement à Paris?

Réactions

1. Quelle sorte de logement chercheriez-vous si vous étiez dans la même situation que Jane à Paris? Expliquez.
2. Connaissez-vous beaucoup d'Américains qui étudient en Europe? Voulez-vous le faire un jour? Expliquez.

«Expressions typiques pour...»

Faire une hypothèse

Si tu pars, où iras-tu?/Si vous partez, où irez-vous?
(action vue comme possibilité réelle)
Si tu partais, où irais-tu?/Si vous partiez, où iriez-vous?
(action vue comme hypothèse—irréelle au moment où l'on parle)

◆ To advise against, use the negative form of the structures for advising.

Conseiller

Tu devrais/Vous devriez manger à la Tour d'Argent.[4]
Je te/vous conseille d'y aller.
Je te/vous recommande vraiment d'y aller.
Il faut aller à la banque.
Il vaut mieux encaisser ce chèque *(cash this check)* tout de suite.
Tu ferais/Vous feriez mieux de louer un studio.
Si j'étais toi/vous, je chercherais une chambre.
Si j'étais à ta/votre place, je déposerais *(deposit)* mon chèque à la banque.
J'ai une très bonne idée/une idée sensationnelle...

Suggérer

Je te/vous suggère de
Tu peux/Vous pouvez
Tu pourrais/Vous pourriez
} chercher une chambre.

Tu as pensé à/Vous avez pensé à
Pourquoi ne pas
} acheter en copropriété?

[4] Un des restaurants les plus chers de Paris, avec vue sur Notre-Dame, l'Ile Saint-Louis et la Seine. En général, les étudiants n'y vont pas!

Accepter une suggestion

Tiens! C'est une bonne idée.
D'accord.
Pourquoi pas?
C'est une excellente suggestion.

Refuser une suggestion

Non, ce n'est pas une bonne idée.
Non, je ne veux/peux pas.
Merci de ton/votre conseil, mais ce n'est pas possible en ce moment.
Ça me paraît difficile.

Avertir *(To warn)*

Je te/vous signale *(point out)* que / Je te/vous préviens *(warn)* que } ce n'est pas facile.

Attention / Fais/Faites attention / Fais gaffe *(familiar—Be careful, watch out)* } aux voitures!

MINI-CONVERSATIONS

Conseiller

—J'ai une amie qui a envie de venir en France pour étudier la langue et la littérature françaises. Elle ne sait pas où aller.
—**Si j'étais elle, j'irais** dans une ville de province. **Je ne resterais pas** à Paris. Tout y est tellement cher.
—Peut-être que tu as raison. Je le lui dirai.

Suggérer/Accepter une suggestion

—**Pourquoi ne pas** lui suggérer d'aller à Tours ou à Dijon? Elle sera près de Paris, mais dans une ville plus calme et moins chère, et dans une région très pittoresque.
—**Tiens! C'est une bonne idée!**

Avertir

—Mais si elle insiste pour vivre à Paris, elle pourrait chercher dans les petites annonces une chambre ou un studio à louer, n'est-ce pas?
—Oui, mais **je te préviens,** ce ne sera pas facile—à moins qu'elle ait les moyens et le temps de chercher.

A VOUS

- Un(e) nouvel(le) étudiant(e) vous demande conseil pour manger près du campus. Conseillez-le/la.
- La nourriture est très bonne dans ce restaurant mais les prix sont un peu élevés. Avertissez votre ami(e) des prix.

«Mots et expressions utiles»

Le logement

acheter à crédit *to buy on credit*
l'agent m **immobilier** *real estate agent*
l'appartement m *apartment*
la chambre de bonne *room for rent (formerly maid's quarters)*
les charges f pl *fees (for heat and maintenance of an apartment or condominium)*
la Cité-U(niversitaire)/résidence universitaire *student residence hall(s)*
coûter *to cost*
un HLM (habitation à loyer modéré) *moderate income housing*
l'immeuble m *apartment building*
le/la locataire *tenant*
un logement en copropriété *condominium*
louer *to rent*
le loyer *rent*
le/la propriétaire *owner; householder*
le studio *efficiency apartment*

Une habitation peut être...

grande, petite, vieille, ancienne, neuve *(brand new)*, récente, moderne, rénovée *(remodeled)*, confortable, agréable, sale, propre *(clean)*, commode *(convenient)*, pratique, facile à entretenir *(to maintain)*, au prix fort *(at a high price)*

Les avantages/inconvénients *(disadvantages)*

bien/mal conçu(e) *(designed)*, situé(e), équipé(e), entretenu(e) *(maintained)*; beau/belle; moche; laid(e); solide; tranquille; calme; bruyant(e) *(noisy)*; isolé(e)

Eh bien voilà, madame. J'ai enfin fini mes études universitaires et je viens de trouver un emploi bien payé. Il n'y a plus qu'une question à régler: où habiter? Ma mère me conseille de **louer un studio** ou une chambre pendant une année. Mais moi, j'en ai assez d'être **locataire,** je voudrais être **propriétaire**! Tout le monde **achète à crédit** de nos jours, alors pourquoi pas moi? Je pourrais acheter une **vieille maison située** dans un quartier **tranquille** ou un **logement en copropriété, moderne, bien entretenu** par une association. Enfin, madame **l'agent immobilier,** me voilà! Qu'avez-vous à me proposer?

La banque

le carnet de chèques *checkbook*
la carte de crédit *credit card*
la carte électronique *automatic teller card*
changer de l'argent *to change money*
le compte chèques *checking account*
déposer *to deposit*
le distributeur automatique de billets *automatic teller machine*
emprunter *to borrow*
encaisser un chèque *to cash a check*
l'intérêt m *interest*
le livret d'épargne *savings account*
ouvrir un compte *to open an account*
le prêt *loan*
prêter *to lend*
retirer de l'argent *to make a withdrawal*
le taux d'intérêt *interest rate*

—Tu as une minute? Il faut que je m'arrête à la banque pour **encaisser un chèque,** enfin si j'ai bien mon **carnet de chèques** avec moi. Sinon, je dois passer au **distributeur automatique de billets.**
—Je peux te **prêter** de l'argent.
—Ce **prêt** me serait fait à quel **taux d'intérêt**?
—Il vaut peut-être mieux que tu ailles à la banque. Ça te reviendra moins cher!

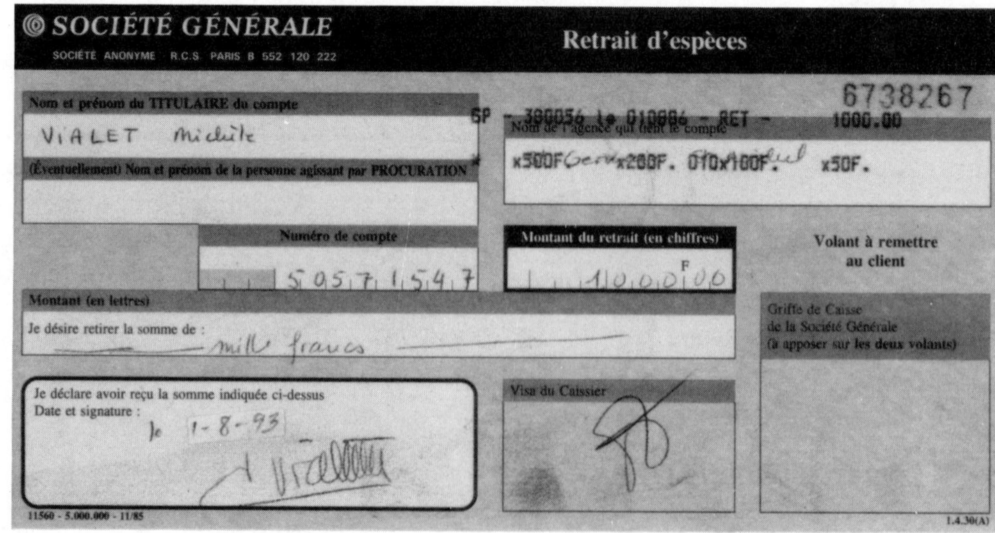

SOCIÉTÉ GÉNÉRALE
SOCIÉTÉ ANONYME R.C.S. PARIS B 552 120 222
Retrait d'espèces

6738267
SP - 300056 le 010886 - RET - 1000.00

Nom et prénom du TITULAIRE du compte
VIALET Michèle

(Éventuellement) Nom et prénom de la personne agissant par PROCURATION

Nom de l'agence qui tient le compte
x500F. x200F. 010x100F. x50F.

Numéro de compte
5057 1547

Montant du retrait (en chiffres)
1000 F 00

Volant à remettre au client

Montant (en lettres)
Je désire retirer la somme de : mille francs

Griffe de Caisse de la Société Générale (à apposer sur les deux volants)

Je déclare avoir reçu la somme indiquée ci-dessus
Date et signature : le 1-8-93

Visa du Caissier

11560 - 5.000.000 - 11/85 1.4.30(A)

Combien d'argent cette personne a-t-elle retiré? A-t-elle un compte à cette banque?

Décrivez ces logements.
Lequel préférez-vous?

Activités

A. Entraînez-vous: Si j'étais à ta/votre place. En utilisant les ***Expressions typiques pour...,*** donnez des conseils et des suggestions dans les situations suivantes.

modèle: à un professeur qui veut préparer son prochain cours
J'ai une très bonne idée. Annulez le cours!

1. à un(e) ami(e) qui veut aller au cinéma
2. à votre petit frère/petite sœur qui cherche un bon livre
3. à un(e) touriste qui cherche un bon restaurant dans votre ville
4. à un(e) ami(e) qui fume beaucoup
5. à un(e) ami(e) qui veut voyager à l'étranger
6. à un(e) inconnu(e) qui porte un chapeau dans la salle de cinéma

B. Que décider? Une amie américaine qui a hérité d'une maison en France vous demande de l'aider à écrire à un agent immobilier. Traduisez la lettre en français pour elle.

Sir, Madam,

I would be very obliged if you could give me **(Je vous serais très obligée de bien vouloir me donner)** some advice. I have become the owner of an old house in Lyon. It is solid but badly maintained. I am renting it to a young couple who complains **(se plaint).** They say that many things in the house do not work **(ne pas marcher).** I would be very grateful **(reconnaissante)** if you could give me some suggestions. Should I sell the house? Should I borrow money to remodel it? Should I destroy **(démolir)** it?

I thank you in advance for your suggestions.

Sincerely, **(Veuillez agréer, monsieur/madame, l'assurance de mes sentiments distingués.)**

Marcia Cohen

Après avoir traduit la lettre, jouez le rôle de l'agent immobilier et répondez à cette lettre. Quels conseils et suggestions avez-vous pour cette dame?

C. Questions indiscrètes. Interviewez un(e) ami(e) sur le logement et l'argent. Donnez un résumé de ses réponses à la classe.

1. Habites-tu une résidence universitaire? un appartement? une maison? un studio? une chambre? un logement en copropriété? Décris ton logement.
2. Es-tu propriétaire ou locataire? Quels sont les avantages et inconvénients d'être propriétaire? d'être locataire?
3. As-tu jamais emprunté de l'argent à la banque? Pour quoi faire? Te souviens-tu du taux d'intérêt?
4. Combien de comptes en banque as-tu? Préfères-tu un livret d'épargne ou un compte chèques? Pourquoi?
5. Aimes-tu les cartes électroniques? les cartes de crédit? Pourquoi?

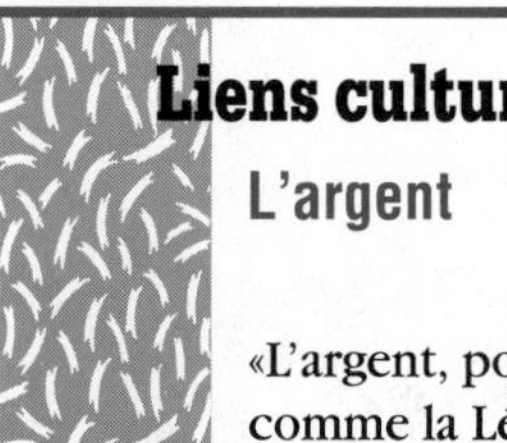

Liens culturels

L'argent

«L'argent, pour les Français, c'est comme la Légion d'honneur. Ça ne s'exhibe pas, ça ne se demande pas, mais ça ne se refuse pas.» En France, l'argent vite fait est suspect. On dit que ce n'est pas un hasard si le mot «moneymaker» n'existe pas en français. Il faut dire que la «France est fière de ses Rothschild, de ses Wendel» et qu'elle est fascinée par l'argent, mais on n'aime pas ceux qui font vite fortune. C'est une attitude qui est en train de changer. Quelle est l'attitude des Américains envers l'argent? Est-elle en train de changer?

Adapté de *l'Express* (1er mars 1985, p. 29)

«Grammaire»

Les Phrases conditionnelles

We often use the conditional to counsel, suggest, or warn someone about something. We present a possible or hypothetical fact or condition after the word *if* and follow it with the result. In French this is accomplished by using the *imperfect* in the **si** clause and the *conditional* in the result clause.

♦ Formation of the conditional was reviewed in ***Chapitre 1*** and the imperfect in ***Chapitre 4.***

Ecoute ta mère: si j'**étais** toi, je **déposerais** la moitié de ton chèque sur ton livret d'épargne.
Listen to your mother: if I were you, I would deposit half of your check in your savings account.

In this chapter, we discuss two types of if/result clauses. A third type, which uses the past conditional, will be presented in ***Chapitre 10.***

***Si* clause**	**Main clause**
present	present future imperative
imperfect	conditional

Si elle **va** à la Société Générale, elle **retirera** la somme de 1 000 F de son compte chèques.
If she goes to the Société Générale, she will withdraw the sum of 1000 francs from her checking account.

Si nous **voulions** de l'argent, nous **irions** à la Banque Populaire.
If we wanted some money, we would go to the Banque Populaire.

Note that:

- as mentioned earlier, the order of the two clauses is interchangeable;
- neither the future nor the conditional is used in the **si** clause.

Activités

A. Quelle situation embarrassante! Imaginez que vous soyez dans les situations suivantes. Dites ce que vous feriez pour en sortir.

modèle: Vous êtes à la station-service où vous venez de faire le plein. Vous vous rendez compte que vous n'avez pas d'argent.
Si je me rendais compte que je n'avais pas d'argent, je demanderais un prêt au propriétaire.

1. Vous êtes perdu(e) dans une ville que vous ne connaissez pas.
2. Vous tombez malade dans un pays dont vous ne pouvez pas parler la langue.

3. Vous faites du ski dans les Pyrénées et vous êtes pris(e) dans une tempête de neige.
4. Votre voiture tombe en panne *(breaks down)* au milieu de la nuit.
5. Vous travaillez dans une banque et il y a un hold-up.
6. Vous mangez au restaurant et vous apercevez votre acteur/actrice préféré(e).
7. Vous êtes à la terrasse d'un café et une mouche se noie *(a fly drowns)* dans votre verre de bière.

B. Questions indiscrètes. Posez les questions suivantes à un(e) ami(e). Donnez un résumé de ses réponses à la classe.

1. Que ferais-tu si tu avais un emploi horrible? si tu ne pouvais pas changer de travail pour des raisons financières? si tu avais un(e) patron(ne) que tu détestais?
2. Que ferais-tu si tu avais des quintuplé(e)s? Comment gagnerais-tu de l'argent pour les élever?
3. Que ferais-tu si tu gagnais à la loterie? Où irais-tu? Qu'achèterais-tu? Partagerais-tu avec tes amis?
4. Que ferais-tu si tu devais habiter pendant un an sur une île déserte? Si tu pouvais choisir, avec qui aimerais-tu passer ton séjour? Qu'est-ce que tu emporterais avec toi?

«Interactions»

A. Un prêt. Imagine that you want to get a loan. Look at the form below and discuss your ideas with the loan officer (your partner). Explain whether you want a loan for a house or a car. Tell how much money you want to borrow and how long you will take to repay the loan. The loan officer will give you suggestions.

B. Que faire? You are a nineteen-year-old French person in your first year at the university. You did not do well on your exams at the end of the year. You are thinking of quitting the university and going to the United States as a **jeune fille/jeune homme au pair.** You think that this would be a good opportunity to practice your English, but you don't have any money or savings. You know that your parents will be very saddened by your decision. You are the youngest child and your other brothers and sisters have already left home. Ask two friends for advice.

BRAVO! Culture et Littérature

PRÊTS
AUX PARTICULIERS

INTERROGEZ-NOUS !

S'il ne vous est pas possible d'aller à votre agence Société Générale, utilisez ce coupon-réponse.

☐ J'aimerais obtenir des informations complémentaires.
☐ J'aimerais fixer un rendez-vous.

MON PROJET EST LE SUIVANT :

☐ Immobilier
☐ Voiture ☐ neuve ☐ d'occasion
☐ Je n'ai pas de besoin immédiat de voiture mais je souhaite être informé le moment venu des nouveaux services offerts.
☐ Divers

Période d'achat prévue ______

Nom ______ Prénom ______
Adresse ______
Téléphone ______
N° de compte ______ Agence ______

LEÇON 3

Comment faire des concessions

 Instructor's Tape

«Conversation» (conclusion)

Premières impressions

Soulignez:

- les expressions qu'on utilise pour faire une concession

Trouvez:

- quel type de renseignements Jane veut obtenir de ses amis

Un mois plus tard Jane et ses amis français se trouvent dans un café près du campus.

JANE: Tenez, regardez le poster que j'ai acheté pour mettre au-dessus de mon lit! C'est tout petit, mais j'adore ma chambre de bonne! Je pensais vous demander encore autre chose... Je ne sais pas quoi faire pour l'assurance-maladie.°

NATHALIE: Je ne sais pas très bien comment cela se passe pour les étudiants étrangers en France. Je sais que pour les Français, quand tu t'inscris à l'université, tu paies des droits de Sécurité sociale,[5] et que pour les frais qui restent à ta charge, tu peux souscrire° à une mutuelle.°

JANE: Ah bon? C'est quoi, une mutuelle?

NATHALIE: En fait, une mutuelle c'est un complément de la Sécurité sociale. La Sécurité sociale rembourse de 70 à 89 pour cent des frais. La mutuelle rembourse le reste.

JANE: Et moi, est-ce que j'y ai droit en tant qu'étudiante étrangère?

DELPHINE: Je ne sais pas vraiment, mais renseigne-toi auprès du CROUS.[6]

JANE: Ça tombe bien, je dois y aller pour ma carte d'étudiante.

DELPHINE: Tu pourrais faire les deux choses en même temps.

JANE: Et est-ce que la cotisation° de la Sécurité sociale est élevée?

NATHALIE: Je ne sais pas au juste, mais ce n'est pas très cher.

JANE: Aux Etats-Unis, c'est vraiment très cher de s'assurer puisque les assurances sont privées. Il n'y a pas de système d'état comme ici.

NATHALIE: Même en tant qu'étudiante?

JANE: Non, non. Beaucoup de gens ne s'assurent pas finalement, parce qu'ils n'ont pas les moyens de payer les primes.°

NATHALIE: C'est embêtant si on n'est pas assuré et qu'on a un problème médical... qu'est-ce qu'on fait?

JANE: Et bien, on peut refuser de te soigner à l'hôpital, mais les gens ne vont quand même pas te refuser les soins élémentaires. En fait, comme il y a beaucoup de gens sans assurance, c'est ceux qui ont une assurance qui se trouvent obligés de payer les frais des non-assurés, indirectement.

YVES: Enfin, c'est quand même incroyable que malgré toutes les richesses des Etats-Unis, tout le monde n'ait pas accès à une assurance-maladie minimale.

JANE: Oui, mais tu sais, les Etats-Unis, c'est tout de même un pays qui a extrêmement peur de tout ce qui est socialiste... on pense que cela pourrait être du communisme, et cela fait très peur aux gens...

NATHALIE: C'est drôle parce que nous, on a presque l'inverse maintenant. Bien que le gouvernement français se dise socialiste, il favorise la concurrence° et l'économie de marché.° Mais pour le moment encore, tout le monde a droit aux mêmes soins médicaux.°

l'assurance-maladie *f* health insurance

souscrire to contribute, subscribe to/**une mutuelle** mutual benefit insurance company

la cotisation contribution

une prime premium

la concurrence competition

l'économie [*f*] **de marché** market economy/**les soins** [*m*] **médicaux** medical care and treatment

[5] La Sécurité sociale est un système d'assurance-maladie administré par le gouvernement. Tous les Français et les résidents qui travaillent paient une cotisation d'environ 20 pour cent de leur salaire mensuel.

[6] CROUS—Centre régional des œuvres universitaires et scolaires. C'est une organisation d'étudiants qui aide avec le logement, l'assurance, etc.

JANE: Oui, c'est curieux. Je n'avais pas pensé à cela.
NATHALIE: Mais renseigne-toi auprès du CROUS.
JANE: Voilà! C'est ce que je vais faire!

Observation et Analyse

1. Quelle sorte de logement Jane a-t-elle enfin trouvé?
2. Comment s'appelle l'assurance supplémentaire en France?
3. A quel organisme Jane va-t-elle s'adresser pour trouver les réponses à ses questions d'assurance?
4. Quelle raison Jane donne-t-elle pour l'absence d'assurance-maladie nationale aux Etats-Unis?
5. Quelle est l'opinion de Jane sur le socialisme français d'après cette conversation?

Réactions

Pensez-vous que les Etats-Unis adoptent bientôt un système national d'assurance-maladie? Expliquez. Croyez-vous que ce serait une bonne chose?

«Expressions typiques pour...»

Faire une concession

A première vue, je ne suis pas d'accord avec toi/vous, mais tu connais/vous connaissez mieux la situation que moi.
Bien, tu m'as convaincu(e)/vous m'avez convaincu(e).
Je suis convaincu(e).
A bien réfléchir, je crois que tu as raison/vous avez raison...
Je dois mal me souvenir/me tromper.
En fin de compte *(Taking everything into account)*, je crois que tu as raison.
Si c'est ce que tu penses/vous pensez...
Je n'avais pas pensé à cela.
bien que/quoique (+ subjonctif) *(although)*
Bien qu'elle ait été prudente dans ses investissements, elle a perdu de l'argent à la Bourse *(stock market)*.
quand même *(nonetheless, even so)*, **tout de même** *(in any case)*, **néanmoins** *(nevertheless)*, **pourtant** *(however)*, **cependant** *(however)*, **mais** *(but)*
Elle a bien étudié ses investissements; elle a pourtant beaucoup perdu.
malgré *(in spite of)*, **en dépit de** *(in spite of)*, **avec** *(with)*
Malgré ses connaissances, elle a perdu beaucoup d'argent à la Bourse.

MINI-CONVERSATIONS

Faire une concession

—C'est surprenant que tout le monde ne soit pas couvert par une assurance-maladie aux Etats-Unis.
—Oui, pour un Européen, ça doit paraître bizarre, surtout **à première vue.** Le problème, c'est que les soins médicaux coûtent très cher.
—Est-ce que le gouvernement ne veut pas créer d'assurance-maladie minimale?
—J'en doute. **Bien que** l'idée ait été souvent proposée, le gouvernement ne veut pas prendre une responsabilité aussi grande.
—**Pourtant,** le problème ne va pas disparaître...

A VOUS

- Votre ami(e) pense que ça ne vaut pas la peine de voter aux prochaines élections. Exprimez un point de vue opposé, et il/elle va faire une concession.
- Votre professeur pense que vous ne faites pas de votre mieux dans sa classe. Défendez-vous aussi bien que possible, et puis faites une concession.

«Mots et expressions utiles»

L'économie ([f] *Economy*)

aller de mal en pis *to go from bad to worse*
un abri *shelter*
s'améliorer *to improve*
l'assurance-maladie f *health insurance*
être assuré(e) *to be insured*
les bénéfices m pl *profits*
le budget *budget*
la concurrence *competition*
la consommation *consumption*
la cotisation *contribution*
le développement *development*
une entreprise *business*
exporter *to export*
importer *to import*
les impôts m pl *taxes*
le marché *market*
une mutuelle *mutual benefit insurance company*
la prime *premium; free gift, bonus; subsidy*
le progrès *progress*
un restaurant du cœur *soup kitchen*
un sans-abri *homeless person*
souscrire *to contribute, subscribe to*

Depuis six mois, l'**économie va de mal en pis.** Les **entreprises** ne font pas de **bénéfices** et licencient des employés. Nous **exportons** moins que nous n'**importons.** Les **impôts** augmentent, les **sans-abris** font la queue devant les **restaurants du cœur.** Personne ne sait quand l'**économie** va **s'améliorer,** mais tout le monde attend la fin de cette récession.

Les conditions de travail

une augmentation de salaire *pay raise*
le bureau *office*
le chef (de bureau, d'atelier, d'équipe) *leader (manager) of office, workshop, team*
compétent(e)/qualifié(e) *qualified, competent*
le congé *holiday, vacation*
le directeur/la directrice *manager (company, business)*
l'employeur m *employer*
un(e) gérant(e) *manager (restaurant, hotel, shop)*
l'horaire m *schedule*
la maison *firm, company*
motivé(e) *motivated*
le personnel *personnel*
les soins [m] **médicaux** *medical care and treatment*
l'usine f *factory*

Je viens de trouver un emploi dans une petite entreprise familiale dans le centre-ville. J'aurai un **horaire** flexible, mon propre **bureau,** et cinq semaines de **congé.** De plus, mon **employeur** m'a promis une **augmentation de salaire** tous les six mois, si je prouve que je suis **compétent.** Ce n'est pas mal, hein?

Activités

A. Entraînez-vous: Concessions. En petits groupes, utilisez les expressions pour exprimer une concession aux points de vue suivants.

modèle: Les jeux d'argent *(gambling)* font de l'Etat un spéculateur.
Pourtant, dans certains états, le budget de l'éducation reçoit une bonne partie des bénéfices de ces jeux.

1. La liberté individuelle est la chose la plus importante de notre vie.
2. Il est dangereux de développer l'énergie nucléaire.
3. Le chômage aux Etats-Unis est (en grande partie) dû à un excès d'importations.
4. Les femmes qui travaillent à plein temps prennent la place des hommes qui veulent travailler.

5. Les congés payés aux Etats-Unis ne sont pas assez longs.
6. Les chefs d'entreprise sont trop bien payés.
7. Les ouvriers doivent recevoir une partie des bénéfices de leur entreprise.

B. Le travail. Traduisez en français cette petite annonce pour un journal québécois.

> American company looking for qualified people. We need motivated workers to work in our factory in Montréal. We are also in need of managers, team leaders, and secretaries. We are only interested in people who are hard workers. We offer good hours, excellent salary, and five weeks vacation. To apply, send résumés to M. Blanche.

C. Complétez. Chacune des phrases ci-dessous exprime une idée de concession. Complétez ces phrases en imaginant une situation pour chaque contexte.

1. Nous allons faire de notre mieux en dépit de... (on a annoncé des licenciements / la suppression de la prime de rendement [*productivity*])
2. Bien que je... (je suis arrivé(e) en retard à un rendez-vous important / j'ai oublié l'anniversaire de mon mari/ma femme)
3. Malgré nos sourires... (à la plage / dans une entrevue)
4. Nous sommes rentrés déçus; cependant... (le film était / les vacances étaient)

«Grammaire»

Le Subjonctif après les conjonctions

Certain subordinate conjunctions require the subjunctive mood rather than the indicative because of their meaning. Notice that the subjunctive is used in the clause where the conjunction is located, not in the clause that follows or precedes it.

A. Les conjonctions de concession
Certain conjunctions indicate a concession on the part of the speaker towards what is either reality or something that could be so and is therefore hypothetical.

bien que/quoique	*although*

Bien que ce **soit** un métier mal payé, il veut être mécanicien.
Although it is not a well-paying trade, he wants to be a mechanic.

B. Les conjonctions de restriction
Other conjunctions express a restriction, real or possible.

♦ The **ne explétif** should be used with **à moins que.** You will remember that it has no meaning but is used in formal speech. It is also used with **de peur que, de crainte que** (see **D.**), and **avant que** (see **E.**).

à moins que (+ ne)	*unless*
sans que	*without*

Il va tout acheter au Printemps **à moins que** les prix **ne soient** trop élevés.
He is going to buy everything at Le Printemps unless the prices are too high.

C. Les conjonctions de condition
These conjunctions introduce a condition that is not a reality.

pourvu que	*provided that*
à condition que	*on the condition that*

Il continuera à travailler dans son atelier **pourvu qu'**il **ait** assez de clients.
He will continue to work in his workshop provided that he has enough customers.

D. Les conjonctions de but
Some conjunctions express a goal or purpose. This is similar to the idea of volition, and so the subjunctive mood is required.

pour que/afin que	*in order that, so that*
de peur que (+ ne)/de crainte que (+ ne)	*for fear that*

Il a tout fait **pour que** ses prix **baissent.**
He did everything so that his prices would lower.

E. Les conjonctions de temps

These conjunctions are concerned with actions that take place at some time after the action of the main clause and may depend on the other action taking place.

avant que (+ ne)	*before*
jusqu'à ce que	*until*
en attendant que	*waiting for*

Avant qu'il **n'aille** à la banque, il doit vérifier qu'il y a de l'argent sur son compte.
Before he goes to the bank, he must verify that there is some money in his account.

F. The following conjunctions can sometimes be replaced by a corresponding preposition followed by an infinitive. This is done when the subject of the subordinate clause (introduced by a conjunction requiring the subjunctive) is the same as the subject of the main clause. The most common prepositional counterparts are:

Conjonction (+ subjonctif)	**Préposition (+ infinitif)**
à moins que (+ ne)	à moins de
sans que	sans
à condition que	à condition de
afin que	afin de
pour que	pour
de peur que (+ ne)	de peur de
de crainte que (+ ne)	de crainte de
avant que (+ ne)	avant de
en attendant que	en attendant de

Il est rentré chez lui **sans** avoir fermé son atelier à clé. Il y est retourné **de crainte de** tout se faire voler *(to be robbed)*. Il a sorti sa clé **afin de** verrouiller *(lock)* la porte. **Avant de** le faire, il a jeté un coup d'œil dans l'atelier pour examiner ses outils *(tools)*. Il s'est rendu compte que quelqu'un avait déjà tout volé!

In sentences with **bien que, quoique, pourvu que,** and **jusqu'à ce que,** the clause in the subjunctive cannot be replaced by an infinitive construction even when the subject of the main clause and dependent clause are the same. There is no corresponding prepositional construction. See the examples at the top of the next page.

Connaissez-vous quelqu'un qui a un métier intéressant? Décrivez ses responsabilités.

Elle continuera à lire cet article **bien qu'**elle ne **soit** pas convaincue.
She will continue to read that article although she is not convinced.

Quoiqu'elle **apprécie** la Société Générale, elle a choisi le Crédit Agricole.
Although she likes the Société Générale, she chose the Crédit Agricole.

Activités

A. Les goûts culturels des jeunes. Avec un(e) partenaire, complétez ce paragraphe en choisissant la conjonction ou la préposition appropriée.

_______ (Bien que / Pourvu que / De peur que) les étudiants s'intéressent à la politique et à l'économie, ils adorent surtout le cinéma. Leur mémoire est courte, cependant. _______ (De peur de / Jusqu'à / Quoique) se tromper dans le titre ou le nom du metteur en scène, 82 pour cent ont cité un film qui les avaient marqués dans les trois derniers mois. Comme metteur en scène, ils admirent Louis Malle. Le même sondage révèle que les étudiants français aiment aussi la musique _______ (avant que / afin de / à condition que) ce soit du rock. Ils aiment également lire et parler de leurs lectures _______ (de peur que / à moins de / pourvu que) il s'agisse d'écrivains comme Faulkner, Dostoïevsky, Boris Vian, Jean-Paul Sartre et Steinberg. _______ (Pour ne pas / A moins de / En attendant de) trop généraliser les résultats de ce sondage, le lecteur doit savoir que cette enquête a été effectuée auprès de 382 étudiants.

B. La Sécurité sociale. Nathalie continue à expliquer le système de Sécurité sociale à Jane. Remplissez les blancs avec la forme appropriée du verbe entre parenthèses en utilisant le subjonctif, si c'est nécessaire.

A moins que nous n'_______ (oublier) de remplir notre feuille, la Sécurité sociale paiera la majorité des frais médicaux. Par exemple, lorsqu'on _______ (avoir) une opération à l'hôpital ou en clinique, la Sécurité sociale rembourse presque tous les frais. Puisque tu _______ (être) américaine, il faut que tu te renseignes au CROUS parce que je ne _______ (savoir) pas si les étrangers _______ (pouvoir) s'inscrire. Afin que/Afin de _______ (savoir) si tu y _______ (avoir) droit ou non, demande-leur un rendez-vous. Il vaut mieux que tu y _______ (aller) en personne. On ne sait jamais avec les renseignements par téléphone.

C. Conditions de travail. Complétez les phrases suivantes. Mettez la phrase à la forme négative si vous n'êtes pas d'accord!

1. Moi, je réussirai dans mon travail à condition que...
2. Je paierai les assurances de crainte de...
3. Je pense que les assurances-maladies sont nécessaires afin que...
4. Les syndicats *(unions)* sont importants à moins que...
5. Je m'inscrirai au syndicat quoique...
6. Je travaillerai jusqu'à...
7. Je prendrai ma retraite avant de...

«Interactions»

A. Les livres perdus. You borrowed two books from your roommate several months ago and she or he is angry that you have not returned them. Concede that you should have returned them and give some excuse for why you didn't. Explain that now you have lost them. Figure out a way to resolve the matter.

B. Jouez le rôle. You and your partner will play different roles. In each role, imagine a concession to your partner. Use conjunctions wherever possible!

1. your husband/wife/best friend: his/her birthday
2. your child: his/her bedtime
3. your elderly mother/father: his/her lodging
4. your manager: your vacation
5. your secretary: his/her raise
6. your doctor: your health

BRAVO! Culture et Littérature

SYNTHESE

◆ Review the telephone expressions in ***Appendice B.***

Activités orales

A. Un message. You are a bilingual secretary working for an American company in France. Explain this telephone message in French to your boss.

> Mr. Rafael returned your call. He says that it is difficult to know whether you should sell your house. It's well situated but poorly maintained. He left the name of Sophie Lambert, whom he said you should call. She is a real estate agent who is very friendly and will help you. If you follow her advice, you should make some money. He alluded to **(faire allusion à)** several other investment possibilities that he will discuss with you later.

B. L'avenir. With a partner, make up a story that will illustrate the proverb **"Qui vivra verra."** This expression is often used when discussing the future. Tell a fairy tale or a story about yourself or someone else. Your story should end with the proverb.

Listen to Student Activity Tape, ***Chapitre 7,*** and complete the corresponding Student Activity Worksheet in your workbook.

◆ Turn to ***Appendice A*** for a complete list of active chapter vocabulary. Note that the listing for each chapter includes a ***Divers*** category. These are miscellaneous words or expressions used throughout the three lessons.

Activités écrites

A. Les offres d'emploi. You have clipped the following help-wanted ads from *Le Soleil,* a Quebec newspaper. Make a list of the advantages and disadvantages of each job. Then write a letter to your aunt and uncle who live outside of Montreal. Describe the job that interests you the most and explain why. Ask their advice on how to get the job. Find out whether you can stay with them if you get an interview.

B. Un travail idéal. Write an ad for the perfect job. Talk about the future and speculate about the success a person might have in this position. Each student will read his/her ad aloud for the whole class, and the class will choose the best job.

OFFRES D'EMPLOI
(Tous les postes annoncés sont ouverts également aux femmes et aux hommes).

Popular MONTREAL
DIRECTEUR COMMERCIAL
Concessionnaire d'automobiles VW/AUDI recherche un directeur commercial (F et I) possédant une attitude positive et aimant relever des défis.
EXIGENCES:
— Être bilingue
— Avoir de l'expérience dans la vente
— Être capable de travailler en équipe
— Être non fumeur
Nous offrons un salaire de base intéressant, un programme de commissions ainsi que de nombreux avantages sociaux.
Si ce poste vous intéresse, veuillez communiquer **avec le directeur des ventes au**
274-5471

BOUTIQUE
DANIELLE MORALI
PLACE STE-FOY
Demande assistante-gérante avec expérience dans la vente de vêtements, solides références, excellente présentation. Inf. 656-9141

FORMATION EN
TÉLÉ-MARKETING
(Équipement informatisé)
Conditions de travail:
— Temps partiel 20 heures matin
— Possibilité de travail à domicile
— Taux horaire moyen: 8$
Près métro Laurier.
BIENVENUE AUX RETRAITÉ(E)S ET ÉTUDIANT(E)S
AGENCE SOLTEL
Informations:
529-9809
161651J-R 319

PUBLICITE
400 $/ SEMAINE
Compagnie de publicité internationale recherche 22 jeunes personnes ambitieuses capable de travailler sans supervision pour aider à l'ouverture de nos 5 nouvelles succursales à Montréal. Possibilité d'avancement rapide, expérience non nécessaire. Pour entrevue appelez entre 8h et 14h demandez Denise au
933-8399

LEBLANC & DAVID
Marketing et promotion des ventes
Nous recherchons des représentant(e)s pour la promotion des ventes du journal
LE SOLEIL
Le travail s'effectue sur les campus étudiants des régions de Québec et de Rimouski.
DURÉE DE L'EMPLOI:
1 à 4 semaines, horaires flexibles
SALAIRES:
Environ 10$/heure
EXIGENCES:
Dynamisme, entregent, aptitude à la vente, disponibilité et bonne présentation.
POUR RENSEIGNEMENTS:
M. André Leblanc: (418) 524-2625
entre 9 h et 12 h

ASSISTANTE-DENTAIRE avec expérience, temps plein, remplacement de congé de maternité, secteur Neufchâtel, besoin immédiat, 842-1166 demander Lise

$ $ $ $ $ $ $ $ $ $
35 000$ et + assuré
Dû à son expansion, la plus grande compagnie Québecoise dans son domaine recherche 5 représentants(es) pour desservir le comté de Portneuf, salaire 500$ semaine et plus aux candidats(es) choisis(es). Clients fournis et confirmés par le bureau. Possibilité d'avancement. Demander Jean-Marie 1-285-1980 ou se présenter au 116 Notre-Dame, Donnacona, entre 8 et 17h.

CHAPITRE 8

«La vie n'est jamais facile»

Révisons un peu: L'expression négative de base: **ne... pas;** les pronoms relatifs: **qui** et **que**

Leçon 1: Comment se plaindre et s'excuser; la négation

Leçon 2: Comment demander, donner et refuser une permission; prépositions demandées par les verbes; les prépositions et les noms géographiques

Leçon 3: Comment demander et donner des explications; les pronoms relatifs

Thème: Les tribulations de la vie quotidienne

Révisons un peu

The information presented here is intended to refresh your memory of various grammatical topics that you have probably encountered before. Review the material and then test your knowledge by completing the accompanying exercises in the workbook.

Avant la première leçon

L'Expression négative de base: *ne... pas*

The negative expression **ne... pas** is positioned in the following ways:

Simple tense:	Je **ne** vois **pas** souvent Pierre.
with pronouns:	Je **ne** le connais **pas** très bien.
Compound tense:	Nous **n'**avons **pas** vu Pierre depuis longtemps.
with pronouns:	Même Christine **ne** l'a **pas** vu.
Inversion:	**N'**habite-t-il **pas** toujours Avenue des Gaulois?
Infinitive:	Il est important de **ne pas** perdre contact avec ses amis.
Imperative:	**N'**oublie **pas** de lui téléphoner!
with pronouns:	**Ne** l'oublie **pas!**

NOTE:

- While pronouns in affirmative commands *follow* the verb, in negative commands they *precede* the verb:
- The indefinite and partitive articles change to **de (d')** after **ne... pas:**

  —Pierre habite avec un camarade de chambre, n'est-ce pas?
  —Non, il **n'a pas de** camarade de chambre; il habite seul...

but the definite article does not change:

  ... et nous **n'**avons **pas l'**adresse de son nouvel appartement.

- **Si** is used instead of **oui** for an affirmative answer to a negative question:

  —Tu **ne** vas **pas** essayer de le trouver?
  —**Si,** je vais essayer de le trouver!

Avant la troisième leçon

Les Pronoms relatifs: *qui* et *que*

In order to provide more detailed explanations and descriptions, two clauses are often combined into a single sentence. Relative pronouns are used to relate the second clause to a noun or pronoun already mentioned in the first clause. For example:

My sister is coming to visit. My sister lives in Chicago.	→	My sister, *who* lives in Chicago, is coming to visit.

Qui is used when the relative pronoun functions as the *subject* of the relative clause; **que** (**qu'** before a vowel or mute **h**) is used when the relative pronoun acts as the *object*:

(subj.)(verb)
J'ai besoin de quelqu'un **qui** puisse m'aider avec cette lecture.
I need someone ***who*** *can help me with this reading.*

(obj.)(subj.) (verb)
Voilà le passage **que** je ne comprends pas.
Here is the passage ***that*** *I don't understand.*

NOTE:

- The antecedents of **qui** and **que** can be either persons or things.
- Elision is never made with **qui:**

  Où est l'assistante **que** j'ai vue il y a juste quelques minutes? Elle m'a parlé d'un dictionnaire **qui** est facile à utiliser.
  Where is the assistant whom (that) I saw just a few minutes ago? She told me about a dictionary that is easy to use.

- Relative pronouns are not always expressed in English, but must be used in French:

  La femme **que** tu as prise en photo est là-bas.
  The woman (whom) you photographed is over there.

LEÇON 1

Comment se plaindre et s'excuser

«Conversation»

Rappel: Have you reviewed the basic negative patterns? (text p. 194 and workbook)

Instructor's Tape

Premières impressions

Soulignez:
- les expressions que M. Arnaud utilise pour se plaindre *(to complain)*
- les expressions que l'employée utilise pour s'excuser

Trouvez:
- ce que M. Arnaud ramène à la teinturerie *(dry cleaners)* et pourquoi il le ramène
- pourquoi il téléphone à l'électricien

faire les courses to do errands

une tache a spot

le gras grease

le nettoyage à sec dry cleaning

un costume suit (for men)

dégraisser to take grease marks out; to dry clean

nettoyer to clean

ne vous inquiétez pas don't worry

le frigo (familiar) fridge, refrigerator/**être en panne** to break down

un glaçon ice cube

C'est mercredi matin. M. Arnaud, qui est en train de faire les courses,° se trouve à la teinturerie.

L'EMPLOYEE: Bonjour, monsieur.

M. ARNAUD: Bonjour, madame. Excusez-moi, mais je vous ramène ce pantalon que vous m'avez rendu lundi parce qu'il y a toujours des taches° dessus.

L'EMPLOYEE: Ah bon?

M. ARNAUD: Oui, je ne sais pas si vous les avez vues, mais je vais vous les montrer, là, sur les deux jambes. Vous voyez? Il y a deux taches de gras° sur la jambe droite et une grosse tache de vin rouge sur l'autre jambe. Le nettoyage à sec° n'a pas été bien fait. Enfin, je compte sur vous maintenant que vous avez vu ce qu'il en est. Je regrette de vous déranger, mais...

L'EMPLOYEE: Et bien, écoutez... euh... je ne vous comprends pas, enfin... euh... c'est la première fois que cela nous arrive. On n'a jamais eu ce problème. Vous êtes sûr que ces taches ne viennent pas d'être faites?

M. ARNAUD: Ah, tout à fait, tout à fait! Je suis passé prendre ce pantalon et des chemises. J'ai porté le pantalon au bureau hier et j'ai vu les taches avant le déjeuner. J'étais gêné. C'était vraiment embarrassant...

L'EMPLOYEE: Oui, tout à fait! Je ne comprends pas vraiment ce qui a pu se passer. Je vais immédiatement m'en occuper et nous allons rectifier cette erreur.

M. ARNAUD: Bien! Quand pourrai-je passer le reprendre? J'ai aussi ce costume° à faire dégraisser,° mais ça ne presse pas comme le pantalon.

L'EMPLOYEE: Je suis vraiment désolée, enfin c'est... euh... notre maison a une très bonne réputation, et on va faire tout notre possible pour nettoyer° ces taches, et surtout ne vous inquiétez pas.° Vous revenez vendredi matin, et vous l'aurez... il sera impeccable!

M. ARNAUD: Et bien écoutez, je vous remercie, je repasserai donc vendredi.

L'EMPLOYEE: C'est ça...Vous pouvez compter sur moi. Je m'excuse encore, je ne comprends vraiment pas ce qui s'est passé.

M. ARNAUD: Oh, je vous en prie, je vous en prie... mais, enfin, bon, quand même... Donc à vendredi matin.

L'EMPLOYEE: Très bien. Au revoir, monsieur.

Maintenant M. Arnaud parle au téléphone.

M. ARNAUD: Allô! M. Paul, l'électricien?

L'ELECTRICIEN: Oui, c'est moi.

M. ARNAUD: Oui, bonjour, monsieur. C'est M. Arnaud à l'appareil. Vous êtes passé chez moi la semaine dernière, pour le frigo,° et maintenant il est en panne.°

L'ELECTRICIEN: Mais il marchait bien, votre frigo!

M. ARNAUD: Oui, c'est ce que vous m'avez dit! Mais ce n'est pas le cas. Il fait toujours le même bruit, et on n'a toujours pas de glaçons.° Il ne refroidit pas.

L'ELECTRICIEN: Enfin, écoutez, je suis venu le réparer moi-même, votre frigo! Ah, c'est vraiment curieux. D'habitude, on n'a aucun problème. Il doit y avoir quelque chose...

M. ARNAUD: Enfin! Excusez-moi de vous interrompre mais...

L'ELECTRICIEN: Bon, je viendrai personnellement.

M. ARNAUD: Très bien, je compte sur vous. A tout à l'heure, donc.

L'ELECTRICIEN: A tout à l'heure.

A suivre

Observation et Analyse

1. Que va faire la teinturerie pour M. Arnaud?
2. Qui va venir réparer le frigo de M. Arnaud?
3. Quand l'électricien viendra-t-il chez M. Arnaud?
4. Pourquoi l'électricien va-t-il passer tout de suite chez M. Arnaud?
5. D'après la conversation, décrivez les personnalités de M. Arnaud, de l'employée et de l'électricien.

Réactions

1. Qui fait les courses chez vous? Aimez-vous les faire? Expliquez.
2. Avez-vous jamais eu des problèmes comme ceux de M. Arnaud? Lesquels? Expliquez ce que vous avez fait.

«Expressions typiques pour...»

Se plaindre auprès de quelqu'un

Excusez-moi, mais je pense que...
Pardon, monsieur, mais je crois qu'il y a une erreur...
Je regrette de vous déranger, mais j'ai un problème...
J'aimerais bien que vous...
Je voudrais que vous (+ verbe au subjonctif)...
Pardon, monsieur. J'ai une réclamation *(complaint)* à faire.

Répondre à une plainte

Je suis désolé(e) *(sorry)*, mademoiselle.
Je regrette, monsieur.
Je suis navré(e) *(sorry)*, Madame. *(plus formel)*

Accueil favorable; solution possible

Je vais m'en occuper *(take care of it)* tout de suite.
Voilà ce que je vous propose.
Je vais vous en commander *(order)*/ donner un(e) autre.
Nous allons le/la faire réparer.

Regrets; pas de solution

Mais nous n'en avons plus.
Je ne peux rien faire.
Il n'y a rien que je puisse faire pour vous dépanner *(repair a breakdown)*.
C'est un ancien modèle et il n'y a plus de pièces de rechange *(spare parts)* pour le réparer.

Si vous n'êtes pas satisfait(e) de la réponse

C'est inadmissible! C'est scandaleux!
Comment voulez-vous que j'accepte ça?
Je voudrais voir... (le chef de rayon [*departmental supervisor*])
Voulez-vous bien appeler... (le chef de service [*service supervisor*])
Vous allez avoir de mes nouvelles. *(You're going to hear from me.)*

Vous a-t-on jamais mal servi(e) au restaurant? Où était-ce? Qu'avez-vous fait?

S'excuser

Excusez-moi. Je suis désolé(e).
Je ne l'ai pas fait exprès *(on purpose)*.
Je ne voulais pas te/vous blesser *(hurt)*/faire de la peine *(to cause you pain)*.
Je ne savais pas ce qu'il fallait faire.
Je ne savais pas quoi faire.
Je ne le ferai plus, je te/vous l'assure.
Je m'excuse encore, monsieur/madame/mademoiselle.

Excuser et rassurer

Ne t'inquiète pas./Ne vous inquiétez pas.
Ne t'en fais pas./Ne vous en faites pas.
Ça ne fait rien.
Je ne t'en/vous en veux pas. *(I'm not holding a grudge against you.)*
Ce n'est pas vraiment de ta/votre faute.
Ce n'est pas bien grave *(serious)*.

MINI-CONVERSATIONS

Se plaindre auprès de quelqu'un

—Bonjour, madame.
—Bonjour. Qu'est-ce que je peux faire pour vous aujourd'hui?
—**J'ai une réclamation à faire.** J'ai acheté ce magnétoscope hier, mais il ne marche pas. Je voudrais l'échanger.

Répondre à une plainte: regrets

—**Je regrette, monsieur, mais je ne peux pas vous aider. Nous n'en avons plus...**

Répondre à une plainte: accueil favorable

—**Je suis désolé,** mademoiselle. Je n'ai aucune idée de la manière dont cela est arrivé, mais **je vais m'en occuper** tout de suite.

A VOUS

Plaignez-vous auprès du propriétaire de votre appartement (votre partenaire), qui doit répondre d'une façon appropriée.

- Le frigo ne marche pas bien.
- Il/Elle a augmenté le loyer mais n'a pas fait de travaux.

«Mots et expressions utiles»

Les tribulations de la vie quotidienne

annuler *to cancel*
un cas d'urgence *emergency*
en cas d'urgence *in case of emergency*
une commission *errand*
débordé(e) de travail *swamped with work*
être navré(e) *to be sorry*
faire exprès *to do on purpose*
une panne *breakdown*
n'en plus pouvoir (je n'en peux plus) *to be at the end of one's rope; to have had it (I've had it)*
au secours! *help!*
en vouloir à quelqu'un *to hold a grudge against someone*

Le monologue intérieur de M. Arnaud:
Décidément, ma journée va de mal en pis: des taches sur mon pantalon, le magnétoscope que je viens d'acheter et qui ne marche pas; au bureau, le stress: je suis **débordé de travail... Je n'en peux plus...** J'ai besoin de vacances.

Les problèmes de voiture

la batterie *car battery*
démarrer *to get moving (car)*
dépanner *to repair a breakdown*
un embouteillage *traffic jam*
l'essence f *gasoline*
être en panne d'essence *to be out of gas*
être/tomber en panne *to break down*
les heures de pointe f *rush hours*
la station-service *gas station*

Et maintenant, la voiture de ma femme qui ne **démarre** pas! Il faut que j'appelle une voiture de dépannage *(tow truck)* pour la faire remorquer *(to tow)* à la **station-service.** Je ne peux pas la **dépanner** moi-même! Ce n'est pas la **batterie,** et il y a de **l'essence!**

Les pannes à la maison

le congélateur *freezer*
l'électricien(ne) *electrician*
le frigo *(familiar) refrigerator*
marcher *to run; work (machine)*
l'outil m *tool*
le plombier *plumber*

Monsieur Paul, l'**électricien,** prend 200 F de l'heure plus le déplacement *(travel expenses).* Ça va faire une grosse somme. Je devrais peut-être acheter mes propres **outils,** mais je ne suis ni électricien ni **plombier.**

Les achats en magasin

le chef de rayon/service *departmental/service supervisor*
demander un remboursement *to ask for a reimbursement*
l'entrepôt m *warehouse*
faire une réclamation *to make a complaint*
les frais m pl *costs, charges*
le grand magasin *department store*
gratuit(e) *free, at no cost*
le nettoyage à sec/le pressing *dry cleaning*
le patron/la patronne *boss*
la quincaillerie *hardware store*
une tache *stain*
la teinturerie *dry cleaners*
un trou *hole*
vendu(e) en solde *sold at a reduced price, on sale*

Je ne sais pas d'où viennent ces **taches** sur mon pantalon. Elles n'y étaient pas avant le **pressing,** j'en suis certain. Heureusement que le magasin est correct et qu'il me refait un **nettoyage gratuit.** Si des taches ne partent pas, je vais **demander un remboursement** et parler au **patron** en personne.

Activités

A. Entraînez-vous: Les plaintes. Plaignez-vous auprès de la personne indiquée (votre partenaire) en commençant chaque réclamation par des ***Expressions typiques pour....*** Votre partenaire doit répondre de façon appropriée.

modèle: à la réceptionniste de l'hôtel: il n'y a pas d'eau dans votre salle de bains
—Excusez-moi, mademoiselle, mais je pense qu'il n'y a pas d'eau dans ma salle de bains.
—Je suis désolée, monsieur/madame. Je vais m'en occuper tout de suite.

1. à l'épicier: les champignons en boîte que vous avez achetés ce matin sont gâtés
2. à la vendeuse: il manque un bouton au pullover que vous avez acheté il y a trois jours
3. à votre ami: il a oublié de vous retrouver ce matin à l'arrêt du bus
4. à l'agent de police: la surprise-partie des voisins d'à côté est trop bruyante
5. à votre camarade de classe: elle n'a pas le droit de fumer dans la salle de classe

B. Sur le vocabulaire. Où allez-vous ou qui appelez-vous quand vous avez les problèmes suivants? Utilisez les ***Mots et expressions utiles.***

1. Vous avez un pneu crevé.
2. Vous avez sali *(soiled)* une robe chère et délicate.
3. Vous voulez échanger un pantalon qui ne vous va pas bien.
4. Vous voulez installer un ordinateur, mais vous n'êtes pas sûr(e) que les prises de courant *(outlets)* soient bonnes.
5. Votre lave-vaisselle ne marche pas, mais vous pensez que vous pouvez le réparer vous-même.
6. Vous n'en pouvez plus! Il est impossible de réparer le lave-vaisselle sans outils professionnels!

C. Toujours des excuses... Jouez les rôles. Pour chaque situation, une personne doit s'excuser en utilisant la raison donnée et l'autre doit répondre avec bienveillance *(kindly).*

Personne qui s'excuse	**À qui**	**Raison**
1. un enfant	sa mère	avoir cassé un vase
2. un professeur	sa classe	ne pas avoir corrigé les examens
3. une fille	sa sœur	avoir abîmé *(ruined)* sa robe
4. un(e) ami(e)	son ami(e)	avoir perdu le disque compact emprunté
5. un(e) employé(e) de bureau	son/sa patron(ne)	avoir oublié de poster une lettre importante

«Grammaire»

La Négation

Negative expressions can be useful when you want to complain or apologize, or respond to someone else's complaint or apology. You have already reviewed the basic **ne... pas** pattern in ***Révisons un peu.*** Below are additional negative expressions. The ones starred are positioned in the same way as **ne... pas** and follow the same rules regarding the dropping or retaining of articles.

ne... aucun(e)	*no, not any, not a single* (stronger than **ne... pas**)
* ne... guère	*hardly, scarcely*
* ne... jamais	*never*
ne... ni... ni	*neither . . . nor*
ne... nulle part	*nowhere*

* ne... pas du tout	*not at all*
* ne... pas encore	*not yet*
* ne... pas non plus	*not either*
ne... personne	*no one, not anyone, nobody*
* ne... plus	*no longer, not any longer, no more*
ne... que	*only*
* ne... rien	*nothing*

A. The negative pronouns **personne, rien,** and **aucun(e)** can be used as subjects, objects of the verb, or objects of a preposition. When used as subjects, they are placed in the normal subject position, although **ne** still precedes the verb. With these expressions, **pas** is never used.

Le week-end passé, **personne ne** m'a téléphoné.
Last weekend, no one phoned me.

Rien ne s'est passé.
Nothing happened.

Mes amis fidèles? **Aucun ne** m'a rendu visite.
My faithful friends? No one visited me.

B. Aucun(e) frequently acts as an adjective and thus is placed before the noun it modifies. It may modify a subject or an object, and no articles are needed.

Je **n**'ai eu **aucun** visiteur.
I had no visitors.

Aucune lettre **n**'est arrivée par la poste.
Not one letter came in the mail.

C. Used as the object of a verb in compound tenses, **personne** and **aucun(e)** follow the past participle, rather than the auxiliary verb. The negative adverb **nulle part** is also placed after the past participle.

Je **n**'ai vu **personne.**
I saw no one.

Je **ne** suis allé **nulle part.**
I went nowhere. (I did not go anywhere.)

♦ As with **ne... pas,** the indefinite article and the partitive article become **de (d')** when they follow negative expressions (exception **ni... ni).** Definite articles do not change. For example: Je **ne** reçois **jamais de** lettres! Il faut dire, cependant, que je **n'**ai **pas le** temps pour écrire à mes amis.

D. With **ne... ni... ni,** the partitive and indefinite articles are dropped altogether. As with most negative expressions, however, the definite article is retained.

Je **n**'ai vu **ni** amis **ni** étrangers.
I saw neither friends nor strangers. (I didn't see any friends or strangers.)

Je **n**'ai parlé **ni** avec le facteur **ni** avec la concierge.
I didn't speak with the mail carrier or the concierge.

E. Ne... que, which is synonymous with **seulement,** is a restrictive expression rather than a true negative. Thus all articles are retained after it. **Que** is placed directly before the word group it modifies.

Je **n**'avais **que** le chat pour me tenir compagnie... Et il **n**'a fait **que** dormir.
I had only the cat to keep me company . . . And all he did was sleep.

F. In sentences with multiple negative expressions, **ne** is used just once, and the second part of each negative expression is placed in its normal position.

Personne n'a **jamais** frappé à la porte.
No one ever knocked at my door.

Quand mon apartement a été propre, je **n**'avais **plus rien** à faire.
When my apartment was clean, I had nothing more to do.

G. Rien and **personne** can be further qualified by combining them with **de** plus a masculine singular adjective.

Il **n'**y avait **rien de spécial** à la télé.
There was nothing special on the television.

Personne d'intéressant n'a participé à mon émission préférée du soir.
Nobody interesting participated in my favorite evening show.

Indefinite pronouns **quelque chose** and **quelqu'un** can be modified the same way:

quelque chose d'amusant = *something fun*
quelqu'un d'intelligent = *someone smart*

H. Negative expressions such as **jamais, personne, rien,** and **pas du tout** can be used alone in answer to a question.

Qui est venu me parler? **Personne!**
Who came to talk to me? Nobody!

Qu'est-ce qui s'est passé? **Rien!**
What happened? Nothing!

Est-ce que j'ai aimé mon week-end en solitaire? **Pas du tout!**
Did I like my solitary weekend? Not at all!

Activités

A. Au contraire. M. Arnaud continue à passer une très mauvaise journée. Les phrases suivantes indiquent ce qu'il aurait préféré. Corrigez les phrases pour dire le contraire et établir la vérité.

modèle: Ces trois taches? Je sais très bien comment elles se sont faites.
Ces trois taches? Je ne sais pas du tout comment elles se sont faites.

1. Nous avons beaucoup de magnétoscopes dans le modèle que vous voulez.
2. Nous faisons toujours des remboursements.
3. Il y a quelqu'un qui pourra vous aider aujourd'hui. Le chef de rayon arrivera bientôt.
4. Tout ce que vous avez commandé dans notre catalogue est arrivé.
5. Votre frigo marche normalement.
6. M. Arnaud, vous avez de la chance aujourd'hui.

—Il ne sait pas encore que j'ai considérablement réduit son rôle.

B. Embouteillages. Les phrases ci-dessous sont adaptées d'un article sur les embouteillages dans les grandes villes françaises. Changez les phrases en ajoutant l'expression négative entre parenthèses. Faites tout autre changement nécessaire.

1. Bien que la circulation ait augmenté de 5 pour cent en trois ans, circuler en voiture au centre de Paris est devenu vraiment impossible. (ne… que)
2. Comme la circulation était complètement bloquée par un accident grave, un chauffeur de taxi s'est garé pour aller au cinéma. Quand il en est sorti, tout avait bougé. (Rien ne…)
3. Les parkings aux portes de Paris *(on the outskirts)*, à l'intention des banlieusards *(suburb dwellers)*, font gagner du temps. (ne… guère)
4. Les infrastructures routières sont adaptées à l'augmentation de la circulation. (ne… plus)
5. Il y a sûrement un remède miracle qui puisse satisfaire tout le monde. (ne… pas)

C. Plaignons-nous! Complétez chaque phrase en vous plaignant des difficultés de la vie quotidienne. Comparez vos réponses à celles de vos camarades de classe.

1. Personne ne…
2. Je ne… pas encore…
3. Je ne… plus… parce que…
4. Rien ne m'agace plus que…
5. Je ne… guère… parce que…
6. Mon professeur de… n'aime ni… ni…

D. Une lettre de plainte. Vous travaillez en France dans une station-service. Votre patron a reçu une lettre que vous devez traduire en français.

December 26

Dear Mr. Gaspiron,

My family and I want to make a complaint. On December 23 our car broke down near your service station in Valence. We paid an enormous sum, and you repaired our breakdown. The problem is that our car no longer works. We haven't gone anywhere or done anything for three days. (We only arrived in Lyon and then the car broke down.) No one can help us here. They say that they have never seen such a **(une telle)** car. We are asking you for a refund and the money necessary to pay for our stay **(notre sejour)** in this hotel in Lyon.

We will call you in two days to find out your response.

Sincerely,

Richard Grey

E. Une journée horrible. Racontez une journée où vous n'avez pas eu de chance. Utilisez les exemples «du week-end passé» dans l'explication de la négation qui commence à la page 200.

«Interactions»

A. Je n'en peux plus! Role play a husband and wife or two roommates arguing over the household chores («Mais c'est moi qui fais toujours la lessive *(laundry)*. Tu ne la fais jamais!»). Using negative expressions, complain to your partner that he/she never (or hardly ever) does the chores, and thus you are no longer (or are *only*) going to do certain ones. Your partner will sometimes apologize and sometimes complain to you. TRAVAUX MENAGERS SUGGERES: faire le marché, faire la cuisine, faire les courses, faire la vaisselle, nettoyer la maison, sortir les poubelles *(take out the garbage)*, acheter les provisions, faire le repassage *(ironing)*, faire le lit, s'occuper du jardin.

B. C'est inadmissible! When you arrive at a hotel in which you've stayed before, you find that they do not have your reservation. Politely complain to the desk clerk and argue with the manager about giving you a room. After hearing sympathetic apologies but firm refusals, you may lose your patience and become somewhat obnoxious, stating that you will never stay in the hotel again and that you will no longer recommend it to either friends or colleagues.

BRAVO!
Culture et Littérature

Comment demander, donner et refuser une permission

Instructor's Tape

«Conversation» (suite)

Premières impressions

Soulignez:

- les expressions qu'on utilise pour demander la permission, pour donner ou refuser la permission

Trouvez:

- pourquoi M. Arnaud sera en retard ce soir
- ce que Mme Arnaud préparera comme dîner

C'est un mercredi après-midi et Mme Arnaud, qui est professeur à l'université de Paris VI, est en train de travailler chez elle quand son mari lui téléphone.

MME ARNAUD: Allô!

M. ARNAUD: Allô chérie, c'est moi!

MME ARNAUD: Bonjour, ça va? Je pensais justement à toi.

M. ARNAUD: Moi aussi. Je pensais à toi. Je voulais rentrer tôt ce soir, mais, justement, j'ai un petit problème... un rendez-vous imprévu° assez tard cet après-midi avec des clients importants. Ça t'embêterait de° faire la cuisine ce soir? Je ne vais pas pouvoir...

imprévu unexpected
ça t'embêterait? would it bother you?

MME ARNAUD: Oui, ça m'embêterait. J'avais prévu° mon travail en fonction de toi. On avait décidé que c'était à ton tour de faire à dîner ce soir parce que j'ai un emploi du temps chargé° cette semaine avec le contrôle écrit dans ma classe de biologie. En plus je dois aller chercher Sylvain chez la nourrice.°

prévoir to plan
un emploi du temps chargé full schedule/**la nourrice** the babysitter

M. ARNAUD: Je suis désolé, mais ce rendez-vous est très important. Je sais que c'était à mon tour de cuisiner° ce soir...

cuisiner to cook

MME ARNAUD: Eh bien, oui. On est deux à travailler. Moi aussi, j'ai une carrière, tu sais. Ce rendez-vous, c'est vraiment quelque chose que tu ne peux pas changer?

M. ARNAUD: Ecoute, c'est une réunion très importante. Ma présence est absolument nécessaire. Il faut que j'y sois: le patron, des clients importants...

MME ARNAUD: Oui, alors évidemment, je vois. Bon écoute, ce que je vais probablement faire, c'est... écoute, on mangera des sandwichs ce soir, et puis demain si tu pouvais faire la cuisine à ma place... alors peut-être que je pourrais m'arranger° comme ça.

s'arranger to work things out

M. ARNAUD: Je te promets pour demain. Ecoute, demain, je ferai quelque chose de spécial. Je veux me rattraper.°

se rattraper to make up for it

MME ARNAUD: Voilà qui va mieux. Marché conclu.° Chéri, tu peux t'occuper des courses demain aussi?

marché conclu it's a deal

M. ARNAUD: D'accord! Je les ferai en rentrant. Tu sais pour ce soir, je suis désolé. Je sais que cette réunion dérange tout, mais je viens juste de recevoir le coup de téléphone.

MME ARNAUD: Je comprends. Ce n'est pas ta faute. Il faut que je raccroche,° on frappe à la porte. Je t'embrasse. Travaille bien. A ce soir!

raccrocher to hang up (telephone)

M. ARNAUD: A ce soir! Je t'embrasse.

L'électricien arrive.

MME ARNAUD: Bonjour, monsieur.

L'ELECTRICIEN: Bonjour, madame. Est-ce que vous pourriez me montrer le frigo? Il paraît qu'il ne marche plus. Il faut que je me dépêche parce que j'ai trois autres courses° à faire.

une course job (in this context); errand

MME ARNAUD: Oui, oui. Ecoutez, si vous voulez me suivre. Le frigo, voilà, par ici... voilà.

L'ELECTRICIEN: D'accord. Oui, maintenant je me souviens de votre maison... *(après quelques moments)* Euh, est-ce que vous permettez que je fume pendant que je travaille?

MME ARNAUD: Je suis désolée, mais ce n'est pas possible. Je suis allergique à la fumée.

L'ELECTRICIEN: Pas de problème...

MME ARNAUD: Merci beaucoup, monsieur. Alors, je vous laisse à votre travail. Vous m'appelerez quand vous aurez fini.

A suivre

Observation et Analyse

1. Avec qui M. Arnaud a-t-il une réunion? Est-ce important? Comment le savez-vous?
2. Qui va préparer le dîner ce soir et en quoi consistera le dîner?
3. Qui va préparer le dîner pour demain?
4. Qui va aller chercher le bébé?
5. Qu'est-ce que l'électricien a envie de faire?
6. Les carrières de M. et de Mme Arnaud ont-elles une influence sur leur vie familiale? Comment résolvent-ils leurs problèmes?

Réactions

1. Préparez-vous le dîner tous les jours? Si oui, qu'est-ce que vous préparez? Si non, qui prépare le dîner et qu'est-ce qu'il/elle prépare?
2. Selon vous, la vie professionnelle a-t-elle souvent une influence négative sur la vie familiale? Comment un couple peut-il résoudre ses difficultés?
3. Jouez les rôles de M. et Mme Arnaud. Imaginez que Mme Arnaud refuse de changer ce qui était prévu.

«Expressions typiques pour...»

Demander la permission

Est-ce que je peux/pourrais...?
J'aimerais/Je voudrais...
Est-ce qu'il serait possible de (+ infinitif)?
Est-ce qu'il serait possible que (+ subjonctif)?
M'autorisez-vous à (+ infinitif)?
Est-ce que vous me permettez de (+ infinitif)?
Est-ce que vous permettez que (+ subjonctif)?

Donner la permission

Oui, bien sûr!/D'accord!
Certainement!
Je n'y vois pas d'inconvénients.
Vous avez ma permission.
Je vous permets de/autorise à...
Ne vous en faites pas./Ne t'en fais pas. *(Don't worry.)*

Refuser la permission

Je suis désolé(e), mais ce n'est pas possible.
Non, je regrette.
Mais non.
Mais non, pas question.
Il n'en est pas question.

Avec des questions à la forme négative

Ça ne t'embête/te dérange pas si...?
Ça ne t'embête/te dérange pas que... (+ subjonctif)?

On donne la permission

Mais non, pas du tout.
Bien sûr que non.

On refuse la permission

Si! Ça m'embête.
Si! Ça me dérange.

M I N I - C O N V E R S A T I O N S

Demander la permission/accepter *(rapports intimes)*

—Yvette, est-ce que **ça t'embête** si je ne dîne pas à la maison ce soir? J'ai une réunion imprévue ce soir.

—Oh... zut! C'est dommage, j'allais préparer un bon rôti de bœuf. Mais **ne t'en fais pas...** Je le mettrai au congélateur...

Demander la permission/refuser *(rapports professionels et formels)*

—**Excusez-moi,** madame, **est-ce que vous permettez** que je fume pendant que je travaille?

—**Je suis vraiment désolée, mais ce n'est pas possible.** Je suis allergique à la fumée.

A VOUS

- Demandez au professeur (votre partenaire) la permission de partir pendant le cours parce que vous avez un examen dans le cours qui suit. Il/Elle refusera la permission.
- Demandez à un(e) camarade de classe la permission d'utiliser son livre pour faire vos devoirs. Il/Elle donnera la permission.

«Mots et expressions utiles»

Les événements imprévus et oubliés

amener quelqu'un *to bring someone over (along)*
assister à *to attend*
changer d'avis *to change one's mind*
un congrès *conference; professional meeting*
emmener quelqu'un *to take someone (somewhere)*
emprunter quelque chose à quelqu'un *to borrow something from someone*
imprévu(e)/inattendu(e) *unexpected*
prêter quelque chose à quelqu'un *to lend something to someone*
une réunion *meeting*

—Chérie, au fait, j'allais te dire que le chef de mon département m'a dit qu'il voudrait que **j'assiste à un congrès** le mois prochain en Belgique. Il veut aussi que je fasse une conférence sur mes recherches. Je sais que c'est **imprévu** et que tu devras te débrouiller tout seul avec les enfants...

♦ **Résoudre.** past part.: **résolu;** présent: **résous, résous, résout, résolvons, résolvez, résolvent**

Comment réagir

s'arranger *to work out*
consentir à *to consent to*
défendre à quelqu'un de *to forbid someone to*
embêter *to bother; to annoy*
résoudre *to resolve, solve*

—Ce sera quand? Le mois prochain? Bon, ça ne m'**embête** pas à condition que tu m'aides à organiser un peu. Ma mère **consentira** peut-être à venir ici quelques jours. On doit pouvoir **s'arranger** et éviter les imprévus, comme la dernière fois!

Activités

A. **Entraînez-vous: Permission.** Pour chaque situation, utilisez deux expressions de la liste des ***Expressions typiques pour...*** pour demander la permission.

1. Vous voulez inviter votre petit(e) ami(e) à dîner chez vous. Parlez-en avec votre camarade de chambre.
2. Vous êtes en train de passer un examen mais vous avez très soif et vous voulez aller boire de l'eau. Adressez-vous à votre professeur.
3. Vous allez avoir une surprise-partie ce soir et vous aimeriez que vos invités puissent garer leur voiture dans l'allée *(driveway)* de votre voisin. Parlez-en avec lui.

4. Vous voulez échanger vos heures de travail de samedi avec votre collègue. Parlez-en avec lui, puis avec votre patron que vous ne connaissez pas très bien.
5. Vous êtes en train de visiter une chambre à louer. Vous pensez que vous inviterez des amis de temps en temps chez vous. Adressez-vous à la propriétaire.

B. Vous êtes le prof. Vos élèves ne comprennent pas les mots et les expressions suivants. Aidez-les à comprendre en donnant un synonyme pour chaque mot ou expression en utilisant les ***Mots et expressions utiles.***

1. aller à
2. faire venir quelqu'un
3. utiliser quelque chose qui appartient à quelqu'un d'autre
4. un meeting
5. trouver une solution
6. approuver
7. donner l'ordre que quelque chose ne soit pas fait
8. s'organiser
9. ne plus avoir la même opinion

C. Imaginez... Donnez ou refusez la permission dans chaque situation, en variant vos réponses.

1. Votre enfant de seize ans vous demande: «Maman/Papa, est-ce que je peux sortir avec mes amis ce soir?»
2. Un(e) camarade de classe vous demande: «Est-ce que tu me permets de copier tes notes de classe? J'étais malade hier.»
3. Votre voisine, avec qui vous êtes bons amis, vous demande: «Est-ce qu'il serait possible que je laisse mon enfant avec toi pendant une heure? Je dois aller à une réunion.»
4. Votre camarade de chambre vous demande: «Ça ne t'embête pas si j'attends de nettoyer l'appartement jusqu'au week-end prochain?»
5. L'instituteur de votre enfant vous envoie ce mot: «Je vous demande la permission d'emmener votre enfant à une sortie scolaire au musée d'art moderne vendredi matin.»

Liens culturels

Fumer ou ne pas fumer?

«Ça ne vous dérange pas que je fume?» «Vous n'auriez pas du feu?» Ce sont des questions qu'on entend assez souvent en France. Un rapport révèle que 36 pour cent des Français sont fumeurs contre 34 pour cent en 1979. Le nombre de femmes et de jeunes qui fument augmente, mais il est stable parmi les hommes. Seules les personnes âgées fument moins. Le tabac est «à l'origine d'environ 60 000 décès chaque année...» Il existe de nombreux campagnes d'information contre le tabagisme *(use of tobacco)* et «les Français savent que le tabac est à l'origine de près d'un cancer sur trois...» Cependant de nouvelles lois passées en novembre 1992 interdisent de fumer dans les lieux publics. Certains Français sont mécontents. La transition sera longue et difficile.

Gérard Mermet, *Francoscopie, 1991* (Larousse, p. 49)

♦ Notice that the French use a negative conditional sentence at times to soften a request, as in **Vous n'auriez pas du feu?** *(Would you have a light?)* or **Tu n'aurais pas un stylo à me prêter?** *(Would you have a pen to lend me?).*

D. Questions indiscrètes. Posez les questions suivantes à un(e) ami(e). Donnez un résumé de ses réponses à la classe.

1. Quand quelqu'un te demande la permission de faire quelque chose que tu n'aimes pas, est-ce que tu dis ce que tu penses vraiment? Dans quelles circonstances est-ce que tu dis toujours la vérité? Quand est-ce que tu modifies un peu la vérité?
2. Est-ce qu'il y a, chez les autres, certains tics ou des habitudes qui t'irritent? Lesquels?
3. De temps en temps, est-ce qu'il y a quelqu'un qui demande à emprunter ta voiture? Qui? Est-ce que tu la prêtes?
4. Si quelqu'un d'important t'invitait à participer à une manifestation pour une cause avec laquelle tu n'étais pas d'accord, dirais-tu la vérité à cette personne ou inventerais-tu une excuse? Quelles excuses peut-on utiliser si on ne veut pas accepter une invitation?
5. Quelles excuses entends-tu souvent? Quelles excuses donnes-tu souvent?

«Grammaire»

Prépositions demandées par les verbes

Several of the expressions introduced for asking, giving, and refusing permission include a preposition before an infinitive. The conjugated verb determines whether **à, de,** or no preposition is needed before the infinitive. Below are listings of common verbs and their prepositions.

A. Some verbs that require **à** before an infinitive:

aider à	encourager à
s'amuser à	enseigner à
apprendre à	s'habituer à
s'attendre à *(to expect)*	hésiter à
autoriser à	s'intéresser à
avoir à *(to have to)*	inviter à
commencer à	se mettre à
consentir à	réussir à
continuer à	tenir à *(to insist on)*

Ma mère m'**a** toujours **encouragé à** faire de mon mieux. Elle m'**a enseigné à** respecter les droits des autres. Elle **tenait à** traiter chaque être humain d'une manière équitable. J'espère **réussir à** suivre son exemple.

B. Some verbs that require **de** before an infinitive:

s'agir de *(to be about)*	parler de
s'arrêter de	refuser de
choisir de	regretter de
décider de	remercier de *(to thank)*
se dépêcher de *(to hurry)*	rêver de
empêcher de *(to prevent)*	se souvenir de
essayer de	tâcher de *(to try)*
finir de	venir de *(to have just)*
oublier de	

avoir besoin de	avoir envie de
avoir l'intention de	avoir peur de

J'**avais décidé de** devenir médecin. Rien n'allait m'**empêcher de** finir mes études. J'**ai refusé de** me décourager pendant les longues années de préparation à cette carrière.

C. Some verbs that are followed directly by an infinitive:

aimer	devoir	préférer
aller	écouter	savoir
compter *(to intend)*	espérer	sembler
croire	faire	souhaiter
désirer	falloir	venir
détester	penser	voir
	pouvoir	vouloir

Aujourd'hui je suis médecin, et je **compte** exercer la médecine dans un village. Il **faut** dire que j'**aime** pratiquer ce métier parce qu'avec mes connaissances je **peux** guérir *(cure)* les gens.

Ces deux adolescents veulent aller au cinéma avec leurs copains. Que disent-ils pour demander la permission à leur père?

D. Some verbs that require **à** before a person and **de** before an infinitive:

commander à quelqu'un de *(to order)*	dire à quelqu'un de
conseiller à quelqu'un de	écrire à quelqu'un de
défendre à quelqu'un de *(to forbid)*	permettre à quelqu'un de
demander à quelqu'un de	promettre à quelqu'un de
	reprocher à quelqu'un de
	suggérer à quelqu'un de

Je **conseille à** chaque personne qui envisage la médecine comme profession **d'**y penser sérieusement. Je **suggérerais à** tous ceux qui s'y intéressent **d'**être sûrs que c'est bien ce qu'ils veulent faire.

E. Etre + adjective + preposition + infinitive

• Most adjectives that follow the verb **être** require **de** before an infinitive:

Je suis content **de** te voir, Nathalie.
Tu es si gentille **de** me rendre visite.

• In sentences beginning with the impersonal expressions **il est** + adjective, the preposition **de** must introduce the infinitive. The idea discussed follows the preposition **de:**

Il est merveilleux **de** revoir ses anciens amis.

• In sentences beginning with **c'est** + **adjectif,** the preposition **à** must introduce the infinitive. In this case the topic in question has already been mentioned; thus, **ce** refers back to the previously mentioned idea.

♦ For other uses of **c'est** and **il est**, see ***Chapitre 3.***

—J'adore Nathalie.
—**C'est** facile **à** voir. Est-ce que tu n'es pas un peu amoureux d'elle?

Activités

A. La dispute. Gisèle Ménard, qui a quatorze ans, essaie sans succès d'obtenir de sa mère la permission d'aller passer la nuit chez son amie. Finissez la conversation en remplissant les blancs avec **à, de** ou en n'ajoutant pas de préposition.

—Maman, j'hésite _______ t'ennuyer puisque je sais que tu es occupée, mais je voudrais _______ te demander quelque chose.
—Oui, ma chère Gisèle. Qu'est-ce qu'il y a?
—Voilà. Mon amie Monique vient _______ téléphoner pour me demander si je voulais _______ passer la nuit chez elle.
—J'ai peur que ce ne soit pas possible, Gisèle. Tu as déjà promis _______ tante Louise _______ assister à un concert avec elle ce soir.
—Tante Louise est vraiment gentille _______ m'avoir invitée _______ l'accompagner au concert, mais puisque papa et toi y allez aussi, peut-être que...?
—Non, ma petite chérie. Il n'est pas convenable _______ changer de projet simplement parce qu'on reçoit une meilleure proposition.
—Mais, maman...!
—Arrêtons _______ nous disputer. Je refuse _______ te donner la permission et c'est tout.

B. Les pensées de Gisèle. Voilà ce que pense Gisèle après la conversation avec sa mère. Faites tout changement nécessaire pour former des phrases correctes.

1. Je / conseiller / tous les parents / tâcher / comprendre / enfants.
2. Quand je / grandir / je / écouter attentivement / mes enfants.
3. Je / ne jamais défendre / enfants / sortir avec / amis.
4. Je / tenir toujours / être juste et compréhensif.
5. Je crois / il est important / ne jamais oublier / faire cela.
6. Ce / ne pas être / très facile / faire.

C. Les pensées de la mère de Gisèle. Donnez l'équivalent français des phrases suivantes.

1. It is difficult to know how to succeed at being a good parent these days.
2. Children do not always realize **(se rendre compte de)** this.
3. They reproach us for being too strict and yet they seem to want our guidance (**conseils,** *m pl*).
4. Parents should expect to receive criticism (**critique,** *f*) from their children at times.
5. Probably nothing will prevent **(empêcher)** this.

Les Prépositions et les noms géographiques

The definite article is used with most geographical locations except for cities:

l'Autriche   les Alpes   le Rhône   L'Europe   Paris   New York

unless an article is part of the name of the city:

Le Havre   Le Mans   La Nouvelle-Orléans

A. Les Villes

- To express location or destination *(to, at,* or *in)*, use the preposition **à**:

  Je vais **à** San Juan. Ils arrivent **au** Havre.

- To express origin *(from)*, use the preposition **de**:

  Je viens **de** Québec. Ils sont **de** La Nouvelle-Orléans.

B. Les Pays et les continents

- To express location or destination regarding continents or *feminine* countries, use **en**:

  en Afrique   **en** Belgique   **en** France

NOTE: All continents are feminine, and most countries that end in an unaccented **e** are feminine, with the exception of **le Mexique** and **le Zaïre.**

- With *masculine* countries, use **au(x)** to express location or destination:

  au Japon   **au** Sénégal   **au** Maroc   **aux** Etats-Unis

- Origin is expressed by **de** for continents and feminine countries, and **de** + **article défini** for masculine countries:

  de Suisse   **d'**Europe   **du** Mexique   **des** Etats-Unis

- Masculine singular countries beginning with a vowel use **en** to express location or destination and **d'** to express origin:

  en Iran   **en** Israël   **d'**Iraq   **d'**Afghanistan

C. Les Etats aux Etats-Unis

- Most states ending in an unaccented **e** in French are feminine and thus use the same prepositions as feminine countries:

  en/de Floride   **en/de** Californie   **en/de** Caroline du Sud

EXCEPTIONS: **au/du** Maine and **au/du** Tennessee

- The expression of location or destination regarding masculine states varies with each, but usually either **dans le** or **dans l'état de** can be used:

  Je vais **dans le** Michigan pendant une semaine avec des cousins.
  Ma famille habite **dans l'état de** New York.

EXCEPTIONS: **au** Texas, **au** Nouveau-Mexique

- Origin from a masculine state is usually expressed by **du (de l')**:

  Je viens **de l'**Arizona/**du** Wisconsin/**du** Texas/**de l'**Oregon.

D. Les Iles, les provinces et les régions

With islands (which are sometimes also countries), provinces, and regions, usage is so varied that each case must be learned separately. Some examples are:

en Normandie
au Québec
dans le Midi
à Madagascar
à Cuba
en/à la Martinique
aux Antilles
aux Caraïbes
en/à Haïti
de Normandie
du Québec
du Midi
de Madagascar
de Cuba
de/de la Martinique
des Antilles
des Caraïbes
de Haïti

Summary

	to/at/in	from
Cities	**à**	**de**
Feminine Countries	**en**	**de**
Masculine Countries	**au(x)**	**de** + definite article
Masculine Countries beginning w/vowel	**en**	**d'**
Feminine States	**en**	**de**
Masculine States	**dans le (l')** or **dans l'état de**	**du (de l')**
States beginning w/vowel	**en**	**d'**

Activités

A. A l'agence de voyages. Après avoir parlé avec l'agent, Olivier a des difficultés à décider où il veut aller. Faites les changements nécessaires pour compléter ses phrases.

1. Je tiens à aller *en Chine.*
   Texas / Maroc / Angleterre / Moscou / Virginie
2. Mais peut-être que j'irai *au Zaïre.*
   Italie / Canada / Géorgie / Israël / Colombie
3. Je voudrais partir *de Paris* à la fin de l'été.
   Luxembourg / Colorado / Cuba / le Caire / Argentine
4. Non, non. Je voudrais partir *de Rome* en septembre.
   Oregon / Australie / le Havre / Monaco / Caraïbes

B. Le deuxième Sommet de la francophonie à Québec.[1] Voici quelques phrases tirées des articles sur le deuxième Sommet de Québec. Complétez chaque phrase en utilisant la préposition qui convient.

1. Le deuxième Sommet de la francophonie a eu lieu _____ Québec (ville) du 2 au 4 septembre 1987. (Le premier Sommet s'était déroulé _____ Paris en février 1986.)
2. Pour honorer l'occasion, le Tour cycliste de la francophonie a eu lieu _____ Abitibi, une ville canadienne, du 29 juillet au 2 août. Il a réuni des adolescents _____ Afrique, _____ Europe, _____ Antilles et _____ Canada.
3. Dans un rapport sur l'industrie du livre *(the publishing business)*, on a annoncé qu'il y a quelque 2 000 éditeurs francophones dont plus de 90 pour cent se situent _____ France, _____ Québec, _____ Suisse et _____ Belgique.
4. On a fait savoir que dans le cadre d'un programme qui favorise l'échange de connaissances entre pays membres, des techniciens _____ Haïti sont allés se perfectionner dans un centre d'exploitation forestière _____ Gabon.

C. Le bon vieux temps *(The good old days)*. Vous venez de passer le plus mauvais jour de votre vie—votre voiture est tombée en panne, quelqu'un a volé votre portefeuille et votre petit(e) ami(e) vous a quitté(e) pour quelqu'un d'autre. Pour vous remonter le moral, songez à d'heureux moments en d'autres lieux.

1. Ah! Le bon vieux temps! J'aime bien me souvenir des jours où j'habitais...
2. Je me souviens avec plaisir de nos voyages... où nous avons visité...
3. Qu'il serait bon d'être en ce moment... où je pourrais...
4. Un jour j'ai l'intention d'aller... parce que...
5. Je voudrais mieux connaître mon propre pays. Donc, à l'avenir, j'irai... parce que...

«Interactions»

A. Jouez les rôles. (groups of three) You *really* want to spend the summer in Europe, but need your parents' permission. Two classmates will play your parents. Give them specific details about your itinerary, including the following: how you will get there, what cities you will visit, how many days you intend to stay, where you will stay, who will go with you, the advantages and disadvantages of your going, how much money you would like to borrow. Your parents may refuse right away, but you should plead your case, hoping that they change their minds.

B. Je voulais vous demander... Since you have not been able to reach the following people by phone, write each of them a short note to ask permission.

1. M. Wallens: to audit his French literature course **(assister en tant qu'auditeur/ auditrice libre)**
2. Coach Smith: to arrange a time to talk to him about playing on his soccer team
3. Mme Balmain: to turn in your French composition one day late
4. your best friend: to borrow his/her car tonight
5. your rich aunt who is quite fond of you: to borrow $800 to go to Florida over spring break

BRAVO! Culture et Littérature

Exchange notes among your classmates. Imagine that you are unable to contact the person whose note you received, so you leave a telephone message on his/her answering machine. State your reasons for giving or refusing permission.

[1] Les chefs d'Etat et de gouvernements des quarante-deux pays francophones s'y sont réunis. Un de leurs objectifs était de créer une nouvelle forme de coopération multilatérale entre les pays utilisant le français. (Adapté du *Journal Français d'Amérique*, 21 août-10 septembre 1987, p. 4) Le quatrième Sommet s'est déroulé à Paris en automne 1991.

LEÇON 3

Comment demander et donner des explications

 Instructor's Tape

«Conversation» (conclusion)

Rappel: Have you reviewed the relative pronouns **qui** and **que**? (text p. 194 and workbook)

Premières impressions

Soulignez:

- les expressions qu'on utilise pour expliquer quelque chose
- les expressions qu'on utilise pour demander une explication

Trouvez:

- ce qui est arrivé à la nourrice des Arnaud
- qui va téléphoner pour trouver quelqu'un qui puisse la remplacer

Le soir la famille est enfin à la maison. Malheureusement Mme Arnaud a de mauvaises nouvelles pour son mari.

figure-toi (slang) believe you me, believe it or not/**transporté d'urgence à** rushed to

MME ARNAUD: Ecoute, j'ai quelque chose d'absolument incroyable à te raconter! Figure-toi° que ce soir la nourrice, Brigitte, a dû être transportée d'urgence° à l'hôpital. Son mari vient de me téléphoner.

M. ARNAUD: Raconte-moi, alors! Qu'est-ce qui s'est passé?

un point a sharp pain

se tenir debout to stand

être enceinte to be pregnant

un médicament medicine, drug

MME ARNAUD: On ne sait pas très bien... Elle avait mal à l'estomac depuis quelques jours, mais ce soir, elle avait vraiment un point.° Elle ne pouvait pas se tenir debout.° Le médecin l'a fait transporter d'urgence. Ils croient que c'est un ulcère. Il n'y a pas d'hémorragie, mais ils craignent des complications, semble-t-il. Ils veulent la garder en observation pendant une semaine. Comme elle est enceinte° de six mois, ils ne peuvent pas lui donner de médicaments.°

M. ARNAUD: Alors, qu'est-ce que ça veut dire pour nous? Il faudra chercher une autre nourrice?

du dessous from the floor below/**une crèche** day-care center

MME ARNAUD: Je le crains. C'est embêtant parce qu'elle est vraiment bien avec Sylvain. A qui est-ce qu'on peut demander de garder Sylvain? Je ne sais pas si tu as eu l'occasion de parler à la dame du dessous.° Tu te souviens... elle avait une fille qui travaillait dans une crèche.°

M. ARNAUD: Oui, mais il y a déjà plusieurs mois. Enfin, j'ai du mal à comprendre. Cette nourrice, elle était en parfaite santé. Qu'est-ce qui s'est passé?

la grossesse pregnancy

toujours est-il que it remains that, nevertheless

se renseigner to get information

nous dépanner to help us out

autrement dit in other words

MME ARNAUD: Je ne sais pas. Tout allait bien. Sa grossesse° se passait très bien. Et voilà que tout d'un coup il y a cet ulcère et des complications. Le médecin a demandé des analyses et lui a donné un arrêt de travail.[2] J'espère que ce ne sera pas trop grave. Toujours est-il que° nous devons trouver quelqu'un d'autre pour garder Sylvain. Tu ne pourrais pas te renseigner° pour voir si la dame d'en-dessous... si sa fille, pourrait éventuellement nous dépanner° pendant quelque temps...

M. ARNAUD: Autrement dit,° c'est moi qui dois m'occuper de ce problème! C'est ce que tu veux dire?

MME ARNAUD: Oui. Je trouve que tu pourrais prendre un peu de responsabilités. C'est tout de même *notre* enfant!

M. ARNAUD: C'est un fait, mais ce n'est pas une raison pour t'énerver! Entre les nourrices à la santé fragile et les mères qui ne veulent absolument plus aucune responsabilité...

dans le 18e in the eighteenth arrondissement in Paris

MME ARNAUD: Oh, écoute! Tu y vas un peu fort là, quand même! Tout ce que je te demande, c'est de demander... Est-ce que tu as entendu parler de... la cousine de Georges? Il paraît qu'elle a un petit garçon aussi, et elle l'amène toujours dans le 18e° chez une dame qui garde plusieurs enfants.

[2] When you are too ill to go to work in France, you will be put on paid sick leave by your physician. To avoid abuse of the **congés de maladie,** agents from the **Sécurité sociale** may call or visit you during standard working hours.

	Tu pourrais te renseigner pour savoir s'il y aurait une place pour Sylvain aussi?
M. ARNAUD:	Bon, écoute, je vais voir ce que je peux faire.
MME ARNAUD:	Merci.
M. ARNAUD:	C'est quand même la goutte d'eau qui fait déborder le vase!°
MME ARNAUD:	Oui, c'est quand même dommage. Enfin...

c'est la goutte d'eau qui fait déborder le vase that's the last straw

Observation et Analyse

1. Où est la nourrice de Sylvain? Pourquoi?
2. Pourquoi les Arnaud sont-ils ennuyés *(worried)*?
3. Qui va s'occuper du remplacement de la nourrice? A qui vont-ils téléphoner (deux personnes)?
4. Pourquoi M. Arnaud est-il irrité?
5. Pensez-vous que les Arnaud parlent souvent de responsabilités dans leur mariage? Pourquoi ou pourquoi pas?

Réactions

1. Comment réagissez-vous dans les petites crises comme celle des Arnaud?
2. M. Arnaud a-t-il raison de dire que sa femme ne prend pas ses responsabilités de mère? A votre avis, remplit-il ses responsabilités de père?
3. D'après leurs conversations, que pensez-vous des rapports entre Mme et M. Arnaud?
4. Que feriez-vous dans ce cas? Expliquez.
5. Jouez les rôles de M. et Mme Arnaud pour parler des responsabilités de mère et de père. Changez le dialogue.

«Expressions typiques pour...»

♦ Asking for an explanation is sometimes included in another context, such as making a complaint. Similarly, giving an explanation or reasons for having done something might be part of making an apology.

Demander une explication

Je voulais savoir...
Pardon?/Comment?/Quoi? *(familiar)*
Excuse-moi./Excusez-moi. Je ne (te/vous) comprends pas.
Qu'est-ce que tu veux/vous voulez dire *(mean)*?
Je ne comprends rien de ce que tu dis/vous dites.
Qu'est-ce qui s'est passé?

Demander des raisons

Pourquoi? Pour quelle raison...?
Pourquoi veux-tu/voulez-vous que (+ subjonctif)
Où veux-tu/voulez-vous en venir? *(What are you getting at?)*
Explique-toi./Expliquez-vous.
Qu'est-ce qui te/vous fait penser ça?

Expliquer/Donner des raisons

Je m'explique...
Ce que je veux dire, c'est que...
J'entends par là... *(I mean by this . . .)*
C'est-à-dire...
Autrement dit... *(In other words . . .)*
En d'autres termes...
C'est la raison pour laquelle...
Si je pouvais expliquer...
... Tu vois/Vous voyez ce que je veux dire?

MINI-CONVERSATIONS

Demander une explication

—**Je voulais savoir** si tu avais vu ton voisin Pierre récemment. J'ai besoin de la perceuse électrique *(electric drill)* que je lui ai prêtée il y a un mois. Personne ne répond chez lui.
—Tu ne vas pas le trouver.
—**Je ne comprends pas.** Est-ce qu'il est parti en vacances?

Expliquer des raisons

—Non, non. **Ce que je voulais dire, c'est qu**'il n'habite plus ici.
—Quoi?
—**Je m'explique.** Apparemment, il s'est disputé avec sa femme et il est parti avec toutes ses affaires. **Autrement dit,** il a abandonné sa famille...

A VOUS

- Demandez à votre camarade de classe pourquoi il/elle a choisi cette université. Il/Elle va expliquer.
- Demandez à un(e) camarade de classe pourquoi il/elle suit le cours de français. Il/Elle va donner ses raisons.

«Mots et expressions utiles»

Vous êtes déconcerté(e)

avoir du mal à (+ infinitif) *to have problems (doing something)*
désorienté(e)/déconcerté(e) *confused, muddled*
faire comprendre à quelqu'un que *to hint to someone that*
mal comprendre *(past part.* **mal compris)** *to misunderstand*
une méprise/une erreur *misunderstanding*
provoquer *to cause*
le sens *meaning*
la signification/l'importance f *significance, importance*
signifier *to mean*

Un candidat à la présidence parle avec ses aides:
—**J'ai du mal à comprendre** pourquoi les gens ont voté pour cet autre candidat et pas pour moi. Ils ont peut-être **mal compris** mes idées. Que peut **signifier** ce vote? Je me demande si la question du chômage a eu beaucoup d'**importance...**

Vous êtes irrité(e)

avoir du retard *to be late*
C'est la goutte d'eau qui fait déborder le vase! *That's the last straw!*
couper *to disconnect (telephone, gas, electricity, cable)*
débrancher *to disconnect, unplug (radio, television)*
faire la queue *to stand in line*
perdre les élections *to lose the election*
rentrer en retard *to get home late*
se révéler (+ adjectif) *to prove to be (+ adjective)*
valoir la peine *(past part.* **valu)** *to be worth the trouble*

—Vraiment, je me demande si cette campagne **a valu la peine.** J'ai serré beaucoup de mains. Il y a même les gens qui **ont fait la queue** pour me voir. Je **suis rentré en retard** le soir. Et puis j'**ai perdu les élections** de dix points.

Vous êtes lésé(e) *(injured; wronged)*

bouleversé(e)/choqué(e) *shocked*
céder à quelqu'un (quelque chose) *to give in to someone/something*
être en grève *to be on strike*
faire la grève *to go on strike*
le/la gréviste *striker*
léser quelqu'un *to wrong someone*
le syndicat *union*

—Pourtant, **les syndicats** ont soutenu ma candidature. Les autres candidats étaient **bouleversés** que les syndicats aient dit qu'ils **feraient la grève** si je n'étais pas élu... Somme toute et réflexion faite, je ne devrais pas **céder à** cette défaite électorale. Je me représenterai dans sept ans.

Activités

A. Entraînez-vous: Explications. Avec un(e) partenaire, entraînez-vous à employer les expressions pour demander et donner une explication dans les situations suivantes.

1. Vous êtes perdu(e). Demandez à votre professeur de français d'expliquer le sens du mot «nourrice».
2. M. Arnaud rentre chez lui à 3h du matin au lieu de 11h du soir. Etant sa femme, vous demandez la raison de son retard.
3. Vous découvrez qu'on a coupé vos chaînes câblées. Demandez une explication à votre compagnie de télédistribution.
4. Votre enfant de dix ans vous dit qu'il a raté son contrôle de mathématiques. Demandez-lui de s'expliquer.
5. Depuis une demi-heure vous faites la queue pour acheter votre permis de parking; la queue n'a pas bougé. Demandez à la personne devant vous s'il/si elle connaît la raison de cette lenteur.
6. Votre ami(e) français(e) et vous avez échangé vos appartements pendant un mois. Après avoir passé une semaine dans son appartement à Caen, vous recevez l'annonce (reproduite à la page 214) que vous ne comprenez pas. Demandez à la femme qui habite au troisième étage ce qu'elle signifie. MOT UTILE: **dégager** *to make way*

B. Expliquez. Sylvain a des difficultés à se rappeler le mot exact. Aidez-le à choisir le bon mot en utilisant les ***Mots et expressions utiles.*** Il y a plusieurs possibilités pour certains exemples.

1. arriver dix minutes après le début de la classe
2. le groupe formé pour la défense des droits des employés
3. supprimer *(take out)* un branchement électrique
4. vouloir dire
5. être désorienté / être surpris
6. attendre son tour
7. arrêter collectivement le travail

C. Questions indiscrètes. Posez les questions suivantes à un(e) ami(e). Donnez un résumé de ses réponses à la classe.

1. Est-ce que tu as jamais attendu longtemps quelqu'un qui n'est pas arrivé? Cette personne t'a-t-elle en fin de compte donné une explication? Décris l'explication.
2. Est-ce que ton service de téléphone/d'électricité/de câble a jamais été coupé? Pour quelle raison?
3. Cela t'ennuie-t-il de faire la queue? Dans quelles circonstances ferais-tu la queue pendant plus d'une heure?
4. Est-ce que tu as jamais été en grève? Connais-tu quelqu'un qui ait fait la grève? Explique comment le conflit s'est résolu.

«Grammaire»

Les Pronoms relatifs

When giving an explanation, you frequently link ideas back to persons or things already mentioned (antecedents) by means of relative pronouns. Relative pronouns, thus, provide coherence and enable you to increase the length and complexity of oral and written speech.

You reviewed the use of **qui** and **que** in ***Révisons un peu.*** They are relative pronouns that act as subjects **(qui)** or objects **(que)** of a relative clause. Rules governing other relative pronouns follow.

A. Objects of prepositions with specified antecedents

• When the relative pronoun functions as the object of a preposition in the relative clause, **qui** is used if the antecedent is a person, and a form of **lequel** (agreeing with the antecedent in gender and number) is used to refer to a thing. The usual contractions with **de** and **à** are made:

à + lequel = auquel; de + lesquelles = desquelles, etc.

—Une femme **avec qui** je travaille m'a dit que les membres de l'Union civile des employés publics du Canada étaient en grève, les facteurs y compris.
—A woman I work with told me that the members of the Union of the Public Employees of Canada were on strike, including the mail carriers.

—Ah, c'est la raison **pour laquelle** Michel a reçu ma lettre avec une semaine de retard.
—Ah, that's the reason why Michel received my letter a week late.

• If the relative pronoun is the object of the preposition **de,** the invariable pronoun **dont** can be used instead of **de + qui** or **lequel,** and refers to either persons or things. **Dont** can be translated as *whose, of whom/which, from whom/which,* or *about whom/which.*

L'argent **dont** on a besoin pour résoudre le conflit n'existe tout simplement pas.
The money they need (of which they have need) to resolve the dispute just does not exist.

NOTE: When **dont** is used to mean *whose,* the word order of the relative clause beginning with **dont** must be *subject + verb + object,* regardless of the English word order.

Un médecin canadien **dont** je connais le fils m'a dit que la grève durerait longtemps.
A Canadian doctor whose son I know told me that the strike would last a long time.

• After expressions of time and place **(le moment, le jour, l'année, le pays, la ville, la maison,** etc.), the relative pronoun **où** is used. With expressions of time, **où** can have the meaning *when.*

La ville **où** habitent le plus grand nombre de grévistes est Montréal.
The city where the largest number of strikers live is Montréal.

Je ne sais pas le jour **où** la grève a commencé.
I don't know what day (when) the strike began.

NOTE: With expressions of place, a preposition followed by a form of **lequel** can also be used, although the shorter **où** is usually preferred.

Le bureau **dans lequel (où)** mon ami Michel travaille est à Trois-Rivières.
The office where my friend Michel works is in Trois-Rivières.

B. Indefinite or unspecified antecedents

In all of the above cases, the relative pronoun referred to a specific antecedent characterized by gender and number. When the antecedent is not specified or is an idea, **ce qui, ce que, quoi,** or **ce dont** is used.

• Similar to **qui** and **que, ce qui** functions as the subject of the relative clause and **ce que** functions as the direct object.

A propos de Mathieu, **ce qui** m'agace un peu chez lui, c'est son arrogance. Tu vois **ce que** je veux dire?
What bothers me a bit about Mathieu is his arrogance. You know what I mean?

Ce qui and **ce que** are also used if the antecedent is an entire idea composed of a subject and a verb rather than an individual word or phrase.

Il prétend qu'il sait tout, **ce qui** est loin d'être le cas. Il se vante sans cesse, **ce que** je déteste.
He claims he knows everything, which is far from the truth. He brags continually, which I hate.

Liens culturels

«La vie n'est pas facile, mais... »

En France, comme aux Etats-Unis, il arrive souvent qu'on regrette le bon vieux temps où la vie était plus facile. Cependant, du point de vue social et économique au moins, les Français sont beaucoup mieux nantis *(well off)* qu'ils ne l'étaient après la deuxième guerre mondiale. Ainsi, dans les quarante dernières années, l'espérance de vie moyenne est passée de soixante-huit à suixante-dix-sept ans. Par ailleurs *(Furthermore)*, en 1950, le travailleur moyen travaillait 2 328 heures par an. Aujourd'hui il travaille 1 800 heures (c'est-à-dire, trente-neuf heures par semaine). Le confort ménager *(household conveniences)* s'est également considérablement amélioré. En 1960, 3 pour cent seulement des ménages possédaient à la fois une automobile, un réfrigérateur, une machine à laver et un téléviseur; 47,7 pour cent des ménages n'avaient aucun de ces quatre biens d'équipement. En 1990, 64 pour cent des ménages sont pourvus *(equipped with)* des quatre: 91 pour cent des résidences principales ont le téléphone; 94 pour cent des ménages ont un téléviseur; 25 pour cent ont un magnétoscope et, en 1990, 25 pour cent ont un four à micro-ondes *(microwave oven)*.

Adapté de Fourastié, *D'une France à une autre* (Fayard, 1987, pp. 80, 98, 117).
La mise à jour des faits vient de Gérard Mermet, *Francoscopie, 1991* (Larousse, pp. 80, 183–185, 188)

- After prepositions, **quoi** is used when the antecedent is unspecified.

  D'habitude il nous entretient une heure de ses monologues ennuyeux, après **quoi** il s'en va.
  Usually he entertains us for an hour with his boring monologues, after which he goes away.

If the preposition required by the verb in the relative clause is **de, ce dont** is used:

—Mathieu? Oh, il ne changera jamais.
—C'est **ce dont** j'ai peur.
—Matthew? Oh, he'll never change.
—That's what I'm afraid of!

Summary

	Specified antecedent		Unspecified antecedent
	PERSON	THING	PERSON OR THING
SUBJECT	**qui**	**qui**	**ce qui**
DIRECT OBJECT	**que**	**que**	**ce que**
OBJECT OF PREPOSITION	prep. + **qui**	prep. + **lequel,** etc.	prep. + **quoi**
OBJECT OF **DE**	**dont**	**dont**	**ce dont**

Activités

A. Mon amour. Thierry vous parle de Laure, la femme de sa vie. Complétez ses phrases en vous servant du pronom relatif qui convient.

1. Laure est la fille...
_______ est dans ma classe d'histoire.
_______ je t'ai parlé.
_______ je suis tombé amoureux fou.

2. «Chez Arthur» est le restaurant...
_______ nous avons mangé pour la première fois.
_______ a la meilleure cuisine de la ville.
_______ je vais lui faire ma demande en mariage.

3. Où est le papier…
sur ________ j'ai écrit son numéro de téléphone?
________ j'ai mis sur cette table?
________ j'ai besoin?

4. L'amour me rend fou! Je ne sais pas…
________ je fais!
________ j'ai besoin!
________ m'arrivera!

Le film du match

CINQUIÈME MANCHE
Après un retrait, simples de Salazar et Dunston. Girardi est sauf sur l'erreur de Barberie, Salazar marque sur le jeu. Optionnel de Maddux (pp).
Cubs 2, Expos 0
Simple de Barberie. Après un retrait, double de DeShields. Retrait à l'avant-champ de Grissom (pp).
Cubs 2, Expos 1

HUITIÈME MANCHE
Simple de Grissom. Après un retrait, Grissom vole le deuxième but. Simple de Wallach. (McElroy au monticule). Mauvais lancer de McElroy, Grissom marque.
Cubs 2, Expos 2

ONZIÈME MANCHE
Simple de Walker. Double de Grace. But sur balles intentionnel à Sandberg. Après deux retraits, but sur balles à Salazar (pp).
Cubs 3, Expos 2

B. Le fanatique mécontent. Utilisez un pronom relatif approprié pour compléter ce que dit un fanatique de base-ball mécontent.

Le match ________ il s'agit était celui du 19 août 1991 entre les Expos et les Cubs. Les Expos, sur ________ j'avais parié *(bet)* une somme d'argent considérable, ont perdu après une prolongation de deux manches *(innings)*. L'histoire des Expos en 1991, c'est l'histoire d'un point ________'ils ont souvent été incapables d'obtenir. Les Expos, ________ dominent les ligues majeures pour les matches se terminant par une différence d'un point (total de 52), ont fait la même chose lundi soir (3–2). Les reporters sportifs ont dit que ________ cette équipe avait besoin, c'était le goût de l'attaque. Moi, je ne crois pas ________ ils disent. C'est un problème plus profond. ________ ne va pas, c'est la gestion *(management)* et le directeur général de l'équipe.

Adapté de *La Presse*, Montréal, mardi 20 août 1991, p. 7

C. Laisse-moi t'expliquer. Jacques arrive avec deux heures de retard à son rendez-vous avec Alice. Aidez-le à s'expliquer. Combinez les deux phrases en une seule en utilisant un pronom relatif et en faisant les changements nécessaires.

1. Evidemment, j'ai conduit un peu trop vite. Je regrette d'avoir conduit un peu trop vite.
2. Voici la contravention pour excès de vitesse. Un agent de police m'a donné cette contravention.
3. J'ai dû suivre l'agent au commissariat de police. J'ai attendu longtemps au commissariat de police pour payer ma contravention.
4. De plus, ma montre s'était arrêtée. Je ne le savais pas.
5. Crois-moi… l'histoire est vraie. Je te raconte cette histoire.
6. Ne peux-tu pas me donner ton amour et ta compréhension? J'ai tant besoin de ton amour et de ta compréhension maintenant.

AVIS DE CONTRAVENTION le 06.08.1993 à 10 h 29 17021044

CONTRAVENTION AU STATIONNEMENT

INTERDIT MATÉRIALISÉ	01
UNILATÉRAL NON OBSERVÉ MATÉRIALISÉ	02
DOUBLE FILE	50
ARRÊT AUTOBUS	51
STATION DE TAXIS	52
PASSAGE CLOUTÉ	53
SUR TROTTOIR	54
PROLONGÉ DE PLUS D'UNE HEURE	03
DÉFAUT DE DISQUE	04

Agent : 324714 Service : 068

Lieu d'infraction : [illegible]

Commune : Paris Dépt. 75

Motif : enlèvement demandé

Collez ici la partie du timbre amende à conserver pour justification de votre paiement.

RENAULT 1 CITROËN 2 PEUGEOT 3 TALBOT 4 FIAT 5 OPEL 6 FORD 7 AUTRES 8 VW Golf

IMMATRICULATION

CHIFFRES	LETTRES	DÉPARTEMENT
746	CXS	75

ÉTRANGER :

Pour le règlement de cette contravention, suivez les indications portées dans la notice numéro 2

Ce volet doit être conservé par le contrevenant pour justifier du paiement

Pourquoi cette personne a-t-elle reçu cette contravention?

«Interactions»

A. L'entretien. You are being interviewed for a job that you would very much like to have. During the interview the personnel director brings up the following rather embarrassing facts. You have a very good explanation for each, and so you manage to get yourself out of a difficult situation. Be sure to make yourself sound articulate and sophisticated by using relative pronouns to combine short sentences.

- You only worked six months in your last job.
- You have listed no address on your application.
- You were absent about once a week in your last job.
- Not a single letter of reference has arrived.

BRAVO!
Culture et Littérature

B. Cher Monsieur/Chère Madame. Today is the deadline for turning in your paper on existentialism. Unfortunately, you have not quite finished it. Write a lengthy explanation and leave it in your teacher's mailbox. Be convincing. You don't want to lose any points. Use a liberal sprinkling of relative clauses in order to impress him/her with your abilities and seriousness of purpose.

SYNTHESE

Activités orales

A. Au restaurant. You are in an elegant, expensive restaurant that you have enjoyed before. This time, however, everything goes wrong and you finally ask to talk to the headwaiter **(maître d'hôtel)**. Your complaints include:

- the champagne that you usually love was not chilled **(frappé);**
- the steak that you ordered was cold and overcooked **(trop cuit);**
- instead of peas **(petits pois)**, you received a vegetable to which you happen to be allergic;
- the tablecloth **(la nappe)** was dirty;
- you were missing a fork.

Role play this situation with the **maître d'hôtel,** who will apologize and give reasons (the electricity had gone out, the cook was on strike, the waiter was new).

B. Imaginez. Your friend bought your old car and paid for it with a check that has bounced **(sans provision)**. Role play a conversation during which you complain about the bounced check and your friend complains that the car has never started **(démarrer)**. Both of you should complain, apologize, and give explanations in a civilized manner, since you want to remain friends.

Listen to Student Activity Tape, ***Chapitre 8,*** and complete the corresponding Student Activity Worksheet in your workbook.

Activités écrites

A. Je suis désolé(e). You lost your temper **(se mettre en colère)** with your boyfriend/girlfriend last night and had a big fight. It was all your fault, so write a note of apology to try and make up. Give reasons why you were in such a bad mood **(être de mauvaise humeur),** such as: problems at work, bad news you received that day, headache. Be sure to say that you had no intention of hurting him/her and that you would never want to lose him/her.

◆ Turn to ***Appendice A*** for a complete list of active chapter vocabulary. Note that the listing for each chapter includes a ***Divers*** category. These are miscellaneous words or expressions used throughout the three lessons.

B. Est-ce qu'il serait possible...? Write a letter to some friends who own a summer house **(une villa)** on the Côte d'Azur. Ask if you can spend the last week in July there with a few friends and possibly your two dogs. You know these people well enough to ask their permission, but they are not close friends of yours. Exchange letters with your classmates. Respond to the one you receive, giving or refusing permission, and explaining why.

CHAPITRE 9

«Je prendrais bien celui-ci...»

Révisons un peu: Les adjectifs démonstratifs; les adverbes

Leçon 1: Comment dire ce qu'on préfère; les pronoms démonstratifs; les adverbes

Leçon 2: Comment comparer; le comparatif et le superlatif

Leçon 3: Comment donner des instructions, des indications et des ordres; **faire** causatif et les verbes de perception

Thèmes: Les vêtements; les ordinateurs; la maison et la cuisine

Révisons un peu

The information presented here is intended to refresh your memory of various grammatical topics that you have probably encountered before. Review the material and then test your knowledge by completing the accompanying exercises in the workbook.

Avant la première leçon

Les Adjectifs démonstratifs

Demonstrative adjectives are used to point out something or someone. They are the equivalent of *this, that, these,* and *those* in English. They must agree in gender and number with the nouns they modify.

	singulier	pluriel
masculin	ce (cet)	ces
féminin	cette	ces

Dans **cette** leçon-ci, nous étudions l'emploi des adjectifs démonstratifs. Nous avons besoin de **ces** petits mots lorsque nous voulons désigner une personne particulière ou un objet particulier.

NOTE: **Cet** is used before a masculine singular noun or adjective beginning with a vowel or mute **h**.

To distinguish between two elements, add **-ci** (when referring to something close to you) and **-là** (when referring to something far away).

—Que penses-tu de cette leçon-**là?**
—Moi, je préfère cette leçon-**ci.**

Les Adverbes

A. L'Usage

An adverb is used to qualify a verb, an adjective, or another adverb. Many adverbs in French end in **-ment;** the English equivalent is *-ly.*

B. La Formation

Most adverbs are formed by adding **-ment** to the feminine form of the adjective:

Adjectif	Adverbe
actif/active	activement
doux/douce	doucement
lent/lente	lentement
naturel/naturelle	naturellement
sérieux/sérieuse	sérieusement

BUT: If the masculine adjective ends in a vowel, this form is often used to form the adverb:

absolu	absolument
probable	probablement
rapide	rapidement
vrai	vraiment

• When the masculine adjective ends in **-ant** or **-ent,** the endings are replaced by **-amment** and **-emment** respectively. They are both pronounced [amã]:

constant	constamment
méchant	méchamment
évident	évidemment
patient	patiemment

• A few adverbs end in **-ément:**

précis	précisément
profond	profondément
confus	confusément
énorme	énormément

C. La Fonction

Adverbes de manière: ainsi *(in this way)*, bien, mal, cher, vite, ensemble, debout *(standing)*, plutôt *(rather)*, sans doute *(probably)*, volontiers *(willingly)*

Adverbes de quantité et d'intensité: plus, moins, peu, assez, beaucoup, trop, à peu près *(more or less)*, tellement *(so)*, tant *(so much)*, autant *(as much, so much)*, aussi *(as)*, davantage *(more)*, tout à fait *(completely)*, très

Adverbes de temps: avant, après, avant-hier *(the day before yesterday)*, hier, aujourd'hui, demain, après-demain *(the day after tomorrow)*, aussitôt *(immediately)*, tout de suite *(right away)*, bientôt, déjà, alors *(then)*, encore *(still)*, enfin, ensuite, d'abord *(at first)*, longtemps *(long, a long time)*, maintenant, autrefois *(formerly)*, auparavant *(before)*, quelquefois *(sometimes)*, soudain, souvent, toujours, tard, tôt

Adverbes de lieu: ici, là, là-bas *(over there)*, près, loin, ailleurs *(someplace else)*, devant, derrière, dedans *(inside)*, dehors *(outside)*, dessous *(underneath)*, dessus *(on top)*, nulle part *(nowhere)*, partout *(everywhere)*, quelque part *(somewhere)*

Adverbes de restriction: à peine *(scarcely)*, peut-être *(possibly)*, presque *(almost)*, seulement, ne... jamais

LEÇON 1

Comment dire ce qu'on préfère

Instructor's Tape

«Conversation»

Rappel: Have you reviewed demonstrative adjectives and adverbs? (text p. 222 and workbook)

Premières impressions

Soulignez:

- les phrases qui expriment les goûts et les préférences

Trouvez:

- en quelle matière est le blouson que Sophie et Emily veulent acheter
- le prix le plus bas que le vendeur acceptera pour le blouson

le marché aux puces flea market

Le marché aux puces° de Lyon se trouve dans la banlieue à Vaux-en-Velin. Deux amies, Sophie, une Française, et Emily, une Noire américaine,[1] *toutes deux étudiantes à l'Université de Lyon, s'y promènent.*

des bijoux *m pl* jewelry

une cuisinière stove/**un poêle** frying pan/**un plat à micro-ondes** microwave dish

je vous le fais I'll give (sell) it to you

enlever to take off/**essayer** to try on

il lui va bien it looks good on him/her/**chouette** great, nice, cute

être en bon état to be in good shape

SOPHIE: Vraiment, j'adore les marchés aux puces!

EMILY: Moi aussi! Il y a absolument de tout: des vêtements, des bijoux,° des cuisinières,° des poêles,° des plats à micro-ondes.° Il y a même des sièges de voiture là-bas. Tiens!

SOPHIE: Oh, regarde les blousons là-bas! Moi, le cuir, j'adore!

LE VENDEUR: Bonjour, ma petite dame... Oui, ce blouson, il est fait pour vous! Regardez, oui, il est superbe! Qu'est-ce que vous en pensez?

EMILY: Hum... Je ne sais pas. Mais celui-ci... il est à combien?

LE VENDEUR: Un très bon choix! Du vrai cuir.

SOPHIE: Ah, mais j'aime mieux celui-là, à gauche.

LE VENDEUR: Celui-là est à 1 500 F.

SOPHIE: 1 500!

LE VENDEUR: Un vrai blouson de cuir, un blouson d'aviateur de la deuxième guerre mondiale, mademoiselle.

SOPHIE: Moi, les trucs de guerre, j'ai horreur de ça...

LE VENDEUR: C'est ce qu'il y a de plus chaud!

SOPHIE: Non, non, ce n'est pas pour moi.

EMILY: Tiens, regarde ce blouson-ci. Il est plus joli que ce blouson-là, non?

LE VENDEUR: Du très beau cuir aussi! Allez, je vous le fais° à 1 200 F.

EMILY: Moi, je pensais 800 F plutôt.

LE VENDEUR: Ecoutez, enlevez° votre manteau et essayez-le.°

EMILY: Oui, je vais l'essayer.

SOPHIE: Oh, c'est vrai qu'il te va bien°! Qu'est-ce qu'il est chouette° sur toi!

LE VENDEUR: Allez, je vous le fais à 1 000 F, parce que vous êtes gentilles...

EMILY: Nous sommes étudiantes! Ça fait un peu cher...

SOPHIE: *(à Emily)* A 900, tu le prends... A 900 je te prête même 200 francs... et puis on se le partage. Il est en si bon état!°

EMILY: Oui, c'est tentant! On a la même taille... Allez, monsieur, 900, et on vous le prend!

LE VENDEUR: Non, mais mesdemoiselles, si je ne fais pas de bénéfice, je ne peux pas survivre, moi. Je suis un petit commerçant, vous ne vous rendez pas compte... Ecoutez, je vous le fais à 1 000 et c'est vraiment ma dernière offre...

SOPHIE: Vous ne trouvez pas qu'il faut aussi faire le prix par rapport au revenu des gens? Nous sommes étudiantes!

[1] Beaucoup de Noirs américains ont immigré ou vécu en France. Ce sont surtout des artistes qui ont été reconnus en France avant d'être reconnus aux Etats-Unis. Parmi les plus célèbres sont Josephine Baker, actrice et danseuse; Theloneus Monk, pianiste de jazz; James Baldwin, écrivain; Langston Hughes, écrivain.

par-dessus on top of that
une occasion a bargain

les bottes *f pl* boots

LE VENDEUR: Allez! 1 000, et je mets ce joli portefeuille en cuir par-dessus°...
SOPHIE: Ça, c'est une occasion!°
EMILY: OK, monsieur, nous le prenons.
LE VENDEUR: Les bottes°... Ça vous dirait?
EMILY: Non, ça suffit!
LE VENDEUR: Bon, je vous le fais à 1 000 avec le petit portefeuille...
SOPHIE: Voilà! Merci beaucoup, monsieur!
EMILY: Au revoir, monsieur!
SOPHIE: C'est une bonne occasion!

Observation et Analyse

1. Quelle sorte de choses est-ce qu'on vend dans un marché aux puces?
2. Quelle est l'opinion de Sophie sur le blouson d'aviateur? Expliquez.
3. Décrivez la dernière offre du vendeur et comment on va le payer.
4. Est-ce que vous pensez que les filles aiment marchander *(to bargain)* avec les vendeurs? Expliquez.

Réactions

1. Qu'achèteriez-vous dans un marché aux puces?
2. Etes-vous jamais allé(e) à un marché aux puces? Où? Parlez de votre visite.
3. Aimez-vous marchander avec un vendeur—un vendeur d'automobiles, par exemple? Expliquez.

«Expressions typiques pour...»

Exprimer ses goûts et ses préférences

Moi, j'adore... parce que...
Je préfère les vêtements neufs (aux vêtements d'occasion [*secondhand*]) parce que...
Je préfère ce pantalon-ci à celui-là parce que...
Je préfère celui-ci parce que...

J'aime mieux le manteau marron (que le manteau vert) parce que...
J'aime bien les tennis (mais je préfère les chaussures de bateau) parce que...
Ce que je préfère, c'est... plutôt que...
Je n'aime ni les tennis ni les sandales, mais (à tout prendre), ce sont les tennis que je préfère.
Je n'aime pas du tout.../Je n'aime pas tellement...
Ça ne me plaît pas... Ça ne me dit rien.
J'ai horreur de...
Ça dépend de... parce que...
Parfois... *(At times...)*
Je ne sais pas./Bof.

MINI-CONVERSATIONS

Exprimer ses goûts et ses préférences

—Je fais toujours mes courses pour la semaine et mes petits achats—produits de toilette, collants *(panty hose)*—dans un magasin comme Monoprix ou Prisunic. Ils ont des promotions et j'en profite.
—Pas moi. **J'ai horreur** des magasins comme ça. Je suis convaincue que la qualité de la marchandise est inférieure.
—**Ce que je préfère,** c'est d'acheter les produits frais au marché et les produits d'entretien *(cleaning products),* les conserves *(canned goods),* et les appareils ménagers *(household appliances)* dans les grandes surfaces *(huge discount stores),* comme Auchan ou Carrefour. Pour les vêtements, **j'aime bien** les boutiques du centre-ville. **J'adore** faire les soldes.
—**Moi, je n'aime pas tellement** les boutiques. **Je préfère** acheter des vêtements dans les grands magasins *(department stores)* comme aux Galeries Lafayette.

A VOUS

- Avec un(e) ami(e), discutez où vous préférez acheter vos vêtements.
- Dites aussi si vous préférez acheter des livres neufs ou des livres d'occasion.

«Mots et expressions utiles»

Les meubles et les appareils-ménagers ***(Furniture and household appliances)***

l'armoire f *wardrobe, armoire*
le coussin *cushion, pillow*
la cuisinière *stove*
l'étagère f *shelf; shelves*
le four à micro-ondes *microwave oven*
le lave-vaisselle *dishwasher*
la machine à laver (le linge) *washing machine*
le placard *cupboard; closet*
le sèche-linge *clothes dryer*
le tapis *carpet*
le tiroir *drawer*

Dans quelle sorte de maison est-ce qu'on mettrait ces meubles?

Au secours! Je cherche un appartement à louer à un prix raisonnable. J'aime mieux avoir une grande cuisine avec beaucoup de **placards,** d'**étagères** et de **tiroirs** afin d'y ranger ma vaisselle. J'adore faire la cuisine, tu sais. Et puisque je suis très occupée, mon appartement doit être équipé d'une **machine à laver,** d'un **sèche-linge,** d'un **lave-vaisselle** et d'un **four à micro-ondes.** Où puis-je trouver cet appartement de rêve?

Les vêtements et la mode

les bas m pl *stockings*
les bijoux m pl *jewelry*
la bague *ring*
les boucles (f pl) **d'oreilles** *earrings*
le bracelet *bracelet*
le collier *necklace*
le blouson (en cuir/de cuir) *(leather) jacket*
les bottes f pl *boots*
les chaussettes f pl *socks*
les chaussures (f pl) **à hauts talons/à talons plats** *high-heeled shoes/low-heeled shoes*
la chemise *man's shirt*
le chemisier *woman's long-sleeved shirt*
le collant *pantyhose*
le costume *man's suit*
l'imperméable m *raincoat*
le maillot de bain *swimsuit*
le parapluie *umbrella*
le pardessus *overcoat*
les sous-vêtements m pl *underwear*
le tailleur *woman's tailored suit*
le tissu *fabric*
la veste (de sport) *(sports) jacket*

changer de vêtements *to change clothes*
enlever (un vêtement) *to take (a piece of clothing) off*
être mal/bien habillé(e) *to be poorly/well dressed*
essayer (un vêtement) *to try on (a piece of clothing)*
s'habiller/se déshabiller *to get dressed/to get undressed*
marchander *to bargain (haggle) with someone*
mettre un vêtement *to put a piece of clothing on*
ce vêtement lui va bien *this piece of clothing looks good on her/him*

Un vêtement est:

chic; élégant; en bon/mauvais état; sale; déchiré *(torn)*; râpé *(threadbare, worn)*; lavable *(washable)*; chouette *(familiar—great, nice, cute)*; génial *(fantastic)*; d'occasion *(secondhand, bargain)*; dans ses prix *(in one's price range)*; une trouvaille *(a great find)*

On vend des vêtements dans:

une boutique *shop, small store*
un grand magasin *department store*
une grande surface *huge discount store*
un marché aux puces *flea market*

Qu'est-ce que je vais acheter comme cadeau pour ma petite amie? Elle est toujours si **bien habillée** que je dois lui trouver quelque chose de très **élégant**. Peut-être un **tailleur** pour ses voyages d'affaires? Non, ce n'est pas **dans mes prix.** Hum... Un **chemisier** très **chic**? Mais je n'aime pas beaucoup les chemisiers ici. Un **maillot**? Non, c'est trop personnel. Un **parapluie**? Non, c'est trop anonyme! Ça y est! J'ai trouvé le cadeau parfait: des **bijoux.** Mais de quelle sorte? un **collier**? une **bague**? un **bracelet**? Hum...

Activités

A. Entraînez-vous: Sur le vocabulaire. Vous travaillez comme interprète pour un grand magasin à New York. Vous devez connaître le magasin par cœur pour pouvoir guider les touristes vers les rayons *(departments)* qu'ils recherchent. Etudiez la liste qu'on vous a donnée. Avec un(e) camarade de classe, jouez les rôles d'un(e) touriste français(e) et de l'interprète. (N'oubliez pas qu'en France le rez-de-chaussée est le *first floor* américain.)

modèle: ***—Excusez-moi, monsieur/mademoiselle/madame, mais où se trouve le rayon des tissus?***
—C'est au quatrième étage, monsieur.

DEPARTMENT	FLOOR	DEPARTMENT	FLOOR
Blouses-women's	2	Shirts-men's	3
Fabric	4	Shoes	2
Jewelry	1	Suits-men's	3
Stockings	1	Suits-women's	2
Household appliances	3	Swimwear	2
Furniture	5	Umbrellas	1

Liens culturels

La Mode

Des noms comme Chanel, Dior ou Nina Ricci évoquent le prestige de la haute couture et des parfums délicats. Plus abordables *(affordable)* sont les collections de prêt-à-porter *(ready-to-wear)* et la confection industrielle *(clothing business)*, produites en masse et meilleur marché, que l'on trouve dans les boutiques, les grands magasins et les grandes surfaces.

La mode se démocratise et les frontières de son marché s'étendent de plus en plus. Cela signifie qu'une mode typiquement française, réservée à une classe sociale aisée *(well off)*, n'existe plus à proprement parler. Presque toutes les couches *(levels)* de la société s'intéressent à la mode et essaient de la suivre.

Pour être appelées «haute couture»—une appellation contrôlée—les maisons de confection doivent avoir leurs propres ateliers de production, employer au moins vingt personnes, présenter à la presse chaque année une collection printemps-été et une collection automne-hiver d'au moins soixante-quinze modèles, et présenter à la clientèle ses collections sur trois mannequins vivants plusieurs fois par an.

Un des plus grands problèmes que les couturiers et créateurs de mode rencontrent est la contrefaçon *(counterfeiting)* de leur marque. Ce problème constitue une menace pour l'économie française et il force les maisons de haute couture à payer de gros frais pour la surveillance de leur marque. De plus, la qualité médiocre de ces imitations peut ternir *(tarnish)* la réputation du créateur.

Selon vous, la mode est-elle un art ou une entreprise commerciale? Pensez-vous que la mode influence trop la vie de certaines personnes? Expliquez. Les vêtements sont-ils indicatifs de la personnalité des gens qui les portent?

Préférez-vous les vêtements de prêt-à-porter ou les vêtements sur mesure? Pourquoi?

TOUT L'HABILLEMENT
POUR DAMES
ROBES — MANTEAUX — TAILLEURS
ET ROBES DE MARIEES
GYSELE
PRÊT A PORTER ET SUR MESURE
57, Rue de Rivoli, 57
TÉL. 42 36.03.33
75001 PARIS
Métro : CHATELET
BONS DE LA SEMEUSE ACCEPTÉS

B. Préférences. En utilisant les ***Expressions typiques pour...*** donnez vos préférences sur quatre des sujets proposés.

modèle: villes

En ce qui me concerne, j'aime mieux les grandes villes parce qu'il y a beaucoup de choses à y faire.

OU

Je n'aime pas tellement les petites villes parce que tout le monde se connaît et se retrouve partout, au supermarché, à l'église, à la poste, etc.

les magasins	le climat
la nourriture	la boisson
le sport	les pays
le petit déjeuner	les vêtements
les chaussures	les disques
les films	les restaurants

C. Une grande surface. Votre ami est vendeur dans une grande surface. Aidez-le à apprendre le vocabulaire nécessaire pour son travail en lui donnant un synonyme ou un antonyme pour chaque expression suivante. Utilisez les ***Mots et expressions utiles.***

Synonymes

1. chouette
2. un type de manteau pour se protéger du froid
3. ce qui couvre le plancher d'une pièce
4. un appareil pour faire cuire *(cook)* très rapidement
5. un type de manteau pour se protéger de la pluie

Antonymes

6. mettre un vêtement
7. un sèche-linge
8. un vêtement neuf
9. propre
10. à un prix exhorbitant

«Grammaire»

Les Pronoms démonstratifs

A. Les Pronoms définis

You reviewed demonstrative adjectives earlier. Expressing preferences also necessitates at times the use of demonstrative pronouns. The definite demonstrative pronouns agree in number and gender with the nouns that they replace.

	singulier	**pluriel**
masculin	celui...	ceux...
féminin	celle...	celles...

They are used to point out or designate something or someone. They must always be used with **-ci** or **-là,** a preposition, or a dependent clause headed by a relative pronoun. Note that **-là** is used much more frequently than **-ci** in spite of the distinction between **-ci** (close by) and **-là** (farther away). These usages are illustrated as follows:

- Followed by **-ci** *(this one, these)* and **-là** *(that one, those)*

  J'aime bien cette casserole-ci, mais le marchand me recommande **celle-là.**
  I like this pan a lot, but the salesperson recommends that one.

If you are shopping and there is a variety of similar items, you can point and say:

Donnez-m'en deux (trois, etc.) de **ceux-là (celles-là),** s'il vous plaît.

The expressions **celui-là** and **celle-là** have a pejorative meaning when used to talk about a person who is not present. For example:

—Tu connais le grand blond qui est avec Caroline?
—Oh, **celui-là.** Ne m'en parle pas!

Est-ce que vous aimeriez commander les vêtements sur mesure? Pour quelle(s) occasion(s)?

- With a preposition (usually **de**)

  Tiens, tu peux prendre mon pardessus et **celui de** Georges aussi, s'il te plaît?
  Say, can you take my overcoat and George's too, please?

NOTE: With **de**, the demonstrative pronoun indicates the owner or possessor.

- Followed by a dependent clause headed by a relative pronoun

  De tous les pardessus je préfère **ceux qui tiennent chaud.**
  Of all the overcoats, I prefer those that keep you warm.

  Celui que je préfère est en laine. Il est chaud.
  The one I prefer is wool. It is warm.

  C'est pour **ceux** qui aiment avoir chaud.
  It's for those who like to be warm.

- In order to precisely indicate an object, the following words can be added:

celui celle ceux celles	de gauche de droite d'en bas d'en haut du milieu

B. Les Pronoms indéfinis

The indefinite demonstrative pronouns **ceci** *(this)* and **cela (ça)** *(that)* do not refer to a specific noun but to a concept or idea. **Ceci** is rarely used except to announce an idea to follow. **Ça** is considered informal; **cela** is more formal and is used in written language.

—Dis-moi si tu comprends **ceci:** la laine est le tissu le plus recommandé pour se protéger du froid et de la pluie.
—**Ça,** c'est facile à comprendre.

Activités

A. Trouvailles *(Lucky finds).* Vous revenez du marché aux puces où vous avez acheté beaucoup de choses. Maintenant vous montrez vos trouvailles à votre sœur. Complétez les blancs par un pronom démonstratif approprié.

1. 2,80 mètres de tissu exotique. C'est _______ que Sophie voulait pour se faire une robe.
2. Trois Rolex (des imitations!). _______ que je préfère, ce sont les deux plus petites.
3. Deux paires *(f pl)* de bottes. _______-ci est pour Julien; _______-là est pour Jessica.
4. Ces pulls en acrylique sont exactement _______ dont maman avait besoin.
5. Malheureusement, leurs manteaux n'étaient pas super, et _______ que j'ai choisi est un peu râpé aux manches.
6. Ces lunettes à bordure rouge sont un peu comme _______ de Laurence, non?
7. Ce walkman japonais ressemble à _______ que Bénédicte s'est acheté, pas vrai?
8. Il y avait un choix énorme d'outils. J'espère que _______ que j'ai choisi pour papa sera utile.

B. Une boutique chic. Imaginez que vous alliez dans une boutique à Paris avec une amie riche et snob de votre mère. Traduisez ce qu'elle dit. Ensuite, donnez votre réaction.

I'm looking for a red dress. I like that one over there, but I'd prefer that it have long sleeves **(une manche).**

Oh, this wool **(en laine)** pullover is much prettier than that one.

What is that? Is that a skirt? It looks like a bag **(un sac)**! The ones that I prefer have a cut **(une coupe)** that suits me better than this! This other model is for those who are taller.

What is that woman doing over there? That one. Why is she staring at me **(dévisager comme cela)?** Let's leave!

C. A la recherche d'une tenue habillée *(dressy clothes).* Racontez ce qui s'est passé la dernière fois que vous avez acheté une robe habillée *(dressy dress)* ou un costume.

1. Quelle était l'occasion?
2. Que cherchiez-vous?
3. Qu'avez-vous fini par acheter?
4. Etiez-vous satisfait(e)?
5. Y avait-il des retouches *(alterations)* à faire?

Les Adverbes

You have already reviewed the formation of many adverbs in ***Révisons un peu,*** as well as their usage and function. The irregular formation and placement of adverbs will now be discussed.

A. La Formation des adverbes irréguliers

- Some adverbs are formed in an irregular way.

Adjectif	Adverbe
bon/bonne *good*	bien *well*
bref/brève *brief*	brièvement *briefly*
gentil/gentille *nice*	gentiment *nicely*
mauvais(e) *bad, wrong*	mal *badly*
meilleur(e) *better*	mieux *better*
petit(e) *small*	peu *little*

—Ce manteau en polyester me protègera **peu** du froid en hiver.
—C'est vrai. Un manteau en pure laine te tiendrait plus chaud. Mais ce modèle-ci te va **mieux** que l'autre.

- In certain expressions, an adjective may be used as an adverb. There is, therefore, no change in form.

chanter faux *to sing off key*
parler bas/fort *to speak softly/loudly*
coûter cher *to cost a lot*
sentir bon/mauvais *to smell good/bad*
travailler dur *to work hard*
voir clair *to see clearly*

—Ces croissants **sentent bon.**
—Oui, mais ils **coûtent cher.**

- An adverb that is a direct equivalent to those we often use in English may not exist in French. For example:

en colère *angrily*
de façon permanente *permanently*
avec confiance *hopefully*
avec plaisir *gladly*

B. La Position des adverbes

- In general, adverbs follow the verb they modify in the simple tenses in French. In English they often come between the subject and the verb. This is *never* the case in French.

Il fait **rapidement** un tour au marché aux puces.
He quickly takes a walk around the flea market.

- In French, some adverbs can begin a sentence. The most common are adverbs of time, **heureusement**, and **malheureusement.**

D'abord elle achète une paire de chaussures d'occasion.
First she buys a pair of secondhand shoes.

• When a compound tense is used, many common adverbs are placed between the auxiliary and the past participle.

Elle s'est **presque** acheté une Mercedes.
She almost bought a Mercedes.

Aurait-elle **vraiment** fait cela?
Would she really have done that?

NOTE: Adverbs may be placed after the past participle for emphasis:

Ces jouets-là lui ont plu **énormément.**
Those toys pleased her enormously.

• When a verb is followed by an infinitive, common adverbs are placed between the two verbs.

Elle va **sûrement** retourner au marché le week-end prochain.
She is surely going to go back to the market next weekend.

• As in English, French adverbs precede the adjectives and adverbs that they modify.

Elle a **très bien** fait de partir au bout d'une heure.
She did very well to leave after one hour.

Activités

A. La vie universitaire. Un employé de l'université vous pose des questions pour apprendre si vous vous adaptez bien à la vie universitaire. Répondez à ses questions en employant un des adverbes de votre choix ou le dérivé d'un des adjectifs proposés

régulier / vrai / précis / sûr / absolu / constant / naturel / franc / bref / gentil / énorme / complet / rare / heureux / malheureux / fréquent / petit / patient / bon

1. Etudiez-vous?
2. Dormez-vous sept heures par jour?
3. Mangez-vous trois fois par jour?
4. Sortez-vous?
5. Aimez-vous votre cours de français?
6. Vos professeurs sont-ils bons?
7. Etes-vous content(e) de l'université?
8. Allez-vous revenir l'année prochaine?

B. Une lettre. Laurent écrit une lettre à un ami. Vous trouvez que ce qu'il a écrit n'est pas très intéressant. Embellissez la lettre en ajoutant les adverbes suivants.

demain / hier / méchamment / énormément / gentiment / très / vraiment / trop / malheureusement / heureusement / presque / soudain / doucement / dehors / ailleurs / complètement / en même temps / bien entendu

Lyon, le 5 juin

Cher Justin,

Tu ne croiras jamais ce qui m'est arrivé ________! J'étais dans le parking de Carrefour et un chien a couru vers moi. Il aboyait *(was barking)* ________. Il était ________ costaud et il avait l'air ________ féroce. ________ j'avais peur et je ne savais pas ________ quoi faire. J'étais ________ sûr que si je courais, il allait courir après moi. ________, j'ai eu une idée. Je lui ai parlé ________ et ________ je suis monté sur ma voiture! Les clients qui étaient dans le parking me regardaient comme si j'étais ________ fou! A l'avenir, je ferai mes courses ________. Quel embarras!

Salut, et à la prochaine!

Laurent

C. La réponse. Justin, un Américain, répond à son ami Laurent. Traduisez cette lettre en français pour lui.

Columbus, June 17

Dear Laurent,

I can just see you **(Je t'imagine bien)** standing on your car! You can do better than that! They say that with dogs you must sing slowly—even if you sing off key (I know you sing well!)—and walk slowly. Frankly, you did precisely the wrong thing **(le contraire de ce qu'il fallait faire).** One should absolutely not show that one is afraid **(avoir peur)** of dogs. They are extremely sensitive **(sensible)** to fear. The next time, I hope that you will react **(réagir)** more intelligently **(d'une façon plus intelligente).**

Hope to hear from you soon.

Justin

«Interactions»

A. Les possibilités. You are looking through a catalog with a friend. You want to buy a stereo or compact disc player. Explain to your friend which one you prefer and why. See if he/she chooses the same one. Share your choices with the class.

technikaudio

A **La chaîne midi AMSTRAD. Platine disque** semi-automatique, transmission par courroie, contrôle électronique de vitesses, cellule céramique. **Ampli** 2 x 5 W musicaux (2 x 2,5 W nomimaux), réglage de balance et contrôle de tonalité, témoin lumineux de puissance, distorsion 1% à pleine puissance, bande passante 20 à 20000Hz. **Platine double cassette** permettant la copie rapide, et la lecture automatique d'une cassette sur l'autre. Pleurage et scintillement 0,2%. Prises jack 6,35 mm en façade pour micros extérieurs et casque. **Tuner stéréo PO-GO-FM** à témoin de réception stéréo FM. **Enceintes acoustiques** 1 voie : (larg. 26, haut. 39, prof 14 cm). **Meuble** sur roulettes, avec porte vitrée et capot anti-poussières. (larg. 39,7, haut 79, prof 37 cm).
GARANTIE 1 AN. S.A.V. ASSURÉ.
741.0675. **1790,00 F**

La chaîne Amstrad sans meuble, avec petites enceintes (larg. 18 x haut. 26 x prof. 14 cm). Dim. chaîne (larg. 36, haut 32, prof. 33 cm).
741.0667. **1590,00 F**

B **La chaîne stéréo DAEWOO. Platine disque** avec cellule magnétique et transmission par courroie. **Ampli** 2 x 12,5 W nominaux avec égaliseur 5 bandes, curseurs pour réglage mixage micro, balance, volume et sélecteur de fonctions (radio/cassette/phono/aux/CD). **Double cassette** offrant copie grande vitesse, lecture continue et système Dolby (réduction du souffle). Prises casque et micro (jack 6,35 mm). **Tuner stéréo** PO.GO.FM. **Enceintes acoustiques** 2 voies (larg. 18, haut. 26,7, prof. 18 cm). Entrées pour CD et appareil auxiliaire. Dim. chaîne : larg. 34, haut. 30,8, prof. 35,1 cm.
GARANTIE 1 AN. S.A.V. ASSURÉ.
741.1833. **2290,00 F**

C **La chaîne stéréo PHILIPS (F1465). Platine disque** semi-automatique, transmission par courroie. **Ampli** 2 x 10 W nominaux avec égaliseur 5 bandes, réglages balance volume et 4 touches de sélection (cassette/CD/aux/radio). **Double cassette** permettant copie grande vitesse et lecture continue. Ouverture amortie des trappes. **Tuner digital** PO.GO.FM. mémorisant 18 stations (6 par gammes d'ondes). **Enceintes acoustiques** 2 voies. Prises micro et casque (jack 6,35 mm) 1 entrée pour CD. Larg. 36, haut.. 33,5, prof. 33 cm.
GARANTIE 1 AN. S.A.V. ASSURÉ.
741.1892. **2890,00 F**

D **La chaîne stéréo TECHNIK AUDIO haute puissance télécommandée. Platine disque** à transmission par courroie, avec stroboscope pour réglage électronique de la vitesse. **Ampli** 2 x 50 W nominaux, doté d'un filtre haute fréquence, d'une touche Loudness (accentuation des basses et des aigus) et de 4 touches fonctions (radio/cassette/phono/aux). Égaliseur 5 bandes. **Double cassette** offrant copie grande vitesse, lecture continue et réducteur de souffle. **Tuner digital** PO.GO.FM. avec recherche automatique des stations et mémorisation de 18 stations (6 par gamme). **Enceintes acoustiques** 3 voies (larg. 27, haut. 43,5, prof. 19,2 cm). 2 prises micro + 1 prise casque (jack 6,35 mm). 1 sortie pour 2 HP supplémentaires, 1 entrée pour CD ou autre appareil auxiliaire. Livrée avec télécommande de 28 fonctions. **Meuble** monté sur roulettes avec partie range-disques et 1 étagère pour placer un autre élément. Dim. chaîne : larg. 47,4, haut. 97, prof. 42 cm. En option, la platine compact-disc vendue ci-dessous.
GARANTIE 1 AN. S.A.V. ASSURÉ.
741.1817. **3990,00 F**

BRAVO! Culture et Littérature

B. Débat. In French, there is a proverb that says: "L'habit ne fait pas le moine *(monk)*." Can one judge the personality of a person by his/her clothes? Take sides in pairs or as a whole class and debate the issue.

LEÇON 2

Comment comparer

«Conversation»

Instructor's Tape

Premières impressions

Soulignez:

- les expressions pour dire que deux choses sont identiques, comparables ou différentes

Trouvez:

- les marques des deux ordinateurs qu'on compare

Sophie, qui est en deuxième année de sciences économiques, pense acheter un ordinateur. Elle retrouve Emily dans un magasin d'informatique pour en parler.

SOPHIE: Oh! Regarde tous ces ordinateurs: des micros,° des portables°... J'aimerais bien que tu m'aides un peu, Emily. Je ne connais rien, moi, aux ordinateurs, mais il faut vraiment que je m'en achète un pour mes études. Ce serait nettement plus pratique que ma vieille machine à écrire.

EMILY: Oui, tout à fait.

SOPHIE: Mais ils se ressemblent tous. Comment est-ce que je peux en choisir un? Ils semblent tous pareils!

EMILY: Moi, je te recommanderais plutôt le Mac parce que d'abord il ne prend pas beaucoup de place. Et puis, l'écran° donne toutes les commandes en symboles faciles à comprendre.

SOPHIE: Ah, bon?

EMILY: Oui! Les étudiants à l'université adorent cet ordinateur.

SOPHIE: Mais est-ce qu'il y a un disque dur,° ou seulement un lecteur de disquettes° de trois pouces° et demie?

EMILY: On peut avoir un disque dur...

SOPHIE: Est-ce qu'on peut utiliser une souris° en plus du clavier?°

EMILY: Mais oui! En fait, le Mac ne marche pas sans la souris...

SOPHIE: Et la mémoire? Est-ce qu'elle est importante? J'aimerais bien pouvoir écrire toutes mes dissertations,° et ma thèse de doctorat° dessus. On m'a dit que les IBM avaient une plus grande mémoire.

EMILY: Oui, c'est vrai, et c'est pourquoi beaucoup d'entreprises choisissent les IBM. Mais le Mac fait les mêmes choses d'une autre façon.

SOPHIE: Ah... Et au niveau des logiciels,° lequel a le plus grand choix: le Mac ou les IBM?

EMILY: Je crois que les IBM ont plus de logiciels que le Mac, mais il y a beaucoup de logiciels IBM qui sont disponibles pour le Mac.

SOPHIE: Ah bon? Et... est-ce que je pourrais éventuellement apprendre à programmer moi-même des menus?

EMILY: Oui, bien sûr!... si tu suis des cours de programmation. Mais je te montrerai comment organiser tes documents pour que tu t'y retrouves° au début.

SOPHIE: Merci, j'aurai besoin de ton aide. Mais dis-moi, à comparer les deux, le petit Mac n'a pas l'air aussi puissant° que l'IBM à côté.

EMILY: Ça dépend du modèle. Mais vraiment, pour tes études, le Mac est aussi puissant qu'un IBM et en plus il est portable.

SOPHIE: Mais ce petit écran, ça m'embête un peu. Est-ce que ça ne fatigue pas les yeux? Je crois que je préférerais un plus grand écran.

EMILY: Tu vois la différence ici, en magasin, mais à la maison, tu t'y habitueras très vite. Moi, j'adore le Mac, mais c'est une préférence personnelle. Avec le Mac et l'IBM «Windows», tu auras un bon traitement de texte,° qui est vraiment facile et rapide. On peut déplacer° une partie du texte, comparer deux brouillons,° faire des tableaux,° simplement en choisissant sur le menu.

un micro desk-top computer/**un portable** portable computer

un écran screen

un disque dur hard (disk) drive/**un lecteur de disquettes** disk drive/**un pouce** 2.5 cm (one inch)/**une souris** mouse/ **un clavier** keyboard

une dissertation term paper/ **une thèse de doctorat** doctoral thesis, dissertation

le logiciel software

s'y retrouver to find one's way

puissant powerful

le traitement de texte word processing/**déplacer** to move/ **un brouillon** draft/**un tableau** chart

une imprimante printer/ **matricielle** dot matrix/**qualité proche courrier** near letter quality

SOPHIE: Oui, ça c'est très important... Et quelle sorte d'imprimante° est-ce que je dois acheter? Une imprimante matricielle°? qualité proche courrier?° à laser?

EMILY: Oh, une imprimante à laser, bien sûr! *(Elle rit.)*

SOPHIE: Hum... Et bien, écoute. Avant de continuer je vais demander combien les deux coûtent. Et puis, je vais y réfléchir. Tu m'as énormément aidée, Emily. Merci!

EMILY: De rien, et bonne chance!

Observation et Analyse

1. Pourquoi est-ce que Sophie veut acheter un ordinateur?
2. D'après la conversation, quels sont les avantages respectifs du Mac et des IBM?
3. Quels facteurs semblent entrer dans la décision de Sophie?
4. Est-ce que Sophie et Emily ont la même formation informatique?
5. Quel ordinateur Sophie va-t-elle probablement acheter? Pourquoi pensez-vous cela?

Réactions

1. Avez-vous un ordinateur? Si oui, en êtes-vous content(e)? Si non, en utilisez-vous un? Où?
2. Harvard équipe chaque nouvel(le) étudiant(e) d'un micro-ordinateur personnel. Pensez-vous que toutes les universités devraient faire la même chose?

«Expressions typiques pour...»

Comparer

Souligner les ressemblances

Il n'y a aucune différence entre ces deux articles.

Ils sont { pareils. / semblables *(similar)*. / identiques. }

Ils sont (plus ou moins) comparables.
C'est le même (logiciel).
Ils se ressemblent comme deux gouttes d'eau.
Cet ordinateur ressemble à l'autre.
Ils ont beaucoup de choses en commun.

{ Il n'y a pas beaucoup / Il y a peu } de différence(s).

Il a autant de mémoire que l'autre.
Il est aussi rapide que l'autre.
Ça me fait penser à l'autre.

Souligner les différences

Ils sont différents l'un de l'autre.
Il est (bien, beaucoup, un peu) plus/moins rapide que l'autre.
Cet ordinateur n'est pas aussi rapide que l'autre.
Il a moins de/plus de mémoire que l'autre ordinateur.
Ils ont très peu de choses en commun.
Il y a beaucoup de différences.
Ils n'ont rien en commun.
C'est mieux/pire.
La qualité est (bien) meilleure.
Cet appareil n'a rien à voir avec *(has nothing to do with)* celui-là: il n'est pas comparable!

M I N I - C O N V E R S A T I O N S

Souligner les ressemblances

—**Il n'y a pas beaucoup de différences** entre ces deux téléviseurs. La taille de l'écran est à peu près **la même,** n'est-ce pas?
—Oui, et la qualité de l'image est **plus ou moins comparable.**
—Regarde! Même les télécommandes **sont identiques**!
—Et **il y a peu de différences** de prix. Comment peut-on choisir?

Souligner les différences

—Je pense acheter une platine laser *(CD player)* mais une platine à cassettes *(cassette deck)* serait **moins chère,** n'est-ce pas?
—Oui, une platine laser serait **plus chère,** c'est sûr, mais la qualité serait **bien meilleure.** Vraiment, au point de vue son, les deux appareils **n'ont rien à voir.**

A VOUS

- Comparez deux boissons que vous trouvez pareilles: par exemple, le Pepsi et le Coca.
- Comparez deux sortes de voitures que vous trouvez très différentes: par exemple, une Cadillac et une Volkswagen.

«Mots et expressions utiles»

Les ordinateurs

appuyer *to press, push (a key)*
brancher *to plug in*
le clavier *keyboard*
les commandes f pl *commands*
compatible *compatible*
déplacer *to move (something)*
le disque dur *hard (disk) drive*
une disquette *floppy disk*
  à double densité *double density*
  à haute densité *high density*
les données f pl *data*
l'écran m *screen*
effacer *to erase*
enlever *to take out*
être dans l'informatique *to be in the computer field*
exécuter/effectuer des commandes *to execute commands*
faire marcher *to make something work*
formater *to format*

PRECAUTIONS D'EMPLOI

Ne pas écrire avec un stylo à bille, notamment sur les étiquettes.

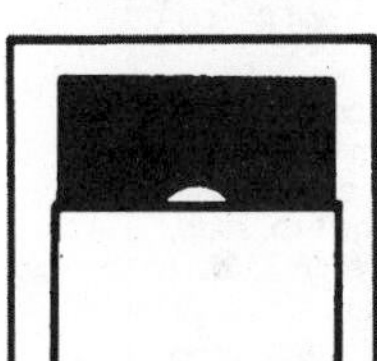

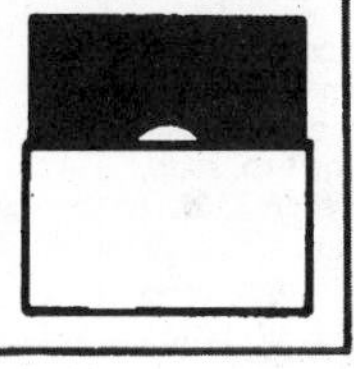

Remettre la disquette dans sa pochette après utilisation.

Introduire la disquette avec beaucoup de soin dans le lecteur pour éviter de la courber ou de la plier. La saisir de préférence par l'étiquette supérieure d'identification.

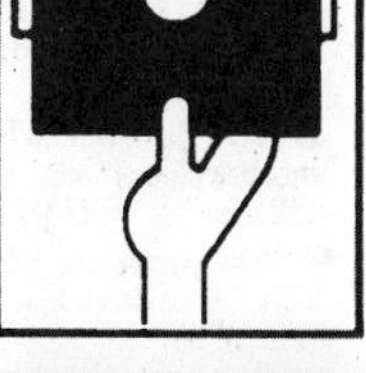

Ne pas toucher la surface polie de la disquette; les doigts, même parfaitement propres, laissent une empreinte suffisante pour détruire définitivement les données enregistrées.

Se méfier d'éventuels champs magnétiques environnants ; une disquette peut être ainsi partiellement effacée.

Préserver les étiquettes de l'humidité.

Ne pas les exposer au soleil ou à une source de chaleur.

Ne pas pincer ni agrafer.

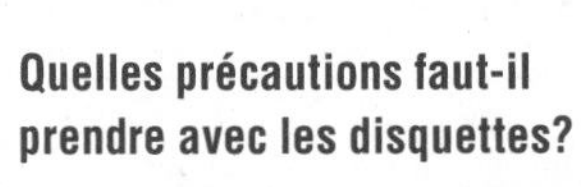

↑ Quelles précautions faut-il prendre avec les disquettes?

la gestion *management, administration*
les graphiques m pl *graphics*
l'imprimante f *printer*
  matricielle *dot matrix*
  qualité proche courrier *near letter quality*
  à laser *laser*
l'informatique f *computer science; data processing*
le lecteur de disquettes *disk drive*
le logiciel *software*
la mémoire *memory*
un micro(-ordinateur) *desk-top computer*
un portable *portable computer*
un pouce *2.5 cm (one inch)*
le programme *program*
programmer des menus *to program (create) menus*
puissant(e) *powerful*
reculer *to backspace*
sauvegarder *to save*
la souris *mouse*
un tableau *chart*
(re)taper *to (re)type*
tenir ses comptes *to keep one's accounts*
la touche *key*
le traitement de texte *word processing*

—De quels **logiciels** est-ce que tu te sers?
—Oh, j'ai un **programme** de **gestion** pour **tenir mes comptes,** et j'ai aussi beaucoup de jeux. Mais j'emploie surtout un logiciel de **traitement de texte.** Je fais tout avec. Je **tape** mes notes de cours, je fais mes devoirs, j'écris mon courrier. C'est formidable! Je ne pourrais plus m'en passer *(do without it)*, je crois.
—Et tu as un **disque dur** ou est-ce que tu te sers des **disquettes**?
—Je me sers des deux. Quand j'ai beaucoup de **données,** je les **sauvegarde** sur le **disque dur**. Mais si c'est quelque chose de très important, je le **sauvegarde** aussi sur une **disquette** de 5¼ **pouces, à haute densité**, au cas où j'**effacerais** par accident le contenu du **disque dur.**

Activités

A. Entraînez-vous: Petites annonces. Vous voulez acheter un ordinateur d'occasion. A quelle(s) annonce(s) répondriez-vous si vous vouliez les ordinateurs décrits dans les numéros 1–5. Expliquez votre réponse.

1. un ordinateur avec une manette *(joystick)*, un lecteur de disquettes et des jeux
2. un ordinateur avec un programme de traitement de texte, une souris et des jeux
3. un ordinateur avec un disque dur, un écran couleur et une souris
4. un portable avec une imprimante et des logiciels
5. un ordinateur avec un disque dur, un écran couleur et une garantie

MICRO INFORMATIQUE

■ VENDS Mac plus DD 30MO, logiciels, tbe., 10.000.F. Tél. 99.31.01.74 ou 99.38.94.29.

■ VDS ordinateur Amstrad couleur +manette +lecteur disquette, disquettes, 2 000 F. Tél. 99.07.90.15.

■ Urgent, à saisir. VDS Atari PC 124, très peu servi, S12-640KO EGA-CGA-MDA-HGC + log. débattre 7.500.F. Tél. 99.37.38.12.

■ A VENDRE ordinateur portable Sharp PC 4500, imp. + log. prix 9.800.F. Tél. 99.96.43.61 le soir h. repas.

■ VDS Amstrad PC 1512 DD, couleur, souris, manette, jeux, nbx logiciels, 5000.F. 99.33.74.37 ap. 19h.

■ SACRIFIE CPC 6128 couleur + nombreux logiciels + jeux + manette + revues, 3.100.F. Tél. 99.51.08.30 après 18h.

■ VDS ordinateur T08 Thomson plus cassettes, 3.000.F. Tél. 99.52.35.10.

■ VDS Apple IIC écran LCD lec3, 5 imp. Image Writer 2 souris, jstick, manettes, péritel Apple Work Visicalc, nbs jeux, px 6.000.F à déb. Tél. 99.68.98.57.

■ VDS Bull Micral 30 512K, écran mono ambre + imp. Bull 132 col., 150 cps. Tél. 99.54.90.73.

■ VDS compatible PC XT Tandy 1000, DD couleur CGA 640Ko. Tél. 99.52.74.88.

■ A SAISIR ordinateur CPC464, lecteur de disquettes, disquettes, nombreux jeux, manette. Tél. 99.75.04.36.

■ VDS Atari 1040 impr. Epson, log., jeux, état neuf, val. 9.500, vendu6.500. Tél. soir 99.79.06.88.

■ VDS Atari 520 STF SF, manette, souris, jeux en 40 disques contact, bon état, 2.200.F. Tél. 99.53.09.86.

■ VDS ordinateur Amstrad CPC 464 mono +35 jeux +copie +nbres revues +manuel +manette, 1 800 F à déb. Tél. 99.07.98.12.

■ VENDS ordinateur Amstrad 6128 monochrome +disquettes +ordinateur Candy PC 6. Tél. 99.62.35.69.

■ VDS véritable IMB PCAT 286 EGA coul.,DD 20 Mo, 2 lect., +de 20 Mo de logiciels, dos 4.01, carte copie infaillible, carte modem pro, 10 500 F avec garantie et assistance. Tél. 99.38.69.88.

■ VENDS Thomson TO8 D couleur, nbrx jeux +manette +crayon optique, état neuf, 3 500 F. Tél. 99.39.02.82.

■ VDS Amstrad PC 1512, SD +disque dur, écran couleur, souris, nombrx utilitaires, jeux +documentation, 5 800 F. Tél. 99.63.88.63.

■ Part. VEND ordinateur Normerel, AT 286-12 MHZ, disque dur 40 Mo, lecteur 3 1/2 HD, moniteur VGA couleur, neuf, garanti usine 1 an, souris, logiciels, 11 800 F. Tél. 99.33.91.17 après 21h.

■ VDS Amstrad CPC 664, écran monochrome, adaptateur péritel, 80 jeux, 3 joysticks, 1 500 F. Tél. 99.57.72.59 Mr Bernard.

■ VDS Amstrad PC 1512, DD, écran couleur, souris, nombreux utilitaires, jeux, trait.-texte +doc, 5 500 F. Tél. 99.83.20.41.

B. Une compagnie d'informatique. Vous travaillez pour une compagnie américaine d'informatique qui souhaite vendre ses ordinateurs au Québec. Traduisez cette publicité.

We are presenting IZT's new portable computer with hard drive. It is compatible with all systems on the market **(tous les systèmes sur le marché).** It can use all software developed for IBT. The keyboard is sensitive **(sensible),** the screen is easy to adjust **(régler).** It is perfect for word processing while you are travelling. It can read almost all printers' software. Isn't it time you bought the IZT portable computer?

C. Comparaisons. En petits groupes, comparez quatre des sujets présentés ci-dessous.

modèle: les livres
Les livres de poésie sont plus difficiles à lire que les livres de science-fiction.
OU
Les livres de James Joyce sont plus difficiles à lire que les livres de Robert Ludlum.

les chaînes stéréo	les vêtements
les villes touristiques	les films
les boissons	les universités
les voitures	la poésie
les glaces	les ordinateurs

«Grammaire»

Le Comparatif et le superlatif des adjectifs

A. When comparing two things or people, **plus, moins,** or **aussi** is placed before the adjective and **que** after it.

Cet ordinateur-ci est **plus** rapide **que** celui-là.
This computer is faster than that one.

Cet ordinateur-ci est **moins** cher **que** celui-là.
This computer is less expensive than that one.

Cet ordinateur-ci est **aussi** puissant que celui-là!
This computer is as powerful as that one!

B. The superlative is used to compare three or more things or people. It is formed by placing **le, la,** or **les** and **plus** or **moins** before the adjective. The adjective is placed in its normal position—before or after the noun depending on the adjective. **De** is used after the adjective to indicate location. This is the equivalent of *in* or *of* in English. Do not use **dans** in this instance.

C'est l'ordinateur **le plus** cher **de** ce magasin d'informatique.
That is the most expensive computer in this computer store.

C'est **le plus** petit écran **du** magasin.
That is the smallest screen in the store.

With the adjectives that normally precede the noun, it is also correct to put them after the noun:

C'est l'écran **le plus grand**.
That is the biggest screen.

NOTE: The following construction can always be used:

Cet ordinateur est **le plus cher** de tous les ordinateurs qu'on vend dans ce magasin d'informatique.
That computer is the most expensive of all the computers that they sell in this computer store.

C. The adjectives **bon** and **mauvais** are irregular in some forms.

	Comparatif	**Superlatif**
bon(ne)	meilleur(e)	le meilleur la meilleure les meilleur(e)s
	moins bon(ne)	le moins bon la moins bonne les moins bon(ne)s
	aussi bon(ne)	
mauvais(e)	plus mauvais(e), pire	le plus mauvais, le pire la plus mauvaise, la pire les plus mauvais(es), les pires
	moins mauvais(e)	le moins mauvais la moins mauvaise les moins mauvais(es)
	aussi mauvais(e)	

NOTE: **Pire** is often used to express abstract judgment, whereas **plus mauvais** expresses concrete judgment:

—J'ai **le meilleur** ordinateur du monde!
—I have the best computer in the world!

—Mais tu as **le plus mauvais** logiciel!
—But you have the worst software!

—Ça, c'est **la pire situation** possible!
—That's the worst possible situation!

Le Comparatif et le superlatif des adverbes

A. The same constructions **(plus que, moins que, aussi que)** are used to compare adverbs.

Cet ordinateur marche **plus** vite **que** l'autre.
That computer runs faster than the other.

Cet ordinateur marche **moins** vite **que** l'autre.
That computer runs less quickly than the other.

Cet ordinateur marche **aussi** vite **que** l'autre.
That computer runs as fast as the other one.

B. When forming the superlative of adverbs, the articles do not change to agree in number and gender because adverbs are invariable.

Ce sont les ordinateurs qui marchent **le plus** vite.

C. The adverbs **bien** and **mal** are irregular.

	Comparatif	**Superlatif**
bien	mieux moins bien aussi bien	le mieux le moins bien
mal	plus mal, pis *(rarely used)* moins mal aussi mal	le plus mal, le pis *(rarely used)* le moins mal

Cet ordinateur-ci marche **le mieux.**
This computer works the best.

Celui-là marche **le moins bien.** Il est vieux.
That one works the worst. It is old.

Le Comparatif et le superlatif des noms

A. When comparing amounts or quantities of nouns, the expressions **plus de, moins de,** and **autant de** are used.

Cet ordinateur a **plus de** mémoire **que** l'autre.
That computer has more memory than the other.

Cet écran a **moins de** résolution **que** l'autre.
This screen has less resolution than the other.

Cet ordinateur-ci a **autant de** mémoire **que** l'autre.
This computer has as much memory as the other.

B. To form the superlative of nouns, the expressions **le plus de** and **le moins de** are used. As with adverbs, articles do not change.

Mais cet ordinateur-là a **le plus de** mémoire.
But that computer has the most memory.

Liens culturels

Les Français et l'informatique

Les années 80 resteront sans doute marquées par les premiers vols de la navette spatiale américaine *(space shuttle)*, l'apparition de l'intelligence artificielle et surtout l'extension de l'informatique à l'ensemble des secteurs de l'économie. L'emploi en sera profondément modifié, tout autant que la façon de travailler.

Mais l'impact de la révolution technologique de cette fin de siècle ne se limitera pas au travail. Il touchera progressivement tous les aspects de la vie quotidienne des Français. Qu'ils le veuillent ou non, l'ordinateur sera bientôt leur compagnon de tous les jours, au bureau, à la maison ou dans la rue. Plus encore peut-être que la télévision hier, l'ordinateur sera demain le pilier d'une nouvelle civilisation.

D'après cette enquête, comment les Français regardent-ils l'informatique au cours des dernières années?

Adapté de
Gérard Mermet, *Francoscopie, 1991* (Larousse, pp. 290–291)

L'informatique incontournable

«Au cours des années à venir, la diffusion de l'informatique va modifier certains aspects des conditions de vie. Considérez-vous cette évolution comme une chose» (en %):

	1979	1980*	1982	1983	1984	1985	1986	1987	1988	1989
• Souhaitable	22,0	26,9	29,0	34,2	38,8	40,5	36,5	36,0	36,3	36,1
• Peu souhaitable, mais inévitable	53,7	47,0	47,4	48,1	45,8	47,8	49,5	51,3	51,5	50,5
• Regrettable et dangereuse	20,1	21,1	21,6	15,3	13,2	9,4	12,6	11,4	11,1	12,3
• Cela dépend	2,0	0,6	–	–	–	–	–	–	–	–
• Ne sait pas	2,2	4,4	2,0	2,4	2,2	2,3	1,4	1,3	1,1	1,1
Ensemble	100,0	100,0	100,0	100,0	100,0	100,0	100,0	100,0	100,0	100,0

* L'enquête n'a pas été effectuée en 1981.

Activités

A. La vie au lycée et à l'université. Vous écrivez une composition qui a pour sujet la comparaison entre la vie au lycée et la vie à l'université. Choisissez l'expression appropriée en complétant les phrases suivantes avec le comparatif des adjectifs. Faites tous les changements nécessaires.

1. Les lycéens / être / plus (moins, aussi) / libre / que... parce que...
2. Les cours au lycée / être / moins (plus, aussi) / difficile / que... parce que...
3. Les repas au lycée / être / aussi (plus, moins) / bon / que... parce que...
4. La responsabilité des étudiants / être / moins (plus, aussi) / grand / que... parce que...
5. La vie sociale à l'université / être / plus (moins, aussi) / intéressant / que... parce que...
6. Les étudiants / être / aussi (plus, moins) / sage / que... parce que...
7. Les professeurs au lycée / être / plus (moins, aussi) / strict / que... parce que...

B. Super! Pour Vincent tout est super—surtout quand il parle de tous ses gadgets. Complétez les phrases pour lui avec le superlatif. Attention! Certains superlatifs sont irréguliers. Connaissez-vous quelqu'un comme Vincent?

1. je / avoir / plus / bon / ordinateur / de / monde
2. il / marcher / plus / bien / tous / autres / ordinateurs
3. il / avoir / plus / mémoire / tous / autres / ordinateurs
4. écran / avoir / plus / bon / résolution / possible
5. imprimante / marcher / plus / vite / toutes / autres / imprimantes
6. programme que j'ai écrit / avoir / graphiques / plus / intéressants
7. ordinateur / être / moins / cher / de tous / portables
8. De tous les nouveaux magnétoscopes, / magnétoscope / enregistrer *(to record)* / plus / beau / image [*f*]
9. télévision / avoir / plus / bon / couleurs / possibles
10. platine laser / avoir / qualité de son / plus / subtile / de toutes / platines laser / magasin
11. répondeur téléphonique *(answering machine)* / marcher / avec / plus / fidélité

C. Trouvez quelqu'un qui... Pendant cinq minutes, posez ces questions en français à vos camarades pour savoir qui dans la classe...

1. has less money on him/her than you
2. had a better grade than you on the last French test
3. takes as many courses as you
4. likes classical (popular, jazz, etc.) music more than you do
5. watched TV less than you last night
6. studies more often than you in the library this term

D. Comparaisons. Répondez aux questions suivantes. Comparez vos réponses aux autres étudiants de la classe.

1. Avez-vous jamais eu un job d'été? Si vous avez eu plusieurs jobs d'été, comparez-les. Parlez de l'horaire, de la nature du travail, du patron, des clients, etc.
2. Avez-vous jamais vécu ailleurs qu'ici? Où? Comparez les endroits où vous avez vécu. Parlez du climat, des loisirs, des amis, de la vie nocturne, etc.
3. Avez-vous voyagé? Où? Comparez vos voyages. Parlez des endroits, du climat, des loisirs, des gens, etc.
4. Avez-vous lu plusieurs livres récemment? Lesquels? Comparez-les en parlant des personnages, de la longueur, du style, de l'auteur, etc.
5. Avez-vous mangé au restaurant récemment? Dans quels restaurants? Comparez-les en parlant du service, de la cuisine, de l'ambiance, etc.

«Interactions»

A. Tout change dans la vie. Study the chart below detailing changes in average living expenses for the French. Compare the percentages from 1959 through 1988, as well as those projected for the year 2000. For which categories have the French spent more in recent years? For which categories have they spent less?

Nouveaux besoins, nouvelles dépenses

Evolution de la structure de la consommation des ménages (coefficients calculés aux prix courants, en %):

	1959	1970	1980	1988	2000
• Produits alimentaires, boissons et tabac	36,0	26,0	21,4	19,8	16,5
• Habillement (y compris chaussures)	9,3	9,6	7,3	6,8	5,1
• Logement, chauffage, éclairage	9,3	15,3	17,5	18,9	19,0
• Meubles, matériel ménager, articles de ménage et d'entretien	11,2	10,2	9,5	8,2	8,7
• Services médicaux et de santé	6,6	7,1	7,7	9,3	16,4
• Transports et communication	9,3	13,4	16,6	16,9	15,7
• Loisirs, spectacles, enseignement et culture	5,4	6,9	7,3	7,5	8,6
• Autres biens et services	12,7	11,5	12,7	12,6	10.0
CONSOMMATION NATIONALE (y compris non marchande)	100,0	100,0	100,0	100,0	100,0

Gérard Mermet, *Francoscopie, 1991* (Larousse, p. 326)

B. Le choix de l'université. A younger friend or relative of yours is choosing a university. Help him/her compare several universities and choose the most appropriate one. Compare the following items.

1. the classes
2. the professors
3. the students
4. the cost **(les frais** [*m pl*] **d'inscription)**
5. the housing
6. the social life
7. the distance from his/her family and friends
8. the geographical area

BRAVO! Culture et Littérature

LEÇON 3

Comment donner des instructions, des indications et des ordres

 Instructor's Tape

«Conversation»

Premières impressions

Soulignez:

- les expressions pour donner des instructions et pour dire qu'on ne comprend pas

Trouvez:

- où l'on met le fromage dans un croque-monsieur: sur le dessus, dedans ou sur les deux côtés

Bruno donne une leçon de cuisine à Paul, son ami américain.

PAUL: Alors, Bruno, c'est quoi, ton secret pour les croque-monsieur? Je serais vraiment curieux de savoir!

BRUNO: Bon, écoute, je vais te montrer ça... Alors, d'abord tu prends deux tranches de pain de mie,° du pain de mie frais, évidemment... Tu prends ta poêle,° tu mets un petit peu de beurre dedans, tu le fais fondre° un peu, et une fois que le beurre est chaud, tu mets du beurre sur une première tranche de pain que tu mets dans la poêle.

le pain de mie sandwich loaf/ **une poêle** frying pan/**faire fondre** to melt

PAUL: Ah, tu mets du beurre sur le pain aussi... D'accord.

BRUNO: Oui, sinon tu vas avoir un croque-monsieur qui va coller° à la poêle, tu vois? Ensuite, tu mets une première tranche de fromage, du gruyère[2]... peu importe, selon tes goûts... Et puis, tu mets une tranche de jambon et tu laisses cuire° un petit peu, euh, pour que le fromage fonde.

coller to stick

laisser cuire to let (it) cook

PAUL: Et tu fais griller° ton pain d'abord ou...

faire griller to toast

BRUNO: Tu fais griller le pain dans la poêle avec le jambon et le gruyère, si tu veux. Fais attention de ne pas laisser coller le pain à la poêle. Ensuite, ce que tu fais, tu remets une tranche de fromage sur le dessus, tu laisses fondre le tout et tu mets bien une deuxième tranche de pain avec toujours du beurre mais sur l'extérieur parce qu'il faudra retourner le croque-monsieur pour faire dorer° l'autre côté.

faire dorer to brown

PAUL: Je ne pige pas!° Tu ne mets pas de fromage sur le dessus? Juste dedans?

piger (familiar) to understand, to "get it"

BRUNO: Oui, sur le dessus, ça risquerait de coller!

Leurs amies Sophie et Emily entrent dans la cuisine et les regardent.

PAUL: C'est curieux, ça, comme recette. Et on ne peut pas utiliser un grille-pain,° je suppose?

un grille-pain toaster

BRUNO: Enfin, si, euh... Mais si tu veux vraiment être français, tu n'utilises pas de grille-pain!

PAUL: Oh, mais c'est trop compliqué pour moi!

SOPHIE: Mais ce n'est pas compliqué du tout! Oh, là là...!

Observation et Analyse

1. Quels ingrédients faut-il pour faire un croque-monsieur?
2. Quelle sorte de fromage est-ce que Bruno recommande?
3. A quoi faut-il faire attention pour bien réussir un croque-monsieur?
4. Est-ce que Paul sera un bon cuisinier? Expliquez.

[2] Le gruyère est un fromage suisse à pâte dure qui vient à l'origine de la région de Gruyère, dans le Jura suisse. Le Comté est l'équivalent français, aussi fabriqué dans les laiteries *(dairies)* du Jura, chaîne de montagnes que se partagent la France et la Suisse.

Réactions

1. Aimez-vous faire la cuisine? Pourquoi ou pourquoi pas? Avez-vous déjà fait des recettes françaises? Si oui, lesquelles? Si non, est-ce qu'il y en a qui vous intéressent?
2. Avez-vous déjà donné une leçon de cuisine à une autre personne? Si oui, décrivez cette expérience. Si non, avez-vous déjà donné des instructions à une autre personne? Expliquez.

«Expressions typiques pour...»

Donner des indications ou des instructions

D'abord/La première chose que vous faites, c'est...

Après cela/Puis/Ensuite... { suivez cette rue, puis allez à gauche...
prenez du beurre et, après cela, faites-le fondre dans une casserole...
vous branchez l'appareil; ensuite vous sélectionnez la température... }

Il faut d'abord faire bouillir l'eau avant de mettre les œufs dans la casserole...
Je vous explique comment vous devez faire pour faire marcher *(make something work)*... Vous allez mettre...
Maintenant...
Là, vous enfoncez *(insert)* bien la clé, vous tirez la porte vers vous, et...
N'oubliez pas de (+ infinitif)...
Faites attention de ne pas (+ infinitif)...
Pensez bien à (+ infinitif)...

S'assurer que l'on comprend

Tu comprends?/Vous comprenez jusque là?
Tu y es?/Vous y êtes? *(Do you understand? Do you "get it"?)*
Tu vois/Vous voyez ce que je veux dire?
Tu piges? *(familiar—Do you understand? Do you "get it"?)*

Encourager

C'est bien... maintenant...
Très bien. Continue(z).
Tu te débrouilles/Vous vous débrouillez très bien *(getting along very well)*.
Tu t'y prends/Vous vous y prenez très bien *(are doing it the right way)*.
Tu es/Vous êtes doué(e) *(gifted)* pour ça.

Dire qu'on ne comprend pas

Je m'excuse mais je ne comprends pas ce que je dois faire.
Excuse-moi/Excusez-moi, mais je ne comprends pas.
Peux-tu répéter, s'il te plaît?/Pouvez-vous répéter, s'il vous plaît?
Je (ne) pige pas. Tu peux répéter?

Donner des ordres

Tape cette lettre et trouve-moi.../Tapez cette lettre et trouvez-moi...
Je veux que tu téléphones/vous téléphoniez à...
Tu veux me chercher..., s'il te plaît?/Vous voulez me chercher..., s'il vous plaît?
Tu veux te mettre là?/Vous voulez vous mettre là?
Plus fort!/A gauche!/Pas si vite!/A table!

MINI-CONVERSATIONS

Donner des instructions/dire qu'on ne comprend pas

—**D'abord,** vous branchez l'ordinateur. Prenez une disquette, et **puis,** introduisez-la dans le lecteur. Il faut commencer par donner un nom au texte. Nous allons l'appeler «test». **Maintenant,** tapez et suivez les commandes qui apparaîtront sur l'écran.
—**Excusez-moi, mais je ne comprends pas** comment je peux reculer pour effacer un mot.

Donner des instructions/s'assurer que l'on comprend/encourager

—Vous appuyez sur la touche «control» et **ensuite,** vous tapez un «s». Si vous voulez effacer un mot entier, vous appuyez sur les touches «control» et «t» en même temps. **Faites attention de ne pas** appuyer sur les touches trop longtemps, sinon vous effacerez plus que ce que vous ne voulez. **Vous comprenez**?
—Oui... Comme ça?
—**Très bien! Continuez...**

Donner des ordres

—Pour la prochaine fois, **je veux que vous fassiez** les exercices A et B à la page 5 de notre livre de classe. Et aussi, **achetez et apportez** en classe votre propre disquette si vous ne l'avez pas déjà fait. Merci!

A VOUS

- Donnez des instructions à un(e) nouvel(le) ami(e) pour trouver votre maison.
- Assurez-vous qu'il/elle comprend.
- Puisqu'il/elle ne comprend pas, expliquez encore une fois.
- Dites à votre ami(e) où vous devez vous retrouver afin de l'emmener chez vous dans votre voiture.

«Mots et expressions utiles»

La cuisine

une casserole *(sauce) pan*
coller *to stick*
un couvercle *lid*
(faire) bouillir *to boil*
(faire) cuire *to cook*
(faire) dorer *to brown*
(faire) fondre *to melt*
(faire) frire *to fry*
(faire) griller *to toast (bread); to grill (meat, fish)*
(faire) mijoter *to simmer*
(faire) rôtir *to roast*
(faire) sauter/revenir *to sauté (brown or fry gently in butter)*
un grille-pain *toaster*
une marmite *large cooking pot*
le pain de mie *sandwich bread*
passer au beurre *to sauté briefly in butter*
le plat *dish (container); dish (part of meal), course*
la poêle *frying pan*
verser *to pour*

Suivre des instructions

se débrouiller *to manage, get along*
doué(e) *gifted, talented*
piger *(familiar) to understand, to "get it"*
s'y prendre bien/mal *to do it the right/wrong way*
Tu y es? Vous y êtes? *Do you understand? Do you "get it"?*

Supprimer le gras *(fat)* de mon régime! Impossible! Même si je dois en mourir! J'adore mes steaks et mes pommes de terre au beurre, avec une goutte d'huile pour empêcher que le beurre ne brûle. Pour les haricots, les choux et les autres légumes, c'est **passés au beurre,** au vrai beurre qu'ils sont les meilleurs. Et je **fais fondre** du fromage sur presque tout ce que je **fais cuire.** Maintenant, je dois commencer à **faire griller,** à **faire rôtir,** ou bien pire, à **faire bouillir**? Pas question!

Décrivez cette cuisine.

Activités

A. Entraînez-vous: Vous êtes le prof. Vos étudiants de cuisine ne comprennent pas les mots et les expressions suivants. Donnez une définition, un synonyme ou un exemple pour chaque expression.

modèle: un couvercle
C'est ce que vous mettez au-dessus d'une casserole.

1. faire dorer
2. une marmite
3. faire fondre
4. s'y prendre bien
5. faire mijoter
6. un(e) étudiant(e) doué(e)

B. Une décoration. Regardez les images suivantes. Donnez les instructions à suivre pour fabriquer un artichaut bougeoir *(artichoke candlestick).* MOT UTILE: **un pinceau** *(paintbrush).*

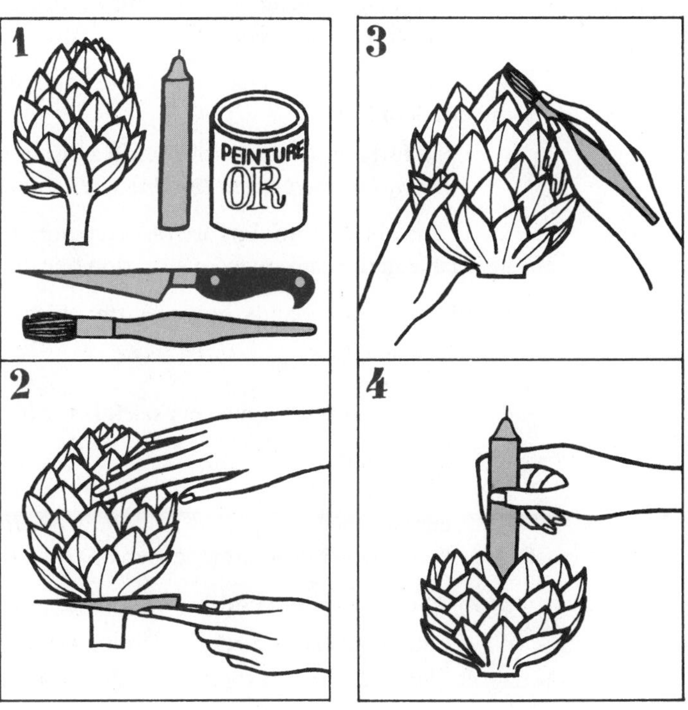

LES ARTICHAUTS BOUGEOIRS

C. Instructions. Avec un(e) partenaire, donnez des instructions pour: (1) faire un citron pressé *(fresh lemonade)*, du café, un hamburger ou votre petit déjeuner préféré; (2) ouvrir la porte de votre maison; (3) prononcer votre prénom en français; et (4) faire marcher un ordinateur ou taper une lettre. N'oubliez pas de poser des questions si vous ne comprenez pas les instructions.

«Grammaire»

Faire causatif et les verbes de perception

A. The verb **faire** is commonly followed by an infinitive when meaning: (1) to have someone do something for you; (2) to make someone do something; or (3) to cause something to be done.

Elle **a fait** faire une robe pour sa fille.
She had a dress made for her daughter.

Elle **a fait** travailler les mannequins pour les clients.
She made the models work for the customers.

Ses commentaires **feront** réfléchir les clients.
Her comments will cause the customers to think.

The expression **se faire + infinitif** is used when the action is done for oneself. There is no agreement of the past participle.

Elle **s'est fait** faire une robe.
She had a dress made for herself.

NOTE: If one were performing the action oneself, the expression would be:

Elle **a fait** une robe pour sa fille.
She made a dress for her daughter.

B. The causative construction may have one or two objects. When there is only one object, it is a direct object.

Le couturier **a fait** travailler ses mannequins.
Il **les a** vraiment **fait** travailler.
The fashion designer made his models work.
He really made them work.

When the construction has two objects, the person is the indirect object and the thing is the direct object.

Il **a fait** couper cette robe à son assistante. (Il **la lui a fait** couper.)
He had his helper cut the dress. (He had her cut it.)

NOTE: The object pronouns are placed before the form of **faire.** The past participle is invariable in the causative construction because the real object is the infinitive phrase.

In affirmative commands, however, the object pronouns follow **faire.**

Fais-le couper. *Have it cut.*

C. The following are some very useful constructions with **faire**:

faire venir	*to have someone come; to send for*
faire voir	*to show*
faire tomber	*to drop something*
Ça me fait rire/pleurer/penser à...	*That makes me laugh/cry/think about...*

NOTE: The expression **rendre + pronom personnel** or **nom** is used with an adjective.

Cette nouvelle **me rend** heureux. Ça **me fait** sourire!
That news makes me happy. That makes me smile!

D. The verbs of perception **laisser, entendre,** and **voir** resemble the construction of the **faire causatif,** and the placement of the pronoun objects follows the same pattern.

J'**entends venir** le couturier.
I hear the fashion designer coming.

J'**ai vu arriver** le mannequin il y a dix minutes.
I saw the model arrive ten minutes ago.

Je me demande s'il la **laissera partir** de bonne heure.
I wonder if he will let her leave early.

Activités

A. Une recette. On vous a donné cette recette. Aujourd'hui, avec votre famille, vous décidez de l'essayer. Racontez ce qui se passe. MOTS UTILES: **les haricots,** *m pl (beans);* **les moules,** *f pl (mussels);* **refroidir** *(to cool down);* **mélanger** *(to mix);* **orner** *(to decorate);* **une rondelle** *(slice).*

Salade de haricots aux moules
Nous / faire / cuire / haricots / avec / carotte, / deux oignons, / sel / et / poivre. Je / les / laisser / refroidir. Mike / ouvrir / les moules. Tu / préparer / vinaigrette. Tout ça / faire / réfléchir / mère. Elle / n'a pas l'habitude de / nous / entendre / travailler / la cuisine.

Au moment de servir, / nous / mélanger / les haricots / les moules (après en avoir réservé quelques-unes pour orner les rondelles de tomates) et les trois quarts de la vinaigrette. Tu / décorer / plat de rondelles de tomates. Je / verser / reste / de vinaigrette dessus. Mike / faire / voir / salade / maman. Ça / la / faire / sourire / et elle / nous / féliciter.

B. Questions indiscrètes. Parlez avec un(e) camarade. Ensuite, comparez vos réponses avec celles des autres étudiants.

Qu'est-ce qui te fait...

1. rire?
2. chanter?
3. réfléchir longuement?
4. rêver?
5. perdre patience?
6. crier *(yell out)*?
7. pleurer?

C. Votre réaction. Comment réagissez-vous et que décidez-vous de faire ou de faire faire dans les situations suivantes? **(Ça me fait... / Ça me rend... / Ça me donne envie de...)**

1. Votre mère/père vous offre un cadeau dont vous aviez envie depuis longtemps.
2. Vous lisez un livre très triste.
3. Vous regardez un ancien film de Jerry Lewis.
4. Vous regardez un programme sur les sans-abri.
5. Votre fils/fille revient de l'école avec un deuxième zéro en maths.
6. Vous organisez une fête pour célébrer le vingt-cinquième anniversaire de mariage de vos parents.

D. Echange de recettes! Avec un(e) camarade, échangez une recette, oralement, puis par écrit. Voici quelques idées.

coq au vin
crêpes ou gaufres
salade de thon
omelette aux champignons
soupe de légumes

«Interactions»

A. Comment faire. Circulate among your classmates to complete the following activity.

- Tell your first classmate how to get to the bookstore.
- Tell the next one how to make a peanut butter **(beurre** [*m*] **de cacahouète)** and jelly sandwich.
- Tell the next one how to start your car/motorcycle.
- Tell the next one how to find your apartment/house.

BRAVO! Culture et Littérature

B. Descriptions. With a classmate, describe an activity connected with your hobby, work, or studies. If you are not sure how to say something, try to use other words to explain what you mean. Your partner will ask questions, then describe an activity when you are done. Afterwards, tell the class what you discussed.

SYNTHESE

Listen to Student Activity Tape, ***Chapitre 9,*** and complete the corresponding Student Activity Worksheet in your workbook.

♦ Turn to ***Appendice A*** for a complete list of active chapter vocabulary. Note that the listing for each chapter includes a ***Divers*** category. These are miscellaneous words or expressions used throughout the three lessons.

Activités orales

A. Un repas parfait. With a partner, make up the menu for a perfect meal. Describe the hors-d'œuvre you want to make. Discuss your preferences and how to make the main dish, the vegetable, and the dessert. Explain why you prefer these recipes by comparing them to others.

B. Vous avez gagné! Imagine that you and a friend had the winning lottery ticket for a $3 million drawing! Decide how you will spend the money. Compare your preferences in cars, houses, clothes, food, and vacation spots. If you do not agree, you will need to compromise.

Activités écrites

A. Un schéma. Make a diagram with notes to tell how to cook a sauce, an egg, or a dessert the way you like it. Be prepared to share it with the class.

B. Un gadget. Write a description of a gadget. Describe how it works and compare it to other items. Have other students and/or the teacher guess what it is.

Quel(s) poisson(s) préférez-vous: la sole, le saumon, les sardines, le thon? Connaissez-vous quelqu'un qui sache bien préparer le poisson?

CHAPITRE

«En somme... »

Leçon 1: Comment faire un compliment et féliciter; les mots exclamatifs; le participe présent

Leçon 2: Comment exprimer le regret et faire des reproches; le conditionnel passé; les phrases conditionnelles

Leçon 3: Comment résumer; la voix passive

Thème: Les loisirs (les sports et le cinéma)

Comment faire un compliment et féliciter

Instructor's Tape

«Conversation»

Premières impressions

Soulignez:

- les expressions qu'on utilise pour faire ou accepter un compliment et pour féliciter *(to congratulate)*

Trouvez:

- qui a gagné le match et quel était le set le plus important

Après un match de tennis important, une journaliste interviewe le gagnant, Pierre Duchêne.

disputer un match to play a match/**tenir quelqu'un en haleine** to hold someone spellbound

LA JOURNALISTE: Merci, Pierre, d'être venu nous rejoindre aussi rapidement dans nos studios. Vous avez disputé un match° absolument extraordinaire! Toutes nos félicitations. Ces cinq sets nous ont absolument tenus en haleine° jusqu'à la fin! Bravo! Comment vous sentez-vous maintenant? Que pensez-vous de votre victoire?

me vanter to boast, brag

PIERRE: Eh bien, je suis évidemment très content d'avoir gagné ce match... Sans me vanter,° je pense avoir joué le match de ma vie aujourd'hui...

LA JOURNALISTE: Oui, c'est ce que nous avons tous pensé.

serré tight, closely fought

PIERRE: Le premier set a été très, très serré°...

LA JOURNALISTE: Les deux premiers, même.

prendre le dessus to get the upper hand

PIERRE: Peut-être... Je pense avoir pris le dessus°... j'ai senti Jean-Jacques faiblir à la fin du deuxième set. En effet, j'aurais peut-être pu faire mieux... même au début du deuxième set, mais Jean-Jacques jouait très bien... et d'ailleurs, je dois...

la cheville ankle

LA JOURNALISTE: Oui, il est en excellente condition physique en ce moment, Jean-Jacques, même avec ses problèmes de cheville.°

donner du fil à retordre to give someone trouble

PIERRE: Je dois le féliciter d'ailleurs moi-même d'avoir joué comme il l'a fait... parce que... il m'a vraiment donné du fil à retordre.° Tous mes compliments à Jean-Jacques aussi... parce qu'il a vraiment joué un très beau match...

LA JOURNALISTE: Oui, c'est vrai. Bravo, Jean-Jacques!

avouer to admit

PIERRE: Quand même, je dois l'avouer°... je suis très fier de moi.

LA JOURNALISTE: Vous pouvez l'être, oui...

le tournoi tournament/**à ma portée** in my reach

PIERRE: Je pense avoir joué le mieux possible. Enfin, je dois dire que je m'étais entraîné très sérieusement avant ce tournoi. Après les problèmes de genou que j'ai eus il y a deux mois, mes résultats se sont améliorés rapidement. Je pensais que ce tournoi° était à ma portée,° et le gagner ne me surprend pas trop, si vous voulez...

LA JOURNALISTE: Alors, quel avenir envisagez-vous maintenant?

le classement ranking

PIERRE: Ecoutez... l'avenir est loin, mais enfin bon... être dans les cinq premiers au classement° ATP.[1] Mais il faut d'abord gagner le tournoi à Roland-Garros[2] le mois prochain.

LA JOURNALISTE: Eh bien, nous serons au rendez-vous à Roland-Garros. En attendant, merci beaucoup, Pierre, d'être venu si rapidement nous rejoindre...

A suivre

[1] ATP: Association of Tennis Professionals.

[2] Roland-Garros est un stade de tennis à Paris où est joué un grand tournoi de tennis sur terre battue. Ce stade a été nommé d'après Roland Garros, l'aviateur français, qui a été le premier à survoler la Méditerranée en 1913.

Observation et Analyse

1. Décrivez le match. Quels sets étaient très difficiles pour Pierre? Expliquez.
2. Selon Pierre, pourquoi a-t-il gagné?
3. Parlez de Jean-Jacques. Comment a-t-il joué?
4. Quel est le but de Pierre maintenant qu'il a gagné ce match?
5. Pensez-vous que Pierre atteigne son but?

Réactions

1. Avez-vous jamais assisté à un match de tennis professionnel? Si oui, décrivez cette expérience.
2. Quels sports préférez-vous? Parlez de votre sport préféré.
3. Aimez-vous les sports compétitifs? Pourquoi ou pourquoi pas?

«Expressions typiques pour...»

Faire un compliment *(To compliment someone)*

Tu as/Vous avez bonne mine *(You look well)* aujourd'hui.
Quelle jolie robe!
J'adore tes/vos cheveux comme ça.
Qu'est-ce qu'elle est belle, ta/votre jupe!
Comme tu es/vous êtes joli(e)/élégant(e)!
Ça te/vous va à merveille *(wonderfully)*!
Tu as/Vous avez fait un match extraordinaire.

♦ Contrairement à l'anglais, quand vous répondez à un compliment en français, «merci» n'est pas la bonne réponse. En remerciant, vous risquez de paraître vous vanter, comme si vous étiez d'accord avec le compliment. D'abord, il vaut mieux refuser le compliment ou le minimiser. (Cela met en valeur la gentillesse de celui qui complimente.)

Accepter un compliment

Tu trouves?/Vous trouvez?
Tu crois?/Vous croyez?
Cette robe? Je l'ai depuis longtemps.

Puis, si la personne qui vous complimente persiste, répondez aimablement:

Tu es/Vous êtes très gentil(le) de dire ça.
C'est gentil de me dire ça.
Que tu es/vous êtes gentil(le).
Moi aussi, je l'aime bien. C'est un cadeau de ma mère.

Vous ferez la même chose pour accepter un compliment pour des résultats scolaires ou au travail:

Merci. Oui, je suis content(e) d'avoir réussi comme cela.
J'avais beaucoup travaillé, mais on ne sait jamais.
Merci. Tu sais, j'ai eu peur jusqu'à la dernière minute.
Merci. J'ai eu de la chance.

Remercier/Accepter des remerciements

Merci, monsieur/madame.
Je vous en prie. Ça me faisait plaisir.
J'aurais voulu (en) faire plus.
Tu es/Vous êtes trop bon(ne).
C'est normal. Je voulais vous (t')aider.
Ce n'est rien.
Je n'ai rien fait de si extraordinaire!
N'importe qui en aurait fait autant. *(Anyone would have done as much.)*

Féliciter *(To congratulate)*

Je te/vous félicite.
Félicitations!
Toutes mes félicitations!
Tous mes compliments.
Bravo!
Chapeau! *(familiar)*
C'est fantastique/formidable/génial!
Je suis content(e) pour toi (vous).
Je suis fier/fière de toi (vous).

Pour un mariage ou des fiançailles

Tous mes vœux *(wishes)* de bonheur.

Accepter des félicitations

Pour un mariage

Merci, c'est gentil.

Pour une réussite au travail

Merci. Je te/vous dois beaucoup.

Pour une compétition sportive

Les conditions étaient bonnes.
J'étais en forme.
On a bien joué ensemble.
C'est à la portée *(within the reach)* de tout le monde.

Qu'est-ce qu'on dirait pour féliciter ce jeune couple?

MINI-CONVERSATIONS

Faire un compliment

—Ça me fait plaisir de te voir, Martine! Ça fait des mois que nous ne nous sommes pas vues... **Quel joli ensemble tu as là!**

Accepter un compliment

—**Ça? Oh, je l'ai acheté en solde au printemps dernier.**

Féliciter

—Et voici le jeune Français qui a fini en troisième place au triathlon... **Toutes nos félicitations,** Patrick!

Accepter des félicitations

—**Merci,** Monsieur. **C'est vraiment à la portée de ceux qui s'entraînent...**
—C'est un bel exploit!
—Oui, je suis content. **Les conditions étaient bonnes et j'étais en forme.**

Remercier/Accepter des remerciements

—**Merci,** maman, d'être venue si vite. Je ne sais pas ce que j'aurais fait sans toi, tu sais.
—**Ce n'est rien,** ma petite fille. Tu sais que je suis là. **J'aurai voulu en faire plus.**

A VOUS

- Un(e) camarade de classe a acheté un nouveau t-shirt en France. Faites-lui un compliment. Il/Elle va accepter le compliment à la française.
- Félicitez un(e) camarade de classe qui a eu une très bonne note à un examen très important. Il/Elle va accepter vos félicitations.

«Mots et expressions utiles»

La compétition

arriver/terminer premier *to finish first*
battre *to beat, break*
le classement *ranking*
un(e) concurrent(e) *competitor*
un coureur/une coureuse *runner/cyclist*
une course *race*
la défaite *defeat, loss*
le défi *challenge*
la douleur *pain*
s'entraîner *to train*
l'entraîneur/l'entraîneuse *coach*
une épreuve (athlétique) *an (athletic) event, test*
épuisant(e) *grueling, exhausting*
faillir (+ infinitif) *to almost (do something)*
un(e) fana de sport *sports enthusiast, fan*
un match nul *tied game*
à la portée de *within the reach of*
prendre le dessus *to get the upper hand*
la pression *pressure*
se prouver *to prove oneself*
le record du monde *world record*
reprendre haleine *to get one's breath back*
serré(e) *tight; closely fought*
sportif/sportive *athletic, fond of sports*
survivre (à) (*past part.* **survécu**) *to survive*
un tournoi *tournament*
une victoire *win, victory*

—C'est la première fois que j'assiste à une **course.** C'est passionnant, hein?
—Absolument. J'y viens chaque année, mais **j'ai failli** ne pas pouvoir y assister cette fois-ci. J'avais eu beaucoup de travail. Il faut dire que je suis **une fana de sport.** Surtout quand mon cousin est un des participants.
—Vraiment? **Un coureur** dans la famille? Est-ce qu'il a des chances de gagner?
—Non, pas du tout. Il veut tout simplement **se prouver** qu'il peut **survivre** à ce genre d'**épreuves physiques.** C'est **un défi.**

Activités

A. Entraînez-vous: Félicitations! Pour chacune des circonstances suivantes, félicitez la personne indiquée, jouée par votre partenaire. Votre partenaire répond de façon appropriée.

1. votre ami(e) qui a fini cinquième au marathon de New York
2. votre mari/femme qui a reçu une promotion à son travail
3. de bons amis qui viennent de se marier
4. votre sœur/frère qui vient d'adopter un enfant
5. votre voisin(e) qui a trouvé un nouveau poste
6. votre fils/fille qui a obtenu un A à sa dernière interro

B. Faire une leçon de vocabulaire. Votre petite sœur a une liste de vocabulaire à apprendre. Aidez-la en lui donnant un synonyme pour chaque expression suivante. Utilisez les ***Mots et expressions utiles.***

Les participants

1. personne qui court
2. personne qui s'occupe de la préparation à un sport
3. personne qui adore les sports
4. personne qui participe à une compétition

Les événements

5. le succès
6. l'action de perdre
7. une épreuve sportive
8. l'ordre des gagnants

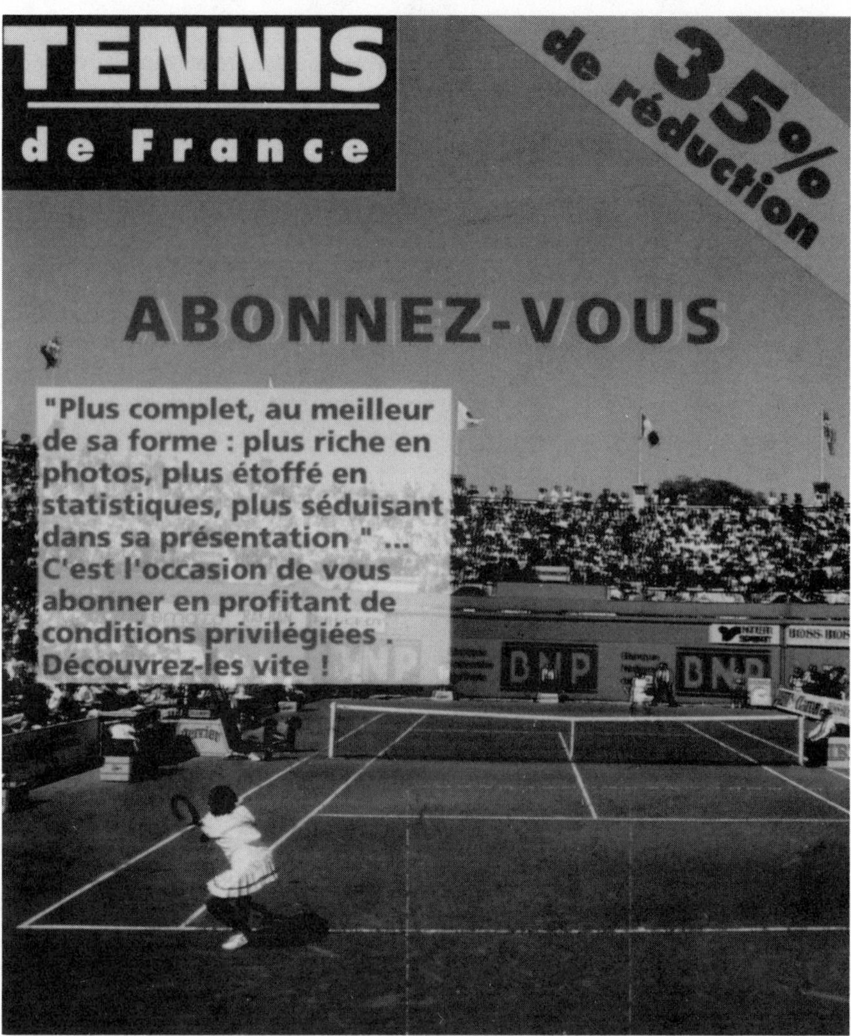

Etes-vous abonné(e) à un magazine de sport? Auquel?

C. Questions indiscrètes. Posez les questions suivantes à un(e) ami(e). Donnez un résumé de ses réponses à la classe.

1. Préfères-tu les sports en tant que spectateur/spectatrice ou en tant que participant(e)? Quel(s) sport(s) pratiques-tu régulièrement?
2. Est-ce que tu prends part à des compétitions sportives? Lesquelles?
3. Décris une compétition sportive à laquelle tu as récemment assisté ou pris part. Combien de participants et de spectateurs y avait-il? Qui a terminé premier ou quelle équipe a gagné/perdu? Quel était le score final?
4. Est-ce que tu as l'esprit compétitif quand tu fais du sport? Est-ce que c'est important, pour toi, de gagner? Pourquoi?

D. Tu trouves? Avec un(e) partenaire, créez de petites conversations dans lesquelles vous faites et acceptez des compliments. Discutez vêtements, bijoux, voitures, chiens/chats et logements. MOTS UTILES: **une coiffure** *(hairstyle),* **une coupe** *(cut),* **un collier, une montre** *(watch),* **une bague, des boucles** [*f pl*] **d'oreilles** *(earrings).*

modèle: ***—Comme elle est belle, ta robe!***
—Tu trouves? Je l'ai achetée en solde il y a longtemps.
—On ne dirait pas. Elle a l'air toute neuve.
—Tu es trop gentil.

«Grammaire»

Les Mots exclamatifs

A. Compliments are often in the form of exclamatory phrases or sentences. In French, the appropriate form of the interrogative adjective **quel** is used before the noun or another adjective, designating the person or thing that you wish to compliment. The indefinite article is not used in the French construction.

Quel beau service!
What a beautiful serve!

Quels spectateurs enthousiastes!
What enthusiastic spectators!

Quelle persévérance!
What perseverance!

Of course not all exclamations are necessarily complimentary or positive.

Quel idiot!
What an idiot!

B. The exclamatory adverbs **comme, que, ce que,** and **qu'est-ce que** can be used at the beginning of a clause to express a compliment or an exclamation. Contrary to English, the grammatical structures that follow the exclamatory words are in the usual declarative word order.

Qu'est-ce que vous devez travailler dur!
How hard you must work.

Comme vous vous concentrez bien!
How well you are concentrating!

Ce que j'aime vous regarder servir les balles de jeux!
How I love to watch you serve tennis balls!

Que vous jouez bien!
How well you play!

Activités

A. Le match de rugby. Un ami belge vient de jouer un match de rugby important. Traduisez les compliments et les commentaires qu'on lui fait pour qu'il les comprenne.

1. How well you play!
2. What a wonderful player!
3. How we loved your game!
4. What fierce *(violente)* competition!
5. How sore *(avoir des courbatures)* you must be!
6. You are all so filthy *(sale)*!

B. A merveille! C'est vendredi après-midi et vous êtes de bonne humeur. En utilisant des mots exclamatifs, complimentez votre partenaire (qui doit répondre convenablement) sur:

1. trois de ses vêtements
2. son écriture
3. sa capacité de bien s'entendre avec les autres
4. son/sa camarade de chambre
5. son intelligence
6. un trait de votre choix

C. Quelle mauvaise journée! C'est lundi matin et vous arrivez au travail. Vous n'êtes d'humeur à faire de compliments à personne et vous rouspétez *(familiar—groan, moan)* à propos de tout (par exemple: les horaires de travail, la monotonie des journées, vos collègues, votre salaire, la durée des congés, le temps). Défoulez-vous *(Let out some steam)* en utilisant des mots exclamatifs!

Le Participe présent

A. Formation

The present participle of both regular and irregular verbs is formed by dropping the **-ons** ending from the present tense **nous** form and adding **-ant.** It is the equivalent of the verbal *-ing* form in English.

utilisons → utilisant
finissons → finissant

battons → battant
faisons → faisant

EXCEPTIONS
être → étant
avoir → ayant
savoir → sachant

B. Usage

The present participle functions as either a verb or an adjective.

- When used as an adjective, agreement is made with the noun that the present participle modifies:

  Le chalet où nous étions hébergés n'avait pas l'eau **courante.**
  The chalet where we were staying had no running water.

- When used as a verb, no agreement is made:

  En **sautant** à la corde, la jeune fille s'est blessée au pied.
  While jumping rope, the little girl hurt her foot.

♦ One of the main uses of the present participle is to express a causal relationship between two actions: Il s'est foulé la cheville **en faisant** du ski. *He sprained his ankle while skiing.*

- Although it may be used alone, the present participle is usually preceded by the preposition **en,** to express a condition or to show that two actions are going on simultaneously:

  A chacun ses goûts. Moi, j'aime écouter la radio **en faisant** mon footing.
  To each his/her own. As for me, I like to listen to the radio while jogging.

  Les jours de compétition, je commence à me concentrer **en** me **levant.**
  On competition days, I begin concentrating as soon as I get up.

NOTE: **Tout** can be used before **en** + **participe présent** to accentuate the simultaneity or opposition of two actions. In this case, **tout** does not change form.

  Tout en paraissant détendu, je me prépare à la course: je m'en fais une image mentale.
  While looking relaxed, I prepare myself for the race: I picture it in my mind.

- The present participle can also express by what means something can be done:

  Comme me le dit mon entraîneur, c'est **en travaillant** à son propre rythme qu'on réussit.
  As my coach tells me, it's by working at your own pace that you succeed.

C. Différences entre le français et l'anglais

- After all prepositions except **en,** the French infinitive form is used to express the equivalent of the English present participle:

  J'ai passé tout mon temps libre **à me préparer** pour le triathlon. (passer son temps **à...)**
  I spent all my free time preparing for the triathlon.

  J'ai fini **par me placer** deuxième. (finir **par...)**
  I ended up placing second.

• The preposition **après** must be followed by the past infinitive, even though it may translate as *after* + verb + *-ing:*

> **Après avoir pris** une douche et **m'être changé,** j'ai mangé comme quatre.
> *After taking a shower and changing, I ate like a horse.*

• An infinitive in French is also used when the English present participle functions as the subject or object of a verb:

> **Faire du sport** est bon pour la santé.
> *Practicing sports is good for your health.*

Activités

A. Comme vous êtes doué(e)! Quelles activités pouvez-vous accomplir simultanément? Finissez chaque phrase en utilisant un participe présent.

1. J'écoute le professeur en...
2. Je dîne en...
3. Je fais mes devoirs en...
4. Je fais des promenades en...
5. Je regarde la télé en...

Mais il y a des limites! Quelles activités trouvez-vous impossibles à accomplir simultanément? Utilisez un participe présent.

6. Je ne peux pas parler en...
7. Je ne peux pas mâcher du chewing-gum en...
8. Je ne peux pas étudier en...
9. Je ne peux pas réfléchir en...
10. Il est dangereux de boire en...

B. Ecoute-moi! Pendant les Jeux Olympiques d'hiver d'Albertville en 1992, le Français Franck Piccard a remporté la médaille d'argent en descente *(downhill skiing)*, ce dont les Français sont très fiers. Voici des conseils qu'il donnerait peut-être aux athlètes qui se préparent pour les futurs Jeux Olympiques. Choisissez le verbe approprié et remplissez les blancs avec le participe présent ou l'infinitif, selon le cas.

1. On dit qu'on gagne des compétitions sportives en ______ régulièrement, et c'est tout à fait vrai. (s'entraîner/survivre)
2. La préparation comprend souvent beaucoup de séances d'entraînement ______. (épuiser/pleurer)
3. A moins d' ______ le soutien de ses amis, il est difficile de persévérer. (être/avoir)
4. Avant de ______ dans une compétition il faut connaître ses adversaires. (partir/entrer)
5. Tout en ______ pour une compétition précise, il faut toujours penser à la suivante. (se préparer/terminer)
6. Après ______ un but, il faut immédiatement commencer à s'entraîner pour le suivant. (attendre/atteindre)
7. Plus on approche du début des Jeux, plus les journées longues et ______ deviennent la norme. (épuiser/payer)
8. Mais en ______ la médaille d'argent, vous vous rendez compte que tous les sacrifices valaient la peine. (recevoir/ savoir)

C. Les proverbes. Beaucoup de proverbes français utilisent le participe présent ou l'infinitif. Avec un(e) camarade de classe, discutez de ce que ces proverbes veulent dire et inventez un autre proverbe du même genre. Soyez prêt(e) à l'expliquer à la classe.

1. C'est en forgeant *(forging)* que l'on devient forgeron *(blacksmith)*.
2. L'appétit vient en mangeant.
3. Vouloir, c'est pouvoir.

«Interactions»

A. L'interview. You are a reporter for your college newspaper. Your partner is a well-known athlete who is spending a few days in your town. He/She has granted you an interview for an article in your newspaper. Find out everything you can about him/her for your article. You might begin your interview by congratulating him/her on his/her latest win. POSSIBLE TOPICS OF DISCUSSION: personal information (age, family, etc.); how he/she trains for competitions; how he/she deals with the pressure of winning; how to be successful; if he/she has ever broken a world record; which competition was his/her most difficult.

BRAVO! Culture et Littérature

B. La lettre d'un admirateur. Write a fan letter to your favorite music star. Shower compliments upon this person because you really like him/her and also because he/she may send you a free record or tape. MOTS UTILES: *fabulous* **(sensationnel)**; *instrumentation* **(orchestration,** [*f*]**)**; *meaningful lyrics* **(paroles** [*f*] **qui ont du sens)**; *music video* **(le vidéo-clip)**; the release **(la sortie)** of his/her new album.

Le meilleur reportage télévisé des principaux évenements sportifs dans le monde

Regardez-vous les événements sportifs à la télévision? Que pensez-vous de la qualité des reportages? Quelles qualités faut-il, à votre avis, pour être un bon reportère?

LEÇON 2

Comment exprimer le regret et faire des reproches

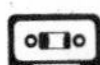 Instructor's Tape

«Conversation» (suite)

Premières impressions

Soulignez:

- des expressions qu'on utilise pour exprimer le regret et pour faire les reproches

Trouvez:

- la stratégie que Jean-Jacques a utilisée
- l'excuse qu'il donne à la fin

La journaliste continue son reportage en interviewant maintenant Jean-Jacques Dumas, qui a perdu le match.

le revirement turnaround

monter au filet to come to the net

rester en fond de court to stay on the base line/**renvoyer** to send back/**la douleur** pain

la chute fall

LA JOURNALISTE: Je vais maintenant accueillir Jean-Jacques Dumas. Bonjour, Jean-Jacques. Alors, vous êtes déçu, bien entendu, de cette défaite, surtout après vos deux premiers sets? Comment expliquez-vous ce revirement° de situation? Vous sembliez pourtant dominer les deux premiers sets.

JEAN-JACQUES: Le premier set était très, très serré, j'avoue. Malheureusement à partir de la fin du deuxième set, j'ai commencé à perdre ma concentration. Si je n'avais pas perdu le service, peut-être que Pierre n'aurait pas pris le dessus aussi rapidement. Ceci dit, j'ai peut-être fait une erreur de stratégie en essayant de monter au filet° trop souvent, mais...

LA JOURNALISTE: Oui, c'était risqué d'essayer de le battre à son propre jeu...

JEAN-JACQUES: Oui, j'aurais dû sans doute rester en fond de court° et renvoyer° la balle comme je le fais d'habitude... mais j'avoue que d'avoir échoué au deuxième set a diminué ma concentration. Et j'avais aussi une douleur° à la cheville droite, ce qui, évidemment, n'a pas aidé.

LA JOURNALISTE: Est-ce que vous ne seriez pas revenu à la compétition trop tôt après votre chute° d'il y a deux mois?

JEAN-JACQUES: L'entraînement se passait bien. J'ai peut-être eu tort de jouer à Monte-Carlo il y a deux semaines. En tout cas, je regrette que le match ait tourné à l'avantage de mon adversaire.

LA JOURNALISTE: Oui, si seulement vous n'aviez pas eu ce problème de cheville! Le match aurait peut-être tourné autrement... Merci, Jean-Jacques, d'avoir parlé avec nous aujourd'hui... C'était gentil de votre part.

A suivre

Observation et Analyse

1. Est-ce que la performance de Jean-Jacques a été à la mesure de ce qu'il attendait de lui-même? Expliquez.
2. Jean-Jacques a donné plusieurs raisons pour expliquer sa défaite. Quelles sont ses raisons?
3. Pourquoi pensez-vous que Jean-Jacques n'a pas mentionné Pierre et ses talents de joueur? Expliquez.

Réactions

1. Maintenant que vous avez lu l'histoire des deux joueurs, que pensez-vous de leur personnalité et du match qui les a opposés?
2. Dans quelles situations exprimez-vous des regrets?
3. Dans quelles circonstances est-ce que vous vous faites des reproches?

«Expressions typiques pour...»

Exprimer le regret

Je regrette qu'elle soit déjà partie.
C'est bien regrettable/dommage que... (+ subjonctif)
Malheureusement, je suis arrivé(e) en retard.
Je suis désolé(e) *(sorry)* { que Paul (+ subjonctif)... / de te/vous dire (+ indicatif)...

Si seulement elle était restée plus longtemps!
Si seulement j'avais pu venir plus tôt!

Reprocher quelque chose à quelqu'un

Pour une action que vous ne jugez pas trop grave

Tu n'aurais/Vous n'auriez pas dû faire ça...
Il ne fallait pas...
Tu as/Vous avez eu tort de...
Ce n'était pas bien de...
Je n'aurais pas fait cela comme ça.

Pour une action que vous jugez plus grave

Tu devrais/Vous devriez avoir honte.
Comment as-tu/avez-vous pu faire ça?
C'est très grave ce que tu as/vous avez fait.
C'est inadmissible! C'est scandaleux!

Se reprocher quelque chose

Je n'aurais pas dû faire ça...
Que je suis bête/imbécile/idiot(e)!
Ce n'était pas bien de...
J'ai eu tort de...

J'aurais dû...
J'aurais mieux fait de...
J'aurais pu mieux faire.
Je n'aurais pas perdu si... (+ plus-que-parfait)

Présenter ses condoléances

Nous vous présentons nos sincères condoléances.
Nous prenons part à votre douleur.
Nous sommes très touchés de votre malheur.
Nous avons appris avec beaucoup de peine le deuil *(sorrow)* qui touche votre famille.
Je tiens à vous exprimer mes condoléances et à vous dire que...

MINI-CONVERSATIONS

Exprimer le regret

—Qu'est-ce que vous pensez du jeune Africain qui a dû abandonner la course?
—**C'est regrettable** qu'il n'ait pas pu finir. C'était un des favoris, mais avec un muscle de froissé *(bruised)*, la douleur est insupportable.

Se reprocher quelque chose

—Alors, vous avez terminé troisième avec un très bon temps, mais vous dites que vous n'êtes pas content de votre performance. Voulez-vous vous expliquer?
—Eh bien, euh... finir troisième n'est pas mal, mais **j'aurais dû mieux faire** dans ce marathon.

A VOUS

- Vous êtes arrivé(e) en classe en retard et vous avez manqué le début d'une interro-surprise. Exprimez vos regrets à votre professeur.
- Vous avez eu une très mauvaise note à votre interro-surprise. Parlez avec un(e) ami(e) et faites-vous des reproches.

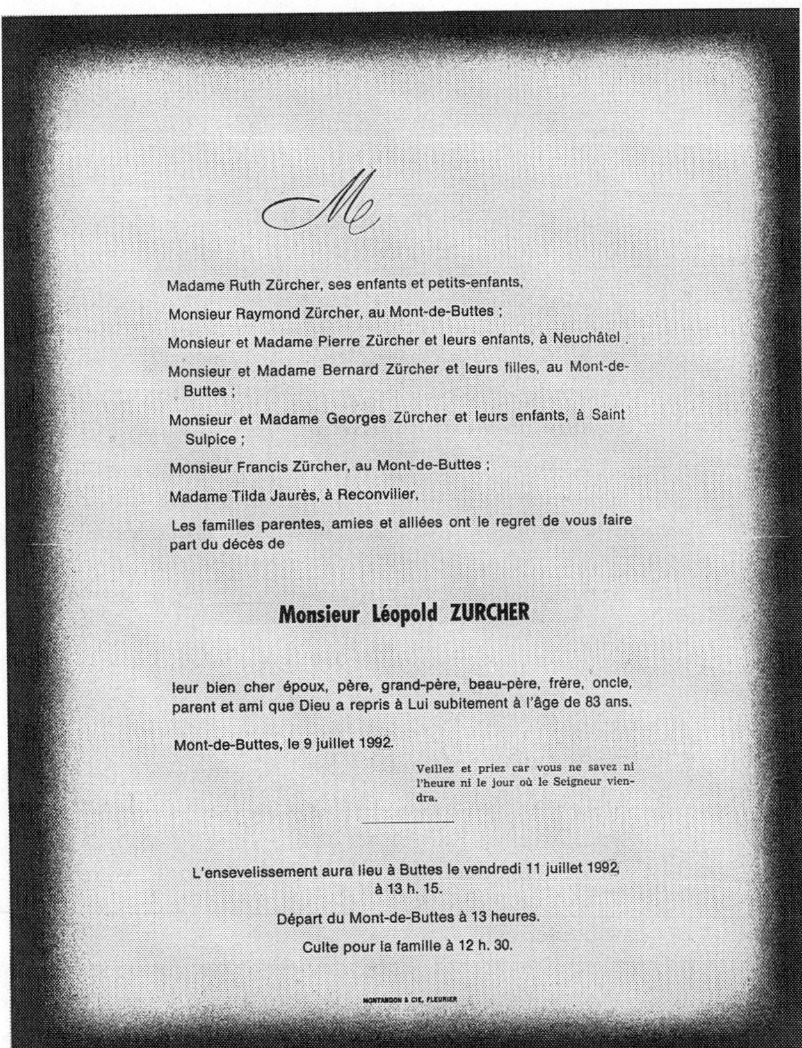
M

Madame Ruth Zürcher, ses enfants et petits-enfants,

Monsieur Raymond Zürcher, au Mont-de-Buttes ;

Monsieur et Madame Pierre Zürcher et leurs enfants, à Neuchâtel ,

Monsieur et Madame Bernard Zürcher et leurs filles, au Mont-de-Buttes ;

Monsieur et Madame Georges Zürcher et leurs enfants, à Saint Sulpice ;

Monsieur Francis Zürcher, au Mont-de-Buttes ;

Madame Tilda Jaurès, à Reconvilier,

Les familles parentes, amies et alliées ont le regret de vous faire part du décès de

Monsieur Léopold ZURCHER

leur bien cher époux, père, grand-père, beau-père, frère, oncle, parent et ami que Dieu a repris à Lui subitement à l'âge de 83 ans.

Mont-de-Buttes, le 9 juillet 1992.

Veillez et priez car vous ne savez ni l'heure ni le jour où le Seigneur viendra.

L'ensevelissement aura lieu à Buttes le vendredi 11 juillet 1992, à 13 h. 15.

Départ du Mont-de-Buttes à 13 heures.

Culte pour la famille à 12 h. 30.

De quel type de faire-part *(announcement)* s'agit-il? Devinez le sens des mots «ensevelissement» et «culte». Comparez ce faire-part avec un faire-part américain du même genre.

«Mots et expressions utiles»

Situations regrettables

attraper un coup de soleil *to get sunburned*
avoir un accident de voiture *to have an automobile accident*
conduire trop vite/rapidement *to drive too fast*
échouer à/rater un examen *to fail/flunk an exam*
être fauché(e) *to be broke (out of money)*
être ivre *to be drunk*
être sans un sou *to be without a penny*
grossir/prendre des kilos *to put on weight*
ne pas mettre d'huile [*f*]**/de lotion** [*f*] **solaire** *to not put on suntan oil/lotion*
oublier d'attacher/de mettre sa ceinture de sécurité *to forget to fasten/put on one's seatbelt*
un rendez-vous avec un(e) inconnu(e) *blind date*
ne pas se réveiller à temps *to oversleep*
sécher un cours *to cut a class*

—C'est bien regrettable que Marc n'ait pas pu finir ses cours cette année.
—Oui, il **a eu un accident de voiture.** Il **conduisait trop vite,** et en plus il **avait oublié de mettre sa ceinture de sécurité.** Il a été éjecté de la voiture.
—Et comment va-t-il?
—Il a passé deux semaines à l'hôpital, mais quand il a repris les cours, il a eu du mal à rattraper son retard. Il a laissé tomber, je crois.

Activités

A. Entraînez-vous: Les regrets. En utilisant les ***Expressions typiques pour...***, exprimez votre regret dans chaque situation.

1. Votre voisin(e) déménage et va s'installer dans une autre ville. C'est la dernière fois que vous vous voyez avant qu'il/elle ne déménage.
2. Vous n'avez pas terminé votre devoir pour le cours de français. Excusez-vous auprès du professeur.
3. Parlez avec votre ami(e) au sujet d'un(e) autre ami(e) que vous aviez invité(e) à votre soirée, mais qui n'est pas venu(e).
4. Vous vous trouvez aux obsèques *(funeral)* d'un ami de votre famille. Exprimez vos condoléances à son épouse.

B. Vous êtes fâché(e)! Faites un reproche à la personne indiquée dans chacune des circonstances suivantes. (ATTENTION: Evaluez la sévérité de chaque action avant de formuler votre reproche.)

1. Votre fils de sept ans a demandé à son grand-père de l'argent pour acheter un nouveau jouet.
2. Votre petit(e) ami(e) a admis qu'il/elle sortait avec quelqu'un d'autre depuis un mois.
3. Votre professeur vous a donné une interro-surprise.
4. L'inconnu(e) avec qui vous aviez rendez-vous n'a parlé que de lui-même (d'elle-même) pendant toute la soirée.
5. Votre camarade de chambre a oublié de vous dire que votre ami(e) avait téléphoné pour dire qu'il/elle ne pourrait pas venir vous voir à sept heures ce soir. Il s'est souvenu du message à 6h55.

C. Que je suis bête! Vous vous faites des reproches dans les situations suivantes.

1. C'est le week-end et vous êtes sans un sou!
2. Vous avez raté votre examen de chimie.
3. Un(e) ami(e) vous donne un cadeau de Noël, mais vous ne lui avez rien acheté.
4. Vous êtes très fatigué(e) ce matin parce que vous n'avez dormi que trois heures la nuit dernière.
5. Vous avez la gueule de bois *(a hangover)* aujourd'hui.
6. Vos vêtements ne vous vont plus. Ils vous serrent trop *(are too tight)*.
7. Vous avez attrapé un coup de soleil.
8. Vous avez raté une interro-surprise parce que vous aviez seché le cours précédent. Par conséquent, vous n'avez pas su répondre aux questions.
9. Vous avez eu un accident de voiture, et maintenant vous êtes hospitalisé(e) pour plusieurs jours.

«Grammaire»

Le Conditionnel passé

The past conditional in French expresses what *would have happened* if another event had taken place or if certain conditions had been present. Thus, it is commonly used in expressions of regret and reproach.

> Je **serais venu** plus tôt si j'avais su que tu avais besoin de mon aide.
> *I would have come earlier if I had known that you needed my help.*

A. Formation

• To form the past conditional, an auxiliary verb in the simple conditional is followed by the past participle. The rules of agreement common to all compound tenses are observed.

Je serais arrivée...	Nous aurions fini...
Tu lui aurais parlé...	Vous vous seriez fâchés...

Cette lettre? Paul ne l'aurait pas écrite.
Jeanne et Guillaume, l'auraient-ils écrite?

B. Usage

• Common ways of expressing regret and reproach in English are *could have* and *should have*. In French, *could have done something* is expressed by the past conditional of **pouvoir + infinitif.**

> Tu **aurais pu** me téléphoner!
> *You could have called me!*

• *Should have done something* is expressed by the past conditional of **devoir + infinitif.**

> Tu as raison. J'**aurais dû** te téléphoner.
> *You're right. I should have called you.*

NOTE: Either the simple conditional or the past conditional must be used following the expression **au cas où.**

> Au cas où tu **aurais** encore des problèmes, tu **pourrais** me donner un coup de fil.
> *In case you have further problems, you could give me a call.*
>
> Au cas où le technicien n'**aurait** pas **pu** venir réparer ta machine à laver, donne-moi un coup de fil.
> *In case the repair person isn't able to come repair your washing machine, give me a call.*

Les Phrases conditionnelles

The past conditional is seen most often in conditional sentences in which the verb in the **si**-clause is in the **plus-que-parfait.**

> Si tu me l'**avais dit,** j'**aurais pu** apporter tous les outils nécessaires pour réparer ta machine à laver.
>
> Tu n'**aurais** pas **eu** à faire venir un plombier si tu m'**avais parlé** de tes difficultés.

♦ Other sequences of tenses may occur occasionally; however, future or conditional tenses can *never* be used in the **si**-clause.

SUMMARY OF CONDITIONAL SENTENCES

***Si*-clause**	**Main clause**
présent	futur/présent/impératif
imparfait	conditionnel
plus-que-parfait	conditionnel passé

Activités

A. Dans ma boule de cristal. Prévoyez ce qui se serait passé dans les cas suivants, en formant des phrases avec les éléments donnés. Faites tout changement nécessaire.

Si j'avais étudié davantage pour l'examen de français hier soir...

1. ... je / obtenir / une meilleure note
2. ... professeur / être / content
3. ... je / impressionner / camarades de classe
4. ... je / recevoir / mon diplôme / cette année
5. ... C'est à vous de décider!

Si John F. Kennedy n'avait pas été assassiné en 1963...

6. ... il / être / réélu / en 1964
7. ... nous / gagner / la guerre du Viêt-Nam
8. ... les années 60 / être / différent
9. ... Jackie Kennedy / ne pas épouser / Aristotle Onassis
10. ... C'est à vous de décider!

B. Ah, les regrets... Avec un(e) camarade, complétez chaque phrase en utilisant le plus-que-parfait ou le conditionnel passé, selon le cas.

1. Je n'aurais pas échoué à l'examen si...
2. J'aurais fait du jogging ce matin si...
3. Si tu m'avais invité(e) à ta soirée...
4. Si j'avais passé plus de temps à la bibliothèque le semestre/trimestre passé...
5. J'aurais dormi plus de cinq heures hier soir si...
6. Si nous n'avions pas tant dansé hier soir...
7. Vous n'auriez pas attrapé de coup de soleil si...

Liens culturels

Les Français et le sport

Les années 80 auront été marquées en France et dans la plupart des pays occidentaux par la redécouverte du corps et de la forme physique. On croit qu'une meilleure résistance physique aide à mieux supporter les agressions de la vie moderne. L'apparence aussi est importante dans une société qui valorise la forme autant que le fond. Globalement, la pratique des sports est en forte hausse: 53 pour cent des hommes et 42 pour cent des femmes s'adonnent à une activité sportive (dont deux sur trois régulièrement). Pourtant la pratique des sports reste faible comparée à celle des Néerlandais, des Danois et des Allemands.

Quels sports pratique-t-on en France? Le jogging, la natation, le football, la gymnastique (aérobic, etc.), le tennis, le vélo et le ski sont, respectivement, les sports les plus populaires. Le trait national d'individualisme se manifeste dans la popularité de sports tels que le jogging (un Français sur cinq pratique le jogging) et l'aérobic (un sur huit pratique la gymnastique). Quant aux sports collectifs, le football reste toujours le premier sport.

Quels sports sont les plus populaires aux Etats-Unis? Quels sports préférez-vous?

Avez-vous participé à une course à pied quelconque? A quelle occasion? Savez-vous d'où vient le mot «marathon»?

Adapté de
Gérard Mermet, *Francoscopie, 1991* (Larousse, pp. 390–391)

C. Si seulement...! La grand-mère de Béatrice et de Jean, qui a soixante-huit ans et qui souffre de nombreuses maladies, leur parle des regrets de sa vie passée. Elle donne aussi des conseils aux jeunes gens d'aujourd'hui pour prolonger leur vie. Utilisez le mode (indicatif, conditionnel, infinitif, participe présent, impératif) et le temps approprié pour compléter chaque phrase.

Mes médecins me disent que je ______ (pouvoir) vivre au moins dix ans de plus si j'avais suivi leurs conseils. Donc, si je les avais écoutés, je ______ (faire) davantage de gymnastique et je ______ (consommer) moins de sel et moins de graisses *(fat)*. Mais c'est trop tard maintenant.

Oh là là, ______ (regarder) ma peau sèche. Je ______ (ne pas devoir) prendre de bains de soleil sans ______ (mettre) de lotion solaire, c'est certain. Et mes poumons—mon Dieu! Après ______ (fumer) pendant plus de cinquante ans, ils ne sont plus en bonne santé, je vous assure! Je ______ (ne jamais devoir) commencer à fumer.

Si j'étais vous, je ______ (s'arrêter de fumer) aujourd'hui même. De plus, je ______ (manger) moins de viande et plus de légumes et de fruits frais. Au cas où vous ______ (douter) de la valeur de ces conseils, vous ______ (n'avoir que) à regarder la longévité des Japonais.

Mais surtout, si vous ______ (vouloir) vivre bien et longtemps, il faut rester en bonne forme en ______ (faire) du sport et en ______ (éviter) les excès d'une vie trop sédentaire.

Voilà mes conseils pour la postérité! ______ (Ecouter) cette vieille femme qui vous aime et ______ (profiter) de ses erreurs!

D. Questions indiscrètes: Les fantasmes. Posez les questions suivantes sur les fantasmes à un(e) ami(e). Puis donnez un résumé de ses réponses à la classe.

1. Si tu avais pu choisir n'importe quelle université, laquelle aurais-tu choisie?
2. Si tu pouvais habiter n'importe où, où habiterais-tu?
3. Si tu pouvais faire la connaissance de quelqu'un de célèbre, qui choisirais-tu?
4. Si tu pouvais faire une bonne action *(do a good deed)*, laquelle ferais-tu?
5. Si tu avais eu beaucoup de temps et d'argent le week-end dernier, qu'est-ce que tu aurais fait?
6. Si tu gagnes 7 millions de dollars aujourd'hui, que feras-tu ou où iras-tu?
7. Si tu pouvais changer quelque chose dans ta vie, que changerais-tu?

«Interactions»

A. Jouez le rôle. You know you will be receiving a failing grade in one of your classes at the end of the semester/quarter. Two classmates will play the role of your parents as you give them the bad news in person. They will reproach you for the bad grade, stating how it could have been avoided (you should have studied more, watched TV less, told them sooner so they could have hired a tutor, etc.). You should alternately apologize and explain.

BRAVO! Culture et Littérature

B. Composition. It is the first day of fall semester/quarter classes. The professor in your French Composition course wants you to write about your summer vacation from the following point of view:

En quoi est-ce que votre été aurait été différent si vous aviez disposé d'une somme d'argent illimitée et du temps nécessaire pour la dépenser?

LEÇON 3

Comment résumer

Instructor's Tape

«Conversation» (conclusion)

Premières impressions

Soulignez:

- les expressions pour résumer

Trouvez:

- combien de personnages principaux il y aura dans le film
- quel acteur célèbre va jouer dans le film

La journaliste continue son reportage en interviewant une des spectatrices, Laurence Miquel, qui est réalisatrice.°

réalisateur/réalisatrice director

LA JOURNALISTE: J'accueille maintenant Laurence Miquel, qui a assisté, comme nous, à ce match entre Jean-Jacques et Pierre.

LAURENCE MIQUEL: Oui, un très beau match!

LA JOURNALISTE: Alors, parlez-nous un peu de votre nouvelle réalisation.°

LAURENCE MIQUEL: Eh bien, c'est un documentaire, mais il y a quand même une intrigue.°

une réalisation production
une intrigue plot

LA JOURNALISTE: Quel est le thème du...?

LAURENCE MIQUEL: C'est basé sur une histoire vraie, donc ça, c'est le côté documentaire. Mais nous avons quand même fait une petite histoire.

LA JOURNALISTE: De quoi s'agit-il?

LAURENCE MIQUEL: Alors, en bref, il s'agit d'une histoire d'amour entre plusieurs personnages. C'est vraiment assez compliqué. Il y a cinq personnages principaux,° et c'est une histoire qui se déroule° sur quatre générations.

les personnages principaux main characters/**se dérouler** to take place

LA JOURNALISTE: Oh! Ça a l'air intéressant!

LAURENCE MIQUEL: Oui, c'est très intéressant parce que justement, on a aussi quelquefois des retours en arrière° qui montrent en fait combien les grands-parents vivaient une histoire semblable à celle du couple actuel.

un retour en arrière flashback

LA JOURNALISTE: Ah... et l'action se déroule où?

LAURENCE MIQUEL: L'action se déroule dans l'Ouest américain. Et le thème, donc, a beaucoup à voir avec° les grandes prairies de l'Ouest américain. Alors, en deux mots, on a un dialogue constant entre ce qui était rural et très peu développé au siècle dernier et la ville contemporaine d'aujourd'hui. Le contraste fait ressortir les parallélismes.

avoir (beaucoup) à voir avec have (a lot) to do with

LA JOURNALISTE: Donc cela reprend l'idée de votre titre: «Le Retour vers l'Ouest».

LAURENCE MIQUEL: Voilà! C'est exactement ça!

LA JOURNALISTE: Je ne crois pas que les interprètes° soient tellement connus?

LAURENCE MIQUEL: Non, non. Ce sont pratiquement tous de jeunes débutants.° On a une vedette,° quand même!

les interprètes the cast
un débutant beginner
une vedette star (male or female)

LA JOURNALISTE: Ah oui? Qui ça?

LAURENCE MIQUEL: Très brièvement, Jean-Paul Belmondo! Il fait une petite apparition éclair.° C'est un film à ne pas manquer!

une apparition éclair quick appearance (cameo)

LA JOURNALISTE: J'en suis persuadée! Quand est-ce qu'il sort sur les écrans?

LAURENCE MIQUEL: Il va sortir dans trois semaines. Je suis venue ici pour en faire la promotion, mais nous avons eu de très bonnes critiques. Et quand on le compare aux films d'épouvante° ou d'espionnage° qui sortent en ce moment... c'est quand même une autre chose...

un film d'épouvante horror movie/**un film d'espionnage** spy movie

LA JOURNALISTE: Oui, le thème est très intéressant. Eh bien! J'espère que ce film sera une grande réussite.

LAURENCE MIQUEL: Je vous remercie beaucoup.

Observation et Analyse

1. Quelle sorte de film est-ce que Laurence Miquel est en train de faire connaître?
2. Quel en est le thème?
3. Parlez de la signification *(meaning)* du titre.
4. Où l'action se déroule-t-elle?
5. A quelle époque se déroule le film?
6. Quel type de personnes ira probablement voir ce film? Pourquoi?

Réactions

1. Avez-vous envie de voir ce film? Pourquoi ou pourquoi pas?
2. Avez-vous jamais vu un film français? Si oui, parlez-en.
3. Quels films avez-vous vus et aimés récemment? Pourquoi?
4. Qui est votre acteur préféré (actrice préférée)? Pourquoi?

«Expressions typiques pour...»

◆ Since summarizing can involve telling a shortened version of a story, you may find it helpful to review the expressions used for telling a story in ***Chapitre 4.***

Résumer

Donc,...
Enfin bref,...
Pour résumer, je dirai que...
Je résume en quelques mots...
En bref,...
Pour tout dire,...
En somme,...
Ceci dit,...

Somme toute *(When all is said and done)*,...
Ce qu'il a dit, c'était que...
Ce qu'il faut (en) retenir *(retain)*, c'est que...
Ce qui s'est passé, c'est que...
En deux mots, le gangster a été tué par la police...

Guide pour vous aider à résumer un film/une pièce/un roman

Savez-vous le nom du réalisateur/du metteur en scène *(stage director)*/de l'écrivain? (Non, je ne sais pas...)
Combien de personnages principaux y a-t-il dans le film/la pièce *(play)*/le roman *(novel)*? (Il y en a...)
Qui sont-ils? Décrivez ces personnages. Parlez des interprètes. (Ils sont...)
Quand l'action se déroule-t-elle? Où?
Y a-t-il des retours en arrière?
De quoi s'agit-il dans le film/la pièce/le roman? *(What is the film/play/novel all about?)* (Il s'agit de...)
Résumez l'intrigue./Racontez-moi un peu l'histoire.
Quel est la signification du titre? (Le titre signifie...)
Quel est le thème principal?
Comment trouvez-vous le film/la pièce/le roman? Est-ce qu'il/elle est intéressant(e)? passionnant(e)? ennuyeux/ennuyeuse? médiocre? (Je le/la trouve...)

Guide pour vous aider à résumer un article

Savez-vous le nom de l'auteur? (Oui, il/elle s'appelle...)
De quoi traite *(treats; deals with)* l'article? (L'article traite de...)
Quelles sont les idées les plus importantes présentées par l'auteur? (Les idées les plus importantes sont.../Ce que l'auteur a dit d'important, c'est...)
Donnez plusieurs exemples que l'auteur utilise pour exprimer ses idées ou développer des arguments.
Est-ce que le titre s'explique?
Pour quelle(s) raison(s) lirait-on cet article? (On le lirait pour.../parce que...)
Quelle est votre réaction à la lecture de cet article? (J'ai trouvé cet article...)

M I N I - C O N V E R S A T I O N S

Résumer

Une Française donne ses impressions du spectacle *Les Misérables,* qui a eu un grand succès à Paris:

«**En bref,** l'intrigue et le texte suivent fidèlement le roman de Victor Hugo, mais la pièce n'est pas très française dans sa présentation. On a plutôt affaire *(to be faced with)* à un grand spectacle avec une explosion de décors, de costumes et de mises en scène genre Broadway. C'est l'histoire de Cosette tournée en music-hall, **en somme.** Ce n'est pas désagréable, mais ça change le caractère historique de l'œuvre, du moins pour moi. Je recommande quand même de voir ce spectacle. **En deux mots,** Victor Hugo est un peu notre trésor national».

Adapté du *Journal Français d'Amérique,* 15–28 novembre 1991, p. 1

A VOUS

- Résumez en une ou deux phrases ce qui s'est passé en classe hier.
- Résumez en une ou deux phrases une conversation que vous avez eue avec quelqu'un hier soir.

«Mots et expressions utiles»

Une pièce *(Play)*

un(e) critique de théâtre *theater critic*
l'éclairage m *lighting*
frapper les trois coups *to knock three times (heard just before the curtain goes up in French theaters)*
jouer à guichets fermés *to play to sold out performances*
le metteur en scène *stage director*
la mise en scène *staging*
un music-hall *musical*
un rappel *curtain call*
une représentation *performance*
(avoir) le trac *(to have) stage fright*
la troupe *cast*

Un film

un acteur/une actrice *actor/actress*
un cinéaste *filmmaker*
un compte rendu *review (of film, play, book)*
un(e) critique de cinéma *movie critic*
un(e) débutant(e) *beginner*
le dénouement *ending*
se dérouler/se passer *to take place*
l'entracte m *intermission*
l'enquête f *poll*
un film doublé *dubbed film*
un four *flop*

des genres de films *types of films*
- **une comédie** *comedy*
- **un dessin animé** *cartoon*
- **un documentaire** *documentary*
- **un film d'amour** *love story*
- **un film d'aventures** *adventure film*

Comment les critiques onts-ils trouvé la pièce? A quelle heure peut-on voir la représentation? De quoi s'agit-il probablement dans la pièce?

un film d'épouvante *horror movie*
un film d'espionnage *spy movie*
un film de guerre *war movie*
un film policier *police story*
un western *western*

un(e) interprète *actor/actress*
les interprètes m/f pl *cast*
l'intrigue f *plot*
un navet *third-rate film, novel*
l'ouvreuse f *usher*[3]
le personnage (principal) *(main) character*
un producteur *producer (who finances)*
le réalisateur/la réalisatrice *director*
la réalisation *production*
un retour en arrière *flashback*
réussi(e) *successful*
un(e) scénariste *scriptwriter*
(avec) sous-titres m pl *(with) subtitles*
le thème *theme*
tourner un film *to shoot a film*
la vedette *star (male or female)*
en version originale (v.o.) *in the original language*
C'est complet. *It's sold out.*

Les Misérables est **une pièce** à ne pas manquer. De nombreux **critiques** parisiens en ont fait les éloges *(praise)*. Selon plusieurs **comptes rendus, le metteur en scène** du théâtre Mogador est à féliciter pour sa **mise en scène** ingénieuse et efficace. Les **producteurs** disent que *Les Mis* pourraient tenir la scène pendant deux ou trois ans si **les représentations** continuaient à être de la même qualité. Ils prévoient *(foresee)* de plus que **la troupe** actuelle **jouera à guichets fermés.**

Adapté du *Journal Français d'Amérique,* 15–28 novembre 1991, p. 1

Activités

A. Entraînez-vous: Résumez. Racontez en une ou deux phrases les faits suivants en utilisant les expressions pour résumer.

1. la dernière conversation avec votre professeur de français
2. la dernière conversation avec votre patron ou un autre professeur
3. un programme de télévision
4. un événement dans les nouvelles

B. En bref... Résumez en une ou deux phrases le contenu des trois conversations d'un chapitre précédent, en utilisant les expressions pour résumer.

modèle: ***(Chapitre 5, Leçon 2)***
Il s'agit d'un couple français qui entre en conflit avec leur fille parce qu'elle préfère regarder la télévision plutôt que de lire. Quand elle cède, elle choisit des magazines pour jeunes. La morale de l'histoire, somme toute, est que les parents doivent exercer plus d'autorité sur les loisirs de leurs enfants.

C. Etes-vous cinéphile? Ecrivez les titres de dix films que vous avez vus (américains et étrangers) pendant les deux dernières années. Classez chaque film d'après son genre. Comparez votre liste et votre classification avec celles de vos camarades. Discutez de votre genre de film préféré.

D. Oscars/Césars.[4] Quels sont les films qui ont reçu des Oscars cette année (ou l'année dernière) pour les catégories suivantes: meilleur film, meilleur réalisateur, meilleur acteur, meilleure actrice? Qu'est-ce que vous avez pensé des décisions des membres du jury? Est-ce que vous avez vu les films qui ont reçu le plus d'Oscars? Savez-vous quels films français ont gagné le plus de Césars cette année (ou l'année dernière)?

E. En peu de mots... Choisissez une pièce ou un film que vous avez vu(e) ou un article que vous avez lu récemment. Faites-en un petit résumé.

[3] En France, une **ouvreuse** (les ouvreuses subsistent de leurs pourboires) vous conduit dans la salle de cinéma et vous aide à vous placer. Aucun rafraîchissement n'est vendu à l'entrée. Par contre, l'ouvreuse sert des bonbons et des glaces à l'intérieur de la salle pendant l'entracte.

[4] Les Césars sont l'équivalent français des Oscars d'Hollywood. Ils représentent la récompense la plus prestigieuse du cinéma français.

«Grammaire»

La Voix passive

A. Formation

The passive voice is useful in a number of contexts, including reporting the facts and summarizing what went on.

Ce qui se passe à la fin du roman *Une rage fatale,* c'est que le mari **est tué** par sa femme jalouse.

An active voice construction is characterized by normal word order, where the subject of the sentence performs the action and the object receives the action.

Sujet	Verbe actif	Objet	Complément de lieu
La femme	a vu	son mari et sa maîtresse	dans un restaurant.

In a passive voice construction, the subject is acted upon by the object (called the agent) and thus switches roles with the object.

Sujet	Verbe passif	Agent	Complément de lieu
Le mari et sa maîtresse	ont été vus	par la femme	dans un restaurant.

In French, only verbs that are followed directly by an object (i.e., no preposition precedes the object) can be put into the passive voice.

NOTE: The past participle agrees with the subject of the verb **être.** The formation is as follows:

subject + **être** + past participle (+ **par/de** + agent)

La femme **avait été arrêtée par** la police à une autre occasion; elle **était soupçonnée** d'avoir commis un vol.

An agent is not always mentioned. If one is expressed, it is usually introduced by **par.** However, **de** is used when the passive voice denotes a state. Typical past participles that are likely to be used with the preposition **de** are **aimé, déteste, haï, respecté, admiré, craint, dévoré, entouré,** and **couvert.**

Durant toutes leurs années de mariage, elle **était dévorée de** jalousie.

B. Pour éviter la voix passive

The passive voice construction is used much less often in French than in English. The following are alternatives to the use of the passive voice:

- If an agent is expressed, transform the sentence to the active voice. Thus, the agent is made the subject of the sentence and the passive subject becomes the direct object.

PASSIVE: *Une rage fatale* **a été écrit** par un romancier célèbre.
ACTIVE: Un romancier célèbre **a écrit** *Une rage fatale.*

- If an agent is not expressed and is a person, use the indefinite pronoun **on** as the subject, followed by the active verb in the third-person singular form.

PASSIVE: Ce roman **est connu** dans de nombreux pays.
ACTIVE: **On connaît** ce roman dans de nombreux pays.

- Certain common, habitual actions in English expressed in the passive voice can be rendered in French by pronominal verbs, assuming that the subject is inanimate. Common pronominal verbs used in this situation are **se manger, se boire, se parler, se vendre, s'ouvrir, se fermer, se dire, s'expliquer, se trouver, se faire,** and **se voir.**

Ce roman ne **se vend** pas bien en ce moment.
This novel is not selling very well right now.

Mais cela **s'explique** facilement, puisqu'il vient seulement de sortir en librairie.
But that is easily explained, since it just came out in the bookstores.

Activités

A. Un film à ne pas manquer. Vous trouverez ci-dessous des phrases adaptées d'un compte rendu du film «Le Moine *(Monk)* et la sorcière».[5] Mettez ces phrases à la voix active.

1. L'époque médiévale a été recréée par la réalisatrice et sa scénariste.
2. Animé d'une foi aveugle, le moine est attiré par les intrigues d'une jeune femme...
3. La femme est connue de tous comme guérisseuse *(healer)*.
4. Un soir, en train d'invoquer un saint, elle est surprise par le moine...
5. «Le Moine et la sorcière» est présenté comme un hymne à la nature.
6. L'histoire a été traitée par la réalisatrice d'une façon sobre, presque ascétique.

B. «La Passion de Béatrice».[6] Voici des extraits du compte-rendu d'un autre film. Mettez les phrases à la voix passive.

1. Le scénario nous plonge dans le Moyen Age.
2. Après avoir passé plusieurs années de captivité dans les prisons anglaises, François de Cortemart, un seigneur que les scrupules n'ont jamais beaucoup étouffé *(never cramped his style)*, est enfin de retour dans son château.
3. Entre temps, sa fille Béatrice a pris la direction *(management)* de ses affaires.
4. Pendant cette période, elle a vendu une grande partie de ses terres pour payer sa rançon *(ransom)*.
5. Elle a attendu le retour de son père avec impatience, joie et enthousiasme.
6. Malheureusement, la longue captivité a changé son père en un être brutal et sans vergogne *(shameless)*...
7. Tout le monde avait déjà admiré Bernard-Pierre Donnadieu (qui joue le rôle de Cortemart) dans le film «Le Retour de Martin Guerre».
8. «La Passion de Béatrice» n'attirera sans doute pas un large public et c'est bien dommage, car c'est un film merveilleux.

C. Le Karaoke: la machine à chanter. Voici les extraits d'un article sur le vidéodisque à lecture laser. Mettez les phrases à la voix passive ou active, l'inverse de ce que vous trouvez.

1. Au cours des années 80, le Karaoke est inventé par les ingénieurs de Pioneer.
2. *Karaoke* se traduit d'un mot japonais qui veut dire "orchestre vide".
3. La musique originale d'une chanson est offerte par un lecteur de vidéodisques *(video disk reader)*.
4. On projette les paroles de la chanson sur l'écran.
5. Cet appareil est utilisé par les amateurs pour démontrer leurs talents de chanteur.
6. Le Karaoke a été installé par les commerçants dans les bars et dans les hôtels il y a cinq ans.

Adapté du *Soleil,* Québec, dimanche 18 août 1991, Cahier B, p. 1

D. Au cinéma. Un touriste américain est au cinéma en France. Il cherche dans son dictionnaire les mots pour poser les questions ci-dessous. Aidez-le en utilisant des verbes pronominaux.

1. Is French spoken here?
2. Where is popcorn **(les pop-corn)** sold?
3. Are soft drinks **(boissons non-alcoolisées)** sold in this theater?
4. Tipping the ushers—is that still done in France?
5. I'm not French. Does it show?

[5] Réalisé par Suzanne Schiffman, 1988. (*France-Amérique,* 7-13 avril 1988, p. 12)

[6] Réalisé par Bertrand Tavernier, 1988. (*France-Amérique*, 24-30 mars 1988, p. 14)

«Interactions»

A. En bref... Look at the headlines and summary section from the front page of a daily newspaper (preferably a French paper) and skim the contents of several articles. Summarize for your classmates three or four of the events listed on your page.

modèle: **Le Figaro *(journal français), le 14 avril***
En peu de mots, voici les événements principaux: Le débat sur la réforme constitutionnelle continue; Sur la côte d'Azur, il y a eu un nouveau vol *(theft)* ***de tableaux dont un Pissarro; Le séisme*** *(earthquake)* ***qui a touché une partie de l'Allemagne, des Pays-Bas, de la Belgique et du nord de la France a fait au moins un mort et des dizaines de blessés*** *(wounded people).*

BRAVO! Culture et Littérature

B. Pour résumer... Summarize in two or three paragraphs a book that you have recently read. Pay careful attention to your use of passive and active voice constructions and use the guide on page 267 to help structure your writing. Give an oral presentation of your book review to your classmates and be prepared to answer their questions after your presentation.

Activités orales

A. En somme... In one or two sentences, give a brief summary of what took place in each of the following situations. Remember to begin each summary with an appropriate expression.

1. The contents of a telephone conversation that you recently had.
2. What happened in French class yesterday.
3. What the weather report is for your area tomorrow.
4. The major highlights of the last sports event that you attended (or saw on TV).
5. What happened during the last meeting you attended (your residence hall organization, club, sorority/fraternity, church, job).

B. Imaginez... Imagine that you competed in the annual triathlon in Nice. You managed to complete the events, but you finished 894th out of 1000. Your partner is a reporter for *Onze* (French sports magazine) and wants to interview you for an article on the triathlon featuring the winners and the losers. DISCUSSION TOPICS: personal information, what you expected to gain from the competition, what you needed to have done in order to finish among the first ten, if you have competed in a triathlon before, if you will compete in one again.

Listen to Student Activity Tape, ***Chapitre 10,*** and complete the corresponding Student Activity Worksheet in your workbook.

♦ Turn to ***Appendice A*** for a complete list of active chapter vocabulary. Note that the listing for each chapter includes a ***Divers*** category. These are miscellaneous words or expressions used throughout the three lessons.

Activités écrites

A. Mon journal... Write a page in your diary in which you summarize the major events that have characterized your life during the past semester/quarter. Include what things you did and what you could have and should have done.

B. Lettre à un(e) ami(e). You recently received a letter and pictures from your best friend who moved to Quebec. Answer the letter and explain why you didn't write sooner. Compliment him/her on having lost weight (he/she told you this and it is obvious from a photo) and for his/her new hairstyle. Tell your friend about a movie/play you recently saw. Since you loved (or hated) this film/play, summarize it and give your opinion. Invite your friend to visit you soon.

APPENDICE A

Chapitre 1

Saluer/Prendre congé *(to take leave)*

(se) connaître *to meet, get acquainted with; to know*
(s')embrasser *to kiss; to kiss each other*
faire la bise *(familiar) to kiss*
faire la connaissance (de) *to meet, make the acquaintance (of)*
à la prochaine *until next time*
(se) rejoindre *to meet (by prior arrangement); to reunite with*
(se) rencontrer *to meet (by chance); to run into*
(se) retrouver *to meet (by prior arrangement)*
(se) réunir *to get together*
(se) revoir *to meet; to see again*

L'enseignement

assister à un cours *to attend a class*
bosser (un examen) *(familiar) to cram (for a test)*
une conférence *a lecture*
se débrouiller *to manage, get along*
échouer à *to fail*
facultatif (facultative) *elective; optional*
les frais d'inscription m pl *registration fees*
une leçon particulière *a private lesson*
une lecture *a reading*
manifester *to protest; to demonstrate*
manquer un cours *to miss a class*
une matière *a subject, course*
la note *grade*
obligatoire *required*
passer un examen *to take an exam*
rater *to flunk*
rattraper *to catch up*
redoubler un cours *to repeat a course*
réussir à un examen *to pass an exam*
réviser (pour) *to review (for)*
sécher un cours *to cut a class*
se spécialiser en *to major in*
tricher *to cheat*

La conversation

les actualités f pl *current events*
avoir l'air *to look, have the appearance of*
bavarder *to chat*
le boulot *(familiar) work*
être en forme *to be in good shape*
les loisirs m pl *leisure activities*
le paysage *countryside*
se refaire la santé *to recover one's health*
des soucis m pl *worries*

L'argent

une carte de crédit *a credit card*
le chèque de voyage *traveler's check*
le chéquier *checkbook*
emprunter *to borrow*
encaisser *to cash (a check)*
le portefeuille *wallet, billfold; portfolio*
un prêt *a loan*
prêter *to lend*

Rendre un service

Ce n'est pas la peine. *Don't bother.*
déranger *to bother*
donner un coup de main à quelqu'un *(familiar) to give someone a hand*
embêter *to bother*

Le voyage

descendre *to go down; to get off (train, etc.); to bring down (luggage)*
enlever *to take something out, off, down*
la frontière *border*
monter *to go up; to get on (train, etc.); to bring up (luggage)*
le porte-bagages *suitcase rack*
le quai *(train) platform*

Divers

d'ailleurs *moreover, besides*
une couchette *cot, train bed*
s'installer *to get settled*
à nouveau *again*
une place de libre *an unoccupied seat*
une poignée *handle*
à propos *by the way*

Chapitre 2

L'invitation

un agenda *engagement calendar*
avoir envie de (+ infinitif) *to feel like (doing something)*
avoir quelque chose de prévu *to have plans*
donner rendez-vous à quelqu'un *to make an appointment with someone*
emmener quelqu'un *to take someone (somewhere)*
être pris(e) *to be busy (not available)*
ne rien avoir de prévu *to have no plans*
passer un coup de fil à quelqu'un *to telephone someone*
poser un lapin à quelqu'un *(familiar) to stand someone up*
projeter de (+ infinitif) *to plan on (doing something)*

les projets m pl *plans*
faire des projets *to make plans*
regretter/être désolé(e) *to be sorry*
remercier *to thank someone*
vérifier *to check*

Qui?

le chef *head, boss*
un/une collègue *fellow worker*
un copain/une copine *a friend*
le directeur/la directrice *director*
le/la patron(ne) *boss*

Quand?

la semaine prochaine/mardi prochain *next week/next Tuesday*
dans une heure/deux jours *in an hour/two days*
samedi en huit/en quinze *a week/two weeks from Saturday*
tout de suite *right away*

Où?

aller en boîte *to go to a nightclub*
aller au cinéma/à un concert/au théâtre *to go to a movie/a concert/the theater*
aller à une soirée *to go to a party*
aller voir l'exposition Edouard Manet *to go see the Edouard Manet exhibit*
aller voir une exposition de photos/de sculptures *to go see a photography/sculpture exhibit*
prendre un verre/un pot *(familiar) to have a drink*

La nourriture et les boissons

les anchois m pl *anchovies*
les asperges f pl *asparagus*
l'assiette [f] **de charcuterie** *cold cuts*
la bière *beer*
le buffet chaud *warm dishes*
le buffet froid *cold dishes*
le chèvre *goat cheese*
la choucroute *sauerkraut*
les côtelettes [f pl] **de porc** *pork chops*
les côtes [f pl] **d'agneau** *lamb chops*
la coupe de fruits *fruit salad*
les épinards m pl *spinach*
le fromage *cheese*
la glace *ice cream*
les gourmandises f pl *delicacies*
les haricots verts m pl *green beans*
le lait *milk*
le lapin *rabbit*
les légumes m pl *vegetables*
l'œuf [m] **dur** *hard-boiled egg*
l'omelette [f] **nature** *plain omelette*
les pâtes f pl *noodles, pasta*
les petits pois m pl *peas*
le poivron vert *green pepper*
la pression *draft beer*
les salades [f pl] **composées** *salads*
la salade de saison *seasonal salad*
le sorbet *sherbet*
la tarte *pie*
le thon *tuna*
le veau *veal*
le vin *wine*
le yaourt *yogurt*

Au repas

un amuse-gueule *appetizer, snack*
accueillir *to welcome, greet*
un apéritif *a before-dinner drink*
A votre/ta santé! (A la vôtre!/A la tienne!) *To your health!*
une boisson gazeuse *carbonated drink*
Bon appétit! *Have a nice meal!*
la gastronomie *the art of good cooking*
un gourmet *one who enjoys eating but eats only good quality food*
quelqu'un de gourmand *one who loves to eat and will eat anything, especially sweets*
Tchin-tchin! *(familiar) Cheers!*
resservir *to offer a second helping*

Les voyages

un aller-retour *round-trip ticket*
annuler *to void, cancel*
l'arrivée f *arrival*
un billet (aller) simple *one-way ticket*
un demi-tarif *half-fare*
le départ *departure*
desservi(e) *served*
les frais d'annulation m pl *cancellation fees*
le guichet *ticket window, office; counter*
un horaire *schedule*
indiquer *to show, direct, indicate*
partir en voyage d'affaires *to leave on a business trip*
payer un supplément pour excès de bagages *to pay extra for excess luggage*
le quai *platform*
une réduction *discount*
les renseignements m pl *information*
un tarif *fare, rate*
valable *valid*
un vol *flight; theft*

Divers

discuter de choses et d'autres *to talk about this and that*
extra! *(familiar) great!*
pareil(le) *same, such a*
raisonnable *sensible*
la rentrée *start of the new school year*
tenter *to tempt; to try*
volontiers *gladly, willingly*

Chapitre 3

La famille

les arrière-grands-parents *great-grandparents*
le beau-frère/beau-père *brother-/father-in-law or stepbrother/-father*
la belle-sœur/belle-mère *sister-/mother-in-law or stepsister/-mother*
célibataire/marié(e)/divorcé(e)/remarié(e) *single/married/divorced/remarried*
le demi-frère/la demi-sœur *half brother/sister*
une famille nombreuse *large family*
une femme/un homme au foyer *housewife/househusband*
le mari/la femme *spouse; husband/wife*
le parent *parent; relative*
le troisième âge *old age*
la vie de famille *home life*
une mère/un père célibataire *single parent*

Les enfants

l'aîné(e) *elder, eldest*
bien/mal élevé(e) *well/badly brought up*
le cadet/la cadette *younger, youngest*
un fils/une fille unique *only child*
gâté(e) *spoiled*
un(e) gosse *kid*
un jumeau/une jumelle *twin*

La possession

C'est à qui le tour? *Whose turn is it? (Who's next?)*
C'est à lui/à toi. *It's his/your turn.*
être à (+ pronom disjoint) *to belong to (someone)*

Les affaires

l'appareil-photo m *camera*
le magnétoscope *VCR*
l'ordinateur m *computer*

Les personnes

avoir la vingtaine/la trentaine, etc. *to be in one's 20s/30s, etc.*
avoir les cheveux
  roux *to have red hair*
  châtains *chestnut*
  bruns *dark brown*
  noirs *black*
  raides *straight*
  ondulés *wavy*
  frisés *curly*
avoir les yeux marron *to have brown eyes*
avoir une barbe/une moustache/des favoris *to have a beard/moustache/sideburns*
être chauve *to be bald*
être de petite taille *to be short*
être de taille moyenne *to be of average height*
être d'un certain âge *to be middle-aged*
être en forme *to be in condition (in good shape)*
être grand(e) *to be tall*
être fort(e) *to be heavy, big, stout*
être marrant(e)/gentil (gentille)/mignon (mignonne) *to be funny/nice/cute, sweet*
ne pas faire son âge *to not look one's age*
porter des lunettes/des verres de contact *to wear glasses/contact lenses*

Les objets

être en argent/or/acier/laine *to be made of silver/gold/steel/wool*
être gros (grosse)/minuscule *to be big/tiny*
être haut(e)/bas (basse) *to be tall, high/short, low*
être large/étroit(e) *to be wide/narrow*
être lourd(e)/léger (légère) *to be heavy/light*
être pointu(e) *to be pointed*
être rond(e)/carré(e) *to be round/square*

Les bons rapports

le coup de foudre *love at first sight*
s'entendre bien avec *to get along well with*
être en bons termes avec quelqu'un *to be on good terms with someone*
se fiancer *to get engaged*
fréquenter quelqu'un *to go steady with someone*
les liens m pl *relationship*
  les liens de parenté *family ties*
les rapports m pl *relationship*
se revoir *to see again*
tomber amoureux (amoureuse) de quelqu'un *to fall in love with someone*

Les rapports difficiles

une dispute *a quarrel*
se disputer *to argue*
s'entendre mal avec quelqu'un *to get along badly with someone*
être en mauvais termes avec quelqu'un *to be on bad terms with someone*
exigeant(e) *demanding*
le manque de communication *communication gap*
rompre avec quelqu'un *to break up with someone*
se plaindre (de quelque chose à quelqu'un) *to complain (to someone about something)*
taquiner *to tease*
tendu(e) *tense*

Divers

déménager *to move*
en avoir marre *(popular) to be fed up*
faire la grasse matinée *to sleep late*
s'occuper de *to take care of, handle*
plein de *(familiar) a lot of*
quotidien(ne) *daily*
ramener *to bring back, take back*
le siège-voiture/siège-bébé *car seat*
un truc *(slang) thing*

Chapitre 4

Les vacances

une agence de voyages *travel agency*
aller à l'étranger *to go abroad*
aller voir quelqu'un *to visit someone*
un appartement de location *a rental apartment*
avoir le mal du pays *to be homesick*
une brochure *pamphlet*
les congés [m] **payés** *paid vacation*
descendre dans un hôtel *to stay in a hotel*
être en vacances *to be on vacation*
flâner *to stroll*
passer des vacances magnifiques/épouvantables *to spend a magnificent/horrible vacation*
se perdre *to get lost*
rendre visite à (quelqu'un) *to visit (someone)*
un séjour *stay, visit*
un souvenir *memory; souvenir*
un syndicat d'initiative *tourist bureau*
un terrain de camping *campground*
se tromper de train *to take the wrong train*
visiter (un endroit) *to visit (a place)*

Les transports

atterrir *to land*
un car *bus (traveling between towns)*
la circulation *traffic*
une contravention *ticket, fine*
descendre de (la voiture, etc.) *to get out of (the car, etc.)*
un embouteillage *traffic tie-up/jam*
faire de l'auto-stop *to hitchhike*
faire le plein *to fill up (gas tank)*
garer la voiture *to park the car*
manquer le train *to miss the train*
monter dans (une voiture/un bus/un taxi/un avion/un train) *get into (a car/bus/taxi/plane/train)*
ramener *to bring someone (something) back; to drive someone home*
tomber en panne d'essence *to run out of gas*

A la douane *(customs)*

confisquer *to confiscate*
débarquer *to land*
déclarer (ses achats) *to declare (one's purchases)*
le douanier/la douanière *customs officer*
embarquer *to go on board*
faire de la contrebande *to smuggle goods*
fouiller les bagages/les valises *to search, go through baggage/luggage*
montrer le passeport *to show one's passport*
le passager/la passagère *passenger (on an airplane)*
passer à la douane *to go through customs*
payer des droits *to pay duty/tax*
se présenter à la douane *to appear at customs*

L'hôtel

une chambre à deux lits *double room (room with two beds)*
une chambre avec douche/salle de bains *room with a shower/bathroom*
une chambre de libre *vacant room*
la clé *key*
un grand lit *double bed*
payer en espèces/avec chèques de voyage/par carte de crédit *to pay in cash/in travelers' checks/by credit card*
la réception *front desk*
le/la réceptionniste *hotel desk clerk*
régler la note *to pay, settle the bill*
réserver/retenir une chambre *to reserve a room*
le service d'étage *room service*

Divers

l'argot m *slang*
arracher de *to grab from*
le blouson de cuir *leather jacket*
se débrouiller *to manage*
un geste *gesture*
grossier *rude*
une horloge *clock*
jurer *to swear*
marrant *(slang) funny; strange*
pêcher *to fish*
piquer *(slang) to steal*
la rive *bank*
sauter *to jump*
troué(e) *with holes*

Chapitre 5

La volonté

avoir envie de (+ infinitif) *to feel like (doing something)*
compter *to intend, plan on, count on, expect*
tenir à *to really want; to insist on*

La télévision

les actualités/les informations f pl *news (in the press, but especially on TV)*
allumer la télé *to turn on the TV*
augmenter le son *to turn up the volume*
une causerie *talk show*
une chaîne *channel*
la concurrence *competition*
un débat *debate*
diffuser/transmettre *to broadcast*
l'écran m *screen*
une émission *broadcast, TV show*
éteindre la télé *to turn off the TV*
un feuilleton *serial; soap opera*
un jeu télévisé *game show*
le journal télévisé *TV news*

mettre la 3, 6, etc. *to put on channel 3, 6, etc.*
le poste de télévision *TV set*
un programme *program listing*
rater *to miss*
une série *series*
un spot publicitaire *TV commercial*
une télécommande *remote control*
un téléspectateur/une téléspectatrice *TV viewer*
la télévision par câble *cable TV*

Les émotions

agacer *to annoy*
On a eu chaud! *That was a narrow escape!*
en avoir assez *to have had enough*
en avoir marre *to be fed up*
barber *to bore*
la crainte *fear*
débile *idiotic, moronic*
la déception *disappointment*
déçu(e) *disappointed*
le dégoût *disgust, distaste*
embêter *to bother*
ennuyé(e) *bored, annoyed, bothered*
ennuyeux (ennuyeuse) *boring, tedious, annoying, irritating*
génial(e) *fantastic*
heureusement *thank goodness*
s'inquiéter *to worry*
inquiet (inquiète) *worried, anxious*
l'inquiétude f *worry, anxiety*
insupportable *unbearable, intolerable*
le répit *respite, rest*
le soulagement *relief*
supporter *to put up with*

La radio

un animateur/une animatrice *radio or TV announcer*
un auditeur/une auditrice *member of (listening) audience*
une station *(TV, radio) station*

La presse

un abonnement *subscription*
être abonné(e) à *to subscribe to*
une annonce *announcement, notification*
  les petites annonces *classified advertisements*
annuler *to cancel*
un bi-mensuel *bimonthly publication*
un hebdomadaire *weekly publication*
un journal *newspaper*
un lecteur/une lectrice *reader*
un magazine *magazine*
un mensuel *monthly publication*
les nouvelles f pl *printed news; news in general*
une publicité *advertisement*
un quotidien *daily publication*
un reportage *newspaper report; live news or sports commentary*
une revue *magazine (of sophisticated, glossy nature)*
une rubrique *heading, item; column*
le tirage *circulation*

La persuasion

aboutir à un compromis *to come to or reach a compromise*
avoir des remords *to have (feel) remorse*
changer d'avis *to change one's mind*
convaincre (quelqu'un de faire quelque chose) *to persuade (someone to do something)*
se décider (à faire quelque chose) *to make up one's mind (to do something)*
défendre (à quelqu'un de faire quelque chose) *to forbid (someone to do something); to defend*
une dispute *an argument*
s'efforcer de *to try hard, try one's best*
l'esprit ouvert *open mind*
indécis(e) (sur) *indecisive; undecided (about)*
interdire (à quelqu'un de faire quelque chose) *to forbid (someone to do something)*
ménager la chèvre et le chou *to sit on the fence*
le point de vue *point of view*
prendre une décision *to make a decision*
je te/vous prie (de faire quelque chose) *will you please (do something)*
renoncer *to give up*
têtu(e) *stubborn*

Divers

un caprice *temper tantrum*
un contrôle *test*
s'embrouiller *to become confused*

Chapitre 6

La politique

une campagne électorale *election campaign*
un débat *debate*
désigner *to appoint*
discuter (de) *to discuss*
un électeur/une électrice *voter*
élire (past part.: **élu**) *to elect*
être candidat(e) (à la présidence) *to run (for president)*
se faire inscrire *to register (to vote)*
un mandat *term of office*
la politique étrangère *foreign policy*
la politique intérieure *internal (domestic) policy*
un programme électoral *platform*
se représenter *to run again*
soutenir *to support*
voter *to vote*

La guerre *(War)*

l'armée f *army*
les armes f pl *arms*
attaquer *to attack*
un attentat *attack*
céder (à) *to give up; to give in*
les combats m pl *fighting*
le conflit *conflict*
l'espionnage m *spying*
les forces f pl *forces*
le front *front; front lines*
insensé(e) *insane*
libérer *to free*
livrer *to deliver*
une mine *mine*
les morts m pl *the dead*
la négociation *negotiation*
l'opposition f *opposition*
la paix *peace*
la peine de mort *death penalty*
les pourparlers m pl *talks; negotiations*
prendre en otage *to take hostage*
se produire *to happen, take place*
le terrorisme *terrorism*
tuer *to kill*

Les arts

s'accoutumer à *to get used to*
convaincre *to convince*
honteux (honteuse) *shameful*
insupportable *intolerable, unbearable*
laid(e) *ugly*
moche *(familiar) ugly, ghastly*
une œuvre *work (of art)*
passionnant(e) *exciting*
remarquable/spectaculaire *remarkable/spectacular*
réussi(e) *successful, well executed*
super *(familiar) super*
supprimer *to do away with*
en verre *made of glass*

L'immigration et le racisme

accroître *to increase*
l'accueil m *welcome*
accueillant(e) *welcoming, friendly*
s'aggraver *to get worse*
la banlieue *the suburbs*
blesser *to hurt*
un bouc émissaire *scapegoat, fall guy*
le chômage *unemployment*
un chômeur/une chômeuse *unemployed person*
croissant(e) *increasing, growing*
éclairer *to enlighten*
empirer *to worsen*
s'étendre *to spread*
un(e) immigrant(e) *newly arrived immigrant*
un(e) immigré(e) *an immigrant well established in the foreign country*
un incendie *fire*
maghrébin(e) *from the Maghreb (Northwest Africa: Morocco, Algeria, Tunisia)*
la main-d'œuvre *labor*
une manifestation *demonstration, protest (organized)*
se manifester *to arise; to emerge*
une menace *threat*
les quartiers défavorisés *slums*
rouer quelqu'un de coups *to beat someone black and blue*
un soulèvement *spontaneous uprising*
la xénophobie *xenophobia (fear/hatred of foreigners)*

Divers

attirer *to attract*
chouette *neat, nice, great, cute*
conçu (*from* **concevoir**) *designed, planned*
enlever *to remove*
faire beaucoup de bruit *to make a great fuss about something*
se faire licencier *to get laid off*
gâcher *to spoil*
une maquette *model*
le plancher *floor*
la poussière *dust*
rénover *to renovate*
la une des journaux *front page*

Chapitre 7

La recherche d'un emploi *(Job search)*

les allocations [f pl] **de chômage** *unemployment benefits*
l'avenir m *future*
avoir une entrevue/un entretien *to have an interview*
changer de métier *to change careers*
chercher du travail *to look for work*
le curriculum vitae (le C.V.) *résumé, CV*
être candidat(e) à un poste *to apply for a job*
être au chômage *to be unemployed*
être à la retraite *to be retired*
la formation professionnelle *professional education, training*
occuper un poste *to have a job*
l'offre [f] **d'emploi** *opening, available position*
la pension de retraite *retirement pension*
prendre sa retraite *to retire*
en profiter *to take advantage of the situation; to enjoy*
la promotion *promotion*

remplir une demande d'emploi *to fill out an application*
la réussite *success*
le salaire *pay (in general)*
la sécurité de l'emploi *job security*
le service du personnel *personnel services*
le traitement mensuel *monthly salary*
trouver un emploi *to find a job*

Les métiers *(Trades, professions, crafts)*

les professions [f pl] **libérales:** un médecin/une femme médecin, un(e) dentiste, un(e) avocat(e), un architecte, etc.
les fonctionnaires (employés de l'Etat): un agent de police, un douanier/une douanière, un magistrat *(judge)*, etc.
les affaires f pl *(business)* (travailler pour une entreprise): un homme/une femme d'affaires *(businessman/woman)*, un(e) secrétaire, un(e) employé(e) de bureau, un(e) comptable *(accountant)*, un(e) représentant(e) de commerce *(sales rep)*, etc.
le commerce (servir les clients): un boucher/une bouchère, un épicier/une épicière, un(e) commercant(e) *(shopkeeper)*
l'industrie f (travailler dans une usine): un ouvrier/une ouvrière *(worker)*, un(e) employé(e), un(e) technicien(ne), un chef d'atelier *(shop)*, un ingénieur, un cadre/une femme cadre *(manager)*, un directeur/une directrice, etc.
l'informatique f *(computer science)*: un(e) informaticien(ne) *(computer expert)*, un(e) analyste en informatique, un programmeur/une programmeuse, etc.
l'enseignement m: un instituteur/une institutrice, un professeur, etc.

Un métier peut être...

ingrat *(thankless)*, dangereux, malsain *(unhealthy)*, ennuyeux, fatigant, mal payé, sans avenir

ou...

intéressant, stimulant *(challenging)*, passionnant, fascinant, bien payé, d'avenir

Le logement

acheter à crédit *to buy on credit*
l'agent m **immobilier** *real estate agent*
l'appartement m *apartment*
la chambre de bonne *room for rent (formerly maid's quarters)*
les charges f pl *fees (for heat and maintenance of an apartment or condominium)*
la Cité-U(niversitaire)/résidence universitaire *student residence hall(s)*
coûter *to cost*
un HLM (habitation à loyer modéré) *moderate income housing*
l'immeuble m *apartment building*
le/la locataire *tenant*
un logement en copropriété *condominium*
louer *to rent*
le loyer *rent*
le/la propriétaire *owner; householder*
le studio *efficiency apartment*

Une habitation peut être...

grande, petite, vieille, ancienne, neuve *(brand new)*, récente, moderne, rénovée *(remodeled)*, confortable, agréable, sale, propre *(clean)*, commode *(convenient)*, pratique, facile à entretenir *(to maintain)*, au prix fort *(at a high price)*

Les avantages/inconvénients *(disadvantages)*

bien/mal conçu(e) *(designed)*, situé(e), équipé(e), entretenu(e) *(maintained)*; beau/belle; moche; laid(e); solide; tranquille; calme; bruyant(e) *(noisy)*; isolé(e)

La banque

le carnet de chèques *checkbook*
la carte de crédit *credit card*
la carte électronique *automatic teller card*
changer de l'argent *to change money*
le compte chèques *checking account*
déposer *to deposit*
le distributeur automatique de billets *automatic teller machine*
emprunter *to borrow*
encaisser un chèque *to cash a check*
l'intérêt m *interest*
le livret d'épargne *savings account*
ouvrir un compte *to open an account*
le prêt *loan*
prêter *to lend*
retirer de l'argent *to make a withdrawal*
le taux d'intérêt *interest rate*

L'économie ([f] *Economy*)

aller de mal en pis *to go from bad to worse*
un abri *shelter*
s'améliorer *to improve*
l'assurance-maladie f *health insurance*
être assuré(e) *to be insured*
les bénéfices m pl *profits*
le budget *budget*
la concurrence *competition*
la consommation *consumption*
la cotisation *contribution*
le développement *development*
une entreprise *business*
exporter *to export*
importer *to import*
les impôts m pl *taxes*
le marché *market*
une mutuelle *mutual benefit insurance company*
la prime *premium; free gift, bonus; subsidy*
le progrès *progress*
un restaurant du cœur *soup kitchen*
un sans-abri *homeless person*
souscrire *to contribute, subscribe to*

Les conditions de travail

une augmentation de salaire *pay raise*
le bureau *office*
le chef (de bureau, d'atelier, d'équipe) *leader (manager) of office, workshop, team*

compétent(e)/qualifié(e) *qualified, competent*
le congé *holiday, vacation*
le directeur/la directrice *manager (company, business)*
l'employeur m *employer*
un(e) gérant(e) *manager (restaurant, hotel, shop)*
l'horaire m *schedule*
la maison *firm, company*
motivé(e) *motivated*
le personnel *personnel*
les soins [m] **médicaux** *medical care and treatment*
l'usine f *factory*

Divers

des conseils m pl *advice*
en fin de compte *finally, after much consideration*
s'enfermer *to close oneself up*
l'équilibre m *balance*
un infirmier/une infirmière *nurse*
on ne m'empêchera pas (de) *you can't stop me (from)*
on ne m'y prendra pas *you won't catch me*
ne rien faire à quelqu'un *to not bother someone*
pas mal *quite a few*
signaler *to point out, indicate*
supporter *to put up with, endure*

Chapitre 8

Les tribulations de la vie quotidienne

annuler *to cancel*
un cas d'urgence *emergency*
  en cas d'urgence *in case of emergency*
une commission *errand*
débordé(e) de travail *swamped with work*
être navré(e) *to be sorry*
faire exprès *to do on purpose*
une panne *breakdown*
n'en plus pouvoir (je n'en peux plus) *to be at the end of one's (my) rope; to have had it (I've had it)*
au secours! *help!*
en vouloir à quelqu'un *to hold a grudge against someone*

Les problèmes de voiture

la batterie *car battery*
démarrer *to get moving (car)*
dépanner *to repair a breakdown*
un embouteillage *traffic jam*
l'essence f *gasoline*
être en panne d'essence *to be out of gas*
être/tomber en panne *to break down*
les heures de pointe f *rush hours*
la station-service *gas station*

Les pannes à la maison

le congélateur *freezer*
l'électricien(ne) *electrician*
le frigo *(familiar) refrigerator*
marcher *to run; work (machine)*
l'outil m *tool*
le plombier *plumber*

Les achats en magasin

le chef de rayon/service *departmental/service supervisor*
demander un remboursement *to ask for a reimbursement*
l'entrepôt m *warehouse*
faire une réclamation *to make a complaint*
les frais m pl *costs, charges*
le grand magasin *department store*
gratuit(e) *free, at no cost*
le nettoyage à sec/le pressing *dry cleaning*
le patron/la patronne *boss*
la quincaillerie *hardware store*
une tache *stain*
la teinturerie *dry cleaners*
un trou *hole*
vendu(e) en solde *sold at a reduced price, on sale*

Les événements imprévus et oubliés

amener quelqu'un *to bring someone over (along)*
assister à *to attend*
changer d'avis *to change one's mind*
un congrès *conference; professional meeting*
emmener quelqu'un *to take someone (somewhere)*
emprunter quelque chose à quelqu'un *to borrow something from someone*
imprévu(e)/inattendu(e) *unexpected*
prêter quelque chose à quelqu'un *to lend something to someone*
une réunion *meeting*

Comment réagir

s'arranger *to work out*
consentir à *to consent to*
défendre à quelqu'un de *to forbid someone to*
embêter *to bother; to annoy*
résoudre *to resolve, solve*

Vous êtes déconcerté(e)

avoir du mal à (+ infinitif) *to have problems (doing something)*
désorienté(e)/déconcerté(e) *confused, muddled*
faire comprendre à quelqu'un que *to hint to someone that*
mal comprendre *(past part.* **mal compris**) *to misunderstand*
une méprise/une erreur *misunderstanding*
provoquer *to cause*
le sens *meaning*
la signification/l'importance f *significance, importance*
signifier *to mean*

Vous êtes irrité(e)

avoir du retard *to be late*
C'est la goutte d'eau qui fait déborder le vase! *That's the last straw!*
couper *to disconnect (telephone, gas, electricity, cable)*
débrancher *to disconnect, unplug (radio, television)*
faire la queue *to stand in line*
perdre les élections *to lose the election*
rentrer en retard *to get home late*
se révéler (+ adjectif) *to prove to be (+ adjective)*
valoir la peine *(past part.* **valu)** *to be worth the trouble*

Vous êtes lésé(e) *(injured; wronged)*

bouleversé(e)/choqué(e) *shocked*
céder à quelqu'un (quelque chose) *to give in to someone/something*
être en grève *to be on strike*
faire la grève *to go on strike*
le/la gréviste *striker*
léser quelqu'un *to wrong someone*
le syndicat *union*

Divers

autrement dit *in other words*
une crèche *day-care center*
cuisiner *to cook*
marché conclu *it's a deal*
un médicament *medicine, drug*
raccrocher *to hang up (telephone)*
se renseigner *to get information*
se tenir debout *to stand*

Chapitre 9

Les meubles et les appareils-ménagers *(Furniture and household appliances)*

l'armoire f *wardrobe, armoire*
le coussin *cushion, pillow*
la cuisinière *stove*
l'étagère f *shelf; shelves*
le four à micro-ondes *microwave oven*
le lave-vaisselle *dishwasher*
la machine à laver (le linge) *washing machine*
le placard *cupboard; closet*
le sèche-linge *clothes dryer*
le tapis *carpet*
le tiroir *drawer*

Les vêtements et la mode

les bas m pl *stockings*
les bijoux m pl *jewelry*
  la bague *ring*
  les boucles (f pl) **d'oreilles** *earrings*
  le bracelet *bracelet*
  le collier *necklace*
le blouson (en cuir/de cuir) *(leather) jacket*
les bottes f pl *boots*
les chaussettes f pl *socks*
les chaussures (f pl) **à hauts talons/à talons plats** *high-heeled shoes/low-heeled shoes*
la chemise *man's shirt*
le chemisier *woman's long-sleeved shirt*
le collant *pantyhose*
le costume *man's suit*
l'imperméable m *raincoat*
le maillot de bain *swimsuit*
le parapluie *umbrella*
le pardessus *overcoat*
les sous-vêtements m pl *underwear*
le tailleur *woman's tailored suit*
le tissu *fabric*
la veste (de sport) *(sports) jacket*
changer de vêtements *to change clothes*
enlever (un vêtement) *to take (a piece of clothing) off*
être mal/bien habillé(e) *to be poorly/well dressed*
essayer (un vêtement) *to try on (a piece of clothing)*
s'habiller/se déshabiller *to get dressed/to get undressed*
marchander *to bargain (haggle) with someone*
mettre un vêtement *to put a piece of clothing on*
ce vêtement lui va bien *this piece of clothing looks good on her/him*

Un vêtement est...

chic; élégant; en bon/mauvais état; sale; déchiré *(torn)*; râpé *(threadbare, worn)*; lavable *(washable)*; chouette *(familiar—great, nice, cute)*; génial *(fantastic)*; d'occasion *(secondhand, bargain)*; dans ses prix *(in one's price range)*; une trouvaille *(a great find)*

On vend des vêtements dans...

une boutique *shop, small store*
un grand magasin *department store*
une grande surface *huge discount store*
un marché aux puces *flea market*

Les ordinateurs

appuyer *to press, push (a key)*
brancher *to plug in*
le clavier *keyboard*
les commandes f pl *commands*
compatible *compatible*
déplacer *to move (something)*
le disque dur *hard (disk) drive*
une disquette *floppy disk*
  à double densité *double density*
  à haute densité *high density*
les données f pl *data*
l'écran m *screen*
effacer *to erase*
enlever *to take out*

être dans l'informatique *to be in the computer field*
exécuter/effectuer des commandes *to execute commands*
faire marcher *to make something work*
formater *to format*
la gestion *management, administration*
les graphiques m pl *graphics*
l'imprimante f *printer*
  matricielle *dot matrix*
  qualité proche courrier *near letter quality*
  à laser *laser*
l'informatique f *computer science; data processing*
le lecteur de disquettes *disk drive*
le logiciel *software*
la mémoire *memory*
un micro(-ordinateur) *desk-top computer*
un portable *portable computer*
un pouce *2.5 cm (one inch)*
le programme *program*
programmer des menus *to program (create) menus*
puissant(e) *powerful*
reculer *to backspace*
sauvegarder *to save*
la souris *mouse*
un tableau *chart*
(re)taper *to (re)type*
tenir ses comptes *to keep one's accounts*
la touche *key*
le traitement de texte *word processing*

La cuisine

une casserole *(sauce) pan*
coller *to stick*
un couvercle *lid*
(faire) bouillir *to boil*
(faire) cuire *to cook*
(faire) dorer *to brown*
(faire) fondre *to melt*
(faire) frire *to fry*
(faire) griller *to toast (bread); to grill (meat, fish)*
(faire) mijoter *to simmer*
(faire) rôtir *to roast*
(faire) sauter/revenir *to sauté (brown or fry gently in butter)*
un grille-pain *toaster*
une marmite *large cooking pot*
le pain de mie *sandwich bread*
passer au beurre *to sauté briefly in butter*
le plat *dish (container); dish (part of meal), course*
la poêle *frying pan*
verser *to pour*

Suivre des instructions

se débrouiller *to manage, get along*
doué(e) *gifted, talented*
piger *(familiar) to understand, to "get it"*
s'y prendre bien/mal *to do it the right/wrong way*
Tu y es? Vous y êtes? *Do you understand? Do you "get it"?*

Divers

un brouillon *draft*
une dissertation *term paper*
je vous le fais *I'll give (sell) it to you*
une platine à cassettes *cassette deck*
une platine laser *compact disc player*
un répondeur téléphonique *telephone answering machine*
s'y retrouver *to find one's way*
une thèse de doctorat *doctoral thesis, dissertation*

Chapitre 10

La compétition

arriver/terminer premier *to finish first*
battre *to beat, break*
le classement *ranking*
un(e) concurrent(e) *competitor*
un coureur/une coureuse *runner/cyclist*
une course *race*
la défaite *defeat, loss*
le défi *challenge*
la douleur *pain*
s'entraîner *to train*
l'entraîneur/l'entraîneuse *coach*
une épreuve (athlétique) *an (athletic) event, test*
épuisant(e) *grueling, exhausting*
faillir (+ infinitif) *to almost (do something)*
un(e) fana de sport *sports enthusiast, fan*
un match nul *tied game*
à la portée de *within the reach of*
prendre le dessus *to get the upper hand*
la pression *pressure*
se prouver *to prove oneself*
le record du monde *world record*
reprendre haleine *to get one's breath back*
serré(e) *tight; closely fought*
sportif/sportive *athletic, fond of sports*
survivre (à) (*past part.* **survécu**) *to survive*
un tournoi *tournament*
une victoire *win, victory*

Situations regrettables

attraper un coup de soleil *to get sunburned*
avoir un accident de voiture *to have an automobile accident*
conduire trop vite/rapidement *to drive too fast*
échouer à/rater un examen *to fail/flunk an exam*
être fauché(e) *to be broke (out of money)*
être ivre *to be drunk*
être sans un sou *to be without a penny*
grossir/prendre des kilos *to put on weight*

ne pas mettre d'huile [f]/**de lotion** [f] **solaire** *to not put on suntan oil/lotion*
oublier d'attacher/de mettre sa ceinture de sécurité *to forget to fasten/put on one's seatbelt*
un rendez-vous avec un(e) inconnu(e) *blind date*
ne pas se réveiller à temps *to oversleep*
sécher un cours *to cut a class*

Une pièce *(Play)*

un(e) critique de théâtre *theater critic*
l'éclairage m *lighting*
frapper les trois coups *to knock three times (heard just before the curtain goes up in French theaters)*
jouer à guichets fermés *to play to sold out performances*
le metteur en scène *stage director*
la mise en scène *staging*
un music-hall *musical*
un rappel *curtain call*
une représentation *performance*
(avoir) le trac *(to have) stage fright*
la troupe *cast*

Un film

un acteur/une actrice *actor/actress*
un cinéaste *filmmaker*
un compte rendu *review (of film, play, book)*
un(e) critique de cinéma *movie critic*
un(e) débutant(e) *beginner*
le dénouement *ending*
se dérouler/se passer *to take place*
l'entracte m *intermission*
l'enquête f *poll*
un film doublé *dubbed film*
un four *flop*
des genres de films *types of films*
  une comédie *comedy*
  un dessin animé *cartoon*
  un documentaire *documentary*
  un film d'amour *love story*
  un film d'aventures *adventure film*
  un film d'épouvante *horror movie*
  un film d'espionnage *spy movie*
  un film de guerre *war movie*
  un film policier *police story*
  un western *western*
un(e) interprète *actor/actress*
  les interprètes m/f pl *cast*
l'intrigue f *plot*
un navet *third-rate film, novel*
l'ouvreuse f *usher*
le personnage (principal) *(main) character*
un producteur *producer (who finances)*
le réalisateur/la réalisatrice *director*
la réalisation *production*
un retour en arrière *flashback*
réussi(e) *successful*
un(e) scénariste *scriptwriter*
(avec) sous-titres m pl *(with) subtitles*
le thème *theme*
tourner un film *to shoot a film*
la vedette *star (male or female)*
en version originale (v.o.) *in the original language*
C'est complet. *It's sold out.*

Divers

avoir à voir avec *to have (something) to do with*
avouer *to admit*
renvoyer *to send back*

Expressions supplémentaires

Les Nombres

Les nombres cardinaux

1	un/une	**28**	vingt-huit
2	deux	**29**	vingt-neuf
3	trois	**30**	trente
4	quatre	**31**	trente et un
5	cinq	**32**	trente-deux
6	six	**40**	quarante
7	sept	**41**	quarante et un
8	huit	**42**	quarante-deux
9	neuf	**50**	cinquante
10	dix	**51**	cinquante et un
11	onze	**52**	cinquante-deux
12	douze	**60**	soixante
13	treize	**61**	soixante et un
14	quatorze	**62**	soixante-deux
15	quinze	**70**	soixante-dix
16	seize	**71**	soixante et onze
17	dix-sept	**72**	soixante-douze
18	dix-huit	**80**	quatre-vingts
19	dix-neuf	**81**	quatre-vingt-un
20	vingt	**82**	quatre-vingt-deux
21	vingt et un	**90**	quatre-vingt-dix
22	vingt-deux	**91**	quatre-vingt-onze
23	vingt-trois	**92**	quatre-vingt-douze
24	vingt-quatre	**100**	cent
25	vingt-cinq	**101**	cent un
26	vingt-six	**200**	deux cents
27	vingt-sept	**201**	deux cent un

1000	mille
1001	mille un
1300	treize cents/mille trois cents
1740	dix-sept cent quarante/ mille sept cent quarante
8.000	huit mille
10.000	dix mille
100.000	cent mille
1.000.000	un million
1.000.000.000	un milliard

NOTE:

• When **quatre-vingts** and multiples of **cent** are followed by another number, the **s** is dropped.

quatre-vingts quatre-vingt-trois
deux cents deux cent quinze

Mille is always invariable: quatre mille habitants.

• French and English are exactly the opposite in their use of commas and decimal points.

15,000 in English is **15.000** in French (or **15 000**)

Les nombres ordinaux

1er (1e)	premier (première)	*first*
2^e^	deuxième, second(e)	*second*
3^e^	troisième	*third*
4^e^	quatrième	*fourth*
5^e^	cinquième	*fifth*
6^e^	sixième	*sixth*
7^e^	septième	*seventh*
8^e^	huitième	*eighth*
9^e^	neuvième	*ninth*
10^e^	dixième	*tenth*
11^e^	onzième	*eleventh*
20^e^	vingtième	*twentieth*
21^e^	vingt et unième	*twenty-first*
100^e^	centième	*one hundredth*

NOTE:

• In titles and dates, cardinal numbers are always used, except for "the first."

François **1er** (Premier)
Louis **XVI** (Seize)

le **1er** (premier) avril
le **25** (vingt-cinq) décembre

• Contrary to English, the cardinal number always precedes the ordinal number when both are used.

les deux premiers groupes
the first two groups

les vingt premières pages
the first twenty pages

Les Jours

lundi	jeudi	samedi
mardi	vendredi	dimanche
mercredi		

Les Mois

janvier	mai	septembre
février	juin	octobre
mars	juillet	novembre
avril	août	décembre

Les Saisons

l'été	en été
l'automne	en automne
l'hiver	en hiver
BUT: le printemps	au printemps

Les Dates

le ________ ________ ________
(nombre) (mois) (année)

EXEMPLES: le 15 juin 1989
le 1er avril 1992

L'Heure

Quelle heure est-il?

1h	Il est une heure.
3h	Il est trois heures.
6h10	Il est six heures dix.
5h50	Il est six heures moins dix.
8h15	Il est huit heures et quart.
8h45	Il est neuf heures moins le quart.
10h30	Il est dix heures et demie.
12h	Il est midi/minuit.

NOTE: The French equivalents of A.M. and P.M. are **du matin** *(in the morning)*, **de l'après-midi** *(in the afternoon)*, and **du soir** *(in the evening)*.

Les Expressions de temps

Il fait beau.	*The weather is nice.*
Il fait mauvais.	*The weather is bad.*
Il fait (du) soleil.	*It is sunny.*
Il fait chaud.	*It is warm.*
Il fait froid.	*It is cold.*
Il fait frais.	*It is cool.*
Il fait du vent.	*It is windy.*
Il fait humide.	*It is humid.*
Il fait sec.	*It is dry.*
Il fait brumeux.	*It is misty.*
Il fait jour.	*It is daylight.*
Il fait nuit.	*It is dark.*
Il se fait tard.	*It is getting dark.*
Il pleut.	*It is raining.*
Il neige.	*It is snowing.*
Il gèle.	*It is freezing.*
Il grêle.	*It is hailing.*
Il y a un orage.	*There is a storm.*
Le temps est couvert/ nuageux.	*It is cloudy.*
La température est de 20°C.	*The temperature is 20 degrees Celsius.*

Les Couleurs

beige	*beige*
blanc/blanche	*white*
bleu/bleue	*blue*
brun/brune	*brown*
crème	*cream*
jaune	*yellow*
gris/grise	*grey*
marron	*chestnut brown*
noir/noire	*black*
orange	*orange*
pourpre	*crimson*
rose	*pink*
rouge	*red*
vert/verte	*green*
violet/violette	*purple*
bleu clair	*light blue*
rouge foncé	*dark red*

NOTE: **Marron, orange,** and **crème** are invariable, as is any adjective modified by **clair** or **foncé.**

Expressions au téléphone

Allô? Bonjour, Monsieur. — Allô, oui. Bonjour.

C'est bien le 12.53.55.87? —
- Oui.
- Non, vous faites erreur.
- Quel numéro demandez-vous?

Ici, c'est Madame Dubois.
A qui ai-je l'honneur (de parler)?
Qui est-ce?
— C'est...

Pourrais-je parler à...?
Puis-je parler à...? —
- En personne.
- Mais oui. Ne quittez pas. *(Hold on.)*
- Je l'appelle./Je vous le/la passe. *(I'll put him/her on.)*
- Ne coupez pas. *(Don't hang up.)*
- Non, il n'est pas là.
- Est-ce que je peux prendre un message?
- Il vous rappellera quand il rentrera.

Les Temps littéraires

Four past tenses, two indicative and two subjunctive, are used in written French in formal literary style. The literary tenses are the **passé simple,** the **passé antérieur,** the **imparfait du subjonctif,** and the **plus-que-parfait du subjonctif.**

Le Passé simple

Many French authors express themselves in writing using the tense **le passé simple,** and thus it is used in several of your readings. This literary tense is the equivalent of the **passé composé;** in fact, the same distinctions that exist between the **passé composé** and the **imparfait** are made with the **passé simple** and the **imparfait.** However, whereas the **passé composé** is used in all forms of the spoken language and in correspondence, the **passé simple** is reserved exclusively for use in literary narrative writing. Since it is not likely that you will need to actively use this tense, you only need to learn to recognize and understand the forms.

The **passé simple** is composed of just one form. Regular verbs use the infinitive minus the **-er, -ir,** or **-re** endings as the stem, and add the following endings:

- **-er** verbs, including **aller**

je parl**ai**	nous parl**âmes**
tu parl**as**	vous parl**âtes**
il/elle/on parl**a**	ils/elles parl**èrent**

- **-ir** verbs, including verbs like **partir, dormir, servir**

je pun**is**	nous pun**îmes**
tu pun**is**	vous pun**îtes**
il/elle/on pun**it**	ils/elles pun**irent**

- **-re** verbs

je rend**is**	nous rend**îmes**
tu rend**is**	vous rend**îtes**
il/elle/on rend**it**	ils/elles rend**irent**

As for the irregular verbs, some verbs use the past participle as the stem, while others do not. Most irregular verbs and their stems are listed below. The endings for the irregular verbs are:

je	**-s**	nous	**-mes**
tu	**-s**	vous	**-tes**
il/elle/on	**-t**	ills/elles	**-rent**

A circumflex (ˆ) is placed above the last vowel of the stem in the **nous** and **vous** forms, as in the example below.

croire

je crus	nous crûmes
tu crus	vous crûtes
il/elle/on crut	ils/elles crurent

Stems of irregular verbs

apercevoir	**aperçu-**	mettre	**mi-**
asseoir	**assi-**	mourir	**mouru-**
atteindre	**atteigni-**	naître	**naqui-**
avoir	**eu-**	offrir	**offri-**
boire	**bu-**	ouvrir	**ouvri-**
conduire	**conduisi-**	paraître	**paru-**
convaincre	**convainqui-**	plaire	**plu-**
connaître	**connu-**	pleuvoir	**il plut**
courir	**couru-**	pouvoir	**pu-**
craindre	**craigni-**	prendre	**pri-**
croire	**cru-**	recevoir	**reçu-**
devenir	**devin-**	résoudre	**résolu-**
devoir	**du-**	rire	**ri-**
dire	**di-**	savoir	**su-**
écrire	**écrivi-**	suivre	**suivi-**
être	**fu-**	taire	**tu-**
faillir	**failli-**	valoir	**valu-**
faire	**fi-**	venir	**vin-**
falloir	**il fallut**	vivre	**vécu-**
fuir	**fui-**	voir	**vi-**
lire	**lu-**	vouloir	**voulu-**

Le Passé antérieur

The **passé antérieur** is a literary tense used to designate a past event that occurred prior to another past event that is usually expressed in the **passé simple.** It often appears after the conjunctions **quand, lorsque, dès que, aussitôt que** and **après que.** The **passé antérieur** is formed with the **passé simple** of **avoir** or **être** and the past participle.

parler

j'eus parlé	nous eûmes parlé
tu eus parlé	vous eûtes parlé
il eut parlé	ils eurent parlé
elle eut parlé	elles eurent parlé
on eut parlé	

partir

je fus parti(e)	nous fûmes parti(e)s
tu fus parti(e)	vous fûtes parti(e)(s)
il fut parti	ils furent partis
elle fut partie	elles furent parties
on fut parti	

se réveiller

je me fus réveillé(e)	nous nous fûmes réveillé(e)s
tu te fus réveillé(e)	vous vous fûtes réveillé(e)(s)
il se fut réveillé	ils se furent réveillés
elle se fut réveillée	elles se furent réveillées
on se fut réveillé	

L'Imparfait du subjonctif

The **imparfait du subjonctif** may be used in subordinate clauses when the verb in the main clause is in a past tense or in the conditional. It is formed by dropping the ending of the **passé simple** and adding the endings below. The **imparfait du subjonctif** corresponds in meaning to the present subjunctive and, in fact, in spoken language the present subjunctive is used.

aller

(passé simple: **j'allai,** etc.)

que j'allasse	que nous allassions
que tu allasses	que vous allassiez
qu'il allât	qu'ils allassent
qu'elle allât	qu'elles allassent
qu'on allât	

finir

(passé simple: **je finis,** etc.)

que je finisse	que nous finissions
que tu finisses	que vous finissiez
qu'il finît	qu'ils finissent
qu'elle finît	qu'elles finissent
qu'on finît	

croire

(passé simple: **je crus,** etc.)

que je crusse	que nous crussions
que tu crusses	que vous crussiez
qu'il crût	qu'ils crussent
qu'elle crût	qu'elles crussent
qu'on crût	

Le Plus-que-parfait du subjonctif

The **plus-que-parfait du subjonctif** may replace the **plus-que-parfait** or the **conditionnel passé.** It may be used in subordinate clauses for events that occurred prior to the time of the verb in the main clause. Like the **imparfait du subjonctif,** it is used when the main-clause verb is in a past tense or in the conditional. It is formed with the **imparfait du subjonctif** of **avoir** or **être** and the past participle. The **plus-que-parfait du subjonctif** corresponds in meaning to the **passé du subjonctif.**

parler

que j'eusse parlé	que nous eussions parlé
que tu eusses parlé	que vous eussiez parlé
qu'il eût parlé	qu'ils eussent parlé
qu'elle eût parlé	qu'elles eussent parlé
qu'on eût parlé	

venir

que je fusse venu(e)	que nous fussions venu(e)s
que tu fusses venu(e)	que vous fussiez venu(e)(s)
qu'il fût venu	qu'ils fussent venus
qu'elle fût venue	qu'elles fussent venues
qu'on fût venu	

Les Verbes

Les Verbes réguliers

INFINITIF	PRÉSENT	IMPÉRATIF	PASSÉ COMPOSÉ	IMPARFAIT
parler *(to talk, speak)*	je **parle** tu **parles** il **parle** nous **parlons** vous **parlez** ils **parlent**	**parle** **parlons** **parlez**	j'**ai parlé** tu **as parlé** il **a parlé** nous **avons parlé** vous **avez parlé** ils **ont parlé**	je **parlais** tu **parlais** il **parlait** nous **parlions** vous **parliez** ils **parlaient**
finir *(to finish)*	je **finis** tu **finis** il **finit** nous **finissons** vous **finissez** ils **finissent**	**finis** **finissons** **finissez**	j'**ai fini** tu **as fini** il **a fini** nous **avons fini** vous **avez fini** ils **ont fini**	je **finissais** tu **finissais** il **finissait** nous **finissions** vous **finissiez** ils **finissaient**
rendre *(to give back)*	je **rends** tu **rends** il **rend** nous **rendons** vous **rendez** ils **rendent**	**rends** **rendons** **rendez**	j'**ai rendu** tu **as rendu** il **a rendu** nous **avons rendu** vous **avez rendu** ils **ont rendu**	je **rendais** tu **rendais** il **rendait** nous **rendions** vous **rendiez** ils **rendaient**
se laver *(to wash oneself)*	je **me lave** tu **te laves** il **se lave** nous **nous lavons** vous **vous lavez** ils **se lavent**	**lave-toi** **lavons-nous** **lavez-vous**	je **me suis lavé(e)** tu **t'es lavé(e)** il/elle **s'est lavé(e)** nous **nous sommes lavé(e)s** vous **vous êtes lavé(e)(s)** ils/elles **se sont lavé(e)s**	je **me lavais** tu **te lavais** il **se lavait** nous **nous lavions** vous **vous laviez** ils **se lavaient**

PASSÉ SIMPLE	FUTUR	CONDITIONNEL	SUBJONCTIF	PARTICIPE PRÉSENT
je **parlai** tu **parlas** il **parla** nous **parlâmes** vous **parlâtes** ils **parlèrent**	je **parlerai** tu **parleras** il **parlera** nous **parlerons** vous **parlerez** ils **parleront**	je **parlerais** tu **parlerais** il **parlerait** nous **parlerions** vous **parleriez** ils **parleraient**	que je **parle** que tu **parles** qu'il **parle** que nous **parlions** que vous **parliez** qu'ils **parlent**	**parlant**
je **finis** tu **finis** il **finit** nous **finîmes** vous **finîtes** ils **finirent**	je **finirai** tu **finiras** il **finira** nous **finirons** vous **finirez** ils **finiront**	je **finirais** tu **finirais** il **finirait** nous **finirions** vous **finiriez** ils **finiraient**	que je **finisse** que tu **finisses** qu'il **finisse** que nous **finissions** que vous **finissiez** qu'ils **finissent**	**finissant**
je **rendis** tu **rendis** il **rendit** nous **rendîmes** vous **rendîtes** ils **rendirent**	je **rendrai** tu **rendras** il **rendra** nous **rendrons** vous **rendrez** ils **rendront**	je **rendrais** tu **rendrais** il **rendrait** nous **rendrions** vous **rendriez** ils **rendraient**	que je **rende** que tu **rendes** qu'il **rende** que nous **rendions** que vous **rendiez** qu'ils **rendent**	**rendant**
je **me lavai** tu **te lavas** il **se lava** nous **nous lavâmes** vous **vous lavâtes** ils **se lavèrent**	je **me laverai** tu **te laveras** il **se lavera** nous **nous laverons** vous **vous laverez** il **se laveront**	je **me laverais** tu **te laverais** il **se laverait** nous **nous laverions** vous **vous laveriez** ils **se laveraient**	que je **me lave** que tu **te laves** qu'il **se lave** que nous **nous lavions** que vous **vous laviez** qu'ils **se lavent**	**se lavant**

Les Verbes en *-er* avec changement d'orthographe

INFINITIF	PRÉSENT	IMPÉRATIF	PASSÉ COMPOSÉ	IMPARFAIT
acheter *(to buy)*	j'**achète** tu **achètes** il **achète** nous **achetons** vous **achetez** ils **achètent**	**achète** **achetons** **achetez**	j'**ai acheté** tu **as acheté** il **a acheté** nous **avons acheté** vous **avez acheté** ils **ont acheté**	j'**achetais** tu **achetais** il **achetait** nous **achetions** vous **achetiez** ils **achetaient**
Verbs like **acheter:**	**amener** *(to bring [someone])*, **élever** *(to raise)*, **emmener** *(to take away [someone])*, **enlever** *(to take off, remove)*, **peser** *(to weigh)*			
appeler *(to call)*	j'**appelle** tu **appelles** il **appelle** nous **appelons** vous **appelez** ils **appellent**	**appelle** **appelons** **appelez**	j'**ai appelé** tu **as appelé** il **a appelé** nous **avons appelé** vous **avez appelé** ils **ont appelé**	j'**appelais** tu **appelais** il **appelait** nous **appelions** vous **appelez** ils **appelaient**
Verbs like **appeler:**	**épeler** *(to spell)*, **jeter** *(to throw)*, **rappeler** *(to recall, call back)*, **rejeter** *(to reject)*			
préférer *(to prefer)*	je **préfère** tu **préfères** il **préfère** nous **préférons** vous **préférez** ils **préfèrent**	**préfère** **préférons** **préférez**	j'**ai préféré** tu **as préféré** il **a préféré** nous **avons préféré** vous **avez préféré** ils **ont préféré**	je **préférais** tu **préférais** il **préférait** nous **préférions** vous **préfériez** ils **préféraient**
Verbs like **préférer:**	**célébrer** *(to celebrate)*, **espérer** *(to hope)*, **inquiéter** *(to worry)*, **posséder** *(to own)*, **protéger** *(to protect)*, **répéter** *(to repeat)*, **sécher** *(to dry)*, **suggérer** *(to suggest)*			
manger *(to eat)*	je **mange** tu **manges** il **mange** nous **mangeons** vous **mangez** ils **mangent**	**mange** **mangeons** **mangez**	j'**ai mangé** tu **as mangé** il **a mangé** nous **avons mangé** vous **avez mangé** ils **ont mangé**	je **mangeais** tu **mangeais** il **mangeait** nous **mangions** vous **mangiez** ils **mangeaient**
Verbs like **manger:**	**arranger** *(to fix, arrange)*, **changer** *(to change)*, **corriger** *(to correct)*, **déménager** *(to move one's residence)*, **déranger** *(to disturb)*, **diriger** *(to manage, run)*, **nager** *(to swim)*, **négliger** *(to neglect)*, **obliger** *(to oblige)*, **partager** *(to share)*, **plonger** *(to dive)*, **protéger** *(to protect)*, **ranger** *(to put in order, put away)*, **songer à** *(to think of)*, **voyager** *(to travel)*			
commencer *(to start, begin)*	je **commence** tu **commences** il **commence** nous **commençons** vous **commencez** ils **commencent**	**commence** **commençons** **commencez**	j'**ai commencé** tu **as commencé** il **a commencé** nous **avons commencé** vous **avez commencé** ils **ont commencé**	je **commençais** tu **commençais** il **commençait** nous **commencions** vous **commenciez** ils **commençaient**
Verbs like **commencer:**	**annoncer** *(to announce)*, **avancer** *(to move forward)*, **effacer** *(to erase)*, **lancer** *(to throw, launch)*, **menacer** *(to threaten)*, **placer** *(to put, set, place)*, **remplacer** *(to replace)*, **renoncer** *(to give up, renounce)*			
payer *(to pay, pay for)*	je **paie** tu **paies** il **paie** nous **payons** vous **payez** ils **paient**	**paie** **payons** **payez**	j'**ai payé** tu **as payé** il **a payé** nous **avons payé** vous **avez payé** ils **ont payé**	je **payais** tu **payais** il **payait** nous **payions** vous **payiez** ils **payaient**
Verbs like **payer:**	**employer** *(to use, employ)*, **ennuyer** *(to bore, annoy)*, **envoyer** *(to send)* (except in future and conditional), **essayer** *(to try)*, **essuyer** *(to wipe)*, **nettoyer** *(to clean)*			

PASSÉ SIMPLE	FUTUR	CONDITIONNEL	SUBJONCTIF	PARTICIPE PRÉSENT
j'**achetai** tu **achetas** il **acheta** nous **achetâmes** vous **achetâtes** ils **achetèrent**	j'**achèterai** tu **achèteras** il **achètera** nous **achèterons** vous **achèterez** ils **achèteront**	j'**achèterais** tu **achèterais** il **achèterait** nous **achèterions** vous **achèteriez** ils **achèteraient**	que j'**achète** que tu **achètes** qu'il **achète** que nous **achetions** que vous **achetiez** qu'ils **achètent**	**achetant**
j'**appelai** tu **appelas** il **appela** nous **appelâmes** vous **appelâtes** ils **appelèrent**	j'**appellerai** tu **appelleras** il **appellera** nous **appellerons** vous **appellerez** ils **appelleront**	j'**appellerais** tu **appellerais** il **appellerait** nous **appellerions** vous **appelleriez** ils **appelleraient**	que j'**appelle** que tu **appelles** qu'il **appelle** que nous **appelions** que vous **appeliez** qu'ils **appellent**	**appelant**
je **préférai** tu **préféras** il **préféra** nous **préférâmes** vous **préférâtes** ils **préférèrent**	je **préférerai** tu **préféreras** il **préférera** nous **préférerons** vous **préférerez** ils **préféreront**	je **préférerais** tu **préférerais** il **préférerait** nous **préférerions** vous **préféreriez** ils **préféreraient**	que je **préfère** que tu **préfères** qu'il **préfère** que nous **préférions** que vous **préfériez** qu'ils **préfèrent**	**préférant**
je **mangeai** tu **mangeas** il **mangea** nous **mangeâmes** vous **mangeâtes** ils **mangèrent**	je **mangerai** tu **mangeras** il **mangera** nous **mangerons** vous **mangerez** ils **mangeront**	je **mangerais** tu **mangerais** il **mangerait** nous **mangerions** vous **mangeriez** ils **mangeraient**	que je **mange** que tu **manges** qu'il **mange** que nous **mangions** que vous **mangiez** qu'ils **mangent**	**mangeant**
je **commençai** tu **commenças** il **commença** nous **commençâmes** vous **commençâtes** ils **commencèrent**	je **commencerai** tu **commenceras** il **commencera** nous **commencerons** vous **commencerez** ils **commenceront**	je **commencerais** tu **commencerais** il **commencerait** nous **commencerions** vous **commenceriez** ils **commenceraient**	que je **commence** que tu **commences** qu'il **commence** que nous **commencions** que vous **commenciez** qu'ils **commencent**	**commençant**
je **payai** tu **payas** il **paya** nous **payâmes** vous **payâtes** ils **payèrent**	je **paierai** tu **paieras** il **paiera** nous **paierons** vous **paierez** ils **paieront**	je **paierais** tu **paierais** il **paierait** nous **paierions** vous **paieriez** ils **paieraient**	que je **paie** que tu **paies** qu'il **paie** que nous **payions** que vous **payiez** qu'ils **paient**	**payant**

Les Verbes irréguliers

Sommaire

In the list below, the number at the right of each irregular verb corresponds to the number of the verb, or of a similarly conjugated verb, in the tables that follow. Verbs conjugated with **être** as an auxiliary verb in the compound tenses are marked with an asterisk (*). All other verbs are conjugated with **avoir**.

absoudre *(to forgive)* 1
accueillir *(to receive, welcome)* 15
acquérir *(to acquire, get)* 2
admettre *(to admit)* 26
***aller** *(to go)* 3
***s'en aller** *(to go away)* 3
apercevoir *(to perceive)* 34
apparaître *(to appear)* 10
appartenir *(to belong)* 43
apprendre *(to learn)* 33
***s'asseoir** *(to sit down)* 4
atteindre *(to attain)* 13
avoir *(to have)* 5
battre *(to beat)* 6
***se battre** *(to fight)* 6
boire *(to drink)* 7
combattre *(to combat)* 6
comprendre *(to understand)* 33
conclure *(to conclude)* 8
conduire *(to drive; to conduct)* 9
connaître *(to know)* 10
conquérir *(to conquer)* 2
construire *(to construct)* 9
contenir *(to contain)* 43
convaincre *(to convince)* 41
convenir *(to agree)* 43
coudre *(to sew)* 11
courir *(to run)* 12
couvrir *(to cover)* 29
craindre *(to fear)* 13
croire *(to believe)* 14
cueillir *(to pick, gather)* 15
cuire *(to cook)* 9
décevoir *(to deceive)* 34
découvrir *(to discover)* 29
décrire *(to describe)* 19
déplaire *(to displease)* 30
détruire *(to destroy)* 9
***devenir** *(to become)* 43
devoir *(must, to have to; to owe)* 16
dire *(to say, tell)* 17
disparaître *(to disappear)* 10
dormir *(to sleep)* 18
écrire *(to write)* 19
élire *(to elect)* 25
***s'endormir** *(to fall asleep)* 18
envoyer *(to send)* 20
éteindre *(to turn off)* 13
être *(to be)* 21
faire *(to do, make)* 22
falloir *(to be necessary)* 23
fuir *(to flee)* 24
***s'inscrire** *(to join, sign up)* 19
interdire *(to forbid, prohibit)* 17
joindre *(to join)* 13
lire *(to read)* 25
maintenir *(to maintain)* 43
mentir *(to lie)* 38
mettre *(to put, place)* 26
***mourir** *(to die)* 27

INFINITIF	PRÉSENT	IMPÉRATIF	PASSÉ COMPOSÉ	IMPARFAIT
1. **absoudre** *(to forgive)*	j'**absous** tu **absous** il **absout** nous **absolvons** vous **absolvez** ils **absolvent**	**absous** **absolvons** **absolvez**	j'**ai absous** tu **as absous** il **a absous** nous **avons absous** vous **avez absous** ils **ont absous**	j'**absolvais** tu **absolvais** il **absolvait** nous **absolvions** vous **absolviez** ils **absolvaient**
2. **acquérir** *(to acquire, get)*	j'**acquiers** tu **acquiers** il **acquiert** nous **acquérons** vous **acquérez** ils **acquièrent**	**acquiers** **acquérons** **acquérez**	j'**ai acquis** tu **as acquis** il **a acquis** nous **avons acquis** vous **avez acquis** ils **ont acquis**	j'**acquérais** tu **acquérais** il **acquérait** nous **acquérions** vous **acquériez** ils **acquéraient**
3. **aller** *(to go)*	je **vais** tu **vas** il **va** nous **allons** vous **allez** ils **vont**	**va** **allons** **allez**	je **suis allé(e)** tu **es allé(e)** il/elle **est allé(e)** nous **sommes allé(e)s** vous **êtes allé(e)(s)** ils/elles **sont allé(e)s**	j'**allais** tu **allais** il **allait** nous **allions** vous **alliez** ils **allaient**
4. **s'asseoir** *(to sit down)*	je **m'assieds** tu **t'assieds** il **s'assied** nous **nous asseyons** vous **vous asseyez** ils **s'asseyent**	**assieds-toi** **asseyons-nous** **asseyez-vous**	je **me suis assis(e)** tu **t'es assis(e)** il/elle **s'est assis(e)** nous **nous sommes assis(es)** vous **vous êtes assis(e)(es)** ils/elles **se sont assis(es)**	je **m'asseyais** tu **t'asseyais** il **s'asseyait** nous **nous asseyions** vous **vous asseyiez** ils **s'asseyaient**

*__naître__ *(to be born)* 28
__obtenir__ *(to obtain, get)* 43
__offrir__ *(to offer)* 29
__ouvrir__ *(to open)* 29
__paraître__ *(to appear)* 10
__parcourir__ *(to travel over)* 12
*__partir__ *(to leave)* 38
*__parvenir__ *(to arrive; to succeed)* 43
__peindre__ *(to paint)* 13
__permettre__ *(to permit)* 26
*__se plaindre__ *(to complain)* 13
__plaire__ *(to please)* 30
__pleuvoir__ *(to rain)* 31
__poursuivre__ *(to pursue)* 39
__pouvoir__ *(can, to be able)* 32
__prédire__ *(to predict)* 17
__prendre__ *(to take)* 33
__prévoir__ *(to foresee)* 45
__produire__ *(to produce)* 9
__promettre__ *(to promise)* 26
__recevoir__ *(to receive, get)* 34
__reconnaître__ *(to recognize)* 10
__reconstruire__ *(to reconstruct)* 9
__recouvrir__ *(to recover)* 29
*__redevenir__ *(to become again)* 43
__réduire__ *(to reduce)* 9
__remettre__ *(to postpone)* 26
__reprendre__ *(to take back)* 33
__résoudre__ *(to resolve, solve)* 35
__retenir__ *(to reserve)* 43
*__revenir__ *(to come back)* 43
__revoir__ *(to see again)* 45
__rire__ *(to laugh)* 36
__rompre__ *(to break)* 6
__savoir__ *(to know)* 37
__sentir__ *(to smell)* 38
*__se sentir__ *(to feel)* 38
__servir__ *(to serve)* 38
*__se servir de__ *(to use)* 38
*__sortir__ *(to go out)* 38
__souffrir__ *(to suffer)* 29
__soumettre__ *(to submit)* 26
__sourire__ *(to smile)* 36
__soutenir__ *(to support)* 43
*__se souvenir__ *(to remember)* 43
__suivre__ *(to follow)* 39
__surprendre__ *(to surprise)* 33
__survivre__ *(to survive)* 44
*__se taire__ *(to be quiet)* 40
__tenir__ *(to hold)* 43
__traduire__ *(to translate)* 9
__transmettre__ *(to transmit)* 26
__vaincre__ *(to conquer)* 41
__valoir__ *(to be worth; to deserve, merit)* 42
*__venir__ *(to come)* 43
__vivre__ *(to live)* 44
__voir__ *(to see)* 45
__vouloir__ *(to wish, want)* 46

PASSÉ SIMPLE	FUTUR	CONDITIONNEL	SUBJONCTIF	PARTICIPE PRÉSENT
n'existe pas	j'**absoudrai** tu **absoudras** il **absoudra** nous **absoudrons** vous **absoudrez** ils **absoudront**	j'**absoudrais** tu **absoudrais** il **absoudrait** nous **absoudrions** vous **absoudriez** ils **absoudraient**	que j'**absolve** que tu **absolves** qu'il **absolve** que nous **absolvions** que vous **absolviez** qu'ils **absolvent**	**absolvant**
j'**acquis** tu **acquis** il **acquit** nous **acquîmes** vous **acquîtes** ils **acquirent**	j'**acquerrai** tu **acquerras** il **acquerra** nous **acquerrons** vous **acquerrez** ils **acquerront**	j'**acquerrais** tu **acquerrais** il **acquerrait** nous **acquerrions** vous **acquerriez** ils **acquerraient**	que j'**acquière** que tu **acquières** qu'il **acquière** que nous **acquérions** que vous **acquériez** qu'ils **acquièrent**	**acquérant**
j'**allai** tu **allas** il **alla** nous **allâmes** vous **allâtes** ils **allèrent**	j'**irai** tu **iras** il **ira** nous **irons** vous **irez** ils **iront**	j'**irais** tu **irais** il **irait** nous **irions** vous **iriez** ils **iraient**	que j'**aille** que tu **ailles** qu'il **aille** que nous **allions** que vous **alliez** qu'ils **aillent**	**allant**
je **m'assis** tu **t'assis** il **s'assis** nous **nous assîmes** vous **vous assîtes** ils **s'assirent**	je **m'assiérai** tu **t'assiéras** il **s'assiéra** nous **nous assiérons** vous **vous assiérez** ils **s'assiéront**	je **m'assiérais** tu **t'assiérais** il **s'assiérait** nous **nous assiérions** vous **vous assiériez** ils **s'assiéraient**	que je **m'asseye** que tu **t'asseyes** qu'il **s'asseye** que nous **nous asseyions** que vous **vous asseyiez** qu'ils **s'asseyent**	**s'asseyant**

INFINITIF	PRÉSENT	IMPÉRATIF	PASSÉ COMPOSÉ	IMPARFAIT
5. **avoir** *(to have)*	j'**ai** tu **as** il **a** nous **avons** vous **avez** ils **ont**	**aie** **ayons** **ayez**	j'**ai eu** tu **as eu** il **a eu** nous **avons eu** vous **avez eu** ils **ont eu**	j'**avais** tu **avais** il **avait** nous **avions** vous **aviez** ils **avaient**
6. **battre** *(to beat)*	je **bats** tu **bats** il **bats** nous **battons** vous **battez** ils **battent**	**bats** **battons** **battez**	j'**ai battu** tu **as battu** il **a battu** nous **avons battu** vous **avez battu** ils **ont battu**	je **battais** tu **battais** il **battait** nous **battions** vous **battiez** ils **battaient**
7. **boire** *(to drink)*	je **bois** tu **bois** il **boit** nous **buvons** vous **buvez** ils **boivent**	**bois** **buvons** **buvez**	j'**ai bu** tu **as bu** il **a bu** nous **avons bu** vous **avez bu** ils **ont bu**	je **buvais** tu **buvais** il **buvait** nous **buvions** vous **buviez** ils **buvaient**
8. **conclure** *(to conclude)*	je **conclus** tu **conclus** il **conclut** nous **concluons** vous **concluez** ils **concluent**	**conclus** **concluons** **concluez**	j'**ai conclu** tu **as conclu** il **a conclu** nous **avons conclu** vous **avez conclu** ils **ont conclu**	je **concluais** tu **concluais** il **concluait** nous **concluions** vous **concluiez** ils **concluaient**
9. **conduire** *(to drive;* *to conduct)*	je **conduis** tu **conduis** il **conduit** nous **conduisons** vous **conduisez** ils **conduisent**	**conduis** **conduisons** **conduisez**	j'**ai conduit** tu **as conduit** il **a conduit** nous **avons conduit** vous **avez conduit** ils **ont conduit**	je **conduisais** tu **conduisais** il **conduisait** nous **conduisions** vous **conduisiez** ils **conduisaient**
10. **connaître** *(to know)*	je **connais** tu **connais** il **connaît** nous **connaissons** vous **connaissez** ils **connaissent**	**connais** **connaissons** **connaissez**	j'**ai connu** tu **as connu** il **a connu** nous **avons connu** vous **avez connu** ils **ont connu**	je **connaissais** tu **connaissais** il **connaissait** nous **connaissions** vous **connaissiez** ils **connaissaient**
11. **coudre** *(to sew)*	je **couds** tu **couds** il **coud** nous **cousons** vous **cousez** ils **cousent**	**couds** **cousons** **cousez**	j'**ai cousu** tu **as cousu** il **a cousu** nous **avons cousu** vous **avez cousu** ils **ont cousu**	je **cousais** tu **cousais** il **cousait** nous **cousions** vous **cousiez** ils **cousaient**
12. **courir** *(to run)*	je **cours** tu **cours** il **court** nous **courons** vous **courez** ils **courent**	**cours** **courons** **courez**	j'**ai couru** tu **as couru** il **a couru** nous **avons couru** vous **avez couru** ils **ont couru**	je **courais** tu **courais** il **courait** nous **courions** vous **couriez** ils **couraient**
13. **craindre** *(to fear)*	je **crains** tu **crains** il **craint** nous **craignons** vous **craignez** ils **craignent**	**crains** **craignons** **craignez**	j'**ai craint** tu **as craint** il **a craint** nous **avons craint** vous **avez craint** ils **ont craint**	je **craignais** tu **craignais** il **craignait** nous **craignions** vous **craigniez** ils **craignaient**

PASSÉ SIMPLE	FUTUR	CONDITIONNEL	SUBJONCTIF	PARTICIPE PRÉSENT
j'**eus** tu **eus** il **eut** nous **eûmes** vous **eûtes** ils **eurent**	j'**aurai** tu **auras** il **aura** nous **aurons** vous **aurez** ils **auront**	j'**aurais** tu **aurais** il **aurait** nous **aurions** vous **auriez** ils **auraient**	que j'**aie** que tu **aies** qu'il **ait** que nous **ayons** que vous **ayez** qu'ils **aient**	**ayant**
je **battis** tu **battis** il **battit** nous **battîmes** vous **battîtes** ils **battirent**	je **battrai** tu **battras** il **battra** nous **battrons** vous **battrez** ils **battront**	je **battrais** tu **battrais** il **battrait** nous **battrions** vous **battriez** ils **battraient**	que je **batte** que tu **battes** qu'il **batte** que nous **battions** que vous **battiez** qu'ils **battent**	**battant**
je **bus** tu **bus** il **but** nous **bûmes** vous **bûtes** ils **burent**	je **boirai** tu **boiras** il **boira** nous **boirons** vous **boirez** ils **boiront**	je **boirais** tu **boirais** il **boirait** nous **boirions** vous **boiriez** ils **boiraient**	que je **boive** que tu **boives** qu'il **boive** que nous **buvions** que vous **buviez** qu'ils **boivent**	**buvant**
je **conclus** tu **conclus** il **conclut** nous **conclûmes** vous **conclûtes** ils **conclurent**	je **conclurai** tu **concluras** il **conclura** nous **conclurons** vous **conclurez** ils **concluront**	je **conclurais** tu **conclurais** il **conclurait** nous **conclurions** vous **concluriez** ils **concluraient**	que je **conclue** que tu **conclues** qu'il **conclue** que nous **concluions** que vous **concluiez** qu'ils **concluent**	**concluant**
je **conduisis** tu **conduisis** il **conduisit** nous **conduisîmes** vous **conduisîtes** ils **conduisirent**	je **conduirai** tu **conduiras** il **conduira** nous **conduirons** vous **conduirez** ils **conduiront**	je **conduirais** tu **conduirais** il **conduirait** nous **conduirions** vous **conduiriez** ils **conduiraient**	que je **conduise** que tu **conduises** qu'il **conduise** que nous **conduisions** que vous **conduisiez** qu'ils **conduisent**	**conduisant**
je **connus** tu **connus** il **connut** nous **connûmes** vous **connûtes** ils **connurent**	je **connaîtrai** tu **connaîtras** il **connaîtra** nous **connaîtrons** vous **connaîtrez** ils **connaîtront**	je **connaîtrais** tu **connaîtrais** il **connaîtrait** nous **connaîtrions** vous **connaîtriez** ils **connaîtraient**	que je **connaisse** que tu **connaisses** qu'il **connaisse** que nous **connaissions** que vous **connaissiez** qu'ils **connaissent**	**connaissant**
je **cousis** tu **cousis** il **cousit** nous **cousîmes** vous **cousîtes** ils **cousirent**	je **coudrai** tu **coudras** il **coudra** nous **coudrons** vous **coudrez** ils **coudront**	je **coudrais** tu **coudrais** il **coudrait** nous **coudrions** vous **coudriez** ils **coudraient**	que je **couse** que tu **couses** qu'il **couse** que nous **cousions** que vous **cousiez** qu'ils **cousent**	**cousant**
je **courus** tu **courus** il **courut** nous **courûmes** vous **courûtes** ils **coururent**	je **courrai** tu **courras** il **courra** nous **courrons** vous **courrez** ils **courront**	je **courrais** tu **courrais** il **courrait** nous **courrions** vous **courriez** ils **courraient**	que je **coure** que tu **coures** qu'il **coure** que nous **courions** que vous **couriez** qu'ils **courent**	**courant**
je **craignis** tu **craignis** il **craignit** nous **craignîmes** vous **craignîtes** ils **craignirent**	je **craindrai** tu **craindras** il **craindra** nous **craindrons** vous **craindrez** ils **craindront**	je **craindrais** tu **craindrais** il **craindrait** nous **craindrions** vous **craindriez** ils **craindraient**	que je **craigne** que tu **craignes** qu'il **craigne** que nous **craignions** que vous **craigniez** qu'ils **craignent**	**craignant**

	INFINITIF	PRÉSENT	IMPÉRATIF	PASSÉ COMPOSÉ	IMPARFAIT
14.	**croire** *(to believe)*	je **crois** tu **crois** il **croit** nous **croyons** vous **croyez** ils **croient**	**crois** **croyons** **croyez**	j'**ai cru** tu **as cru** il **a cru** nous **avons cru** vous **avez cru** ils **ont cru**	je **croyais** tu **croyais** il **croyait** nous **croyions** vous **croyiez** ils **croyaient**
15.	**cueillir** *(to pick, gather)*	je **cueille** tu **cueilles** il **cueille** nous **cueillons** vous **cueillez** ils **cueillent**	**cueille** **cueillons** **cueillez**	j'**ai cueilli** tu **as cueilli** il **a cueilli** nous **avons cueilli** vous **avez cueilli** ils **ont cueilli**	je **cueillais** tu **cueillais** il **cueillait** nous **cueillions** vous **cueilliez** ils **cueillaient**
16.	**devoir** *(must, to have to; to owe)*	je **dois** tu **dois** il **doit** nous **devons** vous **devez** ils **doivent**	**dois** **devons** **devez**	j'**ai dû** tu **as dû** il **a dû** nous **avons dû** vous **avez dû** ils **ont dû**	je **devais** tu **devais** il **devait** nous **devions** vous **deviez** ils **devaient**
17.	**dire** *(to say, tell)*	je **dis** tu **dis** il **dit** nous **disons** vous **dites** ils **disent**	**dis** **disons** **dites**	j'**ai dit** tu **as dit** il **a dit** nous **avons dit** vous **avez dit** ils **ont dit**	je **disais** tu **disais** il **disait** nous **disions** vous **disiez** ils **disaient**
18.	**dormir** *(to sleep)*	je **dors** tu **dors** il **dort** nous **dormons** vous **dormez** ils **dorment**	**dors** **dormons** **dormez**	j'**ai dormi** tu **as dormi** il **a dormi** nous **avons dormi** vous **avez dormi** ils **ont dormi**	je **dormais** tu **dormais** il **dormait** nous **dormions** vous **dormiez** ils **dormaient**
19.	**écrire** *(to write)*	j'**écris** tu **écris** il **écrit** nous **écrivons** vous **écrivez** ils **écrivent**	**écris** **écrivons** **écrivez**	j'**ai écrit** tu **as écrit** il **a écrit** nous **avons écrit** vous **avez écrit** ils **ont écrit**	j'**écrivais** tu **écrivais** il **écrivait** nous **écrivions** vous **écriviez** ils **écrivaient**
20.	**envoyer** *(to send)*	j'**envoie** tu **envoies** il **envoie** nous **envoyons** vous **envoyez** ils **envoient**	**envoie** **envoyons** **envoyez**	j'**ai envoyé** tu **as envoyé** il **a envoyé** nous **avons envoyé** vous **avez envoyé** ils **ont envoyé**	j'**envoyais** tu **envoyais** il **envoyait** nous **envoyions** vous **envoyiez** ils **envoyaient**
21.	**être** *(to be)*	je **suis** tu **es** il **est** nous **sommes** vous **êtes** ils **sont**	**sois** **soyons** **soyez**	j'**ai été** tu **as été** il **a été** nous **avons été** vous **avez été** ils **ont été**	j'**étais** tu **étais** il **était** nous **étions** vous **étiez** ils **étaient**
22.	**faire** *(to do, make)*	je **fais** tu **fais** il **fait** nous **faisons** vous **faites** ils **font**	**fais** **faisons** **faites**	j'**ai fait** tu **as fait** il **a fait** nous **avons fait** vous **avez fait** ils **ont fait**	je **faisais** tu **faisais** il **faisait** nous **faisions** vous **faisiez** ils **faisaient**
23.	**falloir** *(to be necessary)*	il **faut**	*n'existe pas*	il **a fallu**	il **fallait**

PASSÉ SIMPLE	FUTUR	CONDITIONNEL	SUBJONCTIF	PARTICIPE PRÉSENT
je **crus** tu **crus** il **crut** nous **crûmes** vous **crûtes** ils **crurent**	je **croirai** tu **croiras** il **croira** nous **croirons** vous **croirez** ils **croiront**	je **croirais** tu **croirais** il **croirait** nous **croirions** vous **croiriez** ils **croiraient**	que je **croie** que tu **croies** qu'il **croie** que nous **croyions** que vous **croyiez** qu'ils **croient**	**croyant**
je **cueillis** tu **creillis** il **cueillit** nous **cueillîmes** vous **cueillîtes** ils **cueillirent**	je **cueillerai** tu **cueillera** il **cueillera** nous **cueillerons** vous **cueillerez** ils **cueilleront**	je **cueillerais** tu **cueillerais** il **cueillerait** nous **cueillerions** vous **cueilleriez** ils **cueilleraient**	que je **cueille** que tu **cueilles** qu'il **cueille** que nous **cueillions** que vous **cueilliez** qu'ils **cueillent**	**cueillant**
je **dus** tu **dus** il **dut** nous **dûmes** vous **dûtes** ils **durent**	je **devrai** tu **devras** il **devra** nous **devrons** vous **devrez** ils **devront**	je **devrais** tu **devrais** il **devrait** nous **devrions** vous **devriez** ils **devraient**	que je **doive** que tu **doives** qu'il **doive** que nous **devions** que vous **deviez** qu'ils **doivent**	**devant**
je **dis** tu **dis** il **dit** nous **dîmes** vous **dîtes** ils **dirent**	je **dirai** tu **diras** il **dira** nous **dirons** vous **direz** ils **diront**	je **dirais** tu **dirais** il **dirait** nous **dirions** vous **diriez** ils **diraient**	que je **dise** que tu **dises** qu'il **dise** que nous **disions** que vous **disiez** qu'ils **disent**	**disant**
je **dormis** tu **dormis** il **dormit** nous **dormîmes** vous **dormîtes** ils **dormirent**	je **dormirai** tu **dormiras** il **dormira** nous **dormirons** vous **dormirez** ils **dormiront**	je **dormirais** tu **dormirais** il **dormirait** nous **dormirions** vous **dormiriez** ils **dormiraient**	que je **dorme** que tu **dormes** qu'il **dorme** que nous **dormions** que vous **dormiez** qu'ils **dorment**	**dormant**
j'**écrivis** tu **écrivis** il **écrivit** nous **écrivîmes** vous **écrivîtes** ils **écrivirent**	j'**écrirai** tu **écriras** il **écrira** nous **écrirons** vous **écrirez** ils **écriront**	j'**écrirais** tu **écrirais** il **écrirait** nous **écririons** vous **écririez** ils **écriraient**	que j'**écrive** que tu **écrives** qu'il **écrive** que nous **écrivions** que vous **écriviez** qu'ils **écrivent**	**écrivant**
j'**envoyai** tu **envoyas** il **envoya** nous **envoyâmes** vous **envoyâtes** ils **envoyèrent**	j'**enverrai** tu **enverras** il **enverra** nous **enverrons** vous **enverrez** ils **enverront**	j'**enverrais** tu **enverrais** il **enverrait** nous **enverrions** vous **enverriez** ils **enverraient**	que j'**envoie** que tu **envoies** qu'il **envoie** que nous **envoyions** que vous **envoyiez** qu'ils **envoient**	**envoyant**
je **fus** tu **fus** il **fut** nous **fûmes** vous **fûtes** ils **furent**	je **serai** tu **seras** il **sera** nous **serons** vous **serez** ils **seront**	je **serais** tu **serais** il **serait** nous **serions** vous **seriez** ils **seraient**	que je **sois** que tu **sois** qu'il **soit** que nous **soyons** que vous **soyez** qu'ils **soient**	**étant**
je **fis** tu **fis** il **fit** nous **fîmes** vous **fîtes** ils **firent**	je **ferai** tu **feras** il **fera** nous **ferons** vous **ferez** ils **feront**	je **ferais** tu **ferais** il **ferait** nous **ferions** vous **feriez** ils **feraient**	que je **fasse** que tu **fasses** qu'il **fasse** que nous **fassions** que vous **fassiez** qu'ils **fassent**	**faisant**
il **fallut**	il **faudra**	il **faudrait**	qu'il **faille**	*n'existe pas*

	INFINITIF	PRÉSENT	IMPÉRATIF	PASSÉ COMPOSÉ	IMPARFAIT
24.	**fuir** *(to flee)*	je **fuis** tu **fuis** il **fuit** nous **fuyons** vous **fuyez** ils **fuient**	**fuis** **fuyons** **fuyez**	**j'ai fui** tu **as fui** il **a fui** nous **avons fui** vous **avez fui** ils **ont fui**	je **fuyais** tu **fuyais** il **fuyait** nous **fuyions** vous **fuyiez** ils **fuyaient**
25.	**lire** *(to read)*	je **lis** tu **lis** il **lit** nous **lisons** vous **lisez** ils **lisent**	**lis** **lisons** **lisez**	**j'ai lu** tu **as lu** il **a lu** nous **avons lu** vous **avez lu** ils **ont lu**	je **lisais** tu **lisais** il **lisait** nous **lisions** vous **lisiez** ils **lisaient**
26.	**mettre** *(to put, place)*	je **mets** tu **mets** il **met** nous **mettons** vous **mettez** ils **mettent**	**mets** **mettons** **mettez**	**j'ai mis** tu **as mis** il **a mis** nous **avons mis** vous **avez mis** ils **ont mis**	je **mettais** tu **mettais** il **mettait** nous **mettions** vous **mettiez** ils **mettaient**
27.	**mourir** *(to die)*	je **meurs** tu **meurs** il **meurt** nous **mourons** vous **mourez** ils **meurent**	**meurs** **mourons** **mourez**	je **suis mort(e)** tu **es mort(e)** il/elle **est mort(e)** nous **sommes mort(e)s** vous **êtes mort(e)(s)** ils/elles **sont mort(e)s**	je **mourais** tu **mourais** il **mourait** nous **mourions** vous **mouriez** ils **mouraient**
28.	**naître** *(to be born)*	je **nais** tu **nais** il **naît** nous **naissons** vous **naissez** ils **naissent**	**nais** **naissons** **naissez**	je **suis né(e)** tu **es né(e)** il/elle **est né(e)** nous **sommes né(e)s** vous **êtes né(e)(s)** ils/elles **sont né(e)s**	je **naissais** tu **naissais** il **naissant** nous **naissions** vous **naissiez** ils **naissaient**
29.	**ouvrir** *(to open)*	j'**ouvre** tu **ouvres** il **ouvre** nous **ouvrons** vous **ouvrez** ils **ouvrent**	**ouvre** **ouvrons** **ouvrez**	**j'ai ouvert** tu **as ouvert** il **a ouvert** nous **avons ouvert** vous **avez ouvert** ils **ont ouvert**	j'**ouvrais** tu **ouvrais** il **ouvrait** nous **ouvrions** vous **ouvriez** ils **ouvraient**
30.	**plaire** *(to please)*	je **plais** tu **plais** il **plaît** nous **plaisons** vous **plaisez** ils **plaisent**	**plais** **plaisons** **plaisez**	**j'ai plu** tu **as plu** il **a plu** nous **avons plu** vous **avez plu** ils **ont plu**	je **plaisais** tu **plaisais** il **plaisait** nous **plaisions** vous **plaisiez** ils **plaisaient**
31.	**pleuvoir** *(to rain)*	il **pleut**	*n'existe pas*	il **a plu**	il **pleuvait**
32.	**pouvoir** *(can, to be able)*	je **peux** tu **peux** il **peut** nous **pouvons** vous **pouvez** ils **peuvent**	*n'existe pas*	**j'ai pu** tu **as pu** il **a pu** nous **avons pu** vous **avez pu** ils **ont pu**	je **pouvais** tu **pouvais** il **pouvait** nous **pouvions** vous **pouviez** ils **pouvaient**
33.	**prendre** *(to take)*	je **prends** tu **prends** il **prend** nous **prenons** vous **prenez** ils **prennent**	**prends** **prenons** **prenez**	**j'ai pris** tu **as pris** il **a pris** nous **avons pris** vous **avez pris** ils **ont pris**	je **prenais** tu **prenais** il **prenait** nous **prenions** vous **preniez** ils **prenaient**

PASSÉ SIMPLE	FUTUR	CONDITIONNEL	SUBJONCTIF	PARTICIPE PRÉSENT
je **fuis** tu **fuis** il **fuit** nous **fuîmes** vous **fuîtes** ils **fuirent**	je **fuirai** tu **fuiras** il **fuira** nous **fuirons** vous **fuirez** ils **fuiront**	je **fuirais** tu **fuirais** il **fuirait** nous **fuirions** vous **fuiriez** ils **fuiraient**	que je **fuie** que tu **fuies** qu'il **fuie** que nous **fuyions** que vous **fuyiez** qu'ils **fuient**	**fuyant**
je **lus** tu **lus** il **lut** nous **lûmes** vous **lûtes** ils **lurent**	je **lirai** tu **liras** il **lira** nous **lirons** vous **lirez** ils **liront**	je **lirais** tu **lirais** il **lirait** nous **lirions** vous **liriez** ils **liraient**	que je **lise** que tu **lises** qu'il **lise** que nous **lisions** que vous **lisiez** qu'ils **lisent**	**lisant**
je **mis** tu **mis** il **mit** nous **mîmes** vous **mîtes** ils **mirent**	je **mettrai** tu **mettras** il **mettra** nous **mettrons** vous **mettrez** ils **mettront**	je **mettrais** tu **mettrais** il **mettrait** nous **mettrions** vous **mettriez** ils **mettraient**	que je **mette** que tu **mettes** qu'il **mette** que nous **mettions** que vous **mettiez** qu'ils **mettent**	**mettant**
je **mourus** tu **mourus** il **mourut** nous **mourûmes** vous **mourûtes** ils **moururent**	je **mourrai** tu **mourras** il **mourra** nous **mourrons** vous **mourrez** ils **mourront**	je **mourrais** tu **mourrais** il **mourrait** nous **mourrions** vous **mourriez** ils **mourraient**	que je **meure** que tu **meures** qu'il **meure** que nous **mourions** que vous **mouriez** qu'ils **meurent**	**mourant**
je **naquis** tu **naquis** il **naquit** nous **naquîmes** vous **naquîtes** ils **naquirent**	je **naîtrai** tu **naîtras** il **naîtra** nous **naîtrons** vous **naîtrez** ils **naîtront**	je **naîtrais** tu **naîtrais** il **naîtrait** nous **naîtrions** vous **naîtriez** ils **naîtraient**	que je **naisse** que tu **naisses** qu'il **naisse** que nous **naissions** que vous **naissiez** qu'ils **naissent**	**naissant**
j'**ouvris** tu **ouvris** il **ouvrit** nous **ouvrîmes** vous **ouvrîtes** ils **ouvrirent**	j'**ouvrirai** tu **ouvriras** il **ouvrira** nous **ouvrirons** vous **ouvrirez** ils **ouvriront**	j'**ouvrirais** tu **ouvrirais** il **ouvrirait** nous **ouvririons** vous **ouvririez** ils **ouvriraient**	que j'**ouvre** que tu **ouvres** qu'il **ouvre** que nous **ouvrions** que vous **ouvriez** qu'ils **ouvrent**	**ouvrant**
je **plus** tu **plus** il **plut** nous **plûmes** vous **plûtes** ils **plurent**	je **plairai** tu **plairas** il **plaira** nous **plairons** vous **plairez** ils **plairont**	je **plairais** tu **plairais** il **plairait** nous **plairions** vous **plairiez** ils **plairaient**	que je **plaise** que tu **plaises** qu'il **plaise** que nous **plaisions** que vous **plaisiez** qu'ils **plaisent**	**plaisant**
il **plut**	il **pleuvra**	il **pleuvrait**	qu'il **pleuve**	**pleuvant**
je **pus** tu **pus** il **put** nous **pûmes** vous **pûtes** ils **purent**	je **pourrai** tu **pourras** il **pourra** nous **pourrons** vous **pourrez** ils **pourront**	je **pourrais** tu **pourrais** vous **pourrait** nous **pourrions** vous **pourriez** ils **pourraient**	que je **puisse** que tu **puisses** qu'il **puisse** que nous **puissions** que vous **puissiez** qu'ils **puissent**	**pouvant**
je **pris** tu **pris** il **prit** nous **prîmes** vous **prîtes** ils **prirent**	je **prendrai** tu **prendras** il **prendra** nous **prendrons** vous **prendrez** ils **prendront**	je **prendrais** tu **prendrais** il **prendrait** nous **prendrions** vous **prendriez** ils **prendraient**	que je **prenne** que tu **prennes** qu'il **prenne** que nous **prenions** que vous **preniez** qu'ils **prennent**	**prenant**

	INFINITIF	PRÉSENT	IMPÉRATIF	PASSÉ COMPOSÉ	IMPARFAIT
34.	**recevoir** *(to receive, get)*	je **reçois** tu **reçois** il **reçoit** nous **recevons** vous **recevez** ils **reçoivent**	**reçois** **recevons** **recevez**	j'**ai reçu** tu **as reçu** il **a reçu** nous **avons reçu** vous **avez reçu** ils **ont reçu**	je **recevais** tu **recevais** il **recevait** nous **recevions** vous **receviez** ils **recevaient**
35.	**résoudre** *(to resolve, solve)*	je **résous** tu **résous** il **résout** nous **résolvons** vous **résolvez** ils **résolvent**	**résous** **résolvons** **résolvez**	j'**ai résolu** tu **as résolu** il **a résolu** nous **avons résolu** vous **avez résolu** ils **ont résolu**	je **résolvais** tu **résolvais** il **résolvait** nous **résolvions** vous **résolviez** ils **résolvaient**
36.	**rire** *(to laugh)*	je **ris** tu **ris** il **rit** nous **rions** vous **riez** ils **rient**	**ris** **rions** **riez**	j'**ai ri** tu **as ri** il **a ri** nous **avons ri** vous **avez ri** ils **ont ri**	je **riais** tu **riais** il **riait** nous **riions** vous **riiez** ils **riaient**
37.	**savoir** *(to know)*	je **sais** tu **sais** il **sait** nous **savons** vous **savez** ils **savent**	**sache** **sachons** **sachez**	j'**ai su** tu **as su** il **a su** nous **avons su** vous **avez su** ils **ont su**	je **savais** tu **savais** il **savait** nous **savions** vous **saviez** ils **savaient**
38.	**sortir** *(to go out)*	je **sors** tu **sors** il **sort** nous **sortons** vous **sortez** ils **sortent**	**sors** **sortons** **sortez**	je **suis sorti(e)** tu **es sorti(e)** il/elle **est sorti(e)** nous **sommes sorti(e)s** vous **êtes sorti(e)(s)** ils/elles **sont sorti(e)s**	je **sortais** tu **sortais** il **sortait** nous **sortions** vous **sortiez** ils **sortaient**
39.	**suivre** *(to follow)*	je **suis** tu **suis** il **suit** nous **suivons** vous **suivez** ils **suivent**	**suis** **suivons** **suivez**	j'**ai suivi** tu **as suivi** il **a suivi** nous **avons suivi** vous **avez suivi** ils **ont suivi**	je **suivais** tu **suivais** il **suivait** nous **suivions** vous **suiviez** ils **suivaient**
40.	**se taire** *(to be quiet)*	je **me tais** tu **te tais** il **se tait** nous **nous taisons** vous **vous taisez** ils **se taisent**	**tais-toi** **taisons-nous** **taisez-vous**	je **me suis tu(e)** tu **t'es tu(e)** il/elle **s'est tu(e)** nous **nous sommes tu(e)s** vous **vous êtes tu(e)(s)** ils/elles **se sont tu(e)s**	je **me taisais** tu **te taisais** il **se taisait** nous **nous taisions** vous **vous taisiez** ils **se taisaient**
41.	**vaincre** *(to conquer)*	je **vaincs** tu **vaincs** il **vainc** nous **vainquons** vous **vainquez** ils **vainquent**	**vaincs** **vainquons** **vainquez**	j'**ai vaincu** tu **as vaincu** il **a vaincu** nous **avons vaincu** vous **avez vaincu** ils **ont vaincu**	je **vainquais** tu **vainquais** il **vainquait** nous **vainquions** vous **vainquiez** ils **vainquaient**
42.	**valoir** *(to be worth; to deserve, merit)*	je **vaux** tu **vaux** il **vaut** nous **valons** vous **valez** ils **valent**	**vaux** **valons** **valez**	j'**ai valu** tu **as valu** il **a valu** nous **avons valu** vous **avez valu** ils **ont valu**	je **valais** tu **valais** il **valait** nous **valions** vous **valiez** ils **valaient**

PASSÉ SIMPLE	FUTUR	CONDITIONNEL	SUBJONCTIF	PARTICIPE PRÉSENT
je **reçus** tu **reçus** il **reçut** nous **reçûmes** vous **reçûtes** ils **reçurent**	je **recevrai** tu **recevras** il **recevra** nous **recevrons** vous **recevrez** ils **recevront**	je **recevrais** tu **recevrais** il **recevrait** nous **recevrions** vous **recevriez** ils **recevraient**	que je **reçoive** que tu **reçoives** qu'il **reçoive** que nous **recevions** que vous **receviez** qu'ils **reçoivent**	**recevant**
je **résolus** tu **résolus** il **résolut** nous **résolûmes** vous **résolûtes** ils **résolurent**	je **résoudrai** tu **résoudras** il **résoudra** nous **résoudrons** vous **résoudrez** ils **résoudront**	je **résoudrais** tu **résoudrais** il **résoudrait** nous **résoudrions** vous **résoudriez** ils **résoudraient**	que je **résolve** que tu **résolves** qu'il **résolve** que nous **résolvions** que vous **résolviez** qu'ils **résolvent**	**résolvant**
je **ris** tu **ris** il **rit** nous **rîmes** vous **rîtes** ils **rirent**	je **rirai** tu **riras** il **rira** nous **rirons** vous **rirez** ils **riront**	je **rirais** tu **rirais** il **rirait** nous **ririons** vous **ririez** ils **riraient**	que je **rie** que tu **ries** qu'il **rie** que nous **riions** que vous **riiez** qu'ils **rient**	**riant**
je **sus** tu **sus** il **sut** nous **sûmes** vous **sûtes** ils **surent**	je **saurai** tu **sauras** il **saura** nous **saurons** vous **saurez** ils **sauront**	je **saurais** tu **saurais** il **saurait** nous **saurions** vous **sauriez** ils **sauraient**	que je **sache** que tu **saches** qu'il **sache** que nous **sachions** que vous **sachiez** qu'ils **sachent**	**sachant**
je **sortis** tu **sortis** il **sortit** nous **sortîmes** vous **sortîtes** ils **sortirent**	je **sortirai** tu **sortiras** il **sortira** nous **sortirons** vous **sortirez** ils **sortiront**	je **sortirais** tu **sortirais** il **sortirait** nous **sortirions** vous **sortiriez** ils **sortiraient**	que je **sorte** que tu **sortes** qu'il **sorte** que nous **sortions** que vous **sortiez** qu'ils **sortent**	**sortant**
je **suivis** tu **suivis** il **suivit** nous **suivîmes** vous **suivîtes** ils **suivirent**	je **suivrai** tu **suivras** il **suivra** nous **suivrons** vous **suivrez** ils **suivront**	je **suivrais** tu **suivrais** il **suivrait** nous **suivrions** vous **suivriez** ils **suivraient**	que je **suive** que tu **suives** qu'il **suive** que nous **suivions** que vous **suiviez** qu'ils **suivent**	**suivant**
je **me tus** tu **te tus** il **se tut** nous **nous tûmes** vous **vous tûtes** ils **se turent**	je **me tairai** tu **te tairas** il **se taira** nous **nous tairons** vous **vous tairez** ils **se tairont**	je **me tairais** tu **te tairais** il **se tairait** nous **nous tairions** vous **vous tairiez** ils **se tairaient**	que je **me taise** que tu **te taises** qu'il **se taise** que nous **nous taisions** que vous **vous taisiez** qu'ils **se taisent**	**se taisant**
je **vainquis** tu **vainquis** il **vainquit** nous **vainquîmes** vous **vainquîtes** ils **vainquirent**	je **vaincrai** tu **vaincras** il **vaincra** nous **vaincrons** vous **vaincrez** ils **vaincront**	je **vaincrais** tu **vaincrais** il **vaincrait** nous **vaincrions** vous **vaincriez** ils **vaincraient**	que je **vainque** que tu **vainques** qu'il **vainque** que nous **vainquions** que vous **vainquiez** qu'ils **vainquent**	**vainquant**
je **valus** tu **valus** il **valut** nous **valûmes** vous **valûtes** ils **valurent**	je **vaudrai** tu **vaudras** il **vaudra** nous **vaudrons** vous **vaudrez** ils **vaudront**	je **vaudrais** tu **vaudrais** il **vaudrait** nous **vaudrions** vous **vaudriez** ils **vaudraient**	que je **vaille** que tu **vailles** qu'il **vaille** que nous **valions** que vous **valiez** qu'ils **vaillent**	**valant**

	INFINITIF	PRÉSENT	IMPÉRATIF	PASSÉ COMPOSÉ	IMPARFAIT
43.	**venir** *(to come)*	je **viens** tu **viens** il **vient** nous **venons** vous **venez** ils **viennent**	**viens** **venons** **venez**	je **suis venu(e)** tu **es venu(e)** il/elle **est venu(e)** nous **sommes venu(e)s** vous **êtes venu(e)(s)** ils/elles **sont venu(e)s**	je **venais** tu **venais** il **venait** nous **venions** vous **veniez** ils **venaient**
44.	**vivre** *(to live)*	je **vis** tu **vis** il **vit** nous **vivons** vous **vivez** ils **vivent**	**vis** **vivons** **vivez**	**j'ai vécu** tu **as vécu** il **a vécu** nous **avons vécu** vous **avez vécu** ils **ont vécu**	je **vivais** tu **vivais** il **vivait** nous **vivions** vous **viviez** ils **vivaient**
45.	**voir** *(to see)*	je **vois** tu **vois** il **voit** nous **voyons** vous **voyez** ils **voient**	**vois** **voyons** **voyez**	**j'ai vu** tu **as vu** il **a vu** nous **avons vu** vous **avez vu** ils **ont vu**	je **voyais** tu **voyais** il **voyait** nous **voyions** vous **voyiez** ils **voyaient**
46.	**vouloir** *(to wish, want)*	je **veux** tu **veux** il **veut** nous **voulons** vous **voulez** ils **veulent**	**veuille** **veuillons** **veuillez**	**j'ai voulu** tu **as voulu** il **a voulu** nous **avons voulu** vous **avez voulu** ils **ont voulu**	je **voulais** tu **voulais** il **voulait** nous **voulions** vous **vouliez** ils **voulaient**

PASSÉ SIMPLE	FUTUR	CONDITIONNEL	SUBJONCTIF	PARTICIPE PRÉSENT
je **vins** tu **vins** il **vint** nous **vînmes** vous **vîntes** ils **vinrent**	je **viendrai** tu **viendras** il **viendra** nous **viendrons** vous **viendrez** ils **viendront**	je **viendrais** tu **viendrais** il **viendrait** nous **viendrions** vous **viendriez** ils **viendraient**	que je **vienne** que tu **viennes** qu'il **vienne** que nous **venions** que vous **veniez** qu'ils **viennent**	**venant**
je **vécus** tu **vécus** il **vécut** nous **vécûmes** vous **vécûtes** ils **vécurent**	je **vivrai** tu **vivras** il **vivra** nous **vivrons** vous **vivrez** ils **vivront**	je **vivrais** tu **vivrais** il **vivrait** nous **vivrions** vous **vivriez** ils **vivraient**	que je **vive** que tu **vives** qu'il **vive** que nous **vivions** que vous **viviez** qu'ils **vivent**	**vivant**
je **vis** tu **vis** il **vit** nous **vîmes** vous **vîtes** ils **virent**	je **verrai** tu **verras** il **verra** nous **verrons** vous **verrez** ils **verront**	je **verrais** tu **verrais** il **verrait** nous **verrions** nous **verriez** vous **verraient**	que je **voie** que tu **voies** qu'il **voie** que nous **voyions** que vous **voyiez** qu'ils **voient**	**voyant**
je **voulus** tu **voulus** il **voulut** nous **voulûmes** vous **voulûtes** ils **voulurent**	je **voudrai** tu **voudras** il **voudra** nous **voudrons** vous **voudrez** ils **voudront**	je **voudrais** tu **voudrais** il **voudrait** nous **voudrions** vous **voudriez** ils **voudraient**	que je **veuille** que tu **veuilles** qu'il **veuille** que nous **voulions** que vous **vouliez** qu'ils **veuillent**	**voulant**

Lexique français-anglais

♦ **A**

abimer to ruin
abonnement *m* subscription
abordable affordable
aboutir à to reach
aboyer to bark
abri *m* shelter
accouchement *m* childbirth, delivery
accoutumer: s'— à to get used to
accrochages: avoir de petits — to disagree with
accrocher to run into; to hang
accroître to increase
accueil *m* welcome; **—lant(e)** welcoming, friendly
accueillir to welcome, greet
acheter à crédit to buy on credit
acier *m* steel; **être en —** to be made of steel
acquérir (*pp* **acquis**) to acquire
acteur/actrice *m, f* actor/actress
action: faire une bonne — to do a good deed
actualités *f pl* current events, news (in the press, but especially on television)
affaire: avoir — à to be faced with
affaires *f pl* business
affiche *f* poster
affrontement *m* confrontation
afin que/pour que in order that, so that
agacer to annoy, provoke
âge *m* age; **ne pas faire son —** to not look one's age; **le troisième —** old age
agence de voyages *f* travel agency
agenda *m* engagement calendar
agent *m* **immobilier** real estate agent
aggraver to aggravate; **s'—** to worsen
agir to act; **s'— de** to be about
aide *f* help, aid
aide *m* helper
ailleurs someplace else; **d'—** moreover, besides; **par —** furthermore
aimer to like, love
aîné(e) *m, f* elder, eldest
ainsi in this way, thus
air *m* air; **avoir l'— en forme** to look in good shape
aisé(e) easy; well-off
alentours *m pl* surroundings
allée *f* driveway
aller to go; **— de mal en pis** to go from bad to worse; **il lui va bien** it looks good on him/her; **s'en —** to go away
aller-retour *m* round-trip
allocation *f* **de chômage** unemployment benefits
allumer to turn on
allusion: faire — à to allude to
alors then
amateur de musique music lover
ambiance *f* atmosphere
améliorer to improve
amener to bring; **— quelqu'un** to bring someone over (along)
amoureux(-euse): tomber — de quelqu'un to fall in love with someone
amuse-gueule *m* appetizer, snack
amuser: s'— to have fun
anchois *m* anchovies
ancien(ne) former; ancient
animateur/animatrice *m, f* announcer
annonce *f* announcement, notification; **les petites —s** classified announcements
annuler to void, cancel
apercevoir (*pp* **aperçu**) to notice, see; **s'—** to realize
apéritif *m* before-dinner drink
apparaître (*pp* **apparu**) to appear; to come into view; to become evident
appareil *m* apparatus, machine; **— ménager** household appliance; **— photo** camera
apparition éclair *f* quick appearance (cameo)
appartement de location *f* rental apartment
appeler to call; **— quelqu'un à l'aide** to call for help
appuyer to press, push (a key)
après after; **— que** when
après-demain the day after tomorrow
argent *m* silver; money; **— de poche** pocket money; **être en —** to be made of silver
argot *m* slang
armature *f* framework
armée *f* army
armes *f pl* arms, weapons
armoire *f* wardrobe, armoire
arracher de to grab from
arranger to arrange; **s'—** to work things out
arrêter: s'— to stop
arrière-grand-parent great-grandparent
arrivée *f* arrival
arriver to arrive; **— premier** to finish first
artichaut bougeoir artichoke candlestick
ascenseur *m* elevator
asperge *f* asparagus
assaisonné(e) seasoned
assez rather, quite; **— de** enough; **en avoir —** *(fam)* to be fed up
assister à to attend
assurance-maladie *f* health insurance
assuré(e): être — to be insured
atelier *m* shop
attaquer to attack
attendre to wait; **en attendant que** waiting for; **s'—** to expect
attentat *m* attack
atterrir to land
attirer to attract
auditeur/auditrice *m, f* listener; member of (listening) audience; **assister en tant qu'—/auditrice libre** to audit (a course)
au fait in fact
augmentation *f* **de salaire** pay raise
augmenter: — le son to turn up the volume; **— la température** to raise the temperature
auparavant before
auquel = à + lequel to, at, in which one
aussi also; as
aussitôt soon; **— que** as soon as
autant (de) as much, as many, so much
auto-stop: faire de l'— to hitchhike
autrefois in the past, formerly
autrement otherwise; **— dit** in other words
avant (de, que) before
avant-hier the day before yesterday
avec with
avenir *m* future
avis *m* opinion; **changer d'—** to change one's mind
avoir (*pp* **eu**) to have; **— à** to have to; **— l'air** to look, have the appearance of; **en — assez** to have had enough; **n'en — que pour**

quelques minutes to be only a few minutes
avortement *m* abortion, miscarriage
avouer to admit

♦ **B**

bague *f* ring
baleine *f* whale
banlieue *f* suburbs
banlieusard(e) *m, f* suburb dweller
banquette *f* (booth) seat
barbe *f* beard; **ça me —** *(fam)* that bores me
barque *f* small boat
bas *m pl* stockings
bas(se) short; low
batterie *f* car battery
battre to beat, break
bavarder to chat
beau-frère/beau-père brother-/father-in-law or stepbrother/-father
beignet *m* doughnut
belle-sœur/belle-mère sister-/mother-in-law or stepsister/-mother
bénéfices *m pl* profits
beurre *m* **de cacahouète** peanut butter
bien well; **faire du — à quelqu'un** to do someone some good; **— que** although
bienveillance: avec — kindly
bijou(x) *m* jewel(s)
billet *m* ticket; **— (aller) simple** one-way ticket
bi-mensuel *m* bimonthly publication
bise *f* kiss; **faire la —** *(fam)* to kiss
blesser to hurt
blouson *m* **de cuir** leather jacket
boire (*pp* bu) to drink; **— quelque chose ensemble** to have a drink together
bois *m* wood; **avoir la gueule de —** to have a hangover
boisson *f* drink; **— alcoolisée** alcoholic drink; **— gazeuse** *f* carbonated drink; **— non-alcoolisée** soft drink
boîte: aller en — *(fam)* to go to a nightclub
bon(ne) good
bonhomme: le petit — (term of endearment) little man
bosser (un examen) *(fam)* to cram (for a test)
botte *f* boot
bouc émissaire *m* scapegoat, fall guy
boucles *f pl* **d'oreilles** earrings
bouillir: faire — to boil
bouleversé(e) shocked, distressed
boulot *m (fam)* work
bousculer bump into
bout de chou *m (fam)* little darling
boutique *f* shop, small store
bracelet *m* bracelet
brancher to plug in
brochure *f* pamphlet
bronzer: se faire — to get a tan
brouillon *m* draft
bruit *m* noise; **faire beaucoup de —** to make a great fuss about
brun(e) dark brown (hair)
bruyant(e) noisy
budget *m* budget
buffet chaud *m* warm dishes
buffet froid *m* cold dishes
bureau *m* office

♦ **C**

cacher to hide
cadet(te) *m, f* younger, youngest
cadre/femme cadre *m, f* manager
café brûlot *m* coffee mixed with whiskey
caillou(x) *m* pebble(s), stone(s)
cambrioleur *m* burglar
caméscope *m* camcorder
campagne *f* country; campaign; **— électorale** election campaign
candidat(e) *m, f* candidate; **être — (à la présidence)** to run (for president)
caprice *m* temper tantrum
car *m* bus (traveling between towns)
carnet *m* **de chèques** checkbook
carré(e) square
cartable *m* school bag
carte de crédit *f* credit card
carte électronique *f* automatic teller card
cas *m* case; **en — d'urgence** in case of emergency; **un — d'urgence** emergency
casserole *f* (sauce) pan
cauchemar *m* nightmare
causerie *f* talk show
ceci this
céder (à) to give up; to give in
ceinture *f* **de sécurité** seatbelt
cela (ça) that
célibataire single
central téléphonique *m* telephone exchange
cependant however
certain(e) certain, particular; sure
chacun(e) each one
chaîne *f* channel
chaleur *f* heat; **chaleureux** warm
chambre *f* (bed)room; **— à deux lits** double room (room with two beds); **— avec douche/salle de bains** room with a shower/bathroom; **— de bonne** room for rent (formerly maid's quarters)
chance *f* luck; **avoir de la —** to be lucky
chandail *m* sweater
changer de l'argent to change money
chantilly *f* whipped cream
chaque each
charges *f pl* fees (for heat and maintenance of an apartment or condominium)
châtain chestnut (color); **— clair** light brown; **— foncé** dark brown
chaud(e) hot; **on a eu —** *(fam)* that was a narrow escape
chaussettes *f pl* socks
chaussure *f* shoe; **—s à hautes talons/à talons plats** high-heeled shoes/low-heeled shoes
chauve bald
chef *m* **(de bureau, d'atelier, d'équipe)** leader (manager) of office, workshop, team; **— de rayon** departmental supervisor; **— de service** service supervisor
chemise *f* man's shirt
chemisier *m* woman's long-sleeved shirt
chêne *m* oak
chèque *m* check; **— de voyage** *m* traveler's check; **— sans provision** bounced check
chéquier *m* checkbook
cher/chère *m, f* dear; expensive
chercher to look for; **aller — quelqu'un** to pick someone up
chevauchement *m* overlapping
cheville *f* ankle
chèvre *m* goat's milk cheese
chômage *m* unemployment; **être au —** to be unemployed
chômeur/chômeuse *m, f* unemployed person
choqué(e) shocked
chou(x) *m* cabbage(s)
choucroute *f* sauerkraut
chouette *(fam)* great, nice, cute
chute *f* fall
cimetière *m* cemetery
cinéaste *m* filmmaker
cinéma *m* movie theater; **aller au —** to go to a movie
circulation *f* traffic
ciseaux *m pl* scissors
Cité-U(niversitaire)/résidence universitaire *f* student residence hall(s)
citron pressé *m* fresh lemonade
classement *m* ranking
claustrophobe claustrophobic
clavier *m* keyboard
clé or **clef** *f* key
client(e) *m, f* guest, client, customer
clôture *f* fence
clou(s) *m* nail(s)
coiffure *f* hairstyle
coin *m* area, corner
coincé(e): être — to be stuck

colère *f* anger; **se mettre en —** to lose one's temper
collant *m* pantyhose; **—s** tights
collègue *m, f* fellow worker; **— de bureau** fellow office worker
coller to stick
collier *m* necklace
combat *m* combat, fight; **les —s** fighting
comédie *f* comedy
commander to order
commandes *f pl* commands; **exécuter/effectuer des —** to execute commands
commerçant(e) *m, f* shopkeeper
commerce *m* business
commission *f* errand
compatible compatible
compétent(e) qualified, competent
complet(-ète) complete; sold out (movie, show)
compliqué(e) complicated
comprendre (*pp* compris) to understand; **mal —** to misunderstand
compromis *m* compromise; **aboutir à un —** to come to or reach a compromise
comptable *m, f* accountant
compte *m* account; **— chèques** checking account; **en fin de —** taking everything into account; **ouvrir un —** to open an account; **— rendu** review (of film, play, book); **tenir ses —s** to keep one's accounts
compter to intend, plan on, count on, expect
concert *m* concert; **aller à un —** to go to a concert
concevoir (*pp* conçu) conceive, design, plan
concurrence *f* competition
concurrent(e) *m, f* contestant
condition: à — que on the condition that
conduire (*pp* conduit) to drive
confection industrielle *f* clothing business
conférence *f* lecture
confisquer to confiscate
conflit *m* conflict
confort *f* comfort; **— ménager** household conveniences
congé *m* holiday, vacation, leave; **— de maladie** sick leave; **—s payés** paid vacation; **prendre — de** to take leave of
congélateur *m* freezer
congrès *m* conference
connaissance *f* acquaintance; **faire la — (de)** to meet, to make the acquaintance (of); **—s** knowledge
connaître (*pp* connu) to know; to be acquainted with, be familiar with; **se —** to meet, get acquainted with
conseil *m* piece of advice; **des —s** guidance
conseiller to advise
consentir à to consent to
conserves *f* canned goods
consommation *f* consumption
construire (*pp* construit) to construct
content(e) content
contravention *f* ticket, fine
contrebande: faire de la — to smuggle goods
contrefaçon *f* counterfeiting
contremaître *m* factory supervisor
contrôle *m* test
convaincre (*pp* convaincu) to convince; **— quelqu'un de faire quelque chose** to persuade someone to do something
copain/copine *m, f* a friend
copropriété *f* condominium
cordon-bleu: un vrai — gourmet cook
costume *m* man's suit
côte *f* chop; **— d'agneau** lamb chop
côté *m* side; **chacun de son —** each on his/her own side
côtelette *f* chop; **— de porc** pork chop; **— de veau** veal chop
cotisation *f* contribution
couche *f* bed, couch, level; **—s de la société** social levels; **—s moyennes salariées** middle salary levels
couchette *f* cot, train bed
coup *m* hit, blow; **— de foudre** love at first sight; **— de soleil** sunburn; **donner un — de main à quelqu'un** *(fam)* to help someone; **frapper les trois —s** to announce the start of a performance; **passer un — de fil (de téléphone)** to give a (telephone) call
coupe *f* cut (clothing, hair); **— de fruits** *f* fruit salad
couper: se — to cut oneself; to disconnect (telephone, gas, electricity, cable)
courbatures: avoir des — to be sore
coureur(-euse) *m, f* runner, cyclist
courir (*pp* couru) to run
course *f* errand; race; job; **faire des —s** to do errands, go shopping
coussin *m* cushion, pillow
coûter to cost
couvercle *m* lid
couvre-lit *m* bedspread
craindre (*pp* craint) to fear
crêche *f* day-care center
créer to create
crème de cassis *f* black currant liqueur
crever to burst; **pneu crevé** flat tire
crier to yell out
crise *f* crisis; **— de nerfs** fit of hysterics
critique *f* criticism
critique *m, f* critic; **un(e) — de cinéma** movie critic; **un(e) — de théâtre** theater critic
croire (*pp* cru) to believe
croisière *f* cruise
croissant(e) increasing, growing
cuire (*pp* cuit) to cook; **trop cuit** overcooked
cuisiner to cook
cuisinière *f* stove
cuivre *m* copper
curieux(-euse) curious, odd
curriculum vitae (le C.V.) *m* résumé, CV

♦ D

d'abord first, at first
davantage (que) more (than)
débarquer to land
débat *m* debate
débile idiotic; **— mental(e)** mental idiot
débordé(e) de travail swamped with work
debout standing; **se tenir —** to stand
débrancher to disconnect, unplug (radio, television)
débrouiller: se — to manage, get along
débutant(e) *m, f* beginner
déception *f* disappointment
décevoir (*pp* déçu) to disappoint
déchirer to tear
décider to decide; **se — (à faire quelque chose)** to make up one's mind (to do something)
décision: prendre une — to make a decision
déclarer (ses achats) to declare (one's purchases)
déconcerté(e) confused, muddled
dedans inside
défaite *f* defeat, loss
défavorisé(e) disadvantaged, underprivileged
défendre de to forbid; to defend
défi *m* challenge
défouler: se — to let off steam
dégager to make way
dégoût *m* disgust
dégraisser to take grease marks out; to dry clean
dehors outside
déjeuner *m* lunch; **petit —** breakfast

déjeuner to have lunch
demande *f* **d'emploi** application for employment; **remplir une —** to fill out an application
demander to ask (for); **se —** to wonder
démarrer to start (car); to get moving
déménager to move
déminage *m* minesweeping
demi-tarif *m* half-fare
démolir destroy
dénouement *m* ending
dépanner to repair a breakdown; **nous —** to help us out
départ *m* departure
dépit: en — de in spite of
déplacement *m* travel expenses
déplacer to move
déplaire (*pp* déplu) to displease
dépliant *m* leaflet
déposer deposit (a check)
déranger to bother, disturb
dernier(-ière) final; last
dérouler: se — to take place
descendre to go down; to bring down; **— dans un hôtel** to stay in a hotel; **— de (la voiture, etc.)** to get out of (the car, etc.)
descente *f* downhill skiing
déshabiller: se — to get undressed
désigner to appoint
désolé(e): être — to be sorry
désorienté(e) confused, muddled
dès que as soon as
desservi(e) served
dessin *m* design; **— animé** cartoon
dessous underneath; **ci-—** below; **du —** from the floor below
dessus on top; **ci-—** above; **prendre le —** to get the upper hand
détendu stretched-out (material)
détendre: se — to relax
détester to dislike
détruire (*pp* détruit) to destroy
deuil *m* sorrow
développement *m* development
devenir (*pp* devenu) to become; **qu'est-ce qu'il devient?** *(fam)* what's become of him?
déverser to pour out
dévisager stare, look hard at
devoir (*pp* du) to have to; to owe
diapositive *f* (photographic) slide
diffuser to broadcast
dîner to have dinner
dire (*pp* dit) to say, tell
directeur(-trice) manager (company, business)
direction *f* management
discuter (de) to discuss; **— de choses et d'autres** to talk about this and that

disparaître (*pp* disparu) to disappear
dispute *f* argument, quarrel
disputer: se — to argue; **— un match** to play a match
disque dur *m* hard (disk) drive
disquette *f* floppy disk; **— à double densité** double density disk; **— à haute densité** high density disk
dissertation *f* term paper
distributeur automatique *m* **de billets** automatic teller machine
documentaire *m* documentary
dommage: c'est — it's too bad
donc therefore, so
données *f pl* data
dorer: faire — to brown
dormir to sleep
douane *f* customs
douanier(-ière) *m, f* customs officer
doubler: pass (another car); to dub (a film)
doué(e) gifted
douleur *f* pain
doute *m* doubt; **sans —** probably
douter to doubt; **se — de** to suspect
douteux(-euse) doubtful
doux/douce soft; sweet
dresser to train
droit *m* law
dru: tomber — to fall thickly (snow)
duquel = de + lequel of, about, from which one

♦ E

échouer à to fail
éclairage *m* lighting
éclairer to enlighten
éclater to explode
économie *f* **de marché** market economy
économies: faire des — save money
écouter to listen to
écran *m* screen
effacer to erase
efforcer: s'— de to force oneself to; to try hard, try one's best
électeur(-trice) *m, f* voter
élection *f* election; **perdre les —s** to lose the election
électricien(ne) *m, f* electrician
élevé(e) high; **bien/mal —** well/badly brought up
élire (*pp* élu) to elect
éloge *m* eulogy, praise; **faire des —s** to praise
embarquer to go on board
embêter to bother
embouteillage *m* traffic tie-up/jam
embrasser to kiss; **s'—** to kiss each other
embrouiller: s'— to become confused

émeute *f* riot
émission *f* television show, radio broadcast
emmener to bring; **— quelqu'un** to take someone (somewhere)
émouvoir (*pp* ému) to move (emotionally)
empêcher de to impede; to prevent from
empirer to worsen
emploi *m* job; **trouver un —** to find a job
employé(e) *m, f* employee
employeur *m* employer
emprunter to borrow
encaisser to cash (a check)
enceinte: être — to be pregnant
encore again, still
endommagé(e) damaged
énerver to unnerve
enfermer to close; **s'—** to close oneself up
enfoncer insert
enlever to take something out, off, down; to remove
ennuyer to bore, annoy, bother, worry; **s'—** to be bored, get bored
ennuyeux(-euse) boring, tedious, annoying
enquête *f* poll
enregistrer to record
enseignement *m* teaching, education
ensemble: dans l'— for the most part
entendre to hear; **— dire** to hear it said; **j'entends par là** I mean by this; **s'— avec** to get along with
entracte *m* intermission
entraîner to lead; **s'—** to train
entraîneur(-euse) *m, f* coach
entrée *f* first course
entreprise *f* business
entretien *m*/**entrevue** *f* interview
entrouvrir (*pp* entrouvert) to half open
envie: avoir — de to feel like
envisager imagine
envoyer to send
épice *f* spice
épinard *m* spinach
épouvantable horrible
épouvante: film d'— horror film
épreuve (athlétique) *f* athletic event, test
éprouvant(e) nerve-racking
épuisant(e) grueling, exhausting
équilibre *m* balance
équipe rédactionnelle *f* editorial team
ère *f* era
erreur *f* misunderstanding
espèces: payer en — to pay cash
espérer to hope

espionnage *m* spying; **film d'—** spy movie
esprit *m* spirit; mind; **l'— ouvert** open mind
essayer to try; to try on
essence *f* gasoline; **être en panne d'—** to be out of gas
essentiel(le) essential
étagère *f* shelf, shelves
étaler to spread out
état *m* state; federal government; **en bon/mauvais —** in good/bad condition
éteindre to turn off
étendre: s'— to spread
étonner to surprise, astonish
étouffer to suffocate; to cramp one's style
étrange strange
étranger: aller à l'— to go abroad
être (*pp* **été**) to be; **— à** to belong to (someone); **— d'un certain âge** to be middle-aged; **— en forme** to be in good shape; **vous y êtes?** do you understand? do you get it?
étroit(e) narrow
étude: en — in study hall
exigeant(e) demanding
exiger to demand
exporter to export
exposition *f* exhibit
exprès on purpose
extra *(fam)* great

♦ F

fâcher: se — contre to get angry with
facultatif(ve) elective; optional
faillir (+ infinitive) to almost (do something)
faire to do, make; **je vous le fais** I'll give (sell) it to you; **s'en —** to be worried
fait: au — by the way, come to think of it; **ça ne te — rien** it does not bother you; **en —** in fact
falloir (*pp* **fallu**) to be necessary
fana de sport *m, f* sports enthusiast, fan
fauché(e) *(fam)* broke (out of money)
faux/fausse false
favori/favorite favorite
favoris *m pl* sideburns
femme *f* woman; wife; spouse; **— d'affaires** businesswoman
fête *f* party
feu: avoir du — to have a light
feuilleton *m* serial; soap opera
féliciter to congratulate
fiancer: se — to get engaged
figurer: se — to imagine; **figurez-vous** *(slang)* believe you me, believe it or not
filet: monter au — to come to the net
fille *f* girl; daughter; **— unique** only child
film *m* movie; **— d'amour** love story; **— d'aventures** adventure film; **— d'épouvante** horror movie; **— d'espionnage** spy movie; **— de guerre** war movie; **— policier** police story; **western** western
fils *m* son; **— unique** only child
finir to finish; **— par** to end up
flâner to stroll
fonctionnaire *m, f* civil servant
fond: au — basically; **rester en — de court** to stay on the base line
fondre: faire — to melt
forces *f pl* forces
forger to forge
forgeron *m* blacksmith
formater to format
formation *f* training, education; **— professionnelle** professional education, training
forme: être en — to be in good shape
formidable: c'est — that's fantastic
fort(e) strong; heavy/big/stout; high; loud
fouiller les bagages/les valises to search, go through baggage/luggage
four *m* oven; flop; **— à micro-ondes** *m* microwave oven
fournir to furnish
foyer *m* household; **homme/femme au —** househusband/housewife
frais *m pl* costs, charges; **— d'annulation** cancellation fees; **— d'inscription** registration fees
frais/fraîche fresh
frappé(e) chilled (wine)
fréquenter: — quelqu'un to go steady with someone
frigo *m (fam)* fridge, refrigerator
frire: faire — to fry
frisé(e) curly
fromage *m* cheese
front *m* front; front lines
frontière *f* border
furieux(-euse) furious
fusée spaciale *f* space rocket

♦ G

gâcher to spoil
gaffe: faire — (à) *(fam)* to be careful, watch out
garder to keep; **— un enfant** to baby-sit
gare *f* train station
garer to park; **— la voiture** to park the car
gastronomie *f* the art of good cooking
gâté(e) spoiled (person)
générations: au fil des — with the passing generations
génial super
genou(x) *m* knee(s)
genre *m* gender; kind, type
gentil(le) nice, kind
gérant(e) *m, f* manager (restaurant, hotel, shop)
geste *m* gesture
gestion *f* management
glace *f* ice cream
glaçon *m* ice cube
gosse *m, f (fam)* kid
gourde *f* flask
gourmand(e) one who loves to eat and will eat anything, especially sweets
gourmandise *f* gluttony; delicacy
gourmet *m* epicure, one who enjoys eating but eats only high-quality food
goûter to taste
goûter *m* snack around 4 P.M.
goutte *f* drop; **c'est la — d'eau qui fait déborder le vase** that's the last straw
grand(e) great; big, tall
graphiques *m pl* graphics
gras *m* grease
gratuit(e) free, at no cost
grave serious
grève *f* strike; **être en —** to be on strike; **faire la —** to go on strike
gréviste *m, f* striker
grignoter to snack
grille-pain *m* toaster
griller: faire — to toast (bread); to grill (meat, fish)
gros(se) big; fat
grossesse *f* pregnancy
grossier(-ière) rude
grossir/prendre des kilos to put on weight
guérille *m* guerilla
guérir to cure
guérisseur(-euse) *m, f* healer
guerre *f* war
gueule *f* mouth (of animal)
guichet *m* ticket window, office; counter; **jouer à —s fermés** to play to sold-out performances

♦ H

habiller to dress; **s'—** to get dressed
habitude *f* habit; **d'—** usual
habituer: s'— à to get used to
haleine *f* breath; **reprendre —** to get one's breath back; **tenir**

quelqu'un en — to hold someone spellbound
haricots verts *m* green beans
haut(e) tall; high
hebdomadaire *m* weekly publication
hébergement *m* accommodations
heure *f* hour; **dans une —** in an hour; **— de pointe** rush hour
heureusement thank goodness
heureux happy
hibou(x) *m* owl(s)
HLM *m* **(habitation à loyer modéré)** moderate income housing
homme *m* man; **— d'affaires** businessman
honteux(-euse) shameful; **c'est —** it's a disgrace; shameful
horaire *m* schedule
horloge *f* clock
huile solaire *f* suntan oil

♦ **I**

imaginer to imagine; **je t'imagine bien** I can just see you
immeuble *m* apartment building
immigrant(e) *m, f* newly arrived immigrant
immigré(e) *m, f* an established immigrant
imperméable *m* raincoat
importance *f* significance, importance
importer to import
impôts *m pl* taxes
imprévu unexpected
imprimante *f* printer; **— à laser** laser; **— matricielle** dot matrix
inacceptable unacceptable
inattendu unexpected
incendie *m* fire
inconvénient *m* inconvenience; disadvantage
indécis(e) (sur) indecisive; undecided (about)
indiquer to show, direct, indicate
industrie *f* **du livre** publishing business
infirmier(-ière) *m, f* nurse
informaticien(ne) *m, f* computer expert
informatique *f* computer science; data processing; **être dans l'—** to be in the computer field
ingrat(e) *m, f* ungrateful (person); thankless (job)
initiative *f* drive
inquiéter: s'— (de) to worry, be anxious (about); **ne vous inquiétez pas** don't worry
inquiétude *f* worry, anxiety
inscrire (*pp* inscrit): se faire — to sign up; to register (to vote)
insensé(e) insane
insister to insist
installer: s'— to get settled
insupportable intolerable, unbearable
interdire (*pp* interdit) to prohibit; **— à quelqu'un de faire quelque chose** to forbid (someone to do something)
intéresser à to be interested in
intérêt *m* interest; **t'as — à** you'd better
interprète *m, f* actor/actress; **—s** *m, f pl* the cast
interro *f* quiz
intrigue *f* plot
ivre drunk

♦ **J**

jeu *m* game; **—x d'argent/de hasard** gambling; **— télévisé** *m* game show
joindre (*pp* joint) to join; to enclose
joue *f* cheek
jouer to play; **— aux durs** to act tough
joujou(x) *m* toy(s)
jour *m* day
journal *m* newspaper; **— télévisé** *m* television news
juif(-ve) Jewish
jumeau(-elle) *m, f* twin
jurer to swear
jusqu'à ce que until

♦ **L**

là-bas over there
laid(e) ugly
laine *f* wool; **être en —** to be made of wool
laisser to leave; **— quelqu'un partir** to let someone go; **— quelqu'un tranquille** to leave someone alone
laiterie *f* dairy
lapin *m* rabbit; **poser un — à quelqu'un** *(fam)* to stand someone up
large wide
larme *f* tear
lavable washable
lave-vaisselle *m* dishwasher
leçon *f* lesson; **— particulière** private lesson
lecteur(-trice) *m, f* reader
lecteur *m*: **— de disquettes** disk drive; **— de vidéodisques** video disk reader
lecture *f* reading
léger(-ère) light
légume *m* vegetable
lequel/laquelle which one, which
léser to injure, wrong
lessive *f* laundry
libérer to free
licencier: se faire — to get laid off
lien *m* link, tie; **— de parenté** family tie
lieu *m* place; **avoir —** to take place
lire *f* a lira, Italian currency
lit *m* bed; **grand —** double bed
livre *m* book
livre *f* pound
livrer to deliver
livret *m* **d'épargne** savings account
locataire *m, f* tenant
logement en copropriété *m* condominium
logiciel *m* software
loisir *m* leisure, spare time; **—s** leisure activities
long(ue) long
longtemps long, a long time
lors de at the time of, during
lorsque when
loterie *f* lottery
lotion solaire *f* suntan lotion
louer to rent
lourd(e) heavy
loyer *m* rent
lune de miel *f* honeymoon
lunettes *f pl* glasses; **porter des —** to wear glasses
lycée *m* high school
lycéen(-enne) *m, f* high-school student

♦ **M**

machine à laver (le linge) *f* washing machine
magasin *m* store; **grand —** department store
magazine *m* magazine
maghrébin(e) *m, f* from the Maghreb (Northwest Africa: Morocco, Algeria, Tunisia)
magistrat *m* judge
maillot de bain *m* swimsuit
magnétoscope *m* videocassette recorder (VCR)
main d'œuvre *f* labor
mairie *f* city hall
mais but
maison *f* house; firm, company; **— d'édition** *f* publishing company
maître d'hôtel *m* headwaiter
mal *m* evil, ill, wrong; **avoir du — à** to have problems; **avoir le — du pays** to be homesick
malgré in spite of
malsain(e) unhealthy
manche *f* sleeve; inning
mandat *m* term of office
manifestation *f* demonstration, protest (organized)
manifester to protest; to demonstrate; **se —** to arise; to emerge
manette *f* joystick

manque *m* lack; **— de communication** communication gap
manquer to miss; **— le train** to miss the train; **il manque un bouton** it's missing a button
maquette *f* model
marchander to bargain (haggle)
marché *m* market; **— aux puces** flea market; **— conclu** it's a deal
marcher to work; to walk; to run, work (machine); **faire —** to make something work
mardi *m* Tuesday
mari *m* husband, spouse
marier: se — to get married
marmite *f* large cooking pot
marque *f* brand
marrant(e) *(slang)* funny, strange
marre: en avoir — *(fam)* to be fed up
marron chestnut; brown
match nul *m* tied game
matière *f* subject, course
matinée *f* morning; **faire la grasse —** to sleep late
médicament *m* medicine, drug
méfier: se — de to be wary, suspicious
mélanger to mix
même same; even
mémoire *f* memory
menace *f* threat
ménager to save; to be sparing of; **— la chèvre et le chou** to sit on the fence
mensuel *m* monthly publication
mentir (*pp* menti) to lie
menu *m* menu
méprise *f* misunderstanding, mistake
mère *f* mother; **belle- —** mother-in-law; stepmother; **— célibataire** single mother
merveilleux(-euse) marvelous, fantastic
métier *m* job, profession
métro-boulot-dodo *m* daily grind of commuting, working, sleeping
metteur en scène *m* stage director
mettre to put, place; **se — à** to begin; **— la 3, 6, etc.** to put on channel 3, 6, etc.
micro(-ordinateur) *m* desk-top computer
mignon(ne) cute; **super —** very cute
mijoter: faire — to simmer
mine *f* mine; **avoir bonne/mauvaise —** to look good/bad
minuscule tiny
mise en scène *f* staging
moche *(fam)* ugly, ghastly
moine *m* monk
moins less; **à — que** unless
monde *m* **du —** people
monter to climb, go up; **— dans (une voiture/un bus/un taxi/un avion/un train)** to get into (a car/bus/taxi/plane/train); to bring up (luggage)
montre *f* watch
montrer le passeport to show one's passport
moquer: se — de to make fun of
mort *f* death; **les —s** *m pl* the dead
motivé(e) motivated
mou (mol)/molle soft
mouche *f* fly
moules *f pl* mussels
mourir (*pp* mort) to die
music-hall *m* musical
muter to transfer
mutuelle *f* mutual benefit insurance company

♦ N

nanti(e) affluent, well off
nappe *f* tablecloth
natation *f* swimming
nature: une omelette — plain omelette
naturel(le) natural, native
navet *m* third-rate film, novel
navette spatiale *f* space shuttle
navré(e) sorry
néanmoins nevertheless
nécessaire necessary
négotiation *f* negotiation
nerveux(-euse) high strung
nettoyage à sec *m* dry cleaning
nettoyer to clean
noir(e) black
nombreux(-euse) numerous
normal(e) normal, regular
note *f* grade; **—s de classe** class notes
nounours *m* teddy bear
nourrice *f* babysitter
nouveau: à — again, anew
nouvelles *f pl* printed news; news in general; **vous allez avoir de mes —** you're going to hear from me
noyer: se — to drown
nulle part not anywhere

♦ O

obligatoire required
obsèques *f pl* funeral
occasion *f* bargain
occuper to occupy; **s'— de** to take care of, handle
œil: mon — you can't fool me
œuf *m* egg; **— dur** hard-boiled egg
œuvre *f* work (of art)
offre *f* **d'emploi** opening, available position
offrir (*pp* offert) to offer
ondulé(e) wavy
ongle *m* nail (of finger or toe); **se ronger les —s** to bite one's fingernails
opposition *f* opposition
orchestration *f* instrumentation
ordinateur *m* computer
oreiller *m* pillow
orner to decorate
otage *m* hostage; **prendre en —** to take hostage
outil *m* tool
outre: en — besides
ouvreur(-euse) *m, f* attendant, usher
ouvrier(-ière) *m, f* worker
ouvrir (*pp* ouvert) to open

♦ P

pain *m* **de mie** sandwich bread
pair: jeune homme/jeune fille au — one who works in exchange for room and board
paix *f* peace
palier *m* landing
panier à linge *m* laundry basket
panne *f* breakdown; **être/tomber en — d'essence** to run out of gas
panneau *m* **d'affichage** bulletin board
Pâques *f pl* Easter
paraître (*pp* paru) to appear, to seem; to come out; **il paraît que** it seems that; they say that
parapluie *m* umbrella
par contre on the other hand
parcourir to travel up and down
pardessus *m* overcoat
par-dessus on top of that
pareil(le) similar, alike; **une vie —** such a life
parent(e) *m, f* parent, relative
parfois at times
parole *f* word; **—s** lyrics
partir: laisser — quelqu'un to let someone go
partout everywhere
pas du tout not at all
pas mal quite a few
passager(-gère) passenger (on an airplane)
passe: et j'en — *(slang)* and that's not all
passer to pass; to go by; to spend; **— à la douane** to go through customs; **— au beurre** to sauté briefly in butter; **— un examen** to take an exam; **se — de** to do without
passionant(e) exciting
pâtes *f pl* noodles, pasta
patience: avoir de la — to have patience, be patient
patron(ne) *m, f* boss
paumé(e) lost; misfit

pauvre poor; unfortunate
payer to pay; **— par carte de crédit** to pay by credit card; **— avec chèques de voyage** to pay with travelers' checks; **— des droits** to pay duty/tax; **— en espèces** to pay in cash
paysage *m* landscape, countryside
peigner: se — to comb one's hair
peine *f* trouble; **à —** scarcely; **ce n'est pas la —** it's not worth the trouble; don't bother; **— de mort** death penalty; **faire de la —** to cause pain
peintre *m* painter; **— impressionniste** impressionist painter
penser to think
pension *f* **de retraite** retirement pension
perdre: se — to get lost
père *m* father; **beau- —** father-in-law; stepfather; **— célibataire** single father
permettre (*pp* permis) to permit
personnage *m* character; **— principal** main character
personnel *m* personnel
petites annonces *f pl* classified advertisements
petits pois *m pl* peas
peur *f* fear; **avoir —** to be afraid; **de — que/de crainte que** for fear that
peut-être possibly
pièce *f* room; play; **— de rechange** spare part
piger *(fam)* to understand; to "get it"
pinceau *m* paintbrush
piquer *(slang)* to steal
pire/pis worse; **le —** the worst
piste *f* slope
placard *m* cupboard; closet
place *f* square; **une — de libre** unoccupied seat
plaindre (*pp* plaint) to pity; **se — (de quelque chose à quelqu'un)** to complain (to someone about something)
plaire (*pp* plu) to please
plaisanter to joke
plancher *m* floor
plat *m* dish (container); dish (part of meal), course; **— à micro-ondes** microwave dish
platine *f*: **— laser** compact disc player; **— à cassettes** cassette deck
plein(e) full; **— de** *(fam)* a lot of; **faire le —** to fill up (gas tank)
pleuvoir (*pp* plu) to rain
plombier plumber
plupart: la — (de) *f* most (of)
plus more; **de —** besides, furthermore; **en —** besides
plusieurs several
plutôt rather
pneu *m* tire; **— crevé** flat tire
poêle *f* frying pan
poêle *m* stove
poids *m* weight
poignée *f* handle
point *m* sharp pain; **— de vue** point of view
pointu(e) pointed
poivron vert *m* green pepper
politique *f* politics; policy; **— étrangère** foreign policy; **— intérieure** internal policy
pop-corn *m pl* popcorn
portable *m* portable computer
porte *f* door; **aux —s de Paris** on the outskirts of Paris; **— d'embarquement** departure gate
porte-bagages *m* suitcase rack
portée: à la — de within reach
portefeuille *m* wallet, billfold; portfolio
poste *f* post office
poste *m* job; radio, television set; **occuper un —** to have a job
pot: prendre un — *(fam)* to have a drink
pote *m (fam)* friend
pou(x) *m* louse (lice)
poubelle *f* trash can; **sortir les —s** to take out the garbage
pouce *m* 2.5 centimeters (1 inch)
poudreuse *f* powder
pourparlers *m pl*: **les —** talks; negotiations
pour que/afin que in order that, so that
pourtant however
pourvu(e) de equipped with
pourvu que provided that
poussière *f* dust
pouvoir (*pp* pu) to be able to; **n'en plus —** to be at the end of one's rope; to have had it
prendre (*pp* pris) to take; **— congé de** to take leave; **— fin** to end; **— position** to take a stand; **s'y — bien/mal** to do it the right/wrong way
préoccuper: se — de to be concerned with
près (de) near, close to; **à peu —** more or less
présenter to introduce; **se —** to present oneself, to appear
presque almost
pressing *m* dry cleaning
pression *f* pressure; **une —** a (glass of) draft beer
prêt *m* loan
prêt-à-porter *m* ready to wear
prêter to lend
prévenir (*pp* prévenu) to warn
prévoir (*pp* prévu) to plan; to foresee
prévu: quelque chose/rien de — something/nothing planned
prier to pray; to beg; **je t'en/je vous en prie** you're welcome; **je te/vous prie (de faire quelque chose)** will you please (do something)
prime *f* premium; free gift, bonus; subsidy
pris(e): être — to be busy (not available)
prise *f* **de courant** outlet
privatiser to take into private hands
prix *m* price; prize; **au — fort** at a high price; **dans ses —** in one's price range
prochain(e) next time (in a series); next (one coming); **à la —e** until next time
proches *m pl* close friends, relatives
producteur *m* producer (who finances)
produire (*pp* produit): se — to happen, take place
produit *m* product; **—s d'entretien** cleaning products
profaner to desecrate, violate
professions libérales *f pl* liberal professions
profiter to profit; **— de** to take advantage of; **en —** to enjoy life
programme *m* program listing; **— électoral** platform
programmer des menus to program (create) menus
progrès *m* progress
proie *f* prey
projeter de to plan on
projets *m pl* plans; **faire des —** to make plans
promettre to promise
promotion *f* promotion
propos: à — by the way
propre own; clean
propriétaire *m, f* owner; householder
prouver: se — to prove oneself
provoquer to cause
publicité *f* advertisement
puissant(e) powerful

♦ Q

quai *m* (train) platform
qualifié(e) qualified, competent
qualité proche courrier *f* near letter quality
quand when; **— même** nonetheless, even so
quartier défavorisé *m* slum
quel(le) what, which
quelque chose (de) something
quelquefois sometimes

quelque part somewhere
quelques a few, some, several
quelques-un(e)s some, a few
quelqu'un someone, somebody
queue: faire la — to wait in line
quincaillerie *f* hardware store
quoique although
quoi que ce soit anything whatsoever
quotidien *m* daily

♦ R

raccrocher to hang up (telephone)
raide straight (hair)
raisonnable sensible
ralenti: travailler au — to work at a slow pace; to experience slowdowns
rame *f* subway train
ramener to bring someone (something) back; to drive someone home
rançon *f* ransom
râpé(e) threadbare, worn
rappel *m* curtain call
rappeler: se — to remember
rapport *m* relationship; **avoir de bons/mauvais —s** have a good/bad relationship
rare rare, exceptional, unusual
rater to flunk; to miss
rattraper to catch up; **se —** to make up for
ravi(e) delighted, pleased
rayon *m* department
réagir to react
réalisateur(-trice) *m, f* director; **— de télévision** television producer
réalisation *f* production
réalité: en — actually
réception *f* front desk
réceptionniste *m, f* hotel desk clerk
recette *f* recipe
recevoir (*pp* reçu) to receive; to entertain
recherche *f* search; **—s** research; **faire des —s** to do research
réclamation *f* complaint
reconnaissant(e) grateful, thankful
record du monde *m* world record
récréation *f* recreation; recess
reculer to backspace
redoubler to redouble; to reiterate; **— un examen/cours** to repeat a test/course
réduction *f* discount
réfléchir to reflect, think
réfrigérateur *m* refrigerator
refroidir to cool down
régal *m* treat, pleasure
regarder to look at
régler to regulate, arrange, adjust; **— la note** to pay, settle the bill
regretter to be sorry
rejoindre (*pp* rejoint) to meet; **se —** to meet (by prior arrangement)
réjouir to delight, gladden; **se — à l'idée de** to look forward (to)
remarquable remarkable, spectacular
remboursement *m* refund
remercier de to thank someone
remettre (*pp* remis) to hand in
remords: avoir des — to have (feel) remorse
rencontrer to meet (by chance), to run into; **se —** to meet at a set time
rendement *m* productivity
rendez-vous *m* meeting; **— avec un(e) inconnu(e)** blind date; **se donner — avec quelqu'un** to make an appointment with someone
rendre to return, give back; to make, render; **se — compte de** to account for; to realize
renommée *f* fame
renoncer to give up
rénover to renovate
renseignements *m pl* information
renseigner to inform; **se —** to get information
rentrée *f* start of new school year
rentrer to go home, come home; to put away; **— en retard** to get home late
renvoyer to send back
repassage *m* ironing
répit *m* respite, rest
réplique *f* response
répondeur téléphonique *m* answering machine
reportage *m* newspaper report; live news or sports commentary
reposer: se — to rest
représentant(e) *m, f* **de commerce** sales rep
représentation *f* performance
représenter to represent; **se —** to run again (for office)
reprocher to reproach, criticize
requin *m* shark
réserver une chambre to reserve a room
résoudre to resolve, solve
respirer à fond to take a deep breath
responsabilités *f pl* duties
resservir to offer a second helping
restaurant *m* restaurant; **— de cœur** soup kitchen; **— universitaire** cafeteria
rester to remain; to stay; **— en bas de l'échelle** to remain at the bottom of the ladder or financial scale
retard *m* lateness; **avoir du —** to be late; **partir en —** to get a late start
retenir (*pp* retenu) to hold back; to retain; to reserve (a room); **être retenu(e)** to be held up (late)
réticence *f* hesitation
retirer to withdraw; **— de l'argent** to make a withdrawal
retordre: donner du fil à — to give someone trouble
retoucher to retouch; to alter
retour *m* return; **— en arrière** flashback
retourner to go back; to turn again; to turn over
retraite *f* retirement; **être à la —** to be retired; **prendre sa —** to retire
retrouver to find again; **se —** to meet (by prior arrangement); **s'y —** to find one's way
réunion *f* meeting
réunir to gather; **se —** to get together
réussi(e) successful, well executed
réussir to succeed; **— à un examen** to pass an exam
réussite *f* success
revanche: en — on the other hand
réveiller to wake; **se —** to wake up
révéler to reveal; **se —** to prove to be
revirement *m* turnaround
réviser (pour) to review (for)
revoir (*pp* revu) to review, look over; **se —** to see again; **au —** goodbye
révolter to revolt, shock
revue *f* magazine (sophisticated, glossy)
rez-de-chaussée *m* ground floor
rideau *m* curtain
rien: ne — nothing; **n'avoir — à voir avec** to have nothing to do with
rire (*pp* ri) to laugh
rive *f* bank
roman *m* novel
rompre (*pp* rompu): — avec quelqu'un to break up with someone
rond(e) round
rondelle *f* slice
rôtir: faire — to roast
rouer quelqu'un de coups to beat someone black and blue
rouspéter *(fam)* to groan, moan
route: être en — to be on the way
roux/rousse *m, f* redhead; **avoir les cheveux —** to have red hair
rubrique *f* heading, item; column

♦ S

sac *m* bag; **— à dos** *m* backpack
salades composées *f pl* salads
salaire *m* pay (in general)
sale dirty

salir to make dirty, soil
saluer to greet
samedi *m* Saturday
sans without; **les —-abri** homeless; **— blague** *(fam)* no kidding
santé *f* health; **à votre (ta) — (à la vôtre/à la tienne)** to your health **se refaire la —** to recover one's health
santiags *m pl* cowboy boots
sauter/revenir: faire — to sauté (brown or fry gently in butter)
sauvegarder to save
savoir (*pp* **su)** to know from memory or from study; to know how to do something; to be aware of
scénariste *m, f* scriptwriter
sec/sèche dry
sèche-linge *m* clothes dryer
sécher: — un cours *(fam)* to cut a class
secours *m* help; **au —** help
sécurité *f* **de l'emploi** job security
séduire (*pp* **séduit)** to seduce; to charm; to bribe
séisme *m* earthquake
séjour *m* stay; visit
semaine *f* week; **chaque —** every week
semblable similar
sembler to seem
sens *m* meaning
sensationnel(le) fabulous
sensible sensitive
série *f* series
serrer to press; **serré(e)** tight, closely fought
service *m* service; **— d'étage** room service; **— du personnel** personnel services
servir to serve; **ne — à rien** to do no good; **se — de** to use
seul(e) only; solitary
siège *m* **—-bébé** infant (car) seat; **—-voiture** car seat
sigle *m* abbreviation
signaler to point out
signification *f* signification, meaning
signifier to mean
sirop *m* **d'érable** maple syrup
soins médicaux *m pl* medical care and treatment
soirée: aller à une — to go to a party
solde: en — on sale
sorbet *m* sherbet
sortie *f* exit; outing; release
sortir (*pp* **sorti)** to go out; to take out; **— un revolver** to pull out a gun
sou: être sans un — to be without a penny
souci *m* worry; **se faire du —** to worry
soucoupe *f* saucer; **— volante** flying saucer
souffrir (*pp* **souffert)** to suffer
souhaiter to wish
soulagement *m* relief
soulèvement *m* spontaneous uprising
soulever to lift (up)
sourdine: mettre en — to turn on mute
sourire (*pp* **souri)** to smile
souris *m* mouse
souscrire to contribute, subscribe to
sous-titre *m* subtitle; **(avec) —s** (with) subtitles
sous-vêtements *m pl* underwear
soutenir to support
soutien *m* support
souvenir *m* memory; souvenir
souvenir (*pp* **souvenu): se — de** to remember
souvent often
spécialiser: se — en to major in
spectaculaire remarkable, spectacular
spectateurs(-trices) *m, f pl* studio audience
sportif(-ive) athletic, fond of sports
spot publicitaire *m* television commercial
squelette *m* skeleton
station *f* (television, radio) station; **—-service** gas station
stationnement *m* parking
stimulant(e) challenging
studio *m* efficiency apartment
suffire (*pp* **suffi):** to be sufficient; **il suffit** it is enough
suggérer to suggest
suite *f* series; **de —** in a row, in succession
suivre (*pp* **suivi)** to follow; **à —** to be continued; **— un cours** to take a course
super *(fam)* super
supplément *m* supplement; **payer un — pour excès de bagages** to pay extra for excess luggage
supporter to put up with, endure
supprimer to do away with
sûr(e) sure
surface: grande — huge discount store
surprenant(e) surprising
surpris(e) surprised
surveillance *f* supervision
survenu(e) intervening
survivre (à) (*pp* **survécu)** to survive
syndicat *m* union; **— d'initiative** tourist bureau

♦ **T**

tabagisme *m* use of tobacco
tableau *m* chart
tâche *f* spot
tâcher de to try
taille *f* size; waist; **être de petite —** to be short; **être de — moyenne** to be of average height
tailleur *m* woman's tailored suit
taire (*pp* **tu): se —** to be quiet
tant (de) so much
taper to type; **retaper** to retype
tapis *m* rug, carpet
taquiner to tease
tarif *m* fare, rate
tarte *f* **aux pommes** apple pie
tas *m* pile, heap; **un — de** a lot of
taux *m* rate; **— de chômage** rate of unemployment; **— d'intérêt** interest rate; **— de natalité** birth rate
tchin-tchin (fam) cheers
teinturerie *f* dry cleaners
tel(le) such, such a
télécommande *f* remote control
téléphoner to telephone; **— à quelqu'un** to telephone someone
télésiège *m* chairlift
téléspectateur(-trice) *m, f* television viewer
télévision par câble *f* cable television
tellement so much, so; really
temps *m* time; **le bon vieux —** the good old days
tendu(e) tense
tenir à to really want to, insist on
tenter to tempt; to try; **je me laisse —** I'll give in to temptation
tenue habillée *f* dressy clothes
termes: être en mauvais — to be angry with, on bad terms
ternir to tarnish
terrain *m* **de camping** campground
terrorisme *m* terrorism
têtu(e) stubborn
TGV *m* **train à grande vitesse** high-speed train
théâtre *m* theater; **aller au —** to go to the theater
thé glacé *m* iced tea
thème *m* theme
thèse *f* **de doctorat** doctoral thesis, dissertation
thon *m* tuna
tirage *m* circulation
tirer to pull
tiroir *m* drawer
tissu *m* fabric
titre *m* title; headline
tomber to fall; **— en panne** break down
toqué: t'es — you're nuts
touche *f* key

toujours always; still; **— est-il que** it remains that, nevertheless
tour *m* trip; **c'est à qui le —?** whose turn is it? (who's next?)
tour *f* tower
tourner to turn; to shoot (a film)
tournoi *m* tournament
tout, tous, toute, toutes all; **— à fait** absolutely; **— de même** in any case; **— de suite** right away; **tous les jours** every day
trac: avoir le — to have stage fright
traitement *m* treatment; **— de texte** word processing; **— mensuel** monthly salary
traiter to treat, deal with
tranquille calm; **laisser quelqu'un —** to leave someone alone
transmettre to broadcast
transporter to transport; **— d'urgence à** to rush to
travail *m* work
travaux ménagers *m pl* chores
trentaine: avoir la — to be in one's 30s
tricher to cheat
triste sad
tromper to deceive; to cheat on; **se —** to be mistaken; **se — de train** to take the wrong train
trottoir *m* sidewalk
trou *m* hole; **—é(e)** with holes
troupe *f* cast
trouvaille *f* great find
trouver to find; **se —** to be located
truc *m (fam)* thing; trick
tuer to kill

♦ U

une: la — des journaux front page
usine *f* factory
utile useful

♦ V

vacances *f pl* vacation; **être en —** to be on vacation; **passer des — magnifiques/épouvantables** to spend a magnificent/horrible vacation
vachement *(fam)* very
vague *f* wave
valable valid
valoir (*pp* **valu**) to be worth; **— la peine** to be worth the trouble
vanter: se — to boast, brag
veau *m* veal
vedette *f* star
vendu(e) en solde sold at a reduced price, on sale
venir to come; **— de** to have just
vergogne: sans — shameless; shamelessly
vérifier to verify, check
verre *m* glass; **en —** made of glass; **prendre un —** *(fam)* to have a drink
verres *m pl* **de contact** contact lenses; **porter des —** to wear contact lenses
verrouiller to lock
verser to pour
version originale (v.o.) in the original language
veste (de sport) *f* (sports) jacket
vêtements *m pl* clothing; **ce (vêtement) lui va bien** this (piece of clothing) looks good on her/him; **changer de —** to change clothes; **— d'occasion** secondhand clothes; **enlever (un vêtement)** to take (a piece of clothing) off; **essayer (un vêtement)** to try on (a piece of clothing); **mettre (un vêtement)** to put (a piece of clothing) on
veuillez please
victoire *f* win, victory
vidéo-clip *m* music video
vie *f* life; **— de famille** home life
vieux (vieil)/vieille old; **mon —** old man
villa *f* summer house
vingtaine: avoir la — to be in one's 20s
violent(e) fierce
visite *f* visit; **rendre — à quelqu'un** to visit (someone)
visiter (un endroit) to visit (a place)
vivifier to invigorate
vivre (*pp* **vécu**) to live
vœu (*pl* **vœux**) *m* wish
voir to see; **aller — quelqu'un** to visit someone; **avoir (beaucoup) à — avec** to have (a lot) to do with
voisin(e) *m, f* **(d'à côté)** (next-door) neighbor
voiture *f* car; **accident de —** automobile accident
vol *m* flight; robbery
voler to steal; **se faire —** to be robbed
volontiers gladly, willingly
voter to vote
vouloir (*pp* **voulu**) to want; **en — à quelqu'un** to hold a grudge against someone
voyage *m* **d'affaires** business trip
voyant(e) *m, f* fortune teller, clairvoyant

♦ X

xénophobie *f* xenophobia (fear/hatred of foreigners)

♦ Y

yaourt *m* yogurt

♦ Z

zapping *m* switching channels repeatedly

Indice A «Expressions typiques pour... »

Indice B «Mots et expressions utiles»

Indice C «Grammaire»